Parte III

UNIDADE

Análise de dados

Capítulos

Boris Roessler/epa/Corbis/Latinstock

Corretores na bolsa de valores de Frankfurt, Alemanha.

O mercado de ações é responsável por agregar valores de compra e de venda dos títulos que representam uma pequena parte do capital social de uma empresa.

As ações emitidas pelas empresas, por sua vez, são negociadas nas bolsas de valores, ambiente onde também ocorre a negociação de outros produtos financeiros, como as cotas de fundos de investimento. As negociações e a análise desses instrumentos financeiros dependem não apenas da aplicação da informática e de tecnologias avançadas como também dos conhecimentos de estatística.

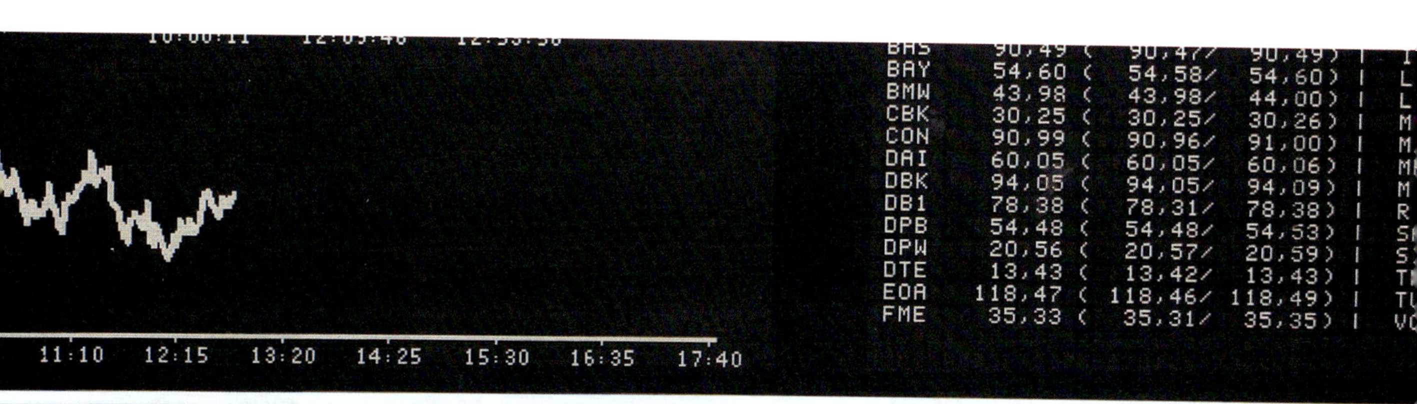

CAPÍTULO

23 Noções de estatística

Módulos

AMj Studio/ID/BR

Para começar

Institutos especializados no levantamento e na organização de informações usam as pesquisas de opinião para identificar tendências em diferentes áreas e situações, como em eleições, consumo e comportamento.

1. Em períodos que antecedem uma eleição, é comum alguns institutos divulgarem resultados de pesquisas com a intenção de voto dos eleitores.
   a) Para fazer essa pesquisa, todos os eleitores são consultados?
   b) O resultado da eleição será igual ao resultado da pesquisa?
   c) O resultado da pesquisa pode influenciar a opinião dos eleitores?
2. Qual é a importância de uma pesquisa de opinião para uma empresa que lançará um novo produto?

1. Pesquisa estatística

Não é de hoje que a coleta e a análise de informações ajudam nas tomadas de decisão. Já na Antiguidade, a contagem da população ajudava a fazer estimativas para calcular valores de impostos, entre outras coisas.

Atualmente, essa prática é aplicada em diversos setores. Muitas indústrias, por exemplo, contratam empresas de pesquisa para verificar o grau de aceitação de seus produtos. No setor alimentício são feitas perguntas aos consumidores a respeito da apresentação, cor, sabor e textura de certo alimento. Dependendo do resultado, a indústria avalia se deve ou não modificar seu produto.

Pode-se descrever a **pesquisa estatística** como um conjunto de metodologias utilizadas na coleta e organização de **dados** (valores numéricos ou não), na análise e interpretação desses dados e na apresentação de conclusões. Essas etapas de pesquisa têm por objetivo o estudo ou a tomada de decisão sobre algum aspecto de interesse.

População e amostra

Nas pesquisas eleitorais nacionais, por exemplo, não é viável questionar qual a preferência de todos os eleitores, pois a quantidade de pessoas que vota é muito grande. Por isso, os institutos de pesquisa escolhem parte do conjunto dos eleitores, de forma que possa fornecer informações representativas da intenção de voto de todos.

O conjunto de todos os eleitores é a **população** de interesse, e a parte do conjunto dos eleitores entrevistada na pesquisa é a **amostra** dessa população.

População é o conjunto de pessoas, objetos ou outros elementos com características comuns que interessam analisar em uma pesquisa.

Amostra é qualquer parte de uma população.

As pessoas, objetos ou elementos que constituem a população são chamados de **indivíduos**.

Escolher a amostra apropriada da população de uma pesquisa estatística é essencial para a confiabilidade das conclusões. Essa escolha, porém, nem sempre é fácil. Por exemplo, para conhecer a quantidade de pessoas que gostam de passear em parques, a pesquisa não deve ser feita em um parque, pois, provavelmente, a maioria das pessoas que está ali dirá que gosta de ir a parques.

Para ajudar na escolha de uma amostra, existem algumas técnicas de amostragem, como as relacionadas abaixo.

- Amostragem aleatória simples: consiste em escolher uma amostra da população considerando que todos os indivíduos têm chances iguais de serem selecionados.
- Amostragem sistemática: é utilizada em populações que têm os indivíduos ordenados. Nessa técnica, a seleção dos indivíduos da amostra pode ser feita periodicamente (a cada k elementos, um é escolhido).
- Amostragem estratificada: é utilizada quando a população pode ser dividida em estratos (grupos). Nessa técnica, a quantidade de indivíduos de cada estrato é selecionada proporcionalmente à quantidade de indivíduos do estrato.

Ação e cidadania

Saneamento básico no Brasil

Saneamento básico é o conjunto de ações e serviços públicos destinados a garantir a salubridade ambiental, urbana e rural, e as consequentes condições de saúde da população. Pela Constituição, o saneamento básico é um direito de todos os brasileiros e compreende: o abastecimento e tratamento da água para uso humano; o manejo de águas pluviais; a canalização e o tratamento dos esgotos; e a coleta e o tratamento dos resíduos sólidos.

Em 2011, o Instituto Brasileiro de Geografia e Estatística (IBGE) divulgou os dados de pesquisas estatísticas realizadas em 2010 sobre as condições do saneamento básico nos municípios brasileiros. Destaca-se:

- 92,9% da água distribuída recebe tratamento (em 2000 eram 92,8%);
- 68,8% do esgoto coletado é tratado (em 2000 eram 35,3%);
- 55,1% dos municípios têm rede de esgoto (em 2000 eram 52,2%);
- 17,9% dos municípios têm coleta seletiva de lixo (em 2000 eram 8,2%).

Os vazamentos e as ligações clandestinas ("gatos") causam a perda de mais da metade da água captada para distribuição.

Fonte de pesquisa: Saneamento Brasil. Atlas de Saneamento 2011 (IBGE). Disponível em: <http://www.ibge.gov.br/home/estatistica/populacao/atlas_saneamento/default_zip.shtm>. Acesso em: 15 jun. 2015.

- Quem é responsável pela verba para o saneamento básico?
- Troque ideias com os colegas e dê exemplos de atitudes que os cidadãos podem adotar para contribuir com o saneamento básico.

Variável quantitativa e variável qualitativa

Variável é o nome atribuído a cada tipo de dado obtido em uma pesquisa estatística. Os **valores** de uma variável são as possíveis respostas que a variável pode ter. Por exemplo, a variável "meses do ano" pode assumir os valores janeiro, fevereiro, março, abril, maio, junho, julho, agosto, setembro, outubro, novembro e dezembro.

As variáveis podem ser assim classificadas:

Qualitativa	
Variável que revela um atributo, ou seja, uma qualidade dos indivíduos.	
Ordinal	**Nominal**
Variável qualitativa que apresenta uma ordem ou hierarquia. Por exemplo, os meses do ano, as cores das faixas no judô e a classificação em uma competição.	Variável qualitativa que não apresenta uma ordem ou hierarquia. Por exemplo, a cor do pelo de um animal, o local de nascimento de uma criança e o estado civil de uma pessoa.
Quantitativa	
Variável expressa por números.	
Discreta	**Contínua**
Variável quantitativa que é representada por valores inteiros, que podem ser contados. Por exemplo, a quantidade de carros em um estacionamento, a quantidade de dias em um mês e a idade, em ano, de um aluno.	Variável quantitativa que pode assumir qualquer valor real. Por isso, na maioria dos casos, depende de um instrumento de medição. Por exemplo, o comprimento de uma mesa, a medida do ângulo de inclinação de uma rampa e a temperatura em uma cidade.

Saiba mais

Variável quantitativa ou qualitativa?

Em algumas situações, são atribuídos valores numéricos para variáveis qualitativas.

Algumas pesquisas, por exemplo, atribuem o número 1 para o sexo masculino e o número 2 para o sexo feminino. Esse procedimento facilita a marcação em um questionário, porém o acréscimo dos números é destituído de significado numérico, ou seja, as variáveis não passam a ser quantitativas, e os números 1 e 2 são apenas rótulos.

Exemplo

Uma indústria eletrônica pretende lançar um novo *notebook* no mercado. Para isso, elabora uma pesquisa a ser aplicada entre os possíveis consumidores do produto, os chamados "consumidores em potencial". Nessa pesquisa, os entrevistados devem indicar o que, na opinião deles, um *notebook* que custa R$ 3 000,00 deve ter. Abaixo, tem-se um questionário preenchido.

Andres Peiro Palmer/Istockphoto.com

Todos os itens analisados são **variáveis** da pesquisa. A variável "tamanho da tela" é **quantitativa contínua**, pois assume valores reais em um intervalo preestabelecido. A variável "memória RAM" é **quantitativa discreta**, pois assume apenas alguns valores inteiros. E a variável "cor" é **qualitativa nominal**, pois assume valores que indicam um atributo do produto, sem ordem ou hierarquia.

Exercício resolvido

1. Classifique a variável de cada item em qualitativa ordinal, qualitativa nominal, quantitativa discreta ou quantitativa contínua.

a) quantidade de pessoas em uma fila
b) massa de um carro
c) dias da semana
d) altura de uma pessoa
e) cor dos olhos
f) grau de escolaridade
g) quantidade de bactérias em 10 mL de água do mar

Resolução

As variáveis dos itens **c** e **f** são variáveis qualitativas ordinais; do item **e** é variável qualitativa nominal; dos itens **a** e **g** são variáveis quantitativas discretas; e dos itens **b** e **d** são variáveis quantitativas contínuas.

Frequência absoluta e frequência relativa

A quantidade de vezes que o valor de uma variável é citado em uma pesquisa é a **frequência absoluta (FA)** desse valor, que é usada na organização dos dados de modo que facilite a consulta a eles.

Exemplo 1

Em um concurso de beleza em determinada cidade, havia 10 morenas, 6 loiras e 4 ruivas disputando o título de *miss*. A quantidade de morenas, de loiras e de ruivas no concurso corresponde à frequência absoluta de cada valor dessas variáveis, ou seja, a frequência absoluta de morenas é 10, a de loiras é 6 e a de ruivas é 4, totalizando 20 mulheres.

Para facilitar a organização dos dados, pode-se utilizar uma tabela de frequência como esta:

Variável	Frequência absoluta
morena	10
loira	6
ruiva	4
Total	20

Dados fictícios.

A razão entre a frequência absoluta de um valor e a quantidade de indivíduos da pesquisa é a **frequência relativa (FR)** desse valor (dada em porcentagem). A soma das frequências relativas de todos os valores de uma variável é sempre 100%.

No exemplo acima, a razão entre a quantidade de morenas, a de loiras e a de ruivas que estavam disputando o concurso de beleza e o total de mulheres (20) é a frequência relativa de cada valor da variável.

Variável	Frequência absoluta	Frequência relativa
morena	10	$\frac{10}{20} = 0{,}5 = 50\%$
loira	6	$\frac{6}{20} = 0{,}3 = 30\%$
ruiva	4	$\frac{4}{20} = 0{,}2 = 20\%$
Total	20	$\frac{20}{20} = 1 = 100\%$

Por vezes, para facilitar a interpretação dos dados, é interessante calcular a soma de uma frequência absoluta com as frequências absolutas anteriores ou a soma de uma frequência relativa com as frequências relativas anteriores. Essas frequências obtidas são denominadas **frequência absoluta acumulada** e **frequência relativa acumulada**. Veja o exemplo a seguir:

Exemplo 2

Uma professora organizou as médias de seus alunos para avaliar o desempenho da turma. Veja a tabela que ela elaborou.

Nota	Frequência absoluta	Frequência absoluta acumulada	Frequência relativa	Frequência relativa acumulada
10	3	3	3 : 37 ≅ 8,11%	8,11%
9	8	3 + 8 = 11	8 : 37 ≅ 21,62%	8,11% + 21,62% = 29,73%
8	6	11 + 6 = 17	6 : 37 ≅ 16,22%	29,73% + 16,22% = 45,95%
7	5	17 + 5 = 22	5 : 37 ≅ 13,51%	45,95% + 13,51% = 59,46%
6	6	22 + 6 = 28	6 : 37 ≅ 16,22%	59,46% + 16,22% = 75,68%
5	3	28 + 3 = 31	3 : 37 ≅ 8,11%	75,68% + 8,11% = 83,79%
4	4	31 + 4 = 35	4 : 37 ≅ 10,81%	83,79% + 10,81% = 94,60%
3	2	35 + 2 = 37	2 : 37 ≅ 5,40%	94,60% + 5,40% = 100%
Total	37	37	100%	100%

Saiba mais

Séries estatísticas

Série estatística é toda tabela cujas informações são dadas em função da época, do local ou do fenômeno.

As séries temporais descrevem os valores da variável ao longo do tempo. Por exemplo, a quantidade de carros vendidos na cidade de Feira de Santana (BA), nos meses de janeiro, fevereiro e março de 2015 é uma variável temporal.

As séries geográficas descrevem os valores da variável por regiões. Por exemplo, a quantidade de carros vendidos nos estados de São Paulo, Paraná e Bahia, em 2015, é uma variável geográfica.

As séries específicas descrevem os valores da variável por fenômeno. Por exemplo, a quantidade de carros vendidos das marcas *A*, *B* e *C*, no estado de Mato Grosso, em 2015, é uma variável específica.

Determinar a frequência absoluta acumulada e a frequência relativa acumulada pode ser importante para a elaboração de algumas conclusões. Por exemplo, observando a tabela da página anterior é possível concluir que 28 alunos (75,68%) tiraram pelo menos nota 6 nessa prova. Se a média dessa escola for 6,0 pontos, pode-se dizer que 24,32% (100% − 75,68%) dos alunos dessa turma ficaram de recuperação.

Tabela de frequências de uma variável quantitativa

O calendário abaixo apresenta o registro da quantidade de passageiros (pax) e da distância percorrida por um taxista (em km) nos dias úteis do mês de fevereiro de 2015.

FEVEREIRO 2015

domingo	segunda	terça	quarta	quinta	sexta	sábado
1	40 pax 2 648,3 km	37 pax 3 652 km	38 pax 4 479,2 km	42 pax 5 627,1 km	38 pax 6 579,9 km	7
8	39 pax 9 548,2 km	41 pax 10 632,8 km	41 pax 11 525 km	40 pax 12 480,7 km	40 pax 13 506 km	14
15	41 pax 16 640,7 km	40 pax 17 610,5 km	39 pax 18 589,9 km	42 pax 19 568 km	42 pax 20 634,3 km	21
22	40 pax 23 545,1 km	38 pax 24 420 km	42 pax 25 567,4 km	40 pax 26 613,2 km	41 pax 27 587,4 km	28

Setup Bureau/ID/BR

A variável “distância percorrida” é quantitativa contínua. Como os valores dessa variável dificilmente se repetem, é melhor realizar a tabulação desses dados utilizando classes (ou intervalos). Para isso, determina-se a amplitude total dos dados, a quantidade de classes e a amplitude das classes.

- A **amplitude total** é a diferença entre o maior e o menor valor da variável : $652 - 420 = 232$
- A **quantidade de classes** (intervalos) depende do tipo de informação que se pretende obter. Em geral, esse número é um inteiro maior do que três. Uma maneira de determinar a quantidade de classes é pelo **critério da raiz**, que consiste em calcular a raiz quadrada da quantidade de indivíduos: quantidade adequada de classes $= \sqrt{20} \cong 4{,}47$. Como a quantidade de classes deve ser um número inteiro, podem-se adotar quatro ou cinco classes; aqui serão utilizadas cinco classes.
- A **amplitude das classes** é a variação dos intervalos de cada classe e é determinada pela razão entre a amplitude total e a quantidade de classes:

$$\text{amplitude das classes} = \frac{\text{amplitude total}}{\text{quantidade de classes}} = \frac{232}{5} = 46{,}4$$

Nesse caso, será adotada a amplitude de 47.

Assim, tem-se a tabela de frequências ao lado.

Distância percorrida	FA	FR
$\underbrace{420 \vdash 467}_{47}$	1	$\frac{1}{20} = 0{,}05 = 5\%$
$\underbrace{467 \vdash 514}_{47}$	3	$\frac{3}{20} = 0{,}15 = 15\%$
$\underbrace{514 \vdash 561}_{47}$	3	$\frac{3}{20} = 0{,}15 = 15\%$
$\underbrace{561 \vdash 608}_{47}$	5	$\frac{5}{20} = 0{,}25 = 25\%$
$\underbrace{608 \vdash 655}_{47}$	8	$\frac{8}{20} = 0{,}4 = 40\%$
Total	20	100%

Observações

- O símbolo $\vdash$ representa um intervalo fechado à esquerda e aberto à direita. Então, o intervalo $420 \vdash 467$ da primeira classe indica que o valor 420 pertence a ele, e que o valor 467, não. Nesse caso, o valor 467 pertence à próxima classe.
- O intervalo da primeira classe foi iniciado com o menor valor, 420, mas isso não é obrigatório. Basta que o menor valor esteja no intervalo da primeira classe, e o maior valor esteja no intervalo da última classe.

Exercícios resolvidos

2. Os alunos de uma turma participaram de uma pesquisa respondendo quantos irmãos cada um tem. A seguir, apresentam-se as respostas obtidas.

1	0	2	0	0	1	1	2	3	2
1	1	0	2	0	2	2	3	1	1

Com base no quadro, construa uma tabela de frequências para esses dados.

Resolução

A variável "quantidade de irmãos" é quantitativa discreta. O menor valor obtido na pesquisa é 0 e o maior é 3.

Para construir a tabela de frequências dos valores dessa variável, contamos a quantidade de vezes que os diferentes valores aparecem.

Quantidade de irmãos	FA	FR
0	5	$\frac{5}{20} = 0{,}25 = 25\%$
1	7	$\frac{7}{20} = 0{,}35 = 35\%$
2	6	$\frac{6}{20} = 0{,}30 = 30\%$
3	2	$\frac{2}{20} = 0{,}1 = 10\%$
Total	20	$1 = 100\%$

3. Durante um mês, registrou-se a quantidade diária de visitantes a um parque. O quadro a seguir mostra essas quantidades.

122	176	132	127	141	139
111	115	167	159	142	146
133	121	99	108	147	114
100	128	115	108	144	154
132	135	123	102	152	136

Construa uma tabela de frequências para esses dados.

Resolução

Como os valores são muito diferentes, podemos representá-los por intervalos.

- Amplitude total: $176 - 99 = 77$
- Quantidade de classes: $\sqrt{30} \cong 5{,}48$
  Adotaremos 5 classes.
- Amplitude das classes: $= \frac{77}{5} = 15{,}4$

Adotaremos 16 para a amplitude das classes.

Assim, construímos a seguinte tabela de frequências:

Quantidade de visitantes	FA	FR
$\underbrace{99 \vdash 115}_{16}$	7	$\frac{7}{30} \cong 23{,}3\%$
$\underbrace{115 \vdash 131}_{16}$	7	$\frac{7}{30} \cong 23{,}3\%$
$\underbrace{131 \vdash 147}_{16}$	10	$\frac{10}{30} \cong 33{,}3\%$
$\underbrace{147 \vdash 163}_{16}$	4	$\frac{4}{30} \cong 13{,}3\%$
$\underbrace{163 \vdash 179}_{16}$	2	$\frac{2}{30} \cong 6{,}7\%$
Total	30	$1 = 100\%$

Exercícios propostos

4. Construa uma tabela de frequências (absoluta e relativa) para cada situação apresentada a seguir.

Quantidade de sinistros registrados por dia, durante um mês, em uma seguradora					
100	125	135	135	170	175
120	105	165	130	155	165
125	165	180	125	165	145
130	145	185	165	140	135
140	125	145	160	145	100

Altura (m) de 25 alunos de uma turma				
1,50	1,75	1,62	1,65	1,75
1,60	1,80	1,80	1,55	1,70
1,55	1,60	1,75	1,85	1,55
1,65	1,80	1,70	1,89	1,65
1,70	1,60	1,60	1,85	1,60

Pontuação obtida por alguns alunos em uma prova com 200 questões				
135	170	165	140	175
130	155	160	145	165
125	165	135	100	145

5. Para cada situação, determine a população em estudo, a amostra escolhida, a variável em estudo e sua classificação.

- **Situação 1:** foi realizado um estudo sobre a quantidade de televisores que havia na casa de cada um dos 100 alunos de uma escola. Para isso, foi aplicado um questionário, ao qual responderam 60 alunos.
- **Situação 2:** em um banco, foi realizado um estudo sobre o saldo dos correntistas. Para isso, foi feita uma escolha aleatória de 1 000 contas-correntes.

2. Gráficos

O **gráfico estatístico** é uma maneira de representar e organizar os dados de uma pesquisa e permite rápida percepção do comportamento desses dados. Há diversos tipos de gráfico, como o de barras, o de colunas, o de linha ou segmentos, o de setores e os gráficos múltiplos, que serão estudados a seguir.

Gráfico de colunas e gráfico de barras

No **gráfico de colunas** e no **gráfico de barras**, são utilizadas tarjas verticais ou horizontais, cujo comprimento é proporcional à frequência absoluta ou relativa dos valores da variável representada.

Exemplo

A tabela abaixo mostra a distribuição dos gastos de dois grupos de famílias com rendas mensais diferentes.

Tipo de despesa	Renda até R$ 500,00	Renda maior do que ou igual a R$ 1 000,00
habitação	40%	30%
alimentação	30%	15%
transporte	5%	10%
saúde	5%	10%
educação	1%	15%
outros	19%	20%

Dados fictícios.

Com esses dados, foram construídos os seguintes gráficos de colunas e de barras:

Gráfico de coluna

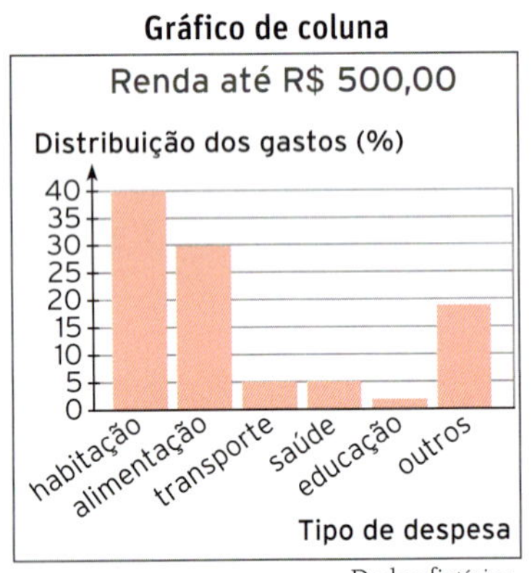

Dados fictícios.

Gráfico de barras

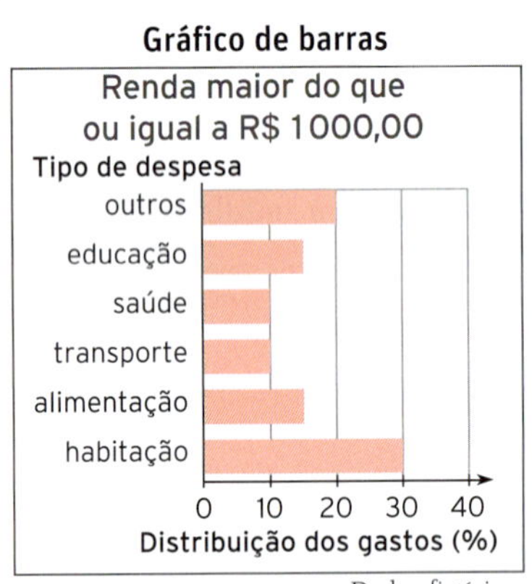

Dados fictícios.

Gráfico de linha ou segmentos

No **gráfico de linha** ou **segmentos** são utilizados pontos para representar a frequência absoluta ou relativa dos valores da variável. Para facilitar a análise comparativa de dados consecutivos, esses pontos são unidos por segmentos de retas.

Exemplo

A tabela abaixo mostra a taxa de analfabetismo da população brasileira de 15 anos ou mais, entre 1940 e 2010.

Ano	1940	1950	1960	1970	1980	1990*	2000	2010
Taxa de analfabetismo (%)	56	50,5	39,6	33,6	25,5	20,1	13,6	9,6

Fonte de pesquisa: <http://g1.globo.com/brasil/noticia/2011/11/ibge-indica-que-analfabetismo-cai-menos-entre-maiores-de-15-anos.html>. Acesso: 15 jun. 2015.

Para cada ano, localiza-se o ponto correspondente à frequência relativa da taxa de analfabetismo, e traçam-se os segmentos unindo pontos de anos consecutivos, obtendo o gráfico de linha a seguir.

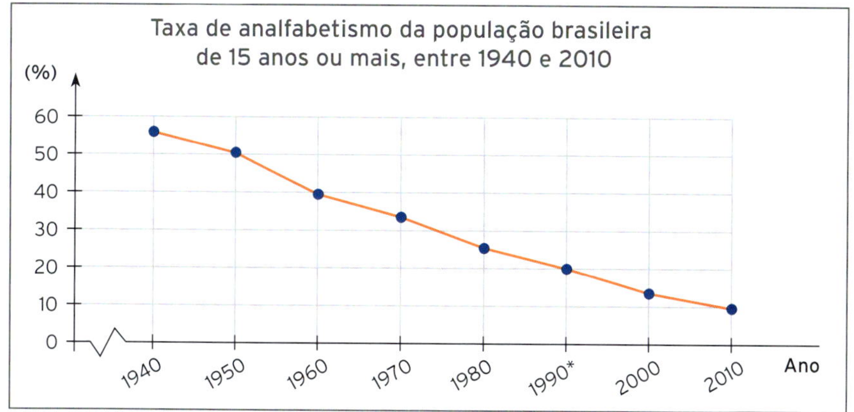

Fonte de pesquisa: <http://g1.globo.com/brasil/noticia/2011/11/ibge-indica-que-analfabetismo-cai-menos-entre-maiores-de-15-anos.html>. Acesso: 12 out. 2012.

Nesse caso, a evolução dos dados mostra, por exemplo, que a taxa de analfabetismo seguiu uma tendência de queda no período analisado.

*Observação. Segundo o IBGE, 20,1% corresponde à taxa de analfabetismo de 1991. Aqui, para a apresentação dos dados e construção do gráfico, foi considerada a aproximação para 1990, representando assim as taxas de analfabetismo a cada 10 anos.

Gráfico de setores

Para construir o **gráfico de setores**, considera-se um círculo (cujo ângulo central mede 360°) com o total dos valores de uma variável (100%), que será subdividido em setores circulares, cujas medidas dos ângulos centrais são proporcionais à frequência relativa de cada valor.

Exemplo

Os gráficos de setores a seguir apresentam as frequências relativas das fontes energéticas dos países *A* e *B*.

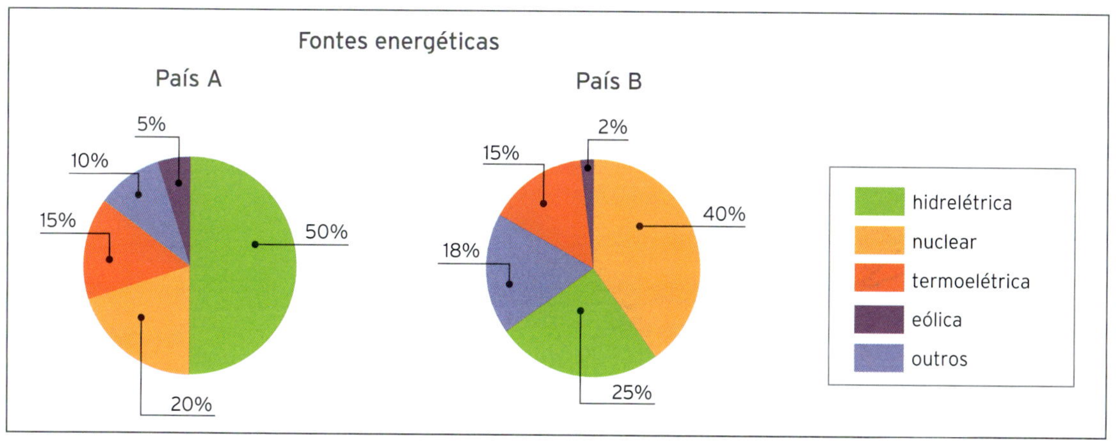

Dados fictícios.

Em uma rápida avaliação visual, conclui-se que a base da produção de energia no país *A* são as hidrelétricas. Já no país *B*, a principal fonte de energia é a nuclear.

Supondo que o total de energia produzida nos dois países seja igual, é possível comparar a produção de uma mesma fonte energética nos dois países. Verifica-se, por exemplo, que a produção de energia hidrelétrica no país *A* é maior do que no país *B*; a produção de energia nuclear no país *B* é maior do que no país *A*; a produção de energia eólica no país *A* é maior do que no país *B*; e a produção de energia termoelétrica é igual nos dois países.

Gráficos múltiplos

Os **gráficos múltiplos** ou **gráficos de múltiplas entradas** apresentam os valores de duas ou mais variáveis na mesma representação.

Exemplo 1

Os climogramas são exemplos de gráficos múltiplos, pois apresentam simultaneamente informações sobre a precipitação e a temperatura média em cada mês do ano em determinado local. A precipitação é representada por um gráfico de colunas com escala em milímetro, e a temperatura média é representada por um gráfico de linha com escala em grau Celsius.

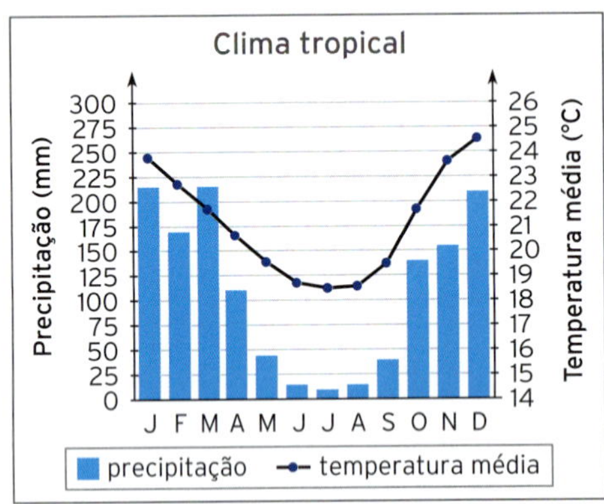

Dados fictícios.

Pelo climograma, é possível estabelecer uma relação entre a precipitação e a temperatura média. Nesse exemplo, de clima tropical, os meses mais frios também são os mais secos, pois nesse período são registrados os menores índices pluviométricos.

Exemplo 2

O gráfico de linhas múltiplas abaixo apresenta, em diferentes momentos do dia, os percentuais de lentidão no trânsito de uma grande cidade.

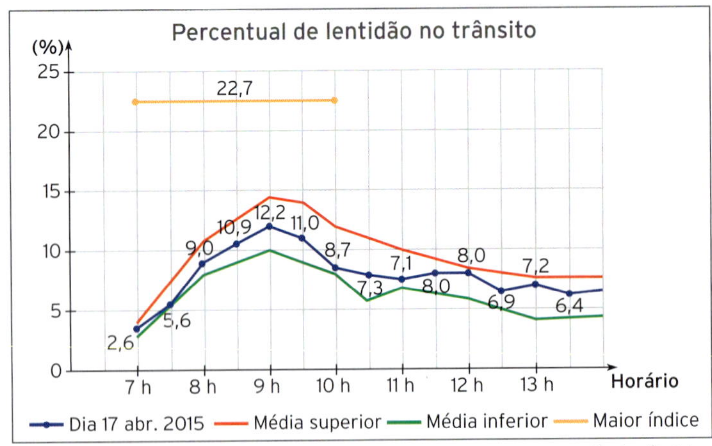

Dados fictícios.

Para construir o "gráfico do dia", representado em azul, as informações são atualizadas a cada meia hora, quando então um ponto é registrado no gráfico e um segmento de reta é traçado entre o novo registro e o registro anterior. As médias e índices apresentados são históricos, ou seja, são a consolidação dos dados obtidos em determinado período de apuração.

Nesse caso, há horários de trânsito intenso e horários com menor fluxo de veículos. As informações assim organizadas facilitam, por exemplo, a programação de pessoas que dependem de automóvel para locomoção.

Saiba mais

Gráfico de setores em um semicírculo

Alguns gráficos de setores são representados em um semicírculo, seja por limitação de espaço, seja por estética. Nesse caso, o total dos valores da variável, 100%, corresponde ao ângulo central de 180°.

Exemplo

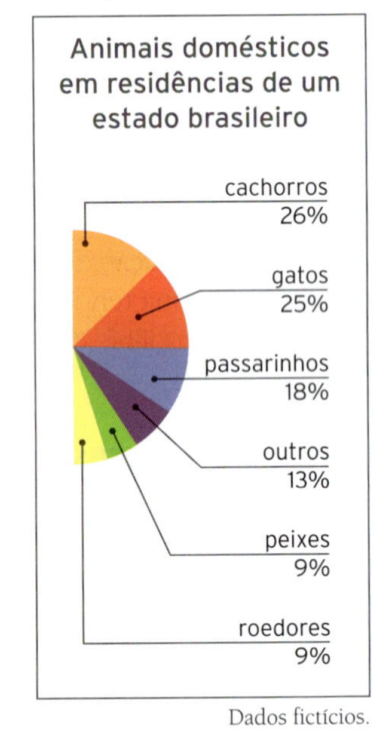

Dados fictícios.

Saiba mais

Pictograma

Os pictogramas são gráficos construídos com figuras autoexplicativas, geralmente adotados para representar a intensidade de um fenômeno. Esse tipo de gráfico fornece ao leitor uma visão geral da pesquisa, sem detalhes, como mostra o exemplo abaixo.

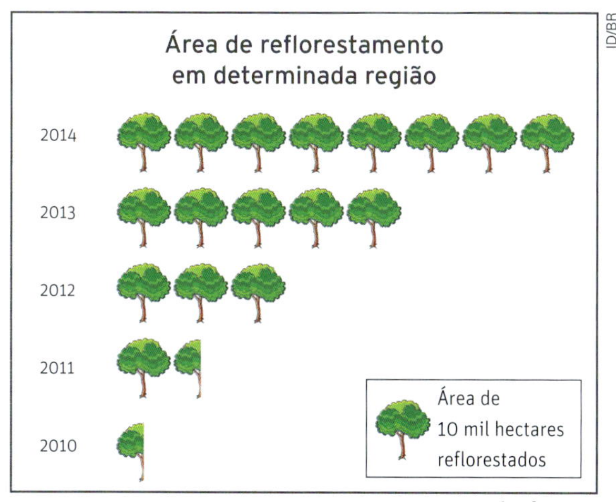

Dados fictícios.

Cartograma

Os cartogramas são gráficos construídos para representar, em mapas, dados estatísticos de regiões geográficas ou políticas, como no exemplo abaixo.

Fonte de pesquisa: *Scientific American*, ano 4, n. 41. p. 79.

Exercícios resolvidos

6. Em um estádio de futebol há 50 000 torcedores dos times *A* e *B*. Construir um gráfico de setores comparando a quantidade de torcedores de cada time, sabendo que 20 000 torcem pelo time *A*.

Resolução

Se há 20 000 torcedores do time *A* e 50 000 torcedores ao todo, então há 30 000 torcedores do time *B*. Logo:

Time	Quantidade de torcedores	FR
A	20 000	$\frac{20\,000}{50\,000} = \frac{2}{5} = 40\%$
B	30 000	$\frac{30\,000}{50\,000} = \frac{3}{5} = 60\%$
Total	50 000	$1 = 100\%$

Dados fictícios.

Para dividir um círculo em setores que representam 40% e 60%, determinamos o ângulo central de cada um dos setores:

- Time A: 40% de 360° = 144°
- Time B: 60% de 360° = 216°

Então, construímos o gráfico:

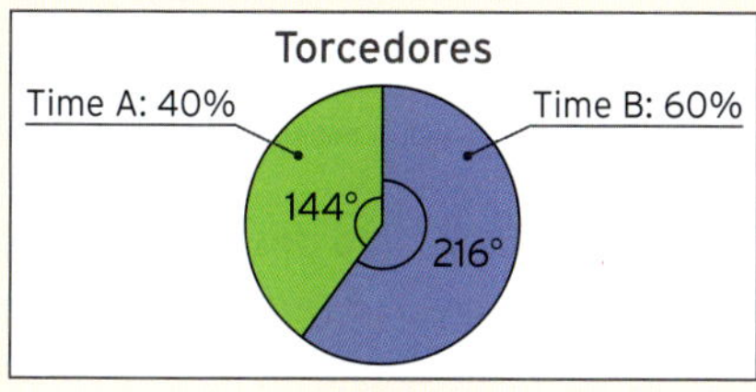

7. O climograma abaixo representa os dados de uma região do hemisfério sul.

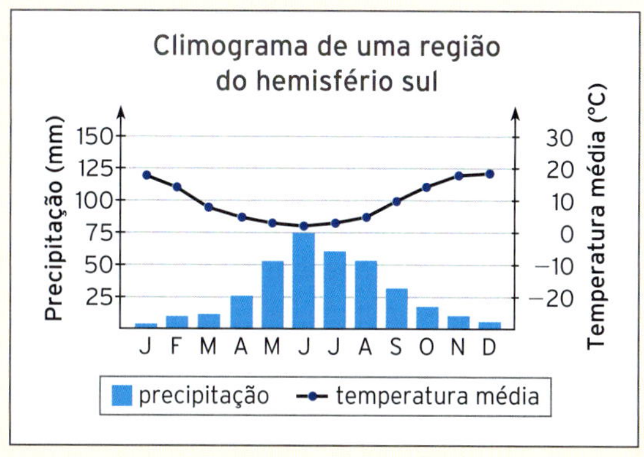

Dados fictícios.

a) Quais são os três meses de maior temperatura?

b) Quais são os dois meses de menor precipitação?

c) Nessa região, o verão é seco ou úmido em relação ao inverno? Justifique.

Resolução

a) Os três meses de maior temperatura são novembro, dezembro e janeiro.

b) Os dois meses de menor precipitação são dezembro e janeiro.

c) Como nos meses mais quentes há os menores índices pluviométricos, o verão é mais seco do que o inverno.

Exercícios propostos

8. Foi feita uma pesquisa com os moradores de um condomínio, sobre a quantidade de filhos de cada um. Obtiveram-se os seguintes resultados:

1	1	0	2	0	1	3	2
0	1	0	0	2	2	1	1
1	2	2	1	0	2	3	3

Junte-se a um colega e:

a) classifique a variável "quantidade de filhos";

b) construa uma tabela de frequências (absoluta e relativa) dos valores dessa variável;

c) construa um gráfico de colunas;

d) construa um gráfico de setores.

9. O gráfico de setores abaixo representa a distribuição percentual do índice de qualidade da água na região hidrográfica do rio São Francisco.

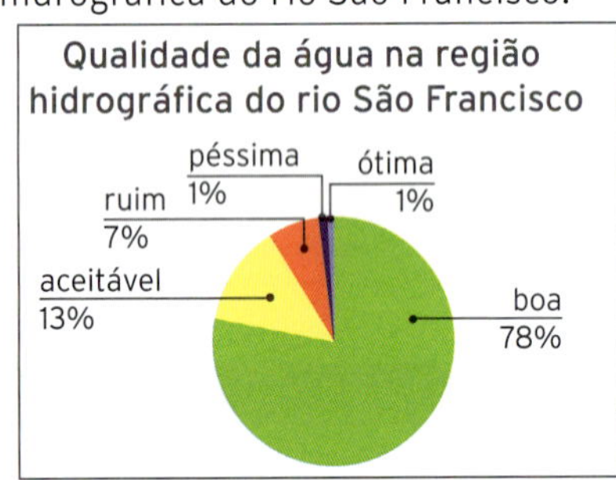

Fonte de pesquisa: *Caderno Recursos Hídricos*. ANA (Agência Nacional de Águas), 2005.

a) Construa uma tabela de frequência relativa.

b) Construa um gráfico de barras.

10. Em uma eleição de condomínio, três pessoas, *A*, *B* e *C*, candidataram-se a síndico. No final da eleição, verificou-se que 82 condôminos votaram no candidato *A*, 64 no candidato *B*, e 54 no candidato *C*.

a) Construa uma tabela de frequências (absoluta e relativa) dos valores da variável "candidato".

b) Construa um gráfico de colunas.

c) Construa um gráfico de setores.

11. Uma multinacional dispõe de um investimento de R$ 100 000 000,00 na Bolsa de Valores. O gráfico de setores a seguir mostra de que maneira esse investimento está distribuído.

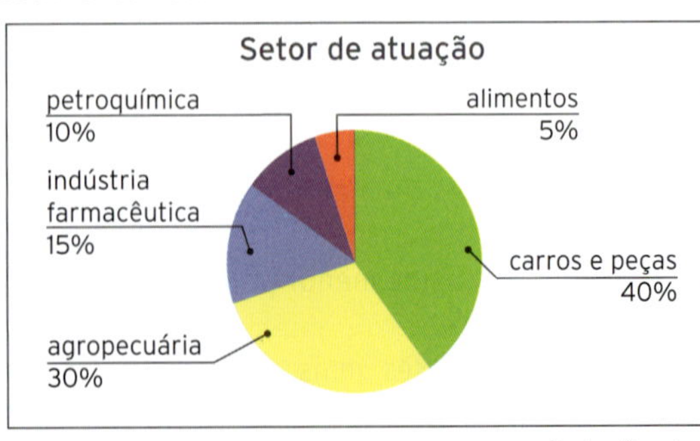

Dados fictícios.

a) Construa uma tabela de frequências (absoluta e relativa) e um gráfico de barras com esses dados.

b) Qual é o valor investido em carros e peças?

c) No gráfico de setores, qual é a medida do ângulo central correspondente ao setor de alimentos?

d) Qual é a diferença, em real, entre os investimentos em alimentos e em agropecuária?

12. Considere a imagem a seguir.

Infartos: maioria dos casos entre 6 h e 12 h

Um estudo realizado pela Universidade de São Paulo (USP), com 173 000 internações entre 1987 e 1996, verificou em que hora os infartos mais acontecem.

0 h
20%
18 h
30%
6 h
50%
12 h

Gabriel Gianordoli/Gabriel Giano

Fonte de pesquisa: *Superinteressante*, n. 263, São Paulo, Abril, mar. 2009.

A figura acima tem a aparência de um gráfico de setores, mas não é. Esse fato pode ser verificado pela desproporção entre as representações das porcentagens. Com esses dados, construa:

a) uma tabela de frequências;

b) um gráfico de linhas;

c) um gráfico de setores que indica as medidas dos ângulos centrais.

13. A tabela apresenta os dados históricos de precipitação e de temperatura média em Belém (PA).

Mês	Temperatura média (°C)	Precipitação (mm)	Número de dias com chuva
jan.	26,5	367	26
fev.	26,4	418	26
mar.	26,4	436	28
abr.	26,3	360	26
maio	27,0	304	25
jun.	26,9	140	19
jul.	26,7	152	18
ago.	26,9	131	16
set.	26,9	141	17
out.	26,9	116	15
nov.	27,1	112	15
dez.	27,0	216	20

Fonte de pesquisa: <http://wmo.meteo.pt/cityForecast.jsp?cityID=1061>. Acesso em: 7 nov. 2012.

a) Esboce o climograma desses dados históricos.

b) Descreva algumas observações a respeito da precipitação e da temperatura média de Belém.

3. Histograma

Para variáveis quantitativas, há outro tipo de gráfico estatístico útil na organização dos dados de uma pesquisa: o **histograma**. O histograma é um gráfico de colunas em que o eixo horizontal (das abscissas) representa os valores da variável analisada, e o eixo vertical (das ordenadas) indica a frequência (absoluta ou relativa) de cada valor. Nesse gráfico, as colunas são contíguas, ou seja, são dispostas uma ao lado da outra, com um lado comum entre cada par de colunas consecutivas.

A seguir são apresentados histogramas para variáveis quantitativas discretas e contínuas.

Histograma de uma variável quantitativa discreta

Nesse caso, as colunas são de larguras iguais, e a altura de cada uma indica a frequência (absoluta ou relativa) de um valor da variável.

Exemplo: Um agente de trânsito anotou a quantidade de acidentes ocorridos em determinada via, durante 45 dias, e montou a seguinte tabela.

Quantidade de acidentes por dia	Quantidade de dias em que ocorreram acidentes	FR
0	16	35,56%
1	12	26,67%
2	6	13,33%
3	2	4,44%
4	9	20%
Total	45	100%

Dados fictícios.

A variável analisada é "quantidade de acidentes por dia". Nesses 45 dias ocorreram, no máximo, 4 acidentes por dia. Assim, para construir os histogramas, colocam-se no eixo horizontal os valores da variável "quantidade de acidentes por dia". No eixo vertical, colocam-se as frequências absolutas no primeiro caso, e as frequências relativas no segundo caso, como mostrado abaixo.

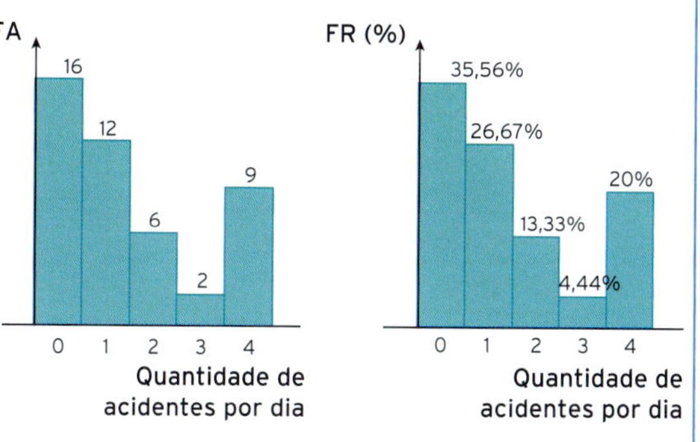

Histograma de uma variável quantitativa contínua

Nesse caso, a largura de cada coluna corresponde ao tamanho do intervalo das classes, e a área de cada coluna indica a frequência relativa da classe representada. Considerando classes de amplitudes iguais, as colunas são de larguras iguais, e a altura de cada uma indica a frequência (absoluta ou relativa) de uma classe da variável.

Exemplo: Um mercado registrou o valor que cada cliente gastou em determinado dia e montou a seguinte tabela.

Valor da compra (R$)	Quantidade de clientes	FR
0 ⊢ 50	50	20,66%
50 ⊢ 100	42	17,36%
100 ⊢ 150	28	11,57%
150 ⊢ 200	42	17,36%
200 ⊢ 250	20	8,26%
250 ⊢ 300	60	24,79%
Total	242	100%

Dados fictícios.

A variável analisada é "valor da compra". Além disso, há 6 classes cuja amplitude é 50. Portanto, nesse caso, a largura de cada coluna deve ser correspondente a 50. Assim, para construir os histogramas, colocam-se no eixo horizontal os valores da variável "valor da compra". No eixo vertical, colocam-se as frequências absolutas no primeiro caso, e as frequências relativas no segundo caso, como mostrado a seguir.

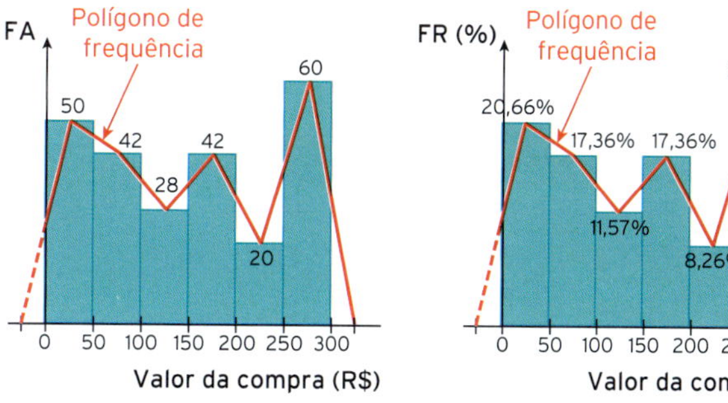

Ligando os pontos médios das bases superiores das colunas do histograma de uma variável contínua, obtém-se o **polígono de frequência** ou o **polígono do histograma**. Nas extremidades, são considerados valores fictícios de frequência zero.

Exercícios propostos

14. O setor de controle de qualidade de uma empresa de móveis para escritório fez a medição da altura de determinado modelo de mesa. Os resultados são apresentados na tabela a seguir.

Altura (m)	Frequência absoluta
1,05 ⊢ 1,06	4
1,06 ⊢ 1,07	9
1,07 ⊢ 1,08	6
1,08 ⊢ 1,09	5
1,09 ⊢ 1,10	1

Dados fictícios.

a) Classifique a variável "altura".
b) Construa uma tabela de frequências (absoluta e relativa) dos valores dessa variável.
c) Construa um histograma para os valores dessa variável.

15. Uma imobiliária recebe mensalmente o aluguel de alguns imóveis comerciais, conforme valores representados na tabela a seguir.

Aluguel (R$)	Quantidade de imóveis
200 ⊢ 400	10
400 ⊢ 600	30
600 ⊢ 800	28
800 ⊢ 1 000	32
1 000 ⊢ 1 200	12
1 200 ⊢ 1 400	8

Dados fictícios.

Construa um histograma para os valores da variável "aluguel" e responda às seguintes perguntas, justificando suas respostas.
a) Qual é a classe de aluguel mais frequente?
b) Como é a distribuição dos dados? Há picos definidos ou as frequências são muito próximas?

16. No encontro de 50 anos de formatura de uma turma do Ensino Médio, a idade de cada ex-aluno foi coletada e organizada em uma tabela, conforme mostrado abaixo.

Idade dos ex-alunos no encontro (ano)	FA
66	10
67	21
68	15
69	9
70	5

Dados fictícios.

a) Classifique a variável "idade dos ex-alunos no encontro".
b) Construa uma tabela de frequências (absoluta e relativa) dos valores dessa variável.
c) Construa um histograma para os valores dessa variável.

17. A tabela a seguir apresenta os dados obtidos em uma pesquisa realizada com 50 pessoas, em um parque, para verificar o consumo de garrafas de água de 500 mL durante o período em que ficaram por lá.

Quantidade de garrafas de água de 500 mL consumidas	FA
0	15
1	10
2	15
3	8
4	2

Dados fictícios.

Para os valores dessa variável, construa:
a) um gráfico de setores;
b) um histograma.

18. O quadro abaixo apresenta a altura, em centímetro, dos alunos de uma turma do 8º ano.

165	164	168	161	159
156	165	162	171	160
167	165	164	158	167
170	166	166	154	165

a) Classifique a variável "altura".
b) Construa uma tabela de frequências (absoluta e relativa).
c) Construa um histograma.

19. Um sindicato verificou quantos trabalhadores havia em cada empresa associada a ele, obtendo as informações a seguir.

Quantidade de trabalhadores	Quantidade de empresas
0 ⊢ 100	60
100 ⊢ 200	75
200 ⊢ 300	80
300 ⊢ 400	42
400 ⊢ 500	56
500 ⊢ 600	45

Dados fictícios.

a) Classifique a variável "quantidade de trabalhadores".
b) Construa uma tabela de frequências.
c) Construa um histograma e trace o polígono de frequência.

4. Gráficos e planilhas eletrônicas

Os diversos tipos de gráficos estudados neste capítulo também podem ser construídos utilizando um programa do tipo **planilha eletrônica**. O exemplo a seguir apresenta os passos para a construção de um gráfico de colunas.

Exemplo

Em um campeonato de futebol, foi registrada a quantidade de gols que cada time marcou. Para representar essa situação em um gráfico de colunas utilizando uma planilha eletrônica, inicialmente organizam-se os dados nela, como representado ao lado.

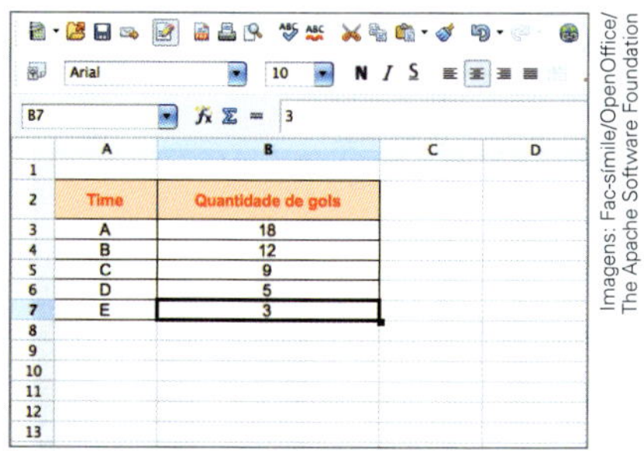

Imagens: Fac-símile/OpenOffice/ The Apache Software Foundation

Selecionam-se com o *mouse* os dados da tabela e escolhe-se a opção "Gráfico" e o tipo de gráfico que se deseja construir; nesse caso, gráfico de colunas.

Na janela que se abre, em geral, após a construção, é possível preencher e alterar algumas características do gráfico, como tamanho e cor dos elementos.

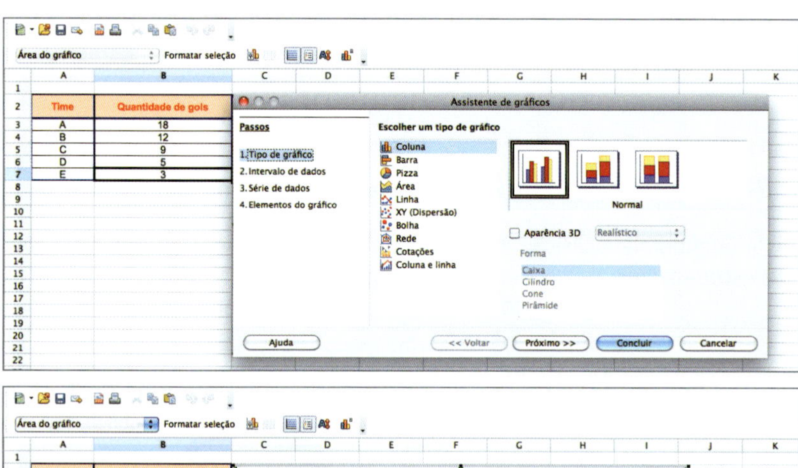

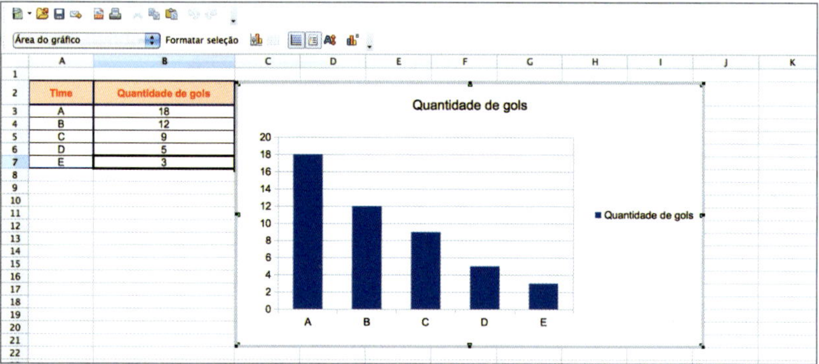

Exercício proposto

20. Essa atividade deve ser feita em dupla, com auxílio de uma planilha eletrônica.

Obtenha dados do campeonato estadual ou brasileiro de futebol. Você pode consultar jornais, revistas ou *sites* de notícias e de esportes na internet.

Escolha as informações que você acha relevantes para cada time (pontuação no campeonato, número de gols marcados, saldo de gols, etc.) e organize-as em uma planilha eletrônica, na forma de tabela. Escolha e gere o tipo de gráfico que considerar mais adequado para esses dados.

Caso o campeonato esteja em andamento, você pode gravar a planilha eletrônica e, a cada rodada, atualizar os dados da tabela e do gráfico.

Depois, responda às seguintes questões.

a) O que significa o saldo de gols de cada time? Como ele é calculado? Esse saldo pode ser negativo?

b) Como é possível calcular a média de gols de cada time por partida?

c) Até o momento da coleta dos dados, o 1º colocado no campeonato obteve qual porcentagem do total de pontos que disputou?

d) Estude as regras do campeonato que escolheu. Você consegue prever quantas partidas esse campeonato terá (ou já teve)? Registre o método que você usou para calcular ou estimar esse número e compare com os dos colegas.

Exercícios complementares

21. Uma fábrica produz 5 000 caixas de papelão por mês. O gráfico a seguir representa a quantidade de caixas vendidas nos meses de janeiro a junho de 2014. As caixas que não são vendidas são estocadas.

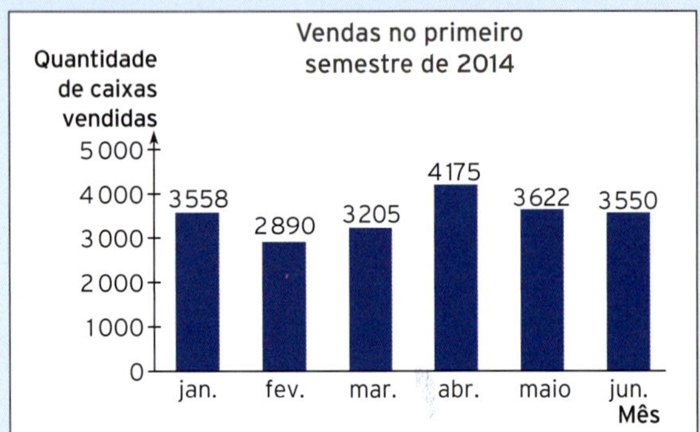

Dados fictícios.

a) Qual é o mês de menor venda no período?

b) Qual é a porcentagem de caixas de papelão estocadas nos meses de maior e de menor venda?

c) Represente em um gráfico de setores a quantidade de caixas vendidas e a quantidade estocada no mês de junho.

22. Considere o gráfico e o texto a seguir.

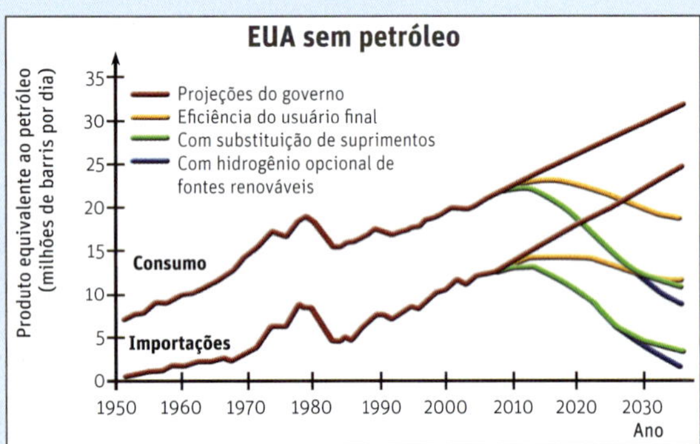

Consumo e importações de petróleo nos EUA podem ser reduzidos ao se dobrar a eficiência dos veículos, prédios e indústria (linhas amarelas no gráfico). Os EUA podem fazer mais reduções ao trocar petróleo por alternativas competitivas, como biocombustíveis modernos e gás natural economizado (linhas verdes), além de hidrogênio combustível (linhas azuis).

Scientific American, ano 4, n. 41. p. 75.

Com base nos dados, responda às seguintes perguntas.

a) Em 2030, qual seria a diferença aproximada do consumo de petróleo se nenhuma medida fosse adotada e se aumentasse a eficiência do usuário final?

b) Em 2020, qual seria a diferença aproximada das importações de petróleo se nenhuma medida fosse adotada e se o petróleo fosse substituído por biocombustíveis?

23. O gerente de uma empresa que fabrica rolos de papel higiênico selecionou uma amostra de seu produto e mediu o comprimento do papel desenrolado no intuito de controlar a qualidade da produção. Os resultados das medições são apresentados na tabela abaixo.

Comprimento (m)	FA
[29,8; 29,9[	6
[29,9; 30[	9
[30; 30,1[	13
[30,1; 30,2[	8
[30,2; 30,3[	4

Dados fictícios.

Agora, construa um histograma desses dados.

24. Em uma loja são vendidos três modelos de televisor, *A*, *B* e *C*. O gráfico abaixo representa a distribuição de vendas de cada modelo.

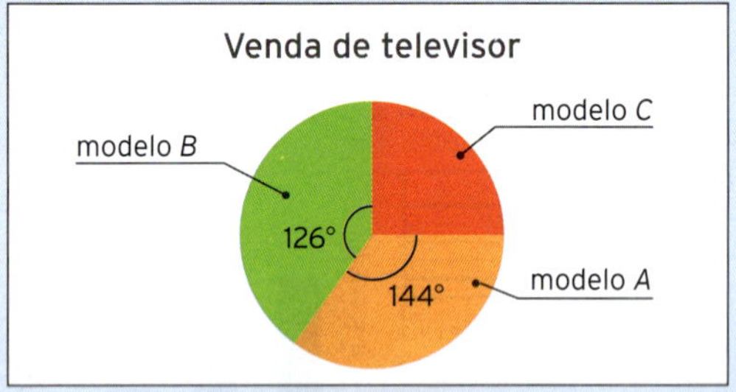

Dados fictícios.

Construa uma tabela de frequência relativa e um gráfico de colunas para os valores da variável "modelo de televisor".

25. Em um colégio há 1 000 alunos, sendo 560 meninas. Durante uma das aulas de Matemática do 3º ano, um grupo de alunos ficou responsável por realizar uma pesquisa estatística sobre a quantidade de primos que cada aluno desse colégio tem. Para tanto, o grupo decidiu coletar as respostas em uma amostra de 150 alunos.

a) Quantas meninas deve haver nessa amostra para que a proporção de meninas em relação à população total se mantenha?

b) Construa um gráfico de setores para os dados da variável "alunos" desse colégio.

Se possível, utilize um programa do tipo planilha eletrônica para gerar o gráfico de setores, não se esquecendo de inserir legenda e outras informações que você considere relevantes.

c) Descubra a quantidade aproximada de alunos que há em seu colégio. Supondo que você fosse o responsável pela pesquisa, determine a quantidade de alunos que a amostra deveria ter e quantos deles deveriam ser meninos para manter as mesmas proporções em relação aos dados fornecidos no enunciado.

26. Observe o histograma a seguir, que apresenta o tempo diário médio que os jovens de uma cidade se dedicam a seu esporte preferido.

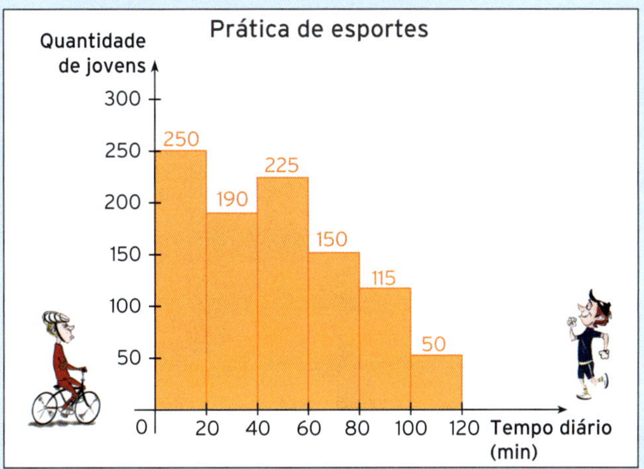

Dados fictícios.

a) Quantos jovens dedicam, em média, mais de uma hora diária em práticas esportivas?
b) Represente a frequência relativa desses dados em um histograma e trace o polígono de frequência.

27. (Enem) Um cientista trabalha com as espécies I e II de bactérias em um ambiente de cultura. Inicialmente, existem 350 bactérias da espécie I e 1 250 bactérias da espécie II. O gráfico representa as quantidades de bactérias de cada espécie, em função do dia, durante uma semana.

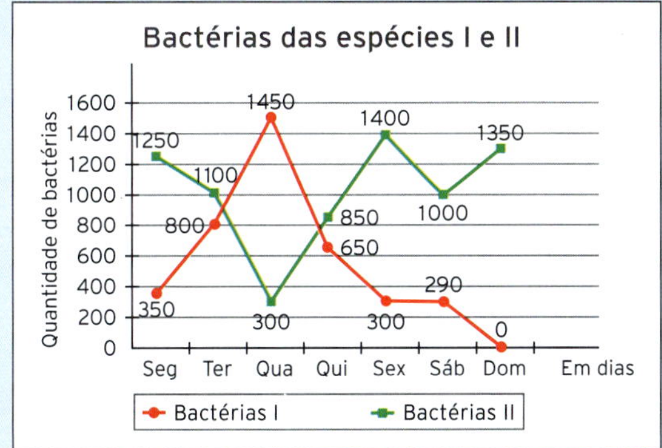

Em que dia dessa semana a quantidade total de bactérias nesse ambiente de cultura foi máxima?

a) Terça-feira.
b) Quarta-feira.
c) Quinta-feira.
d) Sexta-feira.
e) Domingo.

28. (Enem) Uma falsa relação

O cruzamento da quantidade de horas estudadas com o desempenho no Programa Internacional de Avaliação de Estudantes (Pisa) mostra que mais tempo na escola não é garantia de nota acima da média.

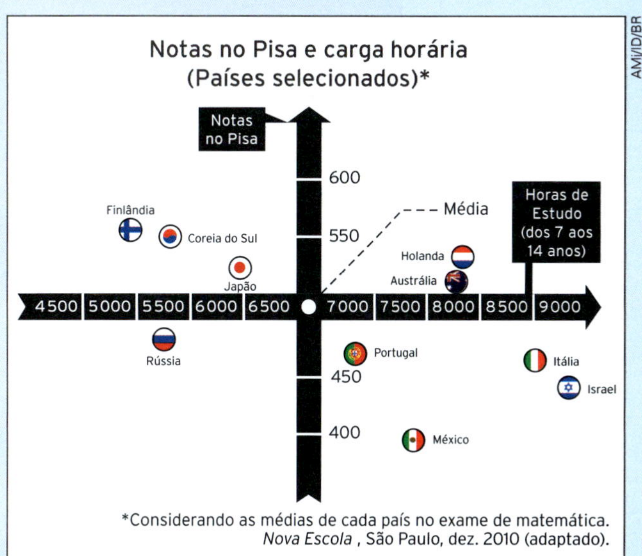

*Considerando as médias de cada país no exame de matemática.
Nova Escola, São Paulo, dez. 2010 (adaptado).

Dos países com notas abaixo da média nesse exame, aquele que apresenta maior quantidade de horas de estudo é

a) Finlândia.
b) Holanda.
c) Israel.
d) México.
e) Rússia.

29. (Enem) A cidade de Guarulhos (SP) tem o 8º PIB municipal do Brasil, além do maior aeroporto da América do Sul. Em proporção, possui a economia que mais cresce em indústrias, conforme mostra o gráfico.

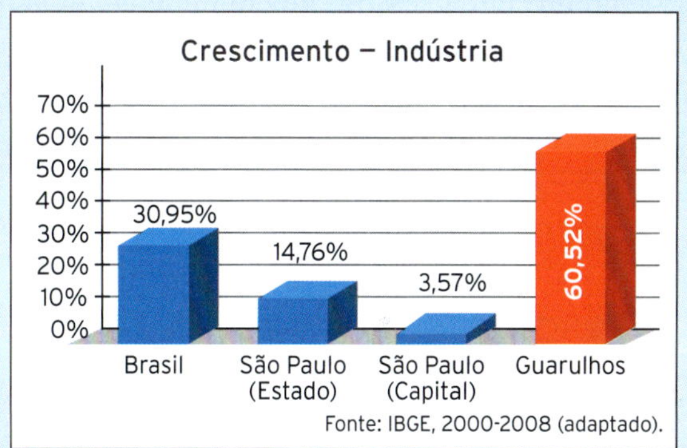

Fonte: IBGE, 2000-2008 (adaptado).

Analisando os dados percentuais do gráfico, qual a diferença entre o maior e o menor centro em crescimento no polo das indústrias?

a) 75,28
b) 64,09
c) 56,95
d) 45,76
e) 30,07

CAPÍTULO

24 Medidas de posição e de dispersão

Módulos

Mondadori Portfolio/Age Fotostock/Grupo Keystone (cena do filme); Peter Zurek/Shutterstock.com/ID/BR (sala de cinema)

Cena do filme *E o vento levou...*, de 1939, um clássico que está entre os campeões de faturamento.

Para começar

Uma empresa cinematográfica realizou uma pesquisa com o objetivo de determinar a quantidade de ingressos vendidos em 4 sessões de um filme em uma mesma sala de cinema. Os dados foram registrados na tabela a seguir.

Sessão	Público (número de ingressos vendidos)	Porcentagem de ocupação das poltronas disponíveis na sala
1ª	590	59,0%
2ª	755	75,5%
3ª	810	81,0%
4ª	613	61,3%

Dados fictícios.

1. Qual foi a média de público nas 4 sessões? Como você calculou esse valor?
2. Explique como calcular a média de público considerando mais sessões desse filme.
3. Quantas poltronas tem essa sala de cinema?
4. Converse com os colegas e verifique quantos foram ao cinema no último mês. Quais são os gêneros (comédia, drama, ação, aventura, policial, etc.) preferidos? Os resultados podem ser representados no quadro, com o auxílio do professor.

1. Medidas de tendência central

Ao medir e registrar a temperatura em uma região da cidade, em certos intervalos de tempo, obtêm-se diferentes valores ao longo de um dia. Com eles, é possível determinar um valor que representa a variação da temperatura local durante o dia em determinada época do ano; esse valor é uma **medida de tendência central** ou **medida de posição**.

Analogamente, dada uma variável quantitativa, podem-se determinar as medidas de tendência central de seus valores, tais como a média, a moda e a mediana.

Média

Média aritmética

Entre as medidas de tendência central, a mais comum é a **média aritmética**, assim definida:

> A **média aritmética** de uma variável é o quociente entre a soma dos valores observados e o número de observações.

A média aritmética também pode ser denominada simplesmente **média**, e é denotada por $\overline{x}$.

Assim, sendo x_1, x_2, x_3, ..., x_n os n valores observados de uma variável quantitativa, tem-se a média aritmética $\overline{x}$ desses valores:

$$\overline{x} = \frac{x_1 + x_2 + x_3 + \ldots + x_n}{n}$$

Exemplo

Nas avaliações feitas em um bimestre, um aluno obteve as notas 5,5; 7,0; 6,0 e 8,5. A média aritmética dessas notas é:

$$\overline{x} = \frac{5{,}5 + 7{,}0 + 6{,}0 + 8{,}5}{4} = \frac{27}{4} = 6{,}75$$

Média aritmética ponderada

A **média aritmética ponderada** é usada para determinar a média dos valores de uma variável em que cada valor tem diferente grau de importância, representado pelos **pesos** atribuídos aos valores dessa variável. Define-se:

> A **média aritmética ponderada** de uma variável é igual à soma dos produtos dos valores observados pelos seus pesos, dividida pela soma dos pesos.

Para simplificar a linguagem, a média aritmética ponderada é denominada apenas **média ponderada**.

Assim, sendo x_1, x_2, x_3, ..., x_n os n valores observados de uma variável quantitativa e p_1, p_2, p_3, ..., p_n seus pesos, tem-se a média ponderada $\overline{x}_p$ desses valores:

$$\overline{x}_p = \frac{x_1 \cdot p_1 + x_2 \cdot p_2 + x_3 \cdot p_3 + \ldots + x_n \cdot p_n}{p_1 + p_2 + p_3 + \ldots + p_n}$$

Exemplo

Se, no exemplo acima, as notas do aluno tivessem pesos 1, 2, 3 e 4, respectivamente, então a média ponderada das notas seria:

$$\overline{x}_p = \frac{5{,}5 \cdot 1 + 7{,}0 \cdot 2 + 6{,}0 \cdot 3 + 8{,}5 \cdot 4}{1 + 2 + 3 + 4} = \frac{5{,}5 + 14 + 18 + 34}{10} = 7{,}15$$

Para recordar

Variável

Em uma pesquisa estatística, **variável** é cada tipo de dado obtido. Os **valores** de uma variável são as possíveis respostas que a variável pode ter.

Uma variável é **qualitativa** quando revela uma qualidade dos indivíduos e é **quantitativa** quando é expressa por números. Se uma variável quantitativa é representada por números inteiros, então ela é denominada **quantitativa discreta**; se ela pode assumir valores reais, então é denominada **quantitativa contínua**.

Para refletir

Em que tipo de situação a média aritmética pode fornecer um número discrepante em relação aos valores observados da variável? Dê um exemplo.

Cálculo mental

Um experimento físico, destinado a estimar a densidade de um líquido, mediu o tempo que uma bolinha em queda gasta para percorrer um tubo vertical com um líquido desconhecido.

Foram obtidos os seguintes valores:

1ª medida: 45 segundos

2ª medida: 39 segundos

3ª medida: 48 segundos

A média dos valores obtidos pode ser utilizada para determinar a densidade do líquido. Determine a média desses valores.

Média de valores em uma tabela de frequência

Os valores de uma variável de uma pesquisa estatística podem estar organizados em uma tabela de frequências absolutas (FA), em que o valor x_1 da variável aparece f_1 vezes, o valor x_2 aparece f_2 vezes, e assim por diante, como na tabela ao lado.

Valor da variável	FA
x_1	f_1
x_2	f_2
⋮	⋮
x_n	f_n

A média dos valores apresentados nessa tabela é:

$$\overline{x}_p = \frac{\overbrace{x_1 + \ldots + x_1}^{f_1 \text{ vezes}} + \ldots + \overbrace{x_n + \ldots + x_n}^{f_n \text{ vezes}}}{f_1 + f_2 + \ldots + f_n}$$

$$\overline{x}_p = \frac{x_1 \cdot f_1 + x_2 \cdot f_2 + \ldots + x_n \cdot f_n}{f_1 + f_2 + \ldots + f_n}$$

Exemplo

Uma pesquisa a respeito da idade dos alunos de uma turma do 3º ano do Ensino Médio forneceu os resultados representados na tabela abaixo.

Idade (em anos)	FA
16	2
17	19
18	3

Dados fictícios.

A média das idades desses alunos é:

$$\overline{x}_p = \frac{16 \cdot 2 + 17 \cdot 19 + 18 \cdot 3}{2 + 19 + 3} = \frac{32 + 323 + 54}{24} \cong 17{,}04$$

Logo, a média das idades desses alunos é aproximadamente 17,04 anos.

Média geométrica

Define-se:

A **média geométrica** de uma variável de n valores positivos é a raiz n-ésima do produto dos valores observados.

A média geométrica também pode ser denotada por $\overline{x}_g$.

Assim, sendo $x_1, x_2, \ldots, x_n$ os n valores positivos observados de uma variável quantitativa, tem-se a média geométrica $\overline{x}$ desses valores:

$$\overline{x}_g = \sqrt[n]{x_1 \cdot x_2 \cdot x_3 \cdot \ldots \cdot x_n}$$

Exemplo

Os trabalhadores de uma empresa receberam reajuste salarial distribuído durante um trimestre: 1% no primeiro mês, 1,3% no segundo mês e 1,6% no terceiro mês.

O valor acumulado com os reajustes de 1%, 1,3% e 1,6% sobre o salário é o produto desse salário por 1,01, 1,013 e 1,016, sucessivamente.

Para determinar o valor percentual médio mensal do reajuste salarial, calcula-se a média geométrica $\overline{x}_g$ desses fatores:

$$\overline{x}_g = \sqrt[3]{1{,}01 \cdot 1{,}013 \cdot 1{,}016} \cong \sqrt[3]{1{,}0395} \cong 1{,}0130$$

O fator 1,0130 corresponde a 101,3% = 100% + 1,3%. Logo, os trabalhadores dessa empresa receberam aproximadamente 1,3% de reajuste médio mensal.

Para recordar

Progressão geométrica

A média geométrica pode ser utilizada para determinar uma sequência numérica de valores positivos em que qualquer termo é a média geométrica entre seu antecessor e seu sucessor.

Essa sequência numérica é uma P.G., cujo termo geral é:

$$x_n = \sqrt{x_{n-1} \cdot x_{n+1}}$$

Por exemplo, na P.G. (3, 6, 12, 24), tem-se:

$x_3 = \sqrt{x_2 \cdot x_4} = \sqrt{6 \cdot 24} = 12$

Média harmônica

Define-se:

A **média harmônica** de uma variável de *n* valores positivos é o quociente entre o número de observações e a soma dos *n* inversos dos valores observados.

A média harmônica é usada na análise de grandezas inversamente proporcionais, como na relação entre velocidade e tempo (velocidade média). Ela também pode ser denotada por $\overline{x}_h$.

Assim, sendo $x_1, x_2, ..., x_n$ os n valores positivos observados de uma variável quantitativa, tem-se a média harmônica $\overline{x}_h$ desses valores:

$$\overline{x}_h = \frac{n}{\frac{1}{x_1} + \frac{1}{x_2} + ... + \frac{1}{x_n}}$$

Exemplo

Durante uma viagem, um veículo percorre metade da distância com velocidade de 70 km/h e a outra metade com velocidade de 90 km/h.

Para determinar a velocidade média v_m do veículo durante a viagem, calcula-se a média harmônica das velocidades:

$$v_m = \frac{2}{\frac{1}{70} + \frac{1}{90}} = 78{,}75$$

Logo, a velocidade média do veículo nessa viagem foi 78,75 km/h.

Exercícios propostos

1. Um município com 40 200 habitantes tem 3 postos de saúde para atender a população. Quantos habitantes há, em média, para cada posto de saúde?

2. O gráfico abaixo apresenta a distribuição das idades dos alunos de uma turma do 3º ano do Ensino Médio de uma escola.

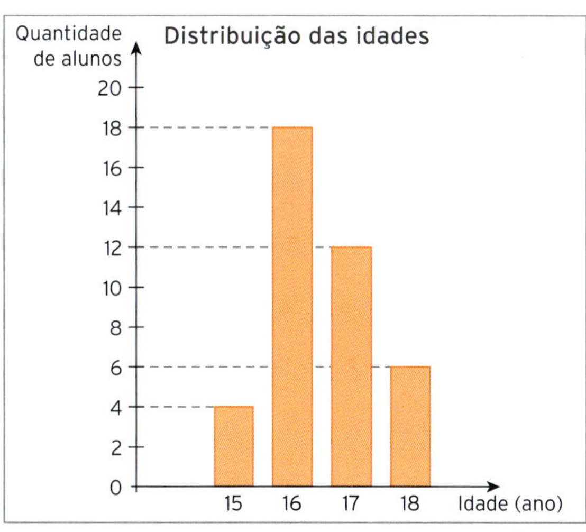

Dados fictícios.

Determine a média das idades desses alunos.

3. Em uma escola, a média das idades dos meninos é 16 anos, e a das meninas, 17 anos. Determine a média das idades dos alunos dessa escola, sabendo que 47% dos alunos são do sexo masculino.

4. Em um grupo de 13 amigas, verifica-se que:

- todas têm pelo menos um filho;
- quatro delas têm 4 filhos;
- três têm 3 filhos;
- cinco têm 2 filhos;
- uma tem 1 único filho.

Qual é a média das quantidades de filhos das amigas desse grupo?

5. Em um grupo de 20 pessoas, 8 são homens e 12 são mulheres. A média das alturas dos homens é 1,75 m, e a média das alturas das mulheres é 1,65 m.
Qual é a média das alturas dessas pessoas?

6. A média aritmética em um conjunto formado por 60 números é 25,5. Ao acrescentar o número 125 a esse conjunto, qual é a nova média aritmética?

7. A média geométrica dos números 2, k e 8 é um número inteiro. Determine um possível valor de k.

8. Um veículo se desloca de uma cidade A para uma cidade B com velocidade média de 100 km/h. Na volta da cidade B para a cidade A, sua velocidade média é 80 km/h. Qual é a velocidade média do veículo no trajeto de ida e volta?

9. A média das alturas de um grupo de 15 alunos é 1,45 m. Se 7 novos alunos, cuja média das alturas é 1,50 m, se juntarem a esse grupo, então qual será a média das alturas dos 22 alunos?

Moda

Define-se moda de uma variável, que pode ser denotada por *Mo*:

> A **moda** de uma variável é o valor observado que aparece com maior frequência.

Exemplo

As idades de alguns alunos foram organizadas em uma tabela de frequência absoluta como a representada ao lado. A moda das idades desses alunos é 17 ($Mo = 17$), pois é a idade que apresenta maior frequência absoluta.

Idade	FA
16	6
17	9
18	2
19	1

Observações

- Quando mais de um valor tem frequência absoluta máxima em relação às outras frequências, todos esses valores são modas dessa variável.
- Quando todos os valores observados têm frequência absoluta igual a 1, ou seja, se não há repetição de valores, diz-se que não há moda dessa variável.

Mediana

Sendo n o número de valores observados de uma variável, dispostos de modo ordenado, define-se:

> A **mediana** de uma variável é:
> - o valor que ocupa a posição central $\left(\text{posição de ordem } \frac{(n+1)}{2}\right)$ entre os valores ordenados, se n é ímpar;
> - a média aritmética dos dois valores das posições centrais $\left(\text{posições de ordem } \frac{n}{2} \text{ e } \frac{(n+2)}{2}\text{, respectivamente}\right)$ entre os valores ordenados, se n é par.

Assim, a mediana de uma variável é o valor que divide os valores ordenados em duas partes iguais. Denota-se a mediana por *Me*.

Exemplos

1. Em uma pesquisa sobre o número do calçado de um grupo de sete pessoas, foram obtidos os valores 36, 38, 37, 39, 39, 40 e 38.
Como o número de observações é ímpar, a mediana é o valor de posição central $\left(\frac{7+1}{2} = 4^a \text{ posição}\right)$ entre os valores ordenados.

36 37 38 | **38** | 39 39 40

3 observações — posição central — 3 observações

Assim, dispondo-se as informações em ordem crescente, obtém-se $Me = 38$.

2. Em outra pesquisa, com o mesmo intuito, foram entrevistadas dez pessoas, e os dados obtidos foram 36, 39, 38, 36, 37, 39, 39, 40, 41 e 37.
Como o número de observações é par, a mediana é a média aritmética dos dois valores das posições centrais $\left(\frac{10}{2} = 5^a \text{ e } \frac{(10+2)}{2} = 6^a \text{ posição}\right)$ entre os valores ordenados.

36 36 37 37 | **38 39** | 39 39 40 41

4 observações — posições centrais — 4 observações

$$Me = \frac{38+39}{2} = 38{,}5$$

Assim, dispondo-se as informações em ordem crescente, obtém-se $Me = 38{,}5$.

Ação e cidadania

Etnomatemática: a Matemática intercultural

O prefixo *etno-* refere-se à *etnia* (grupo de pessoas que vivem com a mesma cultura e língua e têm ritos próprios).

[Etnomatemática] é uma área de investigação ligada ao estudo da matemática que pretende perceber e procurar a matemática que tenha ficado em forma latente [não aparente] em grupos [...] culturais [...].

[...] A investigação [...] mostra as dificuldades [...] no apoio familiar às tarefas escolares das crianças, em consequência das diferenças existentes tanto nos métodos utilizados na escola e em casa como na terminologia matemática utilizada pelos pais e pelas crianças [...].

Disponível em: <fordis.ese.ips.pt/docs/siem/texto32.doc>. Acesso em: 15 jul. 2015.

- Qual seria seu comportamento diante de um colega de cultura diferente da sua?
- Em um grupo de 30 pessoas, há 4 etnias distintas (A, B, C e D) com 4, 9, 15 e 7 pessoas. Qual é a moda das etnias desse grupo?
- As 7 pessoas da etnia D têm 23, 40, 9, 67, 31, 16 e 46 anos. Determine a mediana dessas idades.

Exercício resolvido

10. As idades dos integrantes de um grupo de turistas são 23, 23, 23, 23, 24, 25, 25, 25, 26, 26, 26, 26, 27, 28, 28, 28 e 28. Determine a moda dessas idades.

Resolução

Construímos a tabela a seguir com as frequências absolutas das idades dos integrantes do grupo.

Idade (ano)	23	24	25	26	27	28
FA	4	1	3	4	1	4

Observamos que a maior frequência absoluta é 4, que corresponde às idades 23, 26 e 28 anos. Logo, as modas das idades desse grupo de turistas são: $Mo = 23$, $Mo = 26$ e $Mo = 28$

Dados agrupados em intervalos

A seguir, é dado um exemplo de cálculo da média aritmética, da moda e da mediana de dados agrupados em intervalos.

A tabela ao lado apresenta as faixas salariais em uma empresa, a frequência absoluta de cada faixa (FA), a frequência absoluta acumulada (FA_C), ou seja, a soma das frequências absolutas até a faixa salarial citada, e o ponto médio (P_M) do intervalo de cada faixa, ou seja, a média aritmética dos extremos de cada intervalo.

Faixa salarial (em real)	FA	FA_C	P_M
$500 \vdash 750$	11	11	625
$750 \vdash 1\,000$	15	26	875
$1\,000 \vdash 1\,250$	18	44	1 125
$1\,250 \vdash 1\,500$	13	57	1 375
$1\,500 \vdash 1\,750$	9	66	1 625
$1\,750 \vdash 2\,000$	5	71	1 875

Dados fictícios.

Para calcular o salário médio nessa empresa, calcula-se a média aritmética das faixas salariais. E, para isso, toma-se o ponto médio dos intervalos como referência para o cálculo:

$$\bar{x} = \frac{11 \cdot 625 + 15 \cdot 875 + 18 \cdot 1125 + 13 \cdot 1375 + 9 \cdot 1625 + 5 \cdot 1875}{11 + 15 + 18 + 13 + 9 + 5} =$$

$$= \frac{82\,125}{71} \cong 1156{,}7$$

A moda é o valor que aparece com maior frequência. Nesse caso, em que os valores estão agrupados em intervalos, toma-se o ponto médio (P_M) do intervalo que tem maior frequência absoluta (FA), $1000 \vdash 1250$. Assim: $Mo = 1\,125$

Como há 71 valores observados, um número ímpar, a mediana é o ponto médio (P_M) do intervalo ao qual pertence o valor da posição central, que é o 36º valor. Pela frequência absoluta acumulada (FA_C), verifica-se que esse valor está no intervalo $1\,000 \vdash 1\,250$. Logo: $Me = 1125$

Exercícios propostos

11. Em uma turma do 3º ano do Ensino Médio, pesquisou-se o tempo gasto pelos alunos para ir de casa à escola. O gráfico abaixo apresenta os resultados.

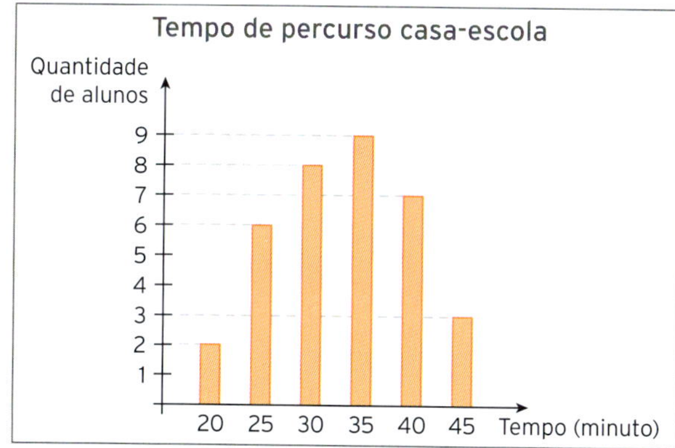

Dados fictícios.

a) Determine quantos alunos há nessa turma.

b) Calcule a média, a moda e a mediana dos tempos gastos pelos alunos para ir de casa à escola.

12. Visando manter a qualidade dos queijos que oferece ao consumidor, um supermercado fez um controle da quantidade de unidades vendidas durante 30 dias, obtendo os resultados diários abaixo:

27	36	32	12	11	15	25	22	22	15
32	28	27	25	25	28	27	32	31	31
25	22	15	27	22	15	18	21	27	28

a) Em média, quantos queijos foram vendidos por dia pelo supermercado?

b) Qual é a mediana dos valores observados?

c) Qual é a moda desses valores?

13. Uma pesquisa realizada em certo dia em um hospital constatou o número de dias de internação de seus pacientes, conforme representado a seguir.

Número de dias de internação	Número de pacientes
1	2
2	3
3	3
4	3
5	1
6	2
7	6
8	1

Número de dias de internação	Número de pacientes
9	3
10	2
11	2
12	2
13	1
14	2
15	2
16	1

Dados fictícios.

Determine:

a) o tempo médio de internação dos pacientes;

b) a mediana desses dados e a interpretação desse resultado para a situação descrita;

c) a moda desses dados e sua interpretação.

14. A tabela abaixo mostra os níveis de concentração de CO (monóxido de carbono) observados entre 1995 e 2010 na região metropolitana de São Paulo.

MÁXIMA CONCENTRAÇÃO ANUAL OBSERVADA – CO (MONÓXIDO DE CARBONO)	
ANO	**CONCENTRAÇÃO (em μg/m³)**
1995	22013
1996	25994
1997	21193
1998	16744
1999	16158
2000	16041
2001	15807
2002	13817
2003	16861
2004	11943
2005	10655
2006	12880
2007	12411
2008	9601
2009	9835
2010	-

Fonte de pesquisa: <http://seriesestatisticas.ibge.gov.br/series.aspx?no=16&op=0&vcodigo=IU5&t=concentracao-poluentes-ar-areas-urbanas-1>. Acesso em: 18 fev. 2015.

Sabendo-se que em 2010 os dados não puderam ser coletados, baseando-se nas informações constantes da tabela, determine:

a) A média observada de concentração de CO na região metropolitana de São Paulo.

b) A mediana dos dados observados.

c) Suponha que, em 2010, a concentração de CO, em μg/m³, tivesse sido de 10 745, determine os novos valores para a média e para a mediana dos dados.

15. (Enem) Ao final de uma competição de ciências em uma escola, restaram apenas três candidatos. De acordo com as regras, o vencedor será o candidato que obtiver a maior média ponderada entre as notas das provas finais das disciplinas de química e física, considerando, respectivamente, os pesos 4 e 6 para elas. As notas serão sempre números inteiros. Por questões médicas, o candidato II ainda não fez a prova final de química. No dia em que sua avaliação for aplicada, as notas dos outros dois candidatos, em ambas as disciplinas, já terão sido divulgadas. O quadro apresenta as notas obtidas pelos finalistas nas provas finais.

Candidato	Química	Física
I	20	23
II	×	25
III	21	18

A menor nota que o candidato II deverá obter na prova final de química para vencer a competição é:

a) 18

b) 19

c) 22

d) 25

e) 26

16. (Fuvest-SP) Examine o gráfico.

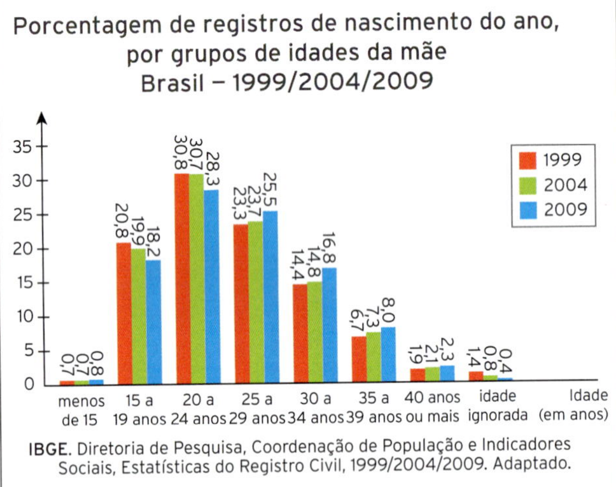

IBGE. Diretoria de Pesquisa, Coordenação de População e Indicadores Sociais, Estatísticas do Registro Civil, 1999/2004/2009. Adaptado.

Com base nos dados do gráfico, pode-se afirmar corretamente que a idade:

a) mediana das mães das crianças nascidas em 2009 foi maior que 27 anos.

b) mediana das mães das crianças nascidas em 2009 foi menor que 23 anos.

c) mediana das mães das crianças nascidas em 1999 foi maior que 25 anos.

d) média das mães das crianças nascidas em 2004 foi maior que 22 anos.

e) média das mães das crianças nascidas em 1999 foi menor que 21 anos.

2. Medidas de dispersão

As medidas de tendência central dos valores de uma variável muitas vezes não são suficientes para indicar determinado comportamento desses dados, como sua variabilidade.

Por exemplo, um professor deseja comparar o desempenho das notas obtidas nas turmas A e B em uma prova. Para isso, ele organizou uma tabela com as frequências das notas de cada turma.

Turma \ Nota	10	9	8	7	6	5	4	3	2	1	0
A	2	0	0	0	12	15	2	1	0	0	0
B	0	5	7	10	0	0	0	0	2	3	5

Dados fictícios.

As médias das notas dos alunos da turma A e da turma B são assim calculadas:

$$\overline{x}_A = \frac{2 \cdot 10 + 0 \cdot 9 + 0 \cdot 8 + ... + 0 \cdot 2 + 0 \cdot 1 + 0 \cdot 0}{2 + 0 + 0 + 0 + 12 + 15 + 2 + 1 + 0 + 0 + 0} = \frac{178}{32} \cong 5{,}6$$

$$\overline{x}_B = \frac{0 \cdot 10 + 5 \cdot 9 + 7 \cdot 8 + ... + 2 \cdot 2 + 3 \cdot 1 + 5 \cdot 0}{0 + 5 + 7 + 10 + 0 + 0 + 0 + 0 + 2 + 3 + 5} = \frac{178}{32} \cong 5{,}6$$

Apesar de as médias das notas serem iguais nas duas turmas, as notas dos alunos não são iguais. Observa-se, por exemplo, que na turma A a maioria dos alunos teve notas 6 e 5; já na turma B, muitos alunos tiveram notas 9, 8 e 7, e outros tiveram notas 2, 1 e 0.

Assim, para indicar a variabilidade dos dados observados, utilizam-se as **medidas de dispersão**, como a variância e o desvio padrão, definidos a seguir.

Variância

Define-se variância de uma variável, que é denotada por σ^2.

A **variância** de uma variável é uma medida que quantifica a dispersão dos valores observados em relação à sua média aritmética.

Sendo $x_1, x_2, x_3, ..., x_n$ os n valores observados de uma variável quantitativa e $\overline{x}$ a média aritmética desses valores, tem-se a variância σ^2 desses valores:

$$\sigma^2 = \frac{(x_1 - \overline{x})^2 + (x_2 - \overline{x})^2 + ... + (x_n - \overline{x})^2}{n}$$

O cálculo da variância para o exemplo acima indica a variabilidade das notas em relação à média aritmética das notas de cada turma:

$$(\sigma_A)^2 = \frac{2 \cdot (10 - 5{,}6)^2 + 12 \cdot (6 - 5{,}6)^2 + 15 \cdot (5 - 5{,}6)^2 + 2 \cdot (4 - 5{,}6)^2 + 1 \cdot (3 - 5{,}6)^2}{32} = 1{,}81$$

$$(\sigma_B)^2 = \frac{5 \cdot (9 - 5{,}6)^2 + 7 \cdot (8 - 5{,}6)^2 + 10 \cdot (7 - 5{,}6)^2 + 2 \cdot (2 - 5{,}6)^2 + 3 \cdot (1 - 5{,}6)^2 + 5 \cdot (0 - 5{,}6)^2}{32} \cong 11{,}37$$

Como $(\sigma_A)^2 < (\sigma_B)^2$, conclui-se que a variabilidade das notas dos alunos na turma A é menor do que na turma B, o que indica que as notas dos alunos da turma A estão mais próximas da média do que as notas da turma B.

Exercício resolvido

17. Seis turistas foram divididos em dois grupos, de acordo com suas idades:

Grupo A: 37, 38 e 36 Grupo B: 18, 36 e 57

a) Qual é a média das idades de cada grupo?

b) Qual é a variância das idades de cada grupo?

c) Em qual dos dois grupos a variabilidade das idades é maior?

Resolução

a) $\overline{x_A} = \frac{37 + 38 + 36}{3} = 37$

$\overline{x_B} = \frac{18 + 36 + 57}{3} = 37$

b) $(\sigma_A)^2 = \frac{(37 - 37)^2 + (38 - 37)^2 + (36 - 37)^2}{3} = 0{,}\overline{6}$

$(\sigma_B)^2 = \frac{(18 - 37)^2 + (36 - 37)^2 + (57 - 37)^2}{3} = 254$

c) A análise dos valores das variâncias nos permite concluir que a variabilidade das idades do grupo B é muito maior do que a do grupo A, pois as idades do grupo A são próximas da média.

Desvio padrão

Define-se desvio padrão, que é denotado por σ.

O **desvio padrão** de uma variável é a raiz quadrada da variância dos valores observados.

O desvio padrão é uma medida que indica o grau de homogeneidade dos valores de uma variável. Para valores indicados em cm, por exemplo, a variância obtida estará em cm². Já o desvio padrão indica a dispersão dos valores na mesma unidade em que se apresentam, facilitando sua interpretação.

Assim, sendo $x_1, x_2, x_3, \ldots, x_n$ os n valores observados de uma variável quantitativa e σ^2 a variância desses valores, tem-se o desvio padrão:

$$\sigma = \sqrt{\sigma^2}$$

Quanto mais próximo de zero é o desvio padrão, mais homogêneos são os valores da variável.

Considerando a situação das notas nas turmas A e B dada anteriormente, calcula-se o desvio padrão:

$(\sigma_A)^2 = 1{,}81 \Rightarrow \sigma_A \cong 1{,}35$

$(\sigma_B)^2 \cong 11{,}37 \Rightarrow \sigma_B \cong 3{,}37$

Como $\sigma_A < \sigma_B$, conclui-se que as notas na turma A são mais homogêneas do que as notas na turma B.

Saiba mais

Coeficiente de variação

Existem outras medidas para comparar os dados de uma variável em relação à dispersão e à variabilidade. Uma delas caracteriza a dispersão ou a variabilidade em relação a seu valor médio. Essa medida é denominada **coeficiente de variação** (CV), e é calculada por $CV = \frac{\sigma}{\overline{x}} \cdot 100$, em que σ é o desvio padrão e $\overline{x}$ é a média aritmética dessa variável.

Exercício resolvido

18. O gráfico a seguir representa as taxas de desemprego de homens e mulheres durante 10 anos em certa cidade.

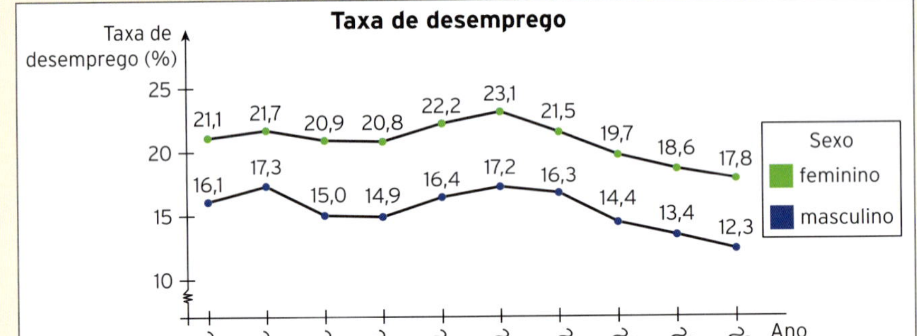

Dados fictícios.

Verifique em qual dos sexos (feminino ou masculino) houve variação mais homogênea na taxa de desemprego no período estudado.

Resolução

Primeiro, determinamos a média das taxas de desemprego em cada sexo (F, feminino e M, masculino):

$$\overline{x}_F = \frac{21{,}1 + 21{,}7 + 20{,}9 + 20{,}8 + 22{,}2 + 23{,}1 + 21{,}5 + 19{,}7 + 18{,}6 + 17{,}8}{10} = \frac{207{,}4}{10} = 20{,}74$$

$$\overline{x}_M = \frac{16{,}1 + 17{,}3 + 15 + 14{,}9 + 16{,}4 + 17{,}2 + 16{,}3 + 14{,}4 + 13{,}4 + 12{,}3}{10} = \frac{153{,}3}{10} = 15{,}33$$

Em seguida, calculamos as variâncias:

$$(\sigma_F)^2 = \frac{(21{,}1 - 20{,}74)^2 + (21{,}7 - 20{,}74)^2 + \ldots + (19{,}7 - 20{,}74)^2 + (18{,}6 - 20{,}74)^2 + (17{,}8 - 20{,}74)^2}{10} \cong 2{,}36$$

$$(\sigma_M)^2 = \frac{(16{,}1 - 15{,}33)^2 + (17{,}3 - 15{,}33)^2 + \ldots + (14{,}4 - 15{,}33)^2 + (13{,}4 - 15{,}33)^2 + (12{,}3 - 15{,}33)^2}{10} \cong 2{,}41$$

Assim, os desvios padrão são $\sigma_F = \sqrt{2{,}36} \cong 1{,}536$ e $\sigma_M = \sqrt{2{,}41} \cong 1{,}552$. Portanto, como $\sigma_F < \sigma_M$, concluímos que a taxa de desemprego no sexo feminino dessa cidade é mais homogênea do que no sexo masculino.

Exercícios propostos

19. Calcule a variância e o desvio padrão dos seguintes valores:

a) 12, 14, 15, 22, 32

b) 14, 18, 25, 30, 21

c) 8, 5, 14, 22, 16

d) 9, 12, 16, 20, 24

20. Considere os seguintes grupos.

Grupo 1	18	12	16	41	52	32
	17	15	16	18	32	62

Grupo 2	11	12	10	12	15	51
	22	24	25	28	14	32

Determine a variância e o desvio padrão dos valores de cada grupo. O que é possível afirmar sobre a distribuição desses valores?

21. Uma empresa divulgou o balanço dos lucros obtidos no 1º e 2º semestres de 2014, conforme mostram os gráficos a seguir. Os dados estão representados em milhões de reais.

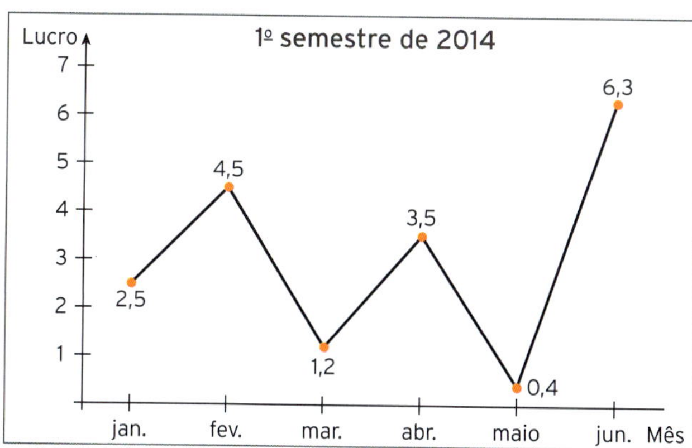

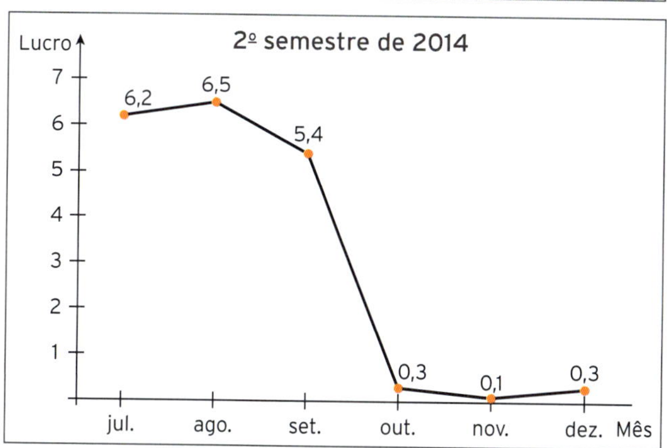

Dados fictícios.

a) Em qual semestre a empresa teve maior lucro médio?

b) O que se pode afirmar a respeito da regularidade e do desempenho dessa empresa em 2014?

22. Resolva a seguinte situação em dupla.

Durante o campeonato de Fórmula 1 de 2012, os pilotos Fernando Alonso, da Espanha, e Sebastian Vettel, da Alemanha, permaneceram em disputa acirrada, da qual Vettel saiu vencedor.

O gráfico abaixo apresenta os dados ao longo desse campeonato.

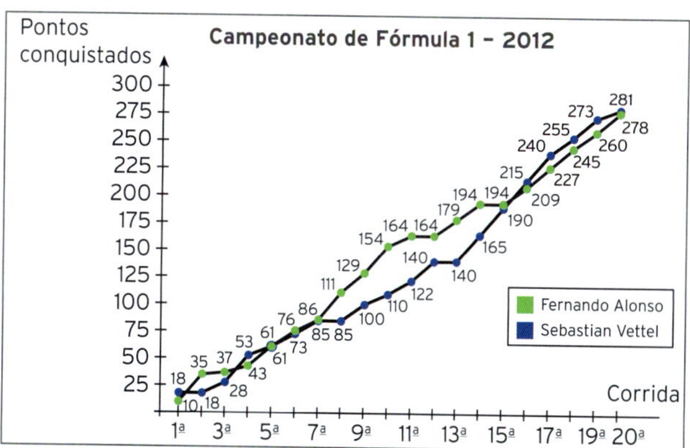

Fonte de pesquisa: Formula 1. Disponível em: <http://www.formula1.com/results/>. Acesso em: 26 dez. 2012.

Qual dos dois pilotos apresentou desempenho mais regular durante o campeonato? Justifique.

23. Considere os seguintes valores:

Grupo 1: 4, 8, 6, 7, 10

Grupo 2: 15, 18, 20, 17, 16

a) Calcule a média, a moda, a mediana, a variância e o desvio padrão dos valores de cada grupo.

b) Qual dos dois grupos apresentados tem valores mais homogêneos?

24. Um clube participa de campeonatos de basquete e de futebol, contando com uma equipe em cada modalidade. As idades dos jogadores das equipes estão apresentadas a seguir.

Equipe de basquete	
Idade	**Frequência absoluta**
17	4
18	3
19	5
20	6
21	2
22	5
23	4
24	3
25	4
26	2
27	2

Equipe de futebol	
Idade	**Frequência absoluta**
17	4
18	2
19	5
20	2
25	3
26	9
27	6
29	1
33	2
34	5
35	1

Dados fictícios.

Em qual das equipes a distribuição das idades é mais homogênea? Justifique.

25. A Região Sudeste do Brasil enfrenta, desde 2014, uma das maiores crises hídricas da história. Debates sobre os reais motivos que levaram ao colapso hídrico mobilizam distintos setores da sociedade, na tentativa de compreender as diferentes nuances dessa crise, bem como se preparar para enfrentar as maiores adversidades que ela pode trazer consigo.

Políticos, membros da imprensa e cientistas das mais diversas áreas (engenharia, ecologia, biologia, climatologia, hidrologia, entre outras), cada um sob seu ponto de vista, apresentam argumentos que procuram explicar os eventos propagadores da crise. Tais argumentos baseiam-se, entre outros fatores, nos prolongados períodos de estiagem que a região enfrenta nos últimos anos e na falta de preocupação por parte das administrações públicas, que pouco investiram em políticas de captação e manuseio dos recursos hídricos.

No final de 2014, alguns cientistas se reuniram para produzir um documento cujo intuito era, além de apresentar informações científicas com base em análise de dados, discutir e propor algumas alternativas para a crise hídrica no Sudeste do Brasil. Em um de seus trechos, o documento redigido apresenta a seguinte informação:

> São fortíssimos os indícios de que há uma mudança climática em curso, evidenciada pelas análises de séries históricas de dados climáticos e hidrológicos e projeções de modelos climáticos, com consequências na preservação de água e em todo o planejamento da gestão dos recursos hídricos. Estas mudanças climáticas não são apenas pontuais. Há indicações e fatos que apontam para sua possível continuidade, configurando uma ameaça à segurança hídrica da população da região Sudeste, especialmente da Região Metropolitana de São Paulo (RMSP), do interior de Minas Gerais e do Estado do Rio de Janeiro, de modo que todos devem estar preparados para eventos climáticos, cada vez mais extremos.
>
> Carta de São Paulo – Recursos hídricos no Sudeste: segurança, soluções, impactos e riscos. Academia Brasileira de Ciências e Academia de Ciências do Estado de São Paulo. Nov. 2014. Disponível em: <http://www.abc.org.br/IMG/pdf/doc-5926.pdf>. Acesso em: 21 fev. 2015.

A seguir são apresentadas tabelas contendo dados pluviométricos de uma das estações de coleta instaladas na região metropolitana de São Paulo.

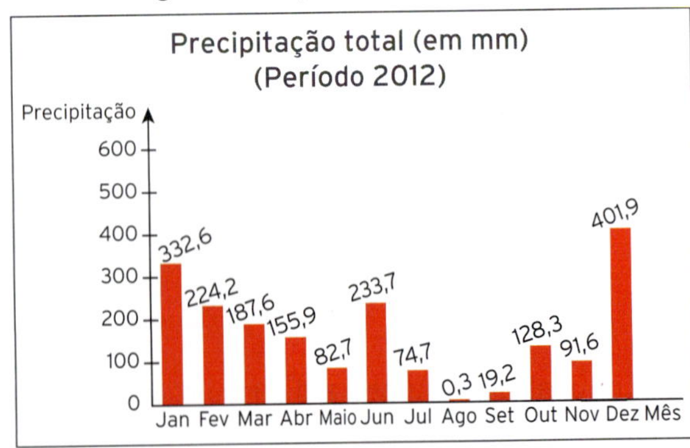

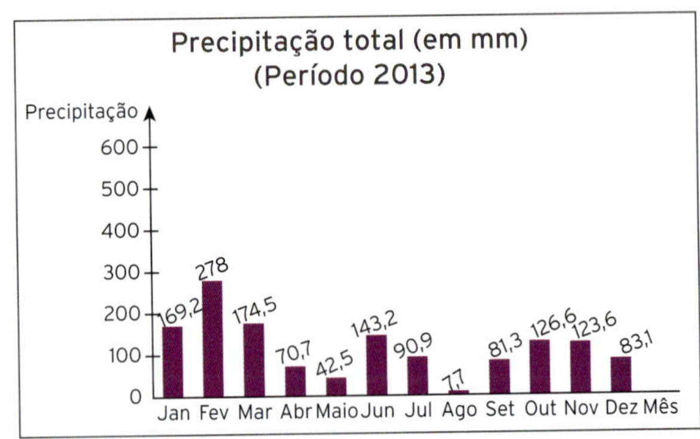

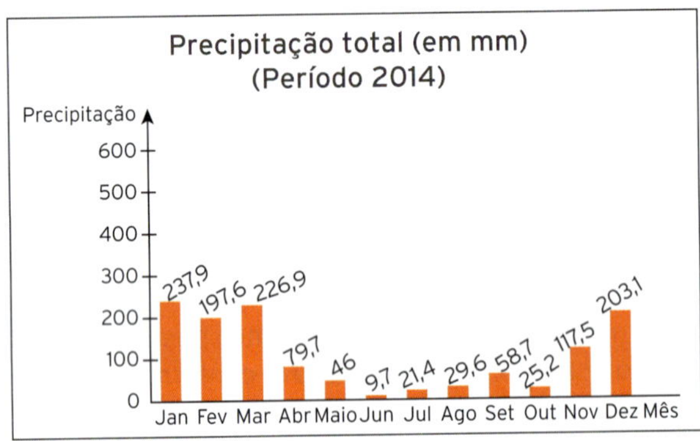

Fonte de pesquisa: <http://www.inmet.gov.br/portal/>. Acesso em: 21 fev. 2015.

Com base nos dados fornecidos e no trecho obtido do documento produzido pelos cientistas, assinale com V (verdadeiro) ou F (falso) as afirmações a seguir:

( ) Somente com os dados apresentados nos gráficos para o período de 2012 a 2014, não é possível verificar as evidências apontadas pelos cientistas em relação à continuidade das mudanças climáticas que, entre outros aspectos, pode estar relacionada à irregularidade das precipitações de chuva na região Sudeste.

( ) A média das precipitações para o período apresentado nos gráficos indica que a afirmação dos cientistas sobre as mudanças climáticas está correta, pois há um leve acréscimo no volume de chuva precipitada de um ano para outro.

( ) Os desvios padrão calculados para cada período de janeiro a dezembro, entre os anos de 2012 e 2014, denotam que a afirmação dos cientistas sobre as alterações climáticas está correta, pois verifica-se que os devios padrão, nos dois últimos anos do período analisado, são muito inferiores aos demais, o que aponta para uma tendência de maior homogeneidade no volume de chuva precipitada ao longo do ano, indicando, portanto, períodos mais longos de estiagem no ano.

Exercícios complementares

26. Em certa cidade, as temperaturas máximas e mínimas nos 12 primeiros dias do mês de março foram registradas conforme mostra o gráfico abaixo.

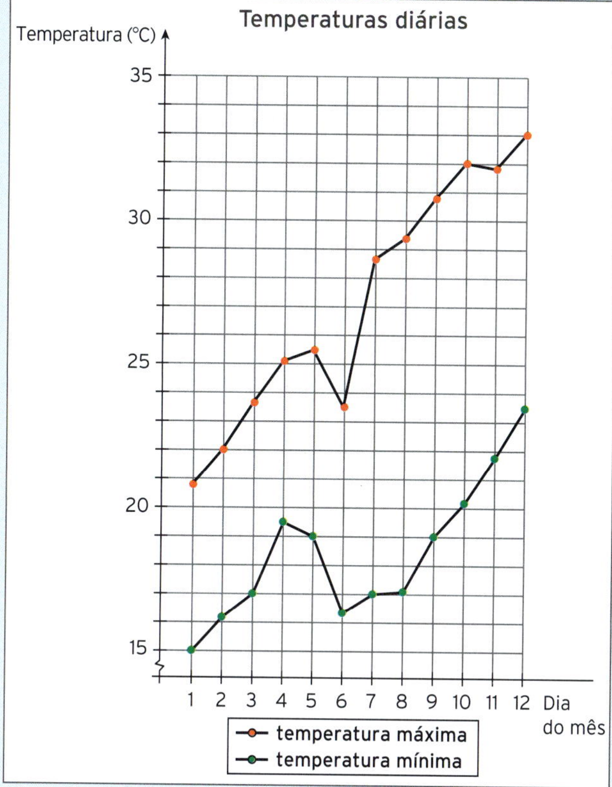

Dados fictícios.

a) Estime as temperaturas máxima e mínima para cada dia indicado no gráfico. Represente esses valores em uma tabela.

b) Apenas analisando as curvas de temperatura, qual delas apresenta maior desvio padrão: a que representa a temperatura máxima ou a mínima? Justifique.

c) Confirme a resposta do item anterior efetuando os cálculos.

27. Determine a média, a mediana e a moda dos valores de cada item.

a) 3, 5, 2, 6, 8, 7, 6, 5, 6, 8, 10

b) 2, 20, 9, 7, 6, 15, 19, 17, 11, 13, 15, 16

c) 21,2; 32,4; 84,2; 12,6; 49,5; 48,9; 52,3

d) 14, 15, 16, 23, 24, 19, 22, 25, 22, 23, 22, 21

28. Determine a variância e o desvio padrão dos valores de cada item.

a) 12, 13, 15, 17, 17, 22, 25, 32, 36, 45, 47, 49, 52, 56, 58

b) 8, 8, 9, 10, 12, 11, 15, 16, 13, 17, 15, 15, 20, 23, 25, 28, 36, 38, 45, 62

c) 9,5; 10,5; 9; 9,5; 12; 11; 10; 9,5; 12; 6,5; 8,5; 12,5; 12; 12; 11; 10; 10,5

29. Escreva em ordem crescente a média aritmética, a média geométrica e a média harmônica dos seguintes valores:

12, 15, 13, 10, 9, 5

30. Foi feita uma pesquisa, nas cinco regiões do Brasil, sobre a preferência dos telespectadores por certo programa de televisão. Os resultados estão representados na tabela a seguir.

Região	Preferência
Norte	35%
Nordeste	42%
Sudeste	25%
Centro-Oeste	62%
Sul	12%

Dados fictícios.

Determine a variância e o desvio padrão dos dados obtidos pela pesquisa.

31. Durante um campeonato de futebol, foram obtidas as seguintes estatísticas para os 22 times participantes:

Time	Porcentagem de acertos nos passes	Número de vitórias
A	81,5	13
B	79,3	18
C	80,6	17
D	84,8	11
E	81,8	24
F	78,7	13
G	82,5	17
H	81,2	13
I	80,8	14
J	85,0	19
K	84,0	16
L	81,5	22
M	82,8	23
N	75,7	15
O	80,1	20
P	79,6	17
Q	80,7	12
R	79,2	15
S	83,7	16
T	80,5	14
U	82,2	16
V	78,3	14

Dados fictícios.

Os 11 times com maior número de vitórias foram reagrupados na chave (I) da 1ª fase do campeonato, e os 11 times com menor número de vitórias foram reagrupados na chave (II). Qual das chaves apresentou desempenho mais regular no acerto de passes? Justifique.

Exercícios complementares

32. Em uma escola, a média em cada disciplina é calculada tomando-se as notas das avaliações mensal e bimestral e as notas de dois trabalhos.
As provas mensal e bimestral têm pesos 3 e 4, e cada trabalho tem peso 2.

a) Qual é a média das notas de uma aluna que obteve notas 5,0; 6,0; 4,0 e 8,0 nas provas mensal, bimestral e nos dois trabalhos?
b) Um aluno obteve nota 6,0 na prova mensal e notas 3,5 e 5,0 nos dois trabalhos. Qual deve ser sua nota na prova bimestral para que tenha média maior do que ou igual a 5,0?
c) Se um aluno obteve nota 5,0 na prova mensal e 4,0 na bimestral, qual deve ser a soma das notas dos trabalhos para que tenha média 5,0?

33. A tabela a seguir apresenta as temperaturas máximas registradas em uma semana de verão em uma cidade do Nordeste brasileiro.

Dom.	Seg.	Ter.	Qua.	Qui.	Sex.	Sáb.
31 °C	32 °C	30 °C	28 °C	29 °C	30 °C	30 °C

Dados fictícios.

Calcule a média dessas temperaturas.

34. O controle de qualidade de uma indústria verifica a produção testando e classificando as peças produzidas. O teste de 100 peças em cada um de 6 lotes apresentou 2 peças defeituosas nos lotes I, II e V, 4 peças defeituosas no lote III e 7 peças defeituosas nos lotes IV e VI. Determine o número médio de peças defeituosas por lote.

35. Em uma turma de 45 alunos, foram registradas as seguintes notas em um trabalho:

Notas	3	4	5	6	7	8	9	10
Nº de alunos	1	3	12	6	10	8	3	2

Dados fictícios.

Determine a média, a mediana e a moda das notas nesse trabalho.

36. Para obter a aprovação em um curso, um aluno deve ter média das notas de 4 bimestres letivos e 1 exame final maior do que ou igual a 6. O peso das notas do 1º, 2º, 3º e 4º bimestres e do exame final são 1, 1, 2, 3 e 3.
Qual é a nota mínima que um aluno deve obter na prova final para ser aprovado, considerando que suas notas bimestrais são 8,0; 5,5; 6,0 e 5,0?

37. As idades de Marina, Melissa, Bruna, Bianca e Natália são 17, 23, y, 24 e x anos, e a média das idades é 20,6. Se Bruna tivesse o dobro da idade que tem e Natália tivesse a metade da idade que tem, então a média das idades do grupo aumentaria em 2,4 anos. Determine quantos anos têm Bruna e Natália, e a mediana das idades das amigas.

38. (Mackenzie-SP)

Turma	Nº de alunos	Média das notas obtidas
A	60	5,0
B	50	4,0
C	40	7,0
D	50	3,0

Dados fictícios.

A tabela acima refere-se a uma prova aplicada a 200 alunos, distribuídos em 4 turmas, A, B, C e D.
A média aritmética das notas dessa prova é:

a) 4,65
b) 4,25
c) 4,45
d) 4,55
e) 4,35

39. (Enem) Uma equipe de especialistas do centro meteorológico de uma cidade mediu a temperatura do ambiente, sempre no mesmo horário, durante 15 dias intercalados, a partir do primeiro dia de um mês. Esse tipo de procedimento é frequente, uma vez que os dados coletados servem de referência para estudos e verificação de tendências climáticas ao longo dos meses e anos.
As medições ocorridas nesse período estão indicadas na tabela:

Dia do mês	Temperatura (em °C)
1	15,5
3	14
5	13,5
7	18
9	19,5
11	20
13	13,5
15	13,5
17	18
19	20
21	18,5
23	13,5
25	21,5
27	20
29	16

Dados fictícios.

Em relação à temperatura, os valores da média, mediana e moda são, respectivamente, iguais a:

a) 17 °C, 17 °C e 13,5 °C
b) 17 °C, 18 °C e 13,5 °C
c) 17 °C, 13,5 °C e 18 °C
d) 17 °C, 18 °C e 21,5 °C
e) 17 °C, 13,5 °C e 21,5 °C

CAPÍTULO

25 Matemática financeira

Módulos

1. Porcentagem
2. Relações comerciais: lucro e prejuízo
3. Juro

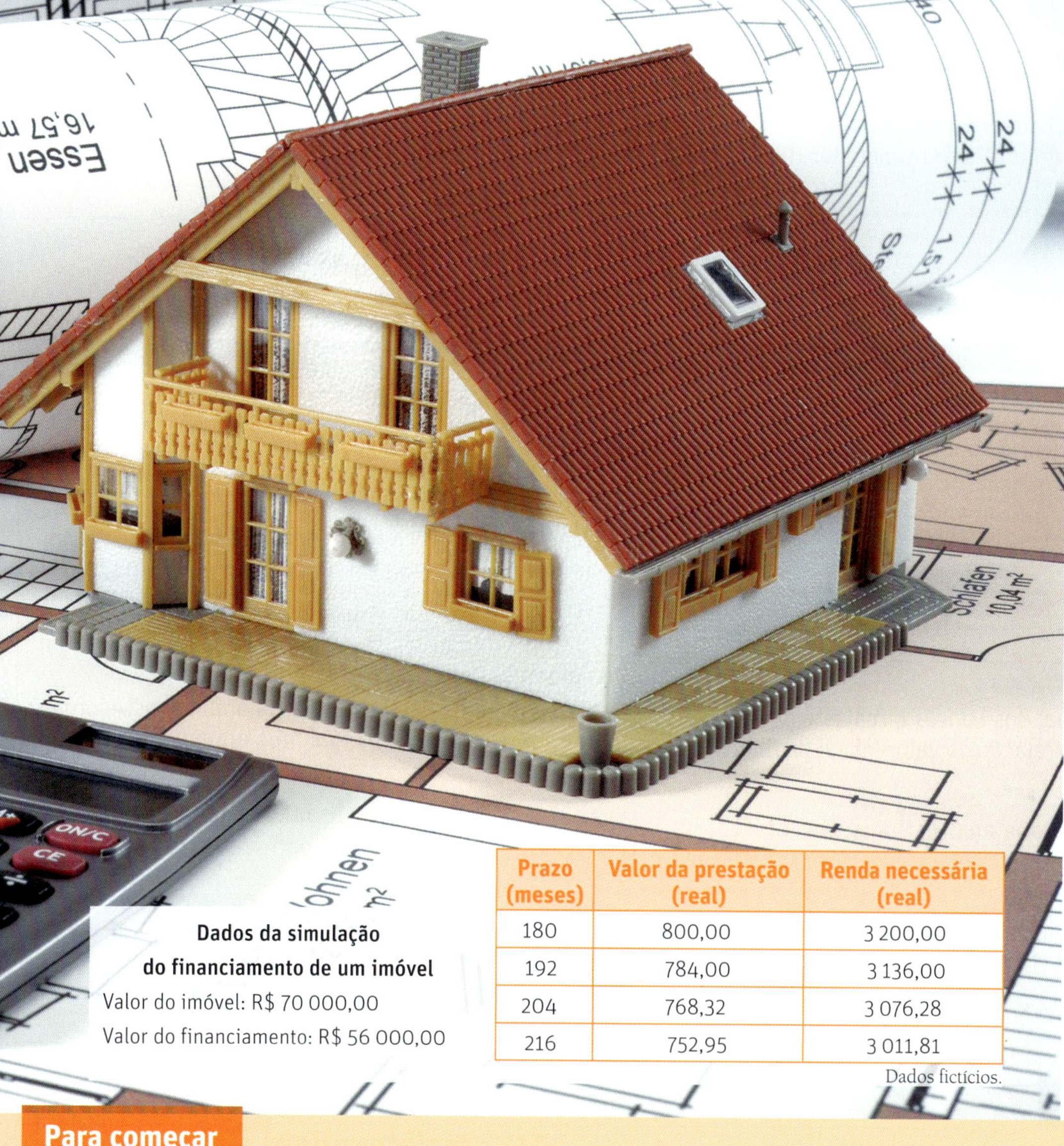

Filmfoto/Dreamstime.com/ID/BR

Dados da simulação do financiamento de um imóvel

Valor do imóvel: R$ 70 000,00

Valor do financiamento: R$ 56 000,00

Prazo (meses)	Valor da prestação (real)	Renda necessária (real)
180	800,00	3 200,00
192	784,00	3 136,00
204	768,32	3 076,28
216	752,95	3 011,81

Dados fictícios.

Para começar

Muitas pessoas adquirem a casa própria por meio de financiamentos concedidos por instituições financeiras. Nesse tipo de financiamento, costuma-se dar o próprio imóvel como garantia para o pagamento da dívida.

O quadro acima simula os valores de um financiamento. O prazo corresponde à quantidade de prestações mensais a ser pagas para quitar a dívida, e a renda necessária é o valor mínimo, em real, que se deve ganhar por mês para conseguir o empréstimo.

1. Normalmente, a instituição não financia o valor total do imóvel. Por isso, o valor do financiamento deve ser menor do que o do imóvel. Na situação acima, determine o quociente entre o valor do financiamento e o valor do imóvel para saber que porcentagem desse valor representa o financiamento.
2. Suponha que uma pessoa tenha comprado esse imóvel financiado em 180 meses. Ao quitar a última prestação, quanto ela terá pago ao todo pelo imóvel?
3. Uma pessoa ganha R$ 3 500,00 por mês, paga R$ 600,00 de aluguel mensal e consegue economizar mensalmente R$ 400,00. Indique que fatores precisam ser analisados para que essa pessoa decida se continua pagando aluguel ou se compra uma casa financiada. Justifique.

1. Porcentagem

O termo **porcentagem** deriva da expressão "por cento", do latim *per centum*, que significa "divisão por cem" e, geralmente, é representado pelo símbolo %.

Porcentagem, ou **taxa percentual**, é a razão entre um número real e 100.

A noção de porcentagem é empregada em inúmeras situações, como no desconto dado em uma promoção e no reajuste do preço de uma mercadoria.

A porcentagem também pode ser escrita como uma fração decimal e expressa na forma decimal, dividindo-se o numerador da fração pelo denominador.

Para recordar

A **razão** entre dois números reais é o quociente entre eles. Por exemplo, a razão entre os números reais a e b é $\frac{a}{b}$.

Exemplos

- $7\% = \frac{7}{100} = 0{,}07$
- $150\% = \frac{150}{100} = 1{,}50$
- $10\% = \frac{10}{100} = 0{,}10$
- $7{,}5\% = \frac{7{,}5}{100} = \frac{75}{1000} = 0{,}075$

Exercícios resolvidos

1. A tabela abaixo mostra o reajuste, em real, de dois empréstimos bancários após 1 ano.

Banco	A	B
Valor do empréstimo	1 000,00	800,00
Reajuste	160,00	160,00
Valor da dívida após 1 ano	1 160,00	960,00

Dados fictícios.

Determine em qual dos bancos o reajuste do empréstimo é menor em relação ao valor inicial da dívida.

Resolução

Como os valores dos empréstimos são diferentes, devemos comparar os reajustes em relação ao valor inicial do empréstimo.

No banco A, após 1 ano, pagam-se R$ 160,00 em relação a R$ 1 000,00 de empréstimo, isto é, $\frac{160}{1000} = \frac{16}{100} = 16\%$.

No banco B, após 1 ano, pagam-se R$ 160,00 em relação a R$ 800,00 de empréstimo, isto é, $\frac{160}{800} = \frac{20}{100} = 20\%$.

Logo, o empréstimo no banco A tem reajuste menor (16%) em relação ao valor inicial do que no B (20%).

2. Das 1,2 mil pessoas entrevistadas em uma pesquisa, 25% afirmaram ler certo jornal. Destas, 40% eram mulheres. Determine:

a) o número de pessoas que afirmaram ler esse jornal;

b) entre essas pessoas, quantos eram homens.

Resolução

a) 25% de 1 200 equivale a $0{,}25 \cdot 1\,200 = 300$.
Portanto, das pessoas entrevistadas, 300 leem esse jornal.

b) Se 300 pessoas leem o jornal e, destas, 40% são mulheres, então 60% dos leitores são homens.
60% de 300 equivale a $0{,}60 \cdot 300 = 180$.
Logo, em relação às pessoas que afirmaram ler esse jornal, 180 eram homens.

Ação e cidadania

Moedas sociais: desenvolvendo finanças de comunidades

Algumas comunidades, em vez de usar o real, têm moedas próprias, chamadas moedas sociais, usadas para movimentar suas finanças na compra e venda de produtos.

Com a moeda social, o trabalhador [...] prefere trocar seu real pela moeda local e gastar a grana no seu próprio bairro. Ele faz isso porque os comerciantes [...] dão um desconto (entre 5% e 15%) para quem compra com essa moeda. A sacada, portanto, é desenvolver o comércio local promovendo inclusão social [...]. De quebra, o desenvolvimento local traz inúmeros benefícios para o meio ambiente, como a menor emissão de gases-estufa, já que há menos deslocamentos. [...]

Estudos da Universidade Federal da Bahia atribuem às moedas locais o aumento da autoestima de bairros carentes. Segundo os pesquisadores, a moeda tem também um valor cultural e deixa a população mais orgulhosa do lugar onde vive. [...]

Disponível em: <http://super.abril.com.br/blogs/ideias-verdes/nao-e-real-voce-sabe-o-que-sao-e-para-que-servem-as-moedas-sociais-no-brasil/>. Acesso em: 6 jun. 2015.

De acordo com o texto, responda:

- Como as moedas sociais diminuem a emissão de gases-estufa pelo menor deslocamento? Por que as moedas locais aumentam a autoestima das pessoas de uma comunidade?
- Considere uma comunidade em que exista a moeda social e quem a usa ganha descontos entre 5% e 15%. Determine o valor mínimo e o valor máximo de desconto em uma compra no valor de R$ 140,00.

Aumentos e descontos sucessivos

Para determinar o novo preço de um produto após um desconto ou um aumento percentual, podem-se adotar alguns procedimentos. Veja o exemplo.

Exemplo

Um produto, que custava R\$ 25,00, sofreu aumento de 20%. Qual é o novo preço do produto?

1º modo de resolução	2º modo de resolução
Para determinar o valor do aumento, calculam-se 20% de R\$ 25,00: $\frac{20}{100} \cdot 25 = \frac{500}{100} = 5$ Portanto, foram acrescidos R\$ 5,00 ao preço inicial do produto. Para obter o preço final, adiciona-se o valor do aumento ao preço inicial: $25 + 5 = 30$ Logo, após o aumento, o novo preço do produto é R\$ 30,00.	Determina-se a relação percentual entre o preço final e o preço inicial do produto. Nesse caso, o preço final equivale a 120% do preço inicial, pois 100% representam o preço inicial, e 20%, a taxa percentual de aumento (100% + 20% = 120%). Basta, então, calcular 120% de R\$ 25,00 para determinar o preço final: $\frac{120}{100} \cdot 25 = 1{,}20 \cdot 25 = 30$ Logo, após o aumento, o novo preço do produto é R\$ 30,00.

Estratégias de resolução similares poderiam ser adotadas se o preço inicial do produto, de R\$ 25,00, tivesse sofrido desconto de 20%.

1º modo de resolução	2º modo de resolução
Como já calculado, 20% de R\$ 25,00 são R\$ 5,00. Nesse caso, houve desconto de R\$ 5,00 no preço inicial do produto. Para obter o preço final, subtrai-se o valor do desconto do preço inicial: $25 - 5 = 20$ Logo, após o desconto, o novo preço do produto é R\$ 20,00.	Nesse caso, o preço final do produto equivale a 80% do preço inicial, pois 100% − 20% = 80%. Basta, então, calcular 80% de R\$ 25,00 para determinar o preço final: $\frac{80}{100} \cdot 25 = 0{,}80 \cdot 25 = 20$ Logo, após o desconto, o novo preço do produto é R\$ 20,00.

Sejam V_f o valor final de um produto após um desconto ou um aumento, V_i o valor inicial desse produto e i a taxa percentual de desconto ou aumento. Tem-se a seguinte relação:

$$V_f = (1 \pm i) \cdot V_i$$

A taxa percentual é negativa, no caso de desconto, e é positiva, no caso de aumento. O valor 1 na expressão refere-se a 100% $\left(\frac{100}{100} = 1\right)$ do valor inicial.

Exemplos

- Um produto custa R\$ 80,00. Seu preço, após um reajuste de 9,5%, é dado por:
$$V_f = (1 + 0{,}095) \cdot 80 = 87{,}60, \text{ ou seja, R\$ } 87{,}60.$$
- O preço do litro do etanol era R\$ 2,00. Após alguns meses, esse preço sofreu dois descontos sucessivos: um de 10% e outro de 5%. Em seguida, houve um aumento de 2%. Tem-se então o preço final do litro do etanol:
$$V_f = \underbrace{(1 - 0{,}10)}_{\text{desconto de 10\%}} \cdot \underbrace{(1 - 0{,}05)}_{\text{desconto de 5\%}} \cdot \underbrace{(1 + 0{,}02)}_{\text{aumento de 2\%}} \cdot \underbrace{2}_{\text{valor inicial}} \cong 1{,}74$$

Portanto, o preço final do litro do etanol é de aproximadamente R\$ 1,74.

De modo geral, quando um valor inicial V_i sofre variações percentuais sucessivas $i_1, i_2, i_3, \ldots, i_n$, tem-se:

$$V_f = (1 \pm i_1) \cdot (1 \pm i_2) \cdot (1 \pm i_3) \cdot \ldots \cdot (1 \pm i_n) \cdot V_i$$

Exercício resolvido

3. O preço de um produto teve aumento de 4% em julho. Em agosto, subiu mais 5%. Determine a variação percentual do preço desse produto.

Resolução

Sendo V_f o valor do produto após os dois aumentos e V_i seu valor inicial, temos:

$V_f = (1 + 0{,}04) \cdot (1 + 0{,}05) \cdot V_i = 1{,}092 \cdot V_i$

Ao aplicar dois aumentos sucessivos, o valor inicial V_i é multiplicado pelo coeficiente 1,092. Isso indica que a variação percentual do preço no período foi 9,2%, pois 1,092 = 1 + 0,092 = = 100% + 9,2%.

Situações que envolvem porcentagem

Em algumas situações comerciais, há a necessidade de se determinar o valor inicial, o valor final ou a taxa percentual dos produtos. Os exercícios a seguir abordam algumas dessas situações.

Exercícios resolvidos

4. Um computador custa, à vista, R$ 1 200,00. Na compra a prazo, em 5 prestações iguais, o preço do computador sofre um acréscimo de 12%. Determine o valor de cada prestação.

Resolução

Na compra parcelada, o preço do computador aumenta 12%:

$V_f = (1 + i) \cdot V_i = (1 + 0,12) \cdot 1\,200 = 1\,344$

Dividindo esse valor em 5 prestações iguais, obtemos:

$1\,344 : 5 = 268,8$

Portanto, o valor de cada prestação é R$ 268,80.

5. Um financiamento de R$ 4 800,00 foi pago em 12 parcelas de R$ 490,00. Determine:

a) o valor total pago;

b) a porcentagem de aumento sobre o valor inicial.

Resolução

a) $12 \cdot 490 = 5\,880$

Logo, o valor total pago pelo financiamento foi R$ 5 880,00.

b) O valor x que multiplicou R$ 4 800,00 para resultar em R$ 5 880,00 foi:

$4\,800 \cdot x = 5\,880 \Rightarrow x = \frac{5\,880}{4\,800} = 1,225$

Então, temos:

$1,225 = 1 + 0,225 \Rightarrow 100\% + 22,5\%$

Logo, a porcentagem de aumento sobre o valor inicial foi 22,5%.

6. Calcule o preço inicial de um caderno que passou a custar R$ 13,77 após um aumento de 8%.

Resolução

Sendo V_i o preço inicial do caderno antes do aumento, temos:

$V_f = (1 + i) \cdot V_i \Rightarrow 13,77 = (1 + 0,08) \cdot V_i \Rightarrow$

$\Rightarrow 13,77 = 1,08\, V_i \Rightarrow V_i = \frac{13,77}{1,08} = 12,75$

Logo, o preço inicial do caderno era R$ 12,75.

7. Uma loja reduziu os preços de seus produtos em 18% e, depois, aumentou-os em 20%.

a) Verifique se o preço final de cada produto é maior ou menor do que o preço inicial.

b) Calcule a diferença entre esses valores, em porcentagem.

Resolução

a) Sejam:

- V_i o preço de um produto dessa loja antes dos reajustes
- V_f o preço desse mesmo produto após os reajustes.

A relação entre V_i e V_f é:

$V_f = (1 - 0,18) \cdot (1 + 0,20) \cdot V_i =$

$= 0,82 \cdot 1,20 \cdot V_i = 0,984V_i$

Isso significa que $V_f < V_i$, ou seja, que o preço final do produto é menor do que o preço inicial.

b) Na expressão obtida no item anterior, o coeficiente 0,984 indica o valor pelo qual podemos multiplicar o preço inicial de cada produto, para obter o preço final. Então, sendo i a taxa percentual desses reajustes, temos:

$1 - i = 0,984 \Rightarrow i = 0,016 = 1,6\%$

Portanto, a loja está vendendo seus produtos 1,6% mais barato.

8. O preço do dólar, em relação ao real, subiu 10% no 1º dia de um mês e caiu 8% no 2º dia. Sabe-se que, nos três primeiros dias desse mês, a variação percentual do dólar foi −8%. Calcule a taxa de variação do dólar no 3º dia desse mês.

Resolução

Seja x a taxa de variação percentual do dólar em relação ao real no 3º dia e V_i o valor do dólar antes das variações. Compondo-se as variações percentuais sucessivas do período, obtemos:

$[(1+0,10)\cdot(1-0,08)\cdot(1+x)]\cdot V_i = (1-0,08)\cdot V_i \Rightarrow$

$\Rightarrow 1,012\cdot(1+x) = 0,92 \Rightarrow 1,012 + 1,012x = 0,92 \Rightarrow$

$\Rightarrow 1,012x = -0,092 \Rightarrow x \cong -0,090$

Portanto, em relação ao real, o dólar caiu aproximadamente 9% no 3º dia.

Exercícios propostos

9. Estime mentalmente o preço:

a) de um televisor após um acréscimo de 20% sobre o preço original de R$ 500,00;

b) final após o desconto de 15% sobre o preço original de R$ 800,00 de uma geladeira.

10. O gráfico a seguir apresenta o resultado de uma pesquisa feita com 900 pessoas a respeito da intenção de voto para prefeito de um município.

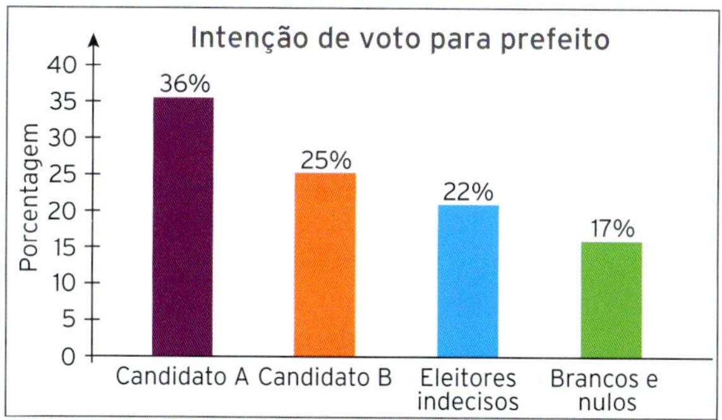

Dados fictícios.

a) Determine quantas pessoas escolheram cada uma das opções indicadas no gráfico.

b) Dos eleitores que participaram da pesquisa, que votariam no candidato A, 75% são mulheres. Quantos homens dariam seu voto a esse candidato?

c) Se, do total de eleitores indecisos que participaram da pesquisa, 30 pessoas estiverem na faixa etária de 16 a 18 anos, então qual é a porcentagem de indecisos que têm mais de 18 anos?

11. Um *notebook* custa R$ 1 200,00 à vista. Para pagamento a prazo, há um acréscimo de 6,5%. Determine o valor total do pagamento a prazo.

12. Helena comprou uma moto cujo preço à vista é R$ 4 000,00. Como ela pagou a moto a prazo, em 6 prestações mensais iguais, o preço à vista sofreu acréscimo de 15%. Determine o valor total a prazo e o valor das parcelas.

13. Carla quer comprar um automóvel. Para isso, ela procurou algumas concessionárias e obteve as seguintes propostas para pagamento à vista e para pagamento a prazo, em 10 prestações iguais:

Concessionária	Valor à vista (R$)	Acréscimo no valor a prazo (R$)
A	38 000,00	15 200,00
B	40 000,00	8 000,00
C	36 000,00	18 000,00

Dados fictícios.

a) Copie o quadro no caderno e acrescente uma coluna com o valor total da compra a prazo.

b) No pagamento a prazo, qual é o valor da taxa percentual de aumento sobre o preço à vista em cada concessionária?

14. O preço de uma câmera fotográfica lançada em janeiro de 2014 sofreu uma desvalorização de 14% em janeiro de 2015 e uma nova desvalorização de 10% em maio de 2015. Determine o preço dessa câmera fotográfica em maio de 2015 sabendo que, em janeiro de 2014, seu valor era R$ 1 500,00.

15. João foi contratado para trabalhar em uma empresa. Após um ano de trabalho, seu salário teve um reajuste de 7%. Determine o salário inicial de João sabendo que, após esse reajuste, o salário passou a ser R$ 2 675,00.

16. Durante o período de oferta em uma farmácia, o preço de determinado medicamento teve seu valor reduzido em 25%. Após o período de promoção, o preço desse medicamento aumentou 28%.

a) Determine o valor inicial do medicamento, sabendo que, após os dois reajustes, o preço passou a ser R$ 48,00.

b) Explique por que a taxa de variação total é um número negativo, sendo que o reajuste de 28% tem valor absoluto maior do que a redução de 25%.

c) Após a redução de 25%, de quanto deveria ser o reajuste no preço do medicamento para que o valor final fosse igual ao inicial?

17. No mercado de cotação de moedas, em três dias o euro sofreu queda total de 2,44% em relação ao real.

a) Determine a porcentagem de variação no segundo dia, considerando que, no primeiro dia, houve desvalorização de 2,2% e, no terceiro, desvalorização de 2,1%.

b) Pesquise a cotação do euro nos últimos três dias, em relação ao real, e determine a taxa de variação nesse período.

18. Logo após o lançamento de uma revista, o dono de uma banca de jornal constatou que 4 clientes procuravam pela revista a cada hora. Depois de uma campanha publicitária para divulgar essa revista, o jornaleiro verificou que 4 clientes passaram a procurar pela revista a cada 10 minutos. Calcule o crescimento percentual do número de pessoas que procuraram essa revista após a campanha publicitária.

19. Em uma loja, Kléber recebeu duas propostas de desconto sobre um produto: um único desconto de 20%; ou dois descontos sucessivos de 10%.
Qual das propostas é mais vantajosa? Justifique.

2. Relações comerciais: lucro e prejuízo

Um feirante compra frutas de seu fornecedor por R$ 2,00 a dúzia. Na abertura da feira, ele vende essas frutas por R$ 5,00 a dúzia e, no final da feira, para não sobrar mercadoria, ele chega a vendê-las por R$ 1,50 a dúzia.

Nesse processo, o feirante estabelece duas operações comerciais distintas. A primeira quando vende as frutas por R$ 5,00 a dúzia e tem lucro de $(5 - 2 = 3)$ R$ 3,00 por dúzia vendida; e a segunda quando vende as frutas por R$ 1,50 a dúzia e tem prejuízo de $(2 - 1{,}50 = 0{,}50)$ R$ 0,50 por dúzia vendida.

Em operações comerciais, quando a diferença entre o preço de venda e o preço de compra (custo de um produto) é um número positivo, a operação comercial gera **lucro**. Quando essa diferença é um número negativo, a operação comercial gera **prejuízo**. Sendo P_v o preço de venda de uma mercadoria, P_c seu preço de custo e L o lucro na negociação, fica estabelecida a seguinte relação:

$$L = P_v - P_c$$

Lucro em porcentagem

É possível determinar, em porcentagem, o lucro em relação ao preço de custo $\left(\frac{L}{P_c}\right)$ ou em relação ao preço de venda $\left(\frac{L}{P_v}\right)$ de um produto. Quando não há nenhuma referência, admite-se como base a relação com o preço de custo.

Exercícios resolvidos

20. Um comerciante compra uma mercadoria por R$ 50,00 e a revende por R$ 80,00. Determine:

a) o lucro, em real, nessa operação comercial;

b) a porcentagem de lucro em relação ao preço de custo da mercadoria;

c) a porcentagem de lucro em relação ao preço de venda da mercadoria.

Resolução

a) O lucro é a diferença entre o preço de venda e o preço de custo:

$L = P_v - P_c = 80 - 50 = 30$

Logo, o lucro nessa operação é R$ 30,00.

b) $\frac{L}{P_c} = \frac{30}{50} = 0{,}60 = 60\%$

Logo, a porcentagem de lucro em relação ao preço de custo é 60%.

c) $\frac{L}{P_v} = \frac{30}{80} = 0{,}375 = 37{,}5\%$

Logo, a porcentagem de lucro em relação ao preço de venda é 37,5%.

21. Ao vender uma geladeira, o lucro de Ana correspondeu a 10% sobre o preço de venda. Calcule a porcentagem de lucro em relação ao preço de custo da geladeira.

Resolução

A relação entre o lucro L e o preço de venda P_v é:

$\frac{L}{P_v} = 10\% = 0{,}10 \Rightarrow L = 0{,}10 \cdot P_v$

Substituindo L por $0{,}10 \cdot P_v$ em $L = P_v - P_c$, obtemos:

$0{,}10 \cdot P_v = P_v - P_c \Rightarrow P_c = P_v - 0{,}10 \cdot P_v \Rightarrow$

$\Rightarrow P_c = 0{,}90 \cdot P_v$

Calculamos a relação entre o lucro e o preço de custo:

$\frac{L}{P_c} = \frac{0{,}10P_v}{0{,}90P_v} = \frac{1}{9} = 0{,}111...$

Portanto, a porcentagem de lucro em relação ao preço de custo é aproximadamente 11%.

22. O preço de custo de uma mercadoria é R$ 262,50. Determine o valor de venda dessa mercadoria para que a porcentagem de lucro sobre o preço de venda seja 25%.

Resolução

Para que a porcentagem de lucro sobre o preço de venda desse produto seja 25%, a razão entre o lucro L e o preço de venda P_v deve ser 0,25 (25%). Então:

$\frac{L}{P_v} = 0{,}25 \Rightarrow L = 0{,}25 \cdot P_v$

Pela relação $L = P_v - P_c$, obtemos o preço de venda:

$0{,}25 \cdot P_v = P_v - 262{,}50 \Rightarrow P_v - 0{,}25 \cdot P_v = 262{,}50 \Rightarrow$

$\Rightarrow 0{,}75 \cdot P_v = 262{,}50 \Rightarrow P_v = \frac{262{,}50}{0{,}75} = 350$

Portanto, o preço de venda dessa mercadoria deve ser R$ 350,00.

Exercícios propostos

23. Para que uma mercadoria seja vendida com 25% de lucro sobre o preço de custo, qual deverá ser seu preço de venda, sabendo que ela foi comprada por R$ 450,00?

24. O preço de custo de um objeto é R$ 150,00. A porcentagem de lucro sobre o preço de venda é 20%. Calcule:

a) o preço de venda;

b) a porcentagem de lucro sobre o preço de custo.

25. Para não perder uma mercadoria cujo final da validade estava próximo, um comerciante resolveu vendê-la com prejuízo de 15% em relação ao preço de custo.

a) Se essa mercadoria foi comprada por R$ 3,00, qual é o novo preço de venda?

b) Financeiramente, é mais vantajoso para o comerciante ter vendido a mercadoria com prejuízo de 15% ou teria sido melhor perdê-la, por conta da proximidade do final da validade?

26. Uma estante foi comprada por R$ 375,00. Qual deve ser seu preço de venda para se obter lucro de 20%?

27. Um material usado na construção civil é comprado por R$ 30,00 a unidade e vendido por R$ 85,00. Calcule a porcentagem do lucro em relação ao preço de custo e em relação ao preço de venda.

28. Uma chuva de granizo causou um grande estrago em uma plantação de uvas, fazendo com que o preço de venda da produção naquela semana caísse, gerando um prejuízo de 36% sobre o preço de custo de cada cacho de uva. Determine a porcentagem de prejuízo em relação ao preço de venda.

29. O preço de custo de uma peça hidráulica é R$ 330,00, e a porcentagem de lucro sobre o preço de venda é 25%. Determine:

a) o preço de venda dessa peça;

b) a porcentagem de lucro sobre o preço de custo.

30. Um liquidificador é vendido por R$ 60,00, gerando um prejuízo de 15% sobre o preço de custo. Qual é o preço de custo desse liquidificador?

31. Fábio vendeu um rádio e um relógio por R$ 150,00 cada um. Considerando o valor de compra de cada objeto, ele obteve:

- prejuízo de 25% na venda do rádio;
- lucro de 25% na venda do relógio.

a) Calcule o preço de compra do rádio e o preço de compra do relógio.

b) Considerando as duas negociações, Fábio teve lucro ou prejuízo? De quantos reais?

32. Uma doceria trabalha com lucro de 40% em relação ao preço de venda de suas mercadorias. Qual é a porcentagem de lucro em relação ao preço de custo dessas mercadorias?

33. Carlos comprou um imóvel que, após 2 meses, teve valorização de 20%.

a) Qual foi a taxa percentual de valorização no 2º mês, se no 1º mês o percentual foi 10%?

b) Determine o valor do imóvel após esses 2 meses, sabendo que o lucro em sua valorização foi R$ 10 000,00.

34. Uma loja de móveis acrescenta 70% ao preço de custo de seus produtos, quando apresenta o primeiro orçamento a um cliente. Sabendo que, para a loja não ter prejuízo, é necessário acrescentar pelo menos 35% sobre o preço de custo dos móveis que negocia, qual é a maior porcentagem de desconto que a loja pode conceder sobre o valor do primeiro orçamento?

35. Em fevereiro, um comerciante aumentou em 10% o preço de um de seus produtos. Meses depois, um cliente comprou esse produto com um desconto de 10%. Quais afirmações abaixo são verdadeiras?

I. O comerciante vendeu o produto pelo mesmo preço que ele estava antes do aumento de fevereiro.

II. O cliente pagou pelo produto um valor menor do que o preço que estava antes do aumento de fevereiro.

III. O cliente pagou pelo produto um valor maior do que o preço que estava antes do aumento de fevereiro.

IV. Seja x o preço do produto antes do aumento de fevereiro, então $0{,}99x$ é o preço desse produto após o aumento e o desconto.

36. Uma loja de automóveis comprou um carro por R$ 18 000,00 e o vendeu por R$ 20 000,00. Dias depois, recomprou o mesmo carro por R$ 22 000,00 e o revendeu por R$ 24 000,00. A loja teve lucro ou prejuízo? Por quê?

37. Uma loja está vendendo suas mercadorias com 20% de desconto sobre o preço da etiqueta. Sabendo que determinada mercadoria, cujo preço de custo é R$ 300,00, é vendida com esse desconto e gera lucro de R$ 100,00, determine:

a) o preço de venda com desconto dessa mercadoria;

b) o preço de etiqueta dessa mercadoria;

c) as porcentagens de lucro obtidas pela loja, em relação ao preço de venda, quando a mercadoria é vendida com desconto e quando a mercadoria é vendida sem desconto.

3. Juro

As definições a seguir apresentam alguns termos importantes no campo da matemática financeira.

- **Capital (C):** quantia inicial de dinheiro em uma negociação ou investimento.
- **Taxa de juro (i):** percentual pelo qual se determina a quantia a ser acrescida ao capital.
- **Juro (J):** quantia resultante da incidência da taxa de juro sobre o capital.
- **Tempo (t):** período de incidência da taxa de juro.
- **Montante (M):** quantia de dinheiro correspondente ao capital adicionado ao juro.

A atualização do montante pode ser feita de duas maneiras: pelo regime de juro simples ou pelo regime de juro composto, apresentados a seguir.

Juro simples

No regime de **juro simples**, a taxa de juro sempre incide sobre o capital. Assim, o juro de uma atualização sob esse regime é calculado por $C \cdot i$. Para um período t de incidência, o juro é $C \cdot i \cdot t$. Então:

$$J = C \cdot i \cdot t$$

Portanto, o montante é:

$$M = C + J = C + C \cdot i \cdot t \Rightarrow M = C \cdot (1 + i \cdot t)$$

Como a taxa de juro incide sempre sobre o capital, o juro a cada incidência é constante. Logo, nesse regime, o montante cresce em progressão aritmética.

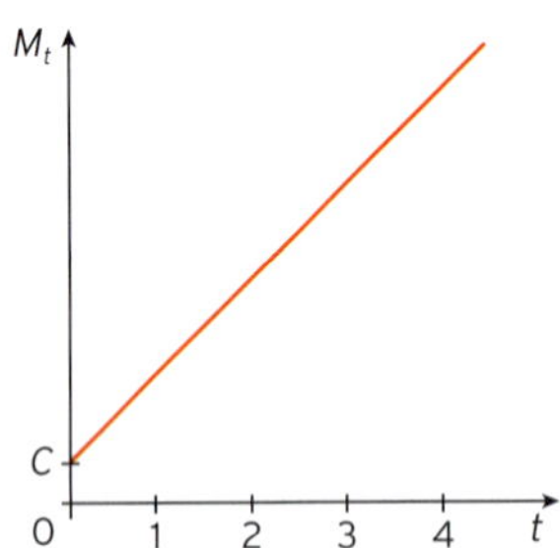

O crescimento do montante no regime de juro simples pode ser descrito por pontos pertencentes ao gráfico de uma função afim com domínio restrito a $\mathbb{N}$.

Observação

A taxa de juro e o tempo devem estar em unidades de medida compatíveis; por exemplo, se a taxa for mensal, o tempo também deve ser em meses.

Exemplo

Uma empresa emite um boleto bancário no valor de R$ 1 250,00. Se o boleto não for pago até a data de vencimento e o atraso não exceder a 1 mês, então incidirá sobre o valor que aparece no boleto uma taxa de juro de 0,7% ao dia. Para determinar o valor a ser pago no 11º dia após a data de vencimento, aplica-se o regime de juro simples:

- Capital: $C =$ R$ 1 250,00
- Taxa de juro: $i = 0{,}7\% = \dfrac{0{,}7}{100} = 0{,}007$
- Tempo: $t = 11$ dias

Então:

$M = C \cdot (1 + i \cdot t) = 1\,250{,}00 \cdot (1 + 0{,}007 \cdot 11) = 1\,250{,}00 \cdot 1{,}077 = 1\,346{,}25$

Logo, o valor a ser pago no 11º dia de atraso será R$ 1 346,25.

Saiba mais

Ano comercial

É chamado "ano comercial" o período de 360 dias divididos em 12 meses de 30 dias. Geralmente, quando não existe nenhuma observação no enunciado de um problema, considera-se o ano comercial.

Exercícios propostos

38. Considere o boleto representado abaixo.

BANCO	
Pagável em qualquer agência bancária até a data de vencimento	Vencimento 10/09/2014
Cedente Material de Construção Ltda.	(=) Valor do documento R$ 1 325,07
Instruções No caso de pagamento em atraso, cobrar multa de R$ 3,56 por dia de atraso. Não receber após 30 dias da data de vencimento.	(−) Descontos R$ 0,00
	(+) Multa
	(=) Valor cobrado

Dados fictícios.

Calcule a taxa de juro referente a 1 dia de atraso e a taxa referente a 1 mês de atraso.

39. Certo capital foi investido, por 1 mês, da seguinte maneira:

- 20% do capital à taxa de juro de 6% ao mês;
- o restante investido à taxa de juro de 11% ao mês.

a) Se o capital investido foi R$ 10 000,00, então qual é o valor a ser resgatado?

b) Caso todo o capital fosse investido em outra aplicação, qual deveria ser a taxa de juro para que o montante resgatado após 1 mês fosse igual ao calculado no item anterior?

Juro composto

No regime de **juro composto**, o valor gerado após um período é incorporado ao capital e passa a participar da geração de juro no período seguinte.

Assim, ao término de cada período, obtém-se novo montante: o 1º montante corresponde ao 1º período; o 2º montante, ao 2º período; e assim por diante. Calcula-se o juro do 2º período fazendo incidir a taxa de juro sobre o 1º montante; o juro do 3º período, fazendo incidir a taxa de juro sobre o 2º montante; e assim sucessivamente.

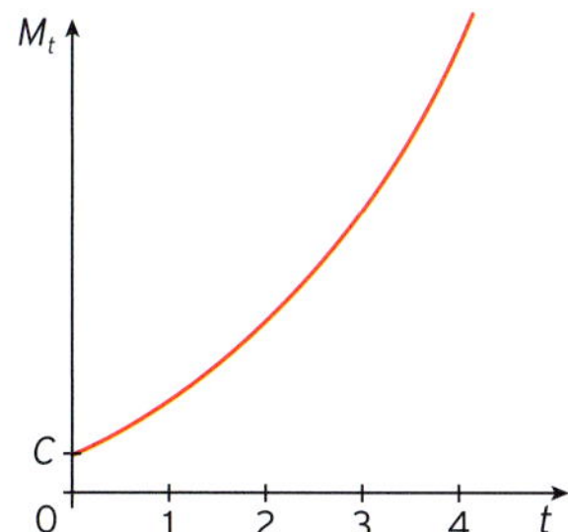

O crescimento do montante no regime de juro composto pode ser descrito por pontos pertencentes ao gráfico de uma função exponencial com domínio restrito a $\mathbb{N}$.

Exemplo

Uma aplicação financeira de R$ 100,00 é corrigida mensalmente à taxa de juro composto de 4%. O quadro mostra a evolução da aplicação em 4 meses.

Assim, é possível estabelecer uma relação entre o capital C, o tempo t, a taxa de juro i e o montante M no regime de juro composto. Quando um valor inicial V_i sofre variações percentuais sucessivas $i_1, i_2, i_3, \dots, i_n$, tem-se o seguinte valor final V_f: $V_f = (1 \pm i_1) \cdot (1 \pm i_2) \cdot (1 \pm i_3) \cdot \dots \cdot (1 \pm i_n) \cdot V_i$

Como no regime de juro composto o montante é atualizado por uma taxa de juro i fixa em cada período, ou seja, como a taxa não se altera, o valor final V_f, na expressão acima, corresponde aos montantes $M_1, M_2, M_3, \ldots, M_t$, e o valor inicial V_i corresponde a C. Então:

- Para $t = 1$: $M_1 = M_0 + M_0 \cdot i = M_0 \cdot (1 + i) = C \cdot (1 + i)$
- Para $t = 2$: $M_2 = M_1 + M_1 \cdot i = M_1 \cdot (1 + i) = C \cdot (1 + i) \cdot (1 + i) = C \cdot (1 + i)^2$
- Para $t = 3$: $M_3 = M_2 + M_2 \cdot i = M_2 \cdot (1 + i) = C \cdot (1 + i)^2 \cdot (1 + i) = C \cdot (1 + i)^3$

Como a taxa de juro incide sempre sobre o montante do período anterior, em cada período multiplica-se o montante anterior por $(1 + i)$. Generalizando para um período de tempo t, obtém-se:

Período	Regime de juro composto					
$t = 0$ (início)	$C = M_0 = 100{,}00$					
$t = 1$ (depois de 1 mês)	M_1	=	100,00	+	100,00 · 0,04	= 104,00
$t = 2$ (depois de 2 meses)	M_2	=	104,00	+	104,00 · 0,04	= 108,16
$t = 3$ (depois de 3 meses)	M_3	=	108,16	+	108,16 · 0,04	≅ 112,50
$t = 4$ (depois de 4 meses)	M_4	=	112,50	+	112,50 · 0,04	≅ 117,00
			M_{t-1}		$M_{t-1} \cdot i$	

$$M_t = M_{t-1} + M_{t-1} \cdot i = M_{t-1} \cdot (1 + i) = C \cdot (1 + i)^{t-1} \cdot (1 + i) = C \cdot (1 + i)^t$$

$$M_t = C \cdot (1 + i)^t$$

No sistema de juro composto, há uma sucessão de aumentos percentuais fixos, por isso o montante cresce em progressão geométrica. Isso justifica o crescimento mais "rápido" do montante nesse sistema e a sua utilização pelas instituições financeiras.

Saiba mais

Juro simples ou juro composto

Um capital é atualizado à mesma taxa de juro, nos regimes de juro simples e de juro composto. Verifica-se que o montante a juro simples é maior do que a juro composto apenas quando o prazo é menor do que 1.

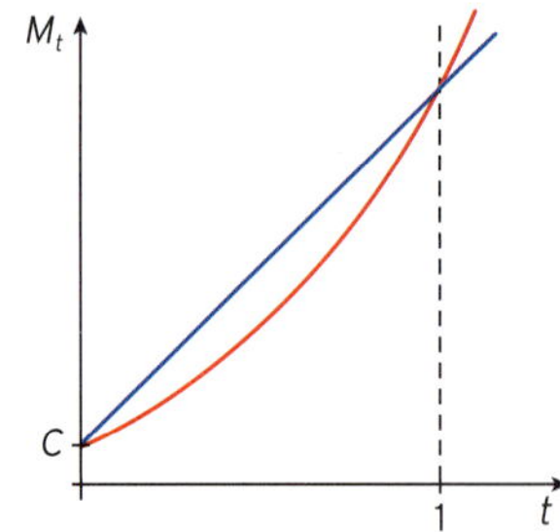

Isso explica por que o regime de juro simples é aplicado em cobranças quando o prazo é inferior ao da taxa de juro combinada. Por exemplo, se a taxa de juro for 2% ao mês, o regime de juro simples é aplicado até o prazo de 1 mês e, após esse período, aplica-se o regime de juro composto.

Exercício resolvido

40. Uma aplicação financeira de R$ 500,00 é corrigida à taxa de juro composto de 12,5% ao ano.

a) Calcule o valor do montante dessa aplicação após 5 anos. (adotar: $1{,}125^5 = 1{,}8$)

b) Determine em quantos anos o capital será triplicado. (adotar: $1{,}125^{10} = 3$)

Resolução

a) $M_t = C \cdot (1 + i)^t \Rightarrow M_5 = 500 \cdot (1 + 0{,}125)^5 = 500 \cdot 1{,}125^5 \cong 500 \cdot 1{,}8 = 900$

Logo, o montante é aproximadamente R$ 900,00.

b) Quando o capital é triplicado ($3 \cdot 500 = 1500$), o valor do montante é R$ 1 500,00. Então:

$1\,500 = 500 \cdot (1 + 0{,}125)^t = \frac{1500}{500} = 1{,}125^t \Rightarrow$

$\Rightarrow 3 = 1{,}125^t \Rightarrow 1{,}125^{10} = 1{,}125^t \Rightarrow t = 10$

Logo, o capital será triplicado em 10 anos.

Exercícios propostos

41. Valéria aplicou R$ 3 000,00 e, um ano depois, tinha um total de R$ 3 255,00. Qual foi a taxa de juro anual dessa aplicação?

42. Considere um capital A aplicado a uma taxa mensal de juro simples. Qual dos gráficos a seguir melhor representa o rendimento dessa aplicação em três meses?

a) 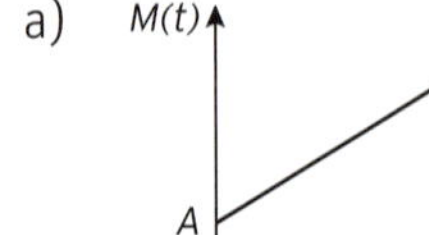

b) 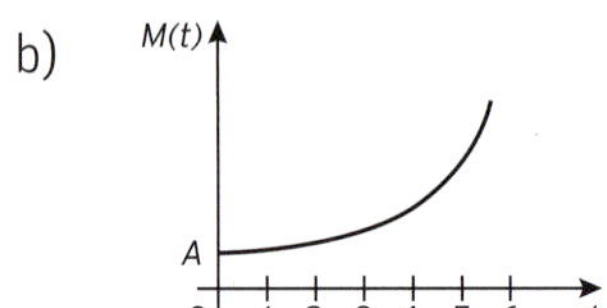

43. Osmar tinha algumas economias e resolveu aplicá-las em duas instituições financeiras da seguinte maneira: R$ 3 500,00 na instituição financeira A, cuja taxa mensal de juro simples era 1,4%, e R$ 2 000,00 na instituição financeira B, cuja taxa mensal de juro simples era 4%. Quantos meses esse dinheiro precisará ficar aplicado para que o montante acumulado na instituição B seja maior que o acumulado na instituição A?

44. Um anúncio de uma loja mostra um aparelho de som sendo vendido por R$ 1 012,00 à vista ou então a prazo, sendo R$ 200,00 de entrada e duas parcelas mensais de R$ 424,36 cada uma. Determine a taxa de juro mensal no pagamento a prazo.

45. Uma aplicação de R$ 750,00 é reajustada a uma taxa de juro composto de 2% ao mês. Determine o montante dessa aplicação depois de três meses.

46. Um capital A foi aplicado a uma taxa i de juros compostos durante 4 meses. Identifique qual dos gráficos a seguir pode ser utilizado para representar o montante acumulado em cada um dos meses desse período.

a) 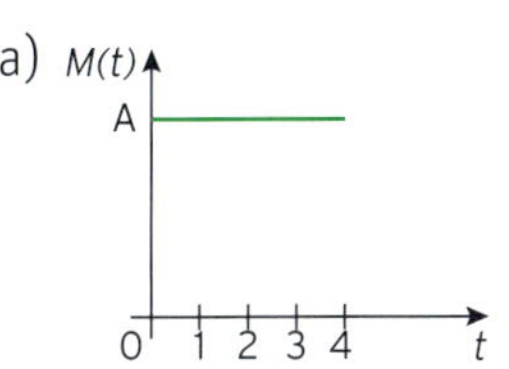

c) 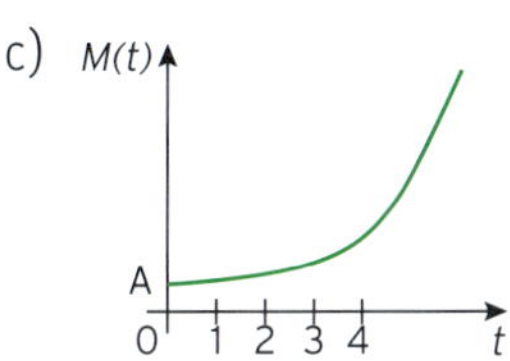

b) 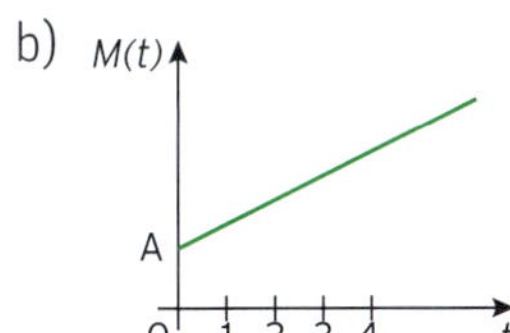

d) 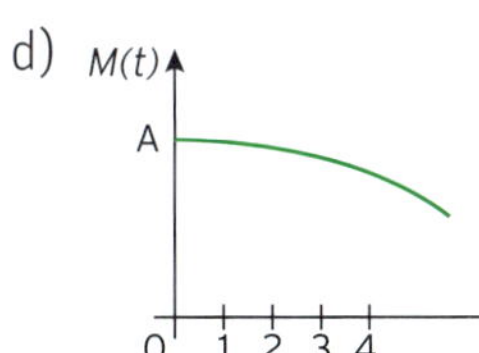

47. O gráfico a seguir mostra, mensalmente, os valores de uma dívida.

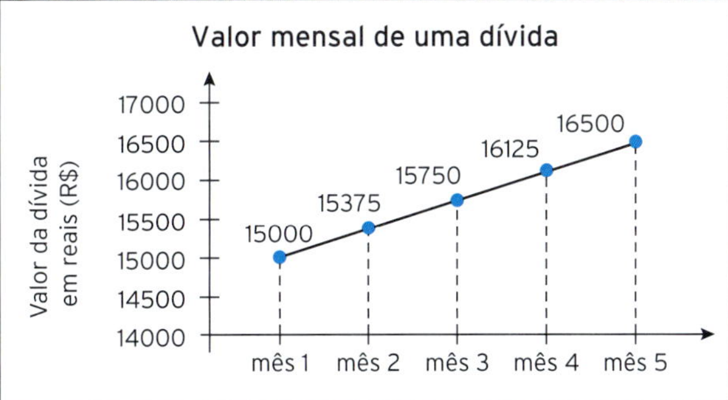

a) Qual regime de juro foi utilizado para corrigir o valor mensal da dívida?
b) A cada mês é acrescentado um valor a essa dívida. Determine-o.
c) Que tipo de progressão os valores mensais da dívida determinam?
d) Qual mês representa o 8º termo dessa sequência? Determine o valor da dívida para esse mês.
e) Calcule o valor do montante da dívida em um ano.

48. Atividade em dupla. Suponha que você e seu colega estivessem precisando de um empréstimo de R$ 10 000,00, para comprar um carro.

Editorial: Dong liu/Shutterstock.com/ID/BR

Cada um de vocês deve escolher uma das propostas de empréstimos descritas abaixo e registrá-la em seu caderno.

1ª proposta:

Percentual de juros no sistema de juro simples	Condições de pagamento desse empréstimo
30% ao mês	Uma única parcela que deverá ser paga após 5 meses.

2ª proposta:

Percentual de juros no sistema de juro composto	Condições de pagamento desse empréstimo
10% ao mês	Uma única parcela que deverá ser paga após 5 meses.

Façam o que se pede em cada item, de acordo com a proposta escolhida.

a) Elabore um quadro indicando o valor total da dívida a cada mês até a data do pagamento.
b) Representando o montante dessa dívida por M, escreva uma função que determine esse valor ao longo do tempo t.
c) Verifique qual dos tipos de função a seguir pode ser utilizado para classificar a função que representa a proposta que você escolheu.

I. Constante
II. Afim
III. Quadrática
IV. Logarítmica
V. Modular
VI. Exponencial

Agora, comparem os resultados que cada um encontrou para os itens acima e, em seguida, respondam.

d) Qual das duas propostas gera a maior dívida ao final desse período?
e) Definam uma escala adequada e façam um esboço dos gráficos que representam cada uma das funções determinadas em um único plano cartesiano.
f) Além do ponto (0, 10.000) existe outro ponto de intersecção entre os gráficos?
g) O que os pontos de intersecção dos gráficos representam?
h) Em qual período de tempo a proposta 1 é a mais vantajosa?
i) A proposta 2 é mais vantajosa em qual período de tempo?

Atualização financeira

Geralmente, nos valores das parcelas de pagamentos a prazo, estão embutidos os juros calculados por meio do sistema de juro composto. Assim, quando o pagamento de uma parcela é antecipado, desconta-se o valor correspondente aos juros embutidos.

Exemplo

Uma prestação de R$ 238,82 de um financiamento é paga com 6 meses de antecedência, e a taxa de juro composto desse financiamento é 3% ao mês.

Para descontar os juros embutidos nessa prestação, pode-se utilizar a expressão $M_t = C \cdot (1 + i)^t$, em que $M_t = 238,82$; $i = 0,03$; $t = 6$ e C é o valor da prestação antecipada.

$$238,82 = C \cdot (1 + 0,03)^6 \Rightarrow C = \frac{238,82}{(1 + 0,03)^6} \simeq 200$$

Portanto, o valor da prestação antecipada é R$ 200,00.

Nesse contexto, chama-se o montante M de dívida D, e o capital C de valor presente V_p. Assim, $D = V_p \cdot (1 + i)^t$, e o valor presente pode ser representado por:

$$V_p = \frac{D}{(1 + i)^t}$$

Exercícios resolvidos

49. Na compra de um produto, há duas opções de pagamento: R$ 800,00 à vista ou 3 prestações iguais, uma no ato da compra e as outras após 30 e 60 dias. Calcule o valor das prestações, sabendo que a loja cobra 5% de taxa de juro ao mês, em regime de juro composto.

Resolução

Sendo x o valor de cada prestação, verificamos o juro embutido em cada prestação pela expressão do valor presente.

- Na 1ª prestação, de valor x, não há juro embutido, pois ela já é paga no ato da compra.
- Na 2ª prestação, temos o desconto do juro de 1 mês:
$$\frac{x}{(1 + 0,05)^1}$$
- Na 3ª prestação, temos o desconto do juro de 2 meses:
$$\frac{x}{(1 + 0,05)^2}$$

Se essas prestações fossem antecipadas para o pagamento à vista, teríamos o valor total de R$ 800,00:

$$x + \frac{x}{(1 + 0,05)^1} + \frac{x}{(1 + 0,05)^2} = 800 \Rightarrow$$

$$\Rightarrow x + \frac{x}{1,05} + \frac{x}{1,1025} = 800 \Rightarrow$$

$$\Rightarrow 1,1025x + 1,05x + x = 800 \cdot 1,1025 \Rightarrow$$

$$\Rightarrow x \cong 279,78$$

Portanto, o valor de cada prestação é R$ 279,78.

50. O preço à vista de um computador é R$ 1 000,00. Na compra financiada, pagam-se 2 parcelas de R$ 600,00, sendo a 1ª no ato da compra e a 2ª após 2 meses. Determine a taxa de juro composto mensal dessa compra financiada.

Resolução

Como são pagos R$ 600,00 no ato da compra, a dívida restante é de R$ 400,00 (1 000 − 600 = 400). Após 2 meses, a dívida de R$ 400,00 aumenta para R$ 600,00. Assim, sendo i a taxa de juro mensal, temos:

$$600 = 400 \cdot (1 + i)^2 \Rightarrow \frac{600}{400} = (1 + i)^2 \Rightarrow$$

$$\Rightarrow 1 + i \cong 1,225 \Rightarrow i \cong 0,2247 \cong 22,50\%$$

Logo, a taxa de juro mensal dessa compra financiada é aproximadamente 22,50%.

51. Em uma loja, pode-se comprar um telefone celular por R$ 665,50 com pagamento após 90 dias. Sabe-se que a loja cobra 10% de juro composto ao mês. Caso um cliente opte pelo pagamento à vista, determine quanto ele deve pagar pelo celular.

Resolução

Noventa dias correspondem a três meses: $t = 3$. Assim, pela expressão do valor presente, obtemos:

$$V_p = \frac{665,50}{(1 + 0,10)^3} = \frac{665,50}{1,331} = 500$$

Logo, o preço do aparelho à vista é R$ 500,00.

Exercícios propostos

52. Daniela aplicou R$ 4 000,00 à taxa de juro composto de 5% a cada bimestre. Essa aplicação foi resgatada após 4 meses.

a) Qual é o valor do montante resgatado?

b) Quantos reais de juro rendeu essa aplicação?

53. Uma pessoa pagou parte do valor de um imóvel à vista e financiou R$ 10 000,00. O valor financiado deverá ser pago em uma única parcela, 4 meses após a aquisição do imóvel, corrigido à taxa de juro composto de 4% ao mês. Quanto será pago de juro nesse financiamento?

54. Uma empresa quer aplicar R$ 120 000,00 durante 2 meses e resgatar um total de R$ 120 961,92. Qual deve ser a taxa de juro composto mensal da aplicação para obter esse total?

55. O capital de R$ 200 000,00 de uma empresa é aplicado à taxa de juro composto de 10% ao ano durante 2 anos. Determine:

a) os rendimentos ao final desse período, em real;

b) a porcentagem que o juro representa sobre o capital aplicado;

c) o valor do montante acumulado, em real;

d) a porcentagem que o juro representa sobre o montante acumulado.

56. Carlos pretende investir R$ 5 000,00. Para isso, ele consultou algumas instituições financeiras e obteve as propostas a seguir.

- Instituição A: o dinheiro fica aplicado durante 2 meses, corrigido à taxa mensal de juro composto de 5%.
- Instituição B: o dinheiro fica aplicado durante 3 meses, corrigido à taxa de juro composto de 3% ao mês.

Se Carlos aplicar o dinheiro na instituição A, então qual será o montante ao término da aplicação? E se ele aplicar na instituição B?

57. Camila fez um empréstimo em uma instituição financeira, em regime de juro composto, a ser pago em uma única parcela no valor de R$ 1 555,20, 3 meses após o empréstimo. Se para esse empréstimo foi estipulada a taxa de juro de 20% ao mês, então qual foi o valor do empréstimo?

58. Joice precisará de R$ 1 000,00 daqui a 2 meses. Determine o valor, em real, que ela precisa aplicar a 2,5% ao mês, em regime de juro composto, para obter esse montante no tempo determinado.

59. A quantia de R$ 2 500,00 foi aplicada em um fundo de investimento, em regime de juro composto, à taxa de juro de 10% ao ano.

a) Sendo M o montante em qualquer instante t do investimento, escreva uma função que determine M em função de t.

b) Quanto tempo será necessário para que o montante atinja R$ 3 660,25?

60. Um aparelho de DVD, cujo preço à vista é R$ 450,00, pode ser pago em duas parcelas iguais:

- a primeira parcela no ato da compra;
- a segunda após 30 dias, à taxa de juro composto de 2% ao mês.

Calcule o valor de cada parcela.

61. Uma loja de eletrodomésticos vende um aparelho de TV por R$ 1 295,03. O pagamento pode ser feito em uma única parcela após 90 dias. Se a taxa de juro é 9% ao mês, em regime de juro composto, então qual é o valor à vista desse aparelho de TV?

62. Marlene deseja aplicar R$ 2 000,00 em um fundo de investimento que rende 3% ao mês, em regime de juro composto. Após 2 meses, ela pretende acrescentar R$ 1 000,00 a essa aplicação. Qual será o valor resgatado por Marlene após 4 meses?

63. Solange fez um empréstimo no valor de R$ 4 500,00 à taxa de juro composto de 6% ao mês. A cada mês, ela abate R$ 600,00 do valor devido acrescido dos juros correspondentes àquele mês, como mostra o quadro abaixo.

	Valor devido + juro	Saldo devedor
Início	R$ 4 500,00	R$ 4 500,00
Após o 1º mês	R$ 4 770,00	R$ 4 170,00
⋮	⋮	⋮
Após *n* meses		

Dados fictícios.

Copie o quadro e complete-o até que o saldo devedor seja inferior a R$ 3 000,00.

64. Um produto de R$ 1 300,00 será pago em 3 parcelas iguais, sendo uma no ato da compra e as demais nos próximos 2 meses, com taxa de juro composto de 1% ao mês.

a) Calcule o valor aproximado de cada parcela.

b) Considerando o valor da parcela calculado no item anterior, qual é o preço total do produto a prazo?

Exercícios complementares

65. Nos gráficos a seguir, M_t representa o montante atualizado durante um período de 3 meses.

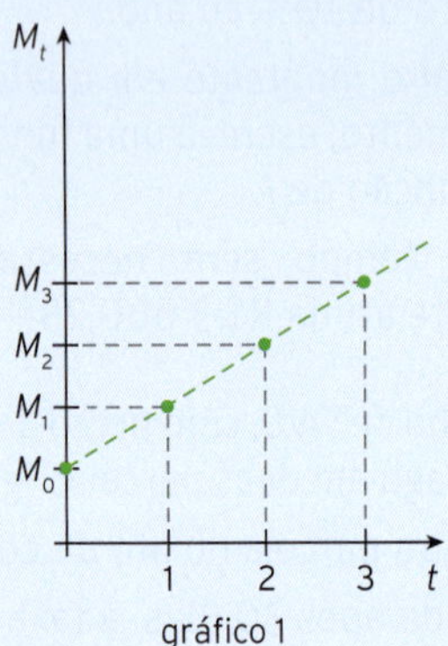

gráfico 1

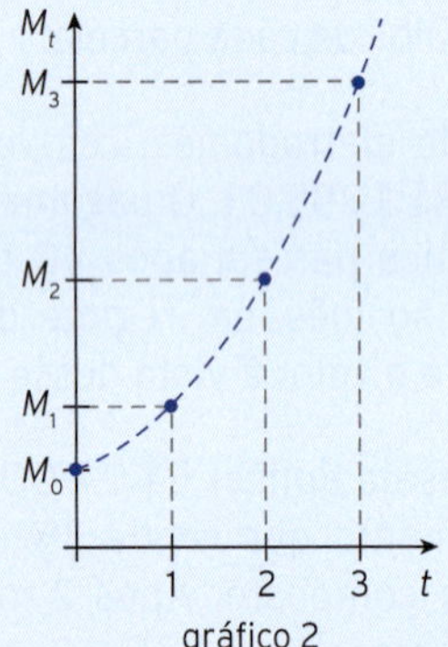

gráfico 2

Considere o regime de juro simples e o regime de juro composto para atualizar o montante no período. Indique o regime que cada gráfico representa, justificando sua resposta.

66. Roberto fez as aplicações descritas a seguir.

- Aplicação A: capital de R$ 3 000,00 à taxa de juro composto de 2% ao mês.
- Aplicação B: capital de R$ 2 000,00 à taxa de juro composto de 4% ao mês.

a) Calcule o valor do montante para as aplicações A e B nos 3 primeiros meses.

b) Organize em um quadro os valores calculados no item anterior.

c) Ao final de 3 meses, qual será a quantia total resgatada por Roberto?

67. Carlos fez um empréstimo de R$ 4 500,00 em uma instituição financeira. Ele pagará o empréstimo em uma única parcela 4 meses após a data do empréstimo. Quanto ele irá pagar, se a taxa de correção é 2% ao mês em regime de juro composto?

68. Uma parcela de R$ 688,20 é paga com 4 meses de antecedência. Se a taxa de juro desse financiamento é 3,5% ao mês, em regime de juro composto, então qual é o valor a ser pago nessa parcela?

69. Uma loja vende um produto por R$ 22 000,00. Para pagamento a prazo, em uma única parcela, são cobrados R$ 6 161,86 de juro. Se a taxa de juro aplicada é de 2,5% ao mês, em regime de juro composto, determine o prazo que a loja concede para o pagamento.

70. Um capital de R$ 1 000,00 é aplicado à taxa de juro composto de 1,5% ao mês.

a) Qual é, aproximadamente, o montante acumulado nessa aplicação após 6 meses?

b) Quantos meses serão necessários para que o montante acumulado nessa aplicação atinja R$ 2 000,00?

71. Marcelo pretende comprar móveis para a sala de sua casa. Ao pesquisar as condições de pagamento, encontrou 3 diferentes propostas, conforme descrito a seguir.

- Pagamento à vista: Marcelo teria de ter juntado R$ 300,00 por mês durante 10 meses. E assim não pagaria nada de juro.
- Pagamento parcelado pela loja: a loja cobra taxa de juro composto de 5% ao mês e parcela em 14 vezes.
- Empréstimo com um colega: o colega cobra taxa de juro simples de 8% ao mês e divide o pagamento em 8 vezes.

a) Sem fazer cálculos, responda: Em qual das três propostas Marcelo pagará o menor valor pelos móveis?

b) Calcule o valor pago em cada caso.

c) Determine a porcentagem de aumento do valor final em cada caso.

d) Qual seria sua decisão, se tivesse de optar por uma das propostas? Justifique.

e) Quais fatores, além do juro e da prestação mensal, podem influenciar a decisão de Marcelo?

f) Por que você acha que muitas pessoas compram em prestações, em vez de guardar dinheiro e comprar o mesmo produto à vista? Justifique sua resposta.

72. Uma loja vendeu um fogão com lucro de 20% sobre o preço de venda. Calcule a porcentagem de lucro em relação ao preço de custo.

73. Uma loja vende uma bicicleta por R$ 540,80, pagos 60 dias após a data da compra. Para determinar esse valor, a loja considera uma taxa de juro composto de 4% ao mês. Calcule o valor da bicicleta no pagamento à vista.

74. A tabela abaixo apresenta os valores bimestrais de uma dívida.

Valores devidos			
1º bimestre (R$)	2º bimestre (R$)	3º bimestre (R$)	4º bimestre (R$)
20 000,00	23 000,00	26 450,00	30 417,50

Dados fictícios.

a) Qual regime de juro foi utilizado para calcular o valor bimestral dessa dívida?

b) Os valores bimestrais determinam que tipo de progressão?

c) Determine a razão dessa progressão e, com esse valor, calcule a taxa de juro utilizada.

d) Se for mantida essa razão, qual será o valor da dívida no 7º bimestre?

75. Para não ter prejuízo, um comerciante tem de repassar, no mínimo, 36% do valor de compra para o valor de seus produtos. Ele, porém, acrescenta 75%, para poder negociar e conceder descontos aos clientes. Qual é a porcentagem máxima, no preço final, que o comerciante pode dar de desconto para não ter prejuízo?

76. Osmar resolveu aplicar suas economias em duas instituições financeiras, ambas em regime de juro composto, da seguinte maneira:

- R$ 3 500,00 na instituição financeira A, com taxa de juro composto de 1,4% ao mês;
- R$ 2 000,00 na instituição financeira B, com taxa de juro composto de 4% ao mês.

(adote: $1{,}014^{10} = 1{,}149$ e $1{,}04^{10} = 1{,}480$)

a) Representando o montante acumulado nas instituições A e B por M_A e M_B, escreva uma função que determine cada um desses valores ao longo do tempo t.

b) Calcule o valor aproximado do montante acumulado após 10 meses em cada aplicação.

c) Se Osmar aplicasse R$ 2 000,00 na instituição financeira A e R$ 3 500,00 na instituição financeira B, qual seria o valor aproximado do montante acumulado após 10 meses em cada instituição?

77. (PUC-RJ) Um imóvel em São Paulo foi comprado por x reais, valorizou 10% e foi vendido por R$ 495 000,00. Um imóvel em Porto Alegre foi comprado por y reais, desvalorizou 10% e também foi vendido por R$ 495 000,00. Os valores de x e y são:

a) $x = 445\,500$ e $y = 544\,500$

b) $x = 450\,000$ e $y = 550\,000$

c) $x = 450\,000$ e $y = 540\,000$

d) $x = 445\,500$ e $y = 550\,000$

e) $x = 450\,000$ e $y = 544\,500$

78. Uma empresa fez um empréstimo de R$ 150 000,00 a ser pago ao final de 1 ano. A taxa de juro é 3% ao mês, em regime de juro composto. Quanto será pago ao final do prazo estabelecido?

79. (Unicamp-SP) Um automóvel foi anunciado com um financiamento "taxa zero" por R$ 24 000,00 (vinte e quatro mil reais), que poderiam ser pagos em 12 parcelas iguais e sem entrada. Para efetivar a compra parcelada, no entanto, o consumidor precisaria pagar R$ 720,00 (setecentos e vinte reais) para cobrir despesas do cadastro.

Dessa forma, em relação ao valor anunciado, o comprador pagará um acréscimo:

a) inferior a 2,5%

b) entre 2,5% e 3,5%

c) entre 3,5% e 4,5%

d) superior a 4,5%

80. (UEA-AM) O preço de referência, em dólares, de certo pacote de hospedagem em determinado *resort* localizado às margens do rio Negro é x. Na baixa temporada, ele passa a ser vendido por y, havendo, em relação a x, um decréscimo de 25%. Na alta temporada, o mesmo pacote é vendido por $1{,}8y$, havendo, nesse caso, um acréscimo, em relação a x, de:

a) 35%

b) 50%

c) 30%

d) 20%

e) 25%

81. (UFMG) Janaína comprou um eletrodoméstico financiado, com taxa de 10% ao mês, em 3 prestações mensais iguais de R$ 132,00 cada, devendo a primeira prestação ser paga 1 mês após a compra.

Considerando essas informações, responda às questões em cada um dos seguintes contextos.

a) Janaína atrasou o pagamento da primeira prestação e vai pagá-la com a segunda prestação, quando esta vencer. Calcule o valor total que ela deverá pagar nesse momento.

b) Janaína deseja quitar sua dívida na data do vencimento da segunda prestação, pagando a primeira prestação atrasada, a segunda na data correta e a terceira prestação adiantada. Calcule quanto ela deverá pagar ao todo nesse momento.

c) Janaína teve alguns problemas que a impediram de pagar a primeira e a segunda prestações nas datas corretas. Calcule quanto ela deverá pagar se quiser quitar as três prestações na data de vencimento da última.

UNIDADE

10 Geometria analítica

Capítulos

Ricardo Azoury/Pulsar Imagens

Palácio do Planalto, Brasília (DF), 2003.

A realização de alguns projetos arquitetônicos exige a construção de estruturas complexas. A Geometria analítica é um importante recurso na elaboração desses projetos, pois permite representar em equações vários elementos geométricos, como retas, circunferências e elipses.

Ao estabelecer relações entre a Geometria e a Álgebra, a Geometria analítica torna possível a realização de diversos cálculos necessários ao estudo da forma, da rigidez e da composição de estruturas arquitetônicas.

CAPÍTULO

26 Pontos e retas

Módulos

1. Plano cartesiano
2. Pontos
3. Retas
4. Posição relativa de duas retas em um plano
5. Distância entre ponto e reta
6. Resolução gráfica de inequações do 1º grau com duas incógnitas
7. Aplicações

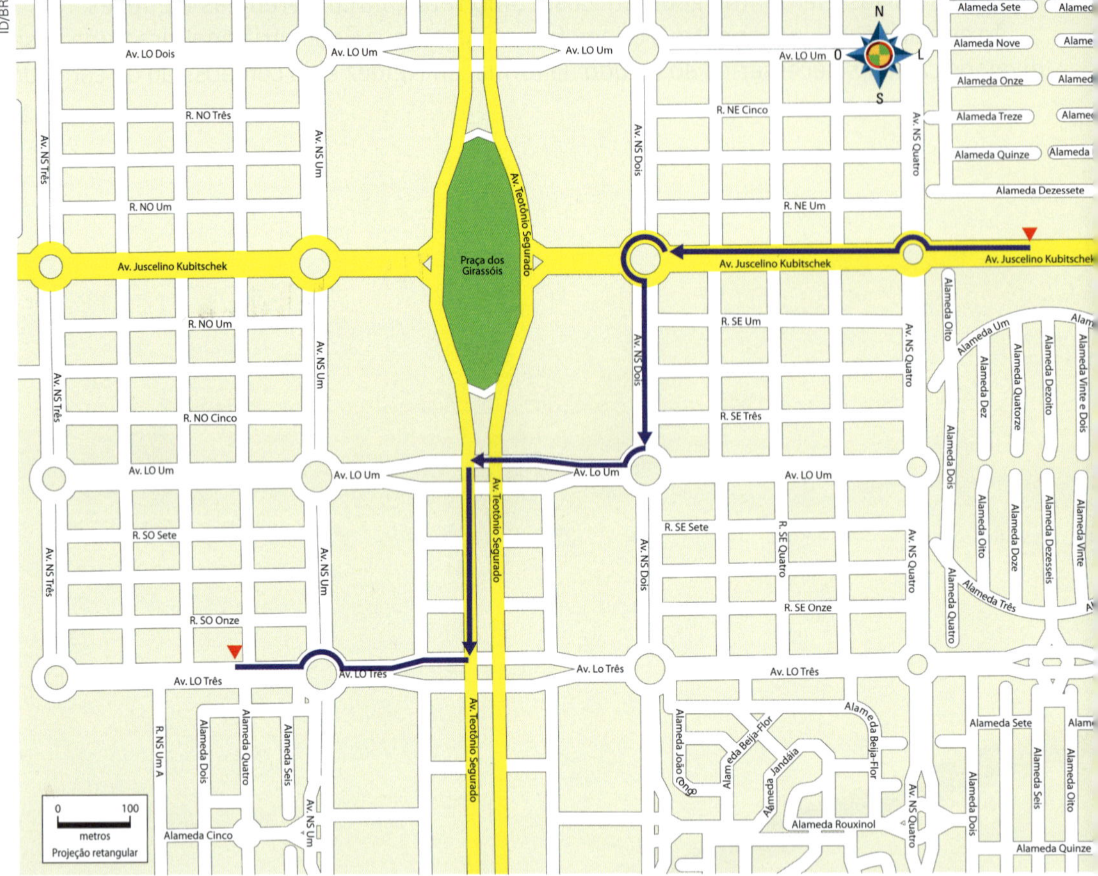

Trecho de mapa de ruas da cidade de Palmas (TO).

Fonte de pesquisa: Guiamais.com.mapas. Disponível em: <http://mapas.guiamais.com.br/guia/palmas-to>. Acesso em: 7 jul. 2015.

Para começar

O Sistema de Posicionamento Global, popularmente conhecido por GPS (sigla do nome em inglês *Global Positioning System*), utiliza satélites para localizar um aparelho receptor na superfície da Terra. Esse aparelho decodifica os sinais emitidos pelos satélites e calcula a própria posição, que é fornecida em coordenadas geográficas de latitude, longitude e altitude.

O receptor GPS de um veículo sugere, por exemplo, o trajeto mais curto entre um ponto da avenida Juscelino Kubitschek e um ponto da avenida Lo Três, na cidade de Palmas (TO). A Geometria da cidade impõe que os deslocamentos de veículos terrestres sejam realizados por ruas e avenidas, respeitando as leis de trânsito.

1. Compare a menor distância proposta pelo GPS com a noção de distância adquirida no estudo da Geometria.
2. Identifique semelhanças entre a localização de pontos no plano cartesiano e no sistema geográfico de latitude e longitude.
3. O sistema GPS foi desenvolvido e é controlado pelas Forças Armadas dos Estados Unidos. Pesquise sobre esse controle e discuta com os colegas sobre implicações dele.

1. Plano cartesiano

No estudo de funções desta coleção, foram apresentados o sistema e o plano cartesianos e outros conceitos, que serão retomados e aprofundados neste capítulo.

O **sistema cartesiano** é formado pelos eixos coordenados perpendiculares *Ox* e *Oy*. O eixo *Ox* é o **eixo das abscissas**, e o eixo *Oy* é o **eixo das ordenadas**. A intersecção desses eixos é a **origem** do sistema cartesiano, denotada pelo ponto *O*.

O plano formado por esses eixos denomina-se **plano cartesiano**, também de origem no ponto *O*. Em um plano cartesiano, cada ponto *P* corresponde a um único **par ordenado** (x_1, y_1) de números reais e, reciprocamente, cada par ordenado (x_1, y_1) tem como correspondente um único ponto *P* do plano. Essa correspondência é denotada por $P(x_1, y_1)$. A origem *O* do plano cartesiano é representada pelo par ordenado (0, 0); então, tem-se como origem o ponto *O*(0, 0).

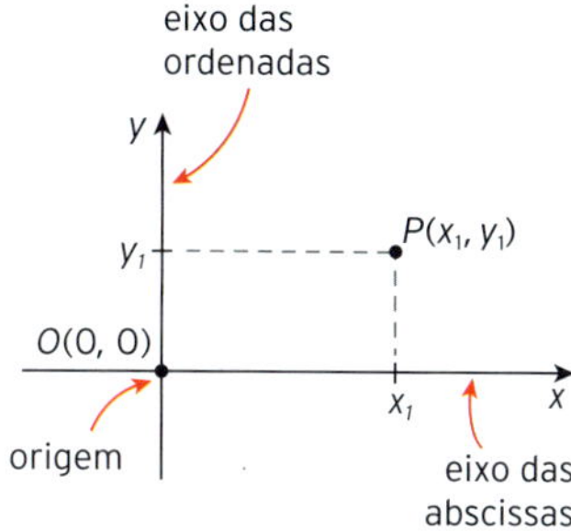

Exemplos

A seguir, são representados algebricamente e graficamente alguns exemplos de pontos e pares ordenados do plano cartesiano.

Representação algébrica

Ponto	Par ordenado
A	(3, 2)
B	(−5, 4)
C	(5, −2)
D	(−4, −3)
E	(2, 0)
F	(0, −3)
O	(0, 0)

Representação gráfica

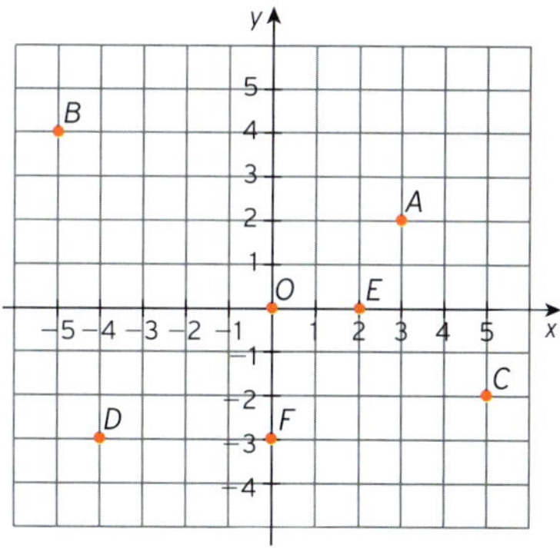

- Diz-se que o ponto *A* tem coordenadas (3, 2), pois corresponde ao par ordenado (3, 2). Esse ponto tem abscissa $x = 3$ e ordenada $y = 2$.
- O ponto *E*(2, 0) pertence ao eixo das abscissas, pois tem ordenada 0. Todo ponto de coordenadas $(a, 0)$, $a \in \mathbb{R}$, pertence ao eixo *Ox*.
- O ponto *F*(0, −3) pertence ao eixo das ordenadas, pois tem abscissa 0. Todo ponto de coordenadas $(0, b)$, $b \in \mathbb{R}$, pertence ao eixo *Oy*.

Quadrantes

Os eixos coordenados *Ox* e *Oy* dividem o plano cartesiano em quatro regiões denominadas **quadrantes**. Por convenção, os quadrantes são ordenados no sentido anti-horário, conforme indicado na figura abaixo. O sinal positivo ou negativo da abscissa e da ordenada dos pontos varia de acordo com o quadrante em que os pontos estão localizados.

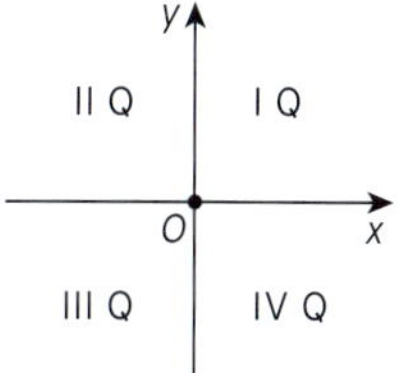

I Q: 1º quadrante (+, +)
II Q: 2º quadrante (−, +)
III Q: 3º quadrante (−, −)
IV Q: 4º quadrante (+, −)

Os pontos pertencentes ao eixo *Ox* ou ao eixo *Oy* não pertencem a nenhum dos quadrantes.

Bissetriz dos quadrantes

As duas retas que passam pela origem $O(0, 0)$ de um plano cartesiano e formam ângulos de 45° com seus eixos são as **bissetrizes dos quadrantes** do plano cartesiano. A reta que contém pontos do 1º e do 3º quadrante é denominada **primeira bissetriz** ou **bissetriz dos quadrantes ímpares**; a reta que contém pontos do 2º e do 4º quadrante é denominada **segunda bissetriz** ou **bissetriz dos quadrantes pares**.

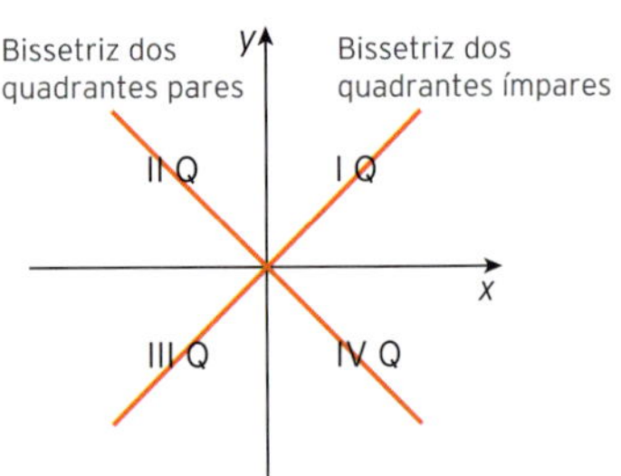

Exercícios resolvidos

1. Escreva as coordenadas dos pontos representados no plano cartesiano abaixo.

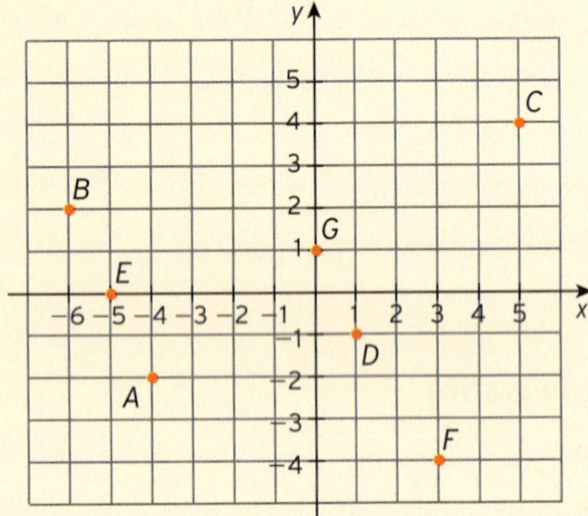

Resolução

O ponto A tem coordenadas $(-4, -2)$; B tem coordenadas $(-6, 2)$; C tem coordenadas $(5, 4)$; D tem coordenadas $(1, -1)$; E tem coordenadas $(-5, 0)$; F tem coordenadas $(3, -4)$; e G tem coordenadas $(0, 1)$. Assim, temos os pontos: $A(-4, -2)$, $B(-6, 2)$, $C(5, 4)$, $D(1, -1)$, $E(-5, 0)$, $F(3, -4)$ e $G(0, 1)$

2. Determine o quadrante em que está localizado cada um dos pontos:

a) $M(7, -3)$ b) $N(2, 14)$ c) $P(-3, -8)$ d) $Q(-4, 9)$ e) $R(-6, 0)$ f) $S(0, 11)$

Resolução

Para determinar o quadrante em que um ponto está localizado, verificamos o sinal da abscissa e o sinal da ordenada.

a) O ponto $M(7, -3)$ está no 4º quadrante, pois tem abscissa positiva e ordenada negativa.

b) O ponto $N(2, 14)$ está no 1º quadrante, pois tem abscissa e ordenada positivas.

c) O ponto $P(-3, -8)$ está no 3º quadrante, pois tem abscissa e ordenada negativas.

d) O ponto $Q(-4, 9)$ está no 2º quadrante, pois tem abscissa negativa e ordenada positiva.

e) O ponto $R(-6, 0)$ está sobre o eixo Ox, pois tem ordenada zero e, então, não pertence a nenhum quadrante.

f) O ponto $S(0, 11)$ está sobre o eixo Oy, pois tem abscissa zero e, então, não pertence a nenhum quadrante.

Exercícios propostos

3. Escreva as coordenadas dos pontos representados no plano cartesiano abaixo.

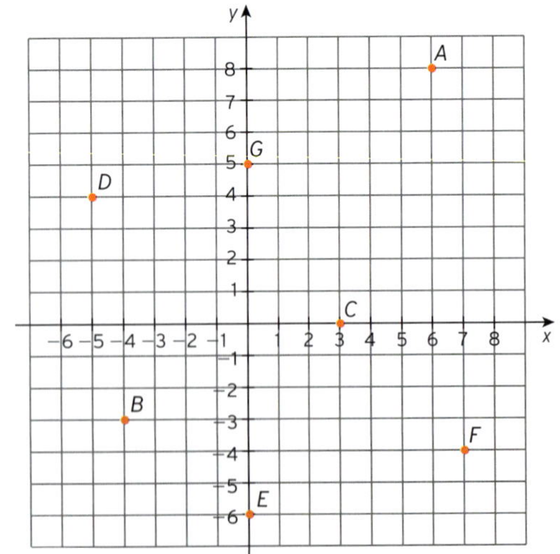

4. Construa um plano cartesiano em uma folha de papel quadriculado e localize nele os seguintes pontos:

a) $L(3, 6)$ b) $M(-5, 2)$ c) $N(6, -2)$ d) $P(-6, -4)$ e) $Q(4, 0)$ f) $R(0, 2)$ g) $S(1, 5)$ h) $T(-3, 6)$ i) $U(-3, -6)$

5. Considere os seguintes pontos, com $a \in \mathbb{R}_+^*$:

$A\left(\frac{a}{2}, \frac{a}{2}\right)$ $D\left(0, \frac{3}{a}\right)$ $G(-2a, 2a)$

$B(a, 0)$ $E(a^2, -a^2)$ $H\left(-\frac{2}{a}, -\frac{2}{a}\right)$

$C(-a, a)$ $F\left(-\frac{1}{a}, 0\right)$ $I(0, -3a)$

Indique quais desses pontos pertencem:

a) ao eixo das abscissas;
b) ao eixo das ordenadas;
c) à primeira bissetriz do plano cartesiano;
d) à segunda bissetriz do plano cartesiano.

2. Pontos

A **Geometria analítica** estuda as figuras geométricas e suas propriedades, a partir de processos algébricos, associando-as às coordenadas de seus pontos, como apresentado a seguir.

Distância entre dois pontos

A distância entre dois pontos A e B de um plano cartesiano, denotada por $d(A, B)$, é o comprimento do segmento de reta que tem esses pontos como extremidades. Essa distância pode ser determinada pelas abscissas e ordenadas dos pontos A e B, como definido a seguir.

Distância entre dois pontos de ordenadas iguais

A distância entre dois pontos de ordenadas iguais é o módulo da diferença de suas abscissas.

Assim, dados dois pontos, A e B, de coordenadas (x_A, y_A) e (x_B, y_B), com $y_A = y_B$, a distância entre A e B é:

$$d(A, B) = |x_B - x_A| \quad \text{ou} \quad d(A, B) = |x_A - x_B|$$

Exemplo

Dados os pontos A, B, D e E no plano cartesiano a seguir:

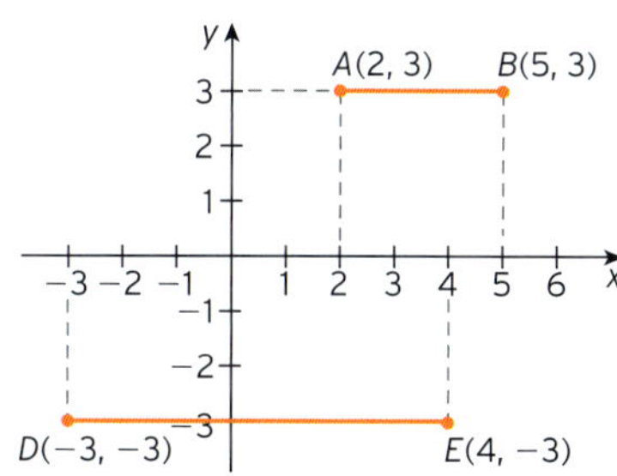

A distância entre A e B é: $d(A, B) = |5 - 2| = |2 - 5| = 3$

A distância entre D e E é: $d(D, E) = |4 - (-3)| = |-3 - 4| = 7$

Distância entre dois pontos de abscissas iguais

A distância entre dois pontos de abscissas iguais é o módulo da diferença de suas ordenadas.

Assim, dados dois pontos, A e B, de coordenadas (x_A, y_A) e (x_B, y_B), com $x_A = x_B$, a distância entre A e B é:

$$d(A, B) = |y_B - y_A| \quad \text{ou} \quad d(A, B) = |y_A - y_B|$$

Exemplo

Dados os pontos A, B, D e E no plano cartesiano a seguir:

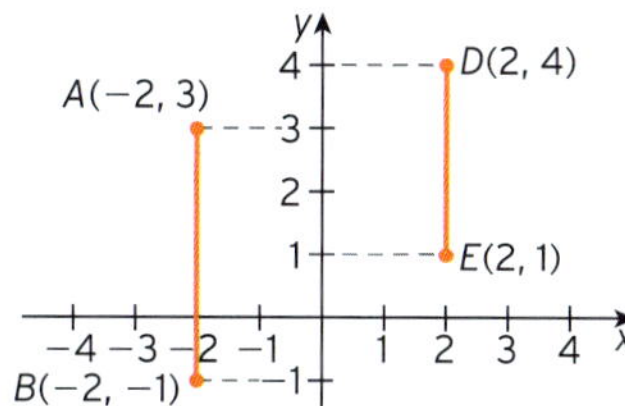

A distância entre A e B é: $d(A, B) = |-1 - 3| = |3 - (-1)| = 4$

A distância entre D e E é: $d(D, E) = |1 - 4| = |4 - 1| = 3$

Saiba mais

Pontos coincidentes

Dois pontos coincidentes A e B têm a mesma representação no plano, ou seja, são o mesmo ponto. Assim, a distância entre dois pontos coincidentes é 0.

$$d(A, B) = 0$$

Para recordar

A distância entre dois pontos A e B é a medida do segmento de reta com extremidades A e B. Portanto, essa distância também pode ser indicada por AB.

Distância entre dois pontos de ordenadas e abscissas diferentes

A distância entre dois pontos *A* e *B* de abscissas e ordenadas diferentes é obtida pelo teorema de Pitágoras aplicado ao triângulo *ABC*, retângulo em *C*, em que o ponto *C* é a intersecção entre a reta paralela ao eixo *Ox* que passa por um dos pontos (*A* ou *B*) e a reta paralela ao eixo *Oy* que passa pelo outro ponto.

Assim, dados dois pontos, *A* e *B*, de coordenadas (x_A, y_A) e (x_B, y_B), com $x_A \neq x_B$ e $y_A \neq y_B$, o ponto *C* é determinado de modo que o triângulo *ABC* seja retângulo em *C*.

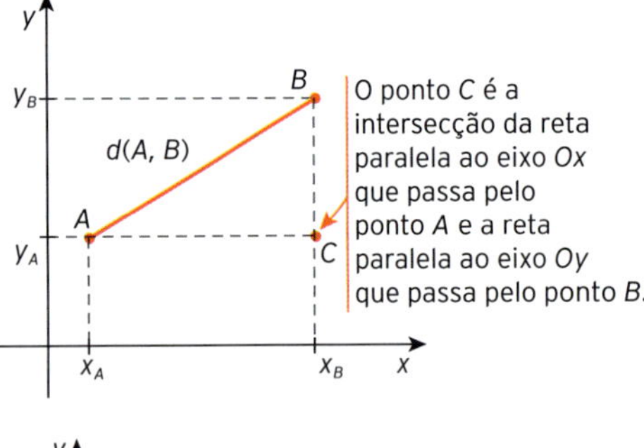

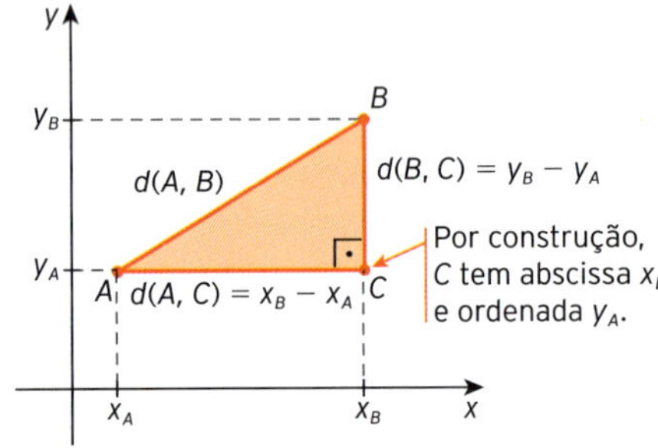

Como o comprimento dos lados $\overline{AB}$, $\overline{AC}$ e $\overline{BC}$ é a distância entre os pontos que os limitam, pelo teorema de Pitágoras aplicado ao triângulo *ABC*, obtém-se a distância entre os pontos *A* e *B*:

$$(AB)^2 = (AC)^2 + (BC)^2 \Rightarrow AB = \sqrt{(AC)^2 + (BC)^2} \Rightarrow$$

$$\Rightarrow d(A, B) = \sqrt{(d(A, C))^2 + (d(B, C))^2} \Rightarrow d(A, B) = \sqrt{(x_B - x_A)^2 + (y_B - y_A)^2}$$

Exemplo

Considere os pontos *A*, *B*, *D* e *E* no plano cartesiano a seguir.

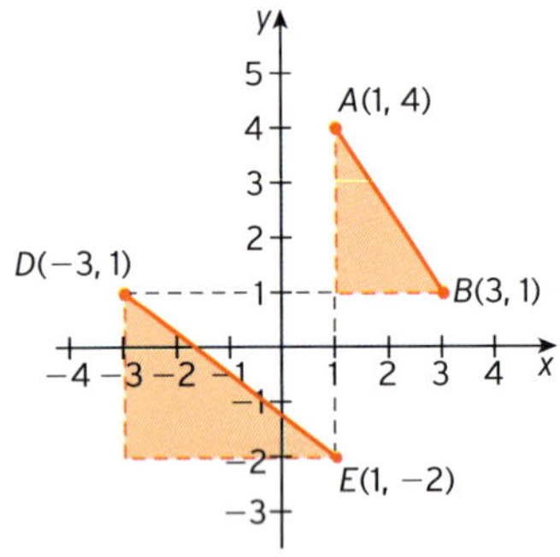

A distância entre *A* e *B* é: $d(A, B) = \sqrt{(3 - 1)^2 + (1 - 4)^2} =$
$= \sqrt{2^2 + (-3)^2} = \sqrt{4 + 9} = \sqrt{13}$

A distância entre *D* e *E* é: $d(D, E) = \sqrt{(-3 - 1)^2 + (1 - (-2))^2} =$
$= \sqrt{(-4)^2 + 3^2} = \sqrt{16 + 9} = \sqrt{25} = 5$

Ação e cidadania

Tira-dúvidas virtual

Para alunos que têm dúvidas sobre alguns conteúdos, o professor estadunidense Salman Khan criou vídeos explicativos gratuitos. No Brasil, suas aulas dubladas para o português estão disponíveis em: <http://www.fundacaolemann.org.br/khanportugues/>. (Acesso em: 25 maio 2015.)

Outros vídeos gratuitos foram criados pelo casal de professores Bruno e Lucimara Werneck. São vídeos de curta duração, com explicações em linguagem simples.

"Alguns estudantes recorrem a professores particulares, outros se reúnem com os colegas e alguns buscam na internet as respostas para suas dúvidas."

Disponível em: <http://kuadro.querobolsa.com.br/sobre>. Acesso em: 7 jul. 2015.

- Esses vídeos são exemplos de cidadania ativa? Por quê?
- Em grupo, faça um breve roteiro de vídeo para esclarecer dúvidas sobre os conteúdos apresentados neste livro. Explique como faria o vídeo e como abordaria os conteúdos.

Para refletir

Nesta página, para determinar a expressão da distância entre dois pontos, consideraram-se pontos de abscissas e ordenadas diferentes. Porém, essa expressão também é válida para pontos com abscissas ou ordenadas iguais. Mostre por que essa expressão é válida nesses casos.

Exercícios resolvidos

6. Calcule a distância entre os pontos $M(4, 7)$ e $N(10, -1)$.

Resolução

Podemos calcular a distância entre os pontos $M(4, 7)$ e $N(10, -1)$ de dois modos: representando esses pontos no plano cartesiano e utilizando o teorema de Pitágoras ou substituindo os valores de suas coordenadas diretamente na expressão obtida por esse teorema:

$$d(M, N) = \sqrt{(x_N - x_M)^2 + (y_N - y_M)^2}$$

- Representando os pontos no plano cartesiano, obtemos:

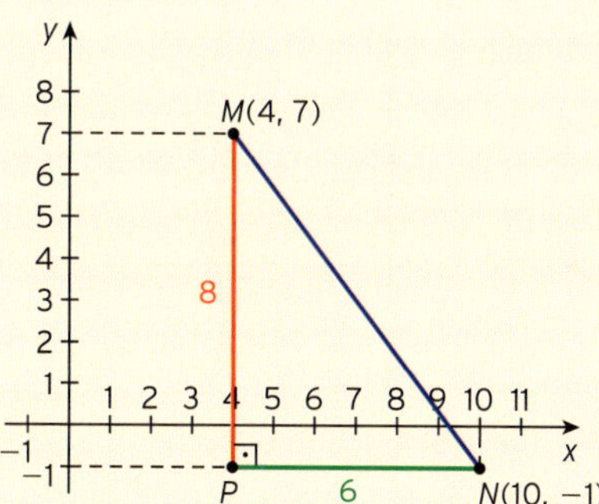

Assim, pelo teorema de Pitágoras:
$(MN)^2 = (MP)^2 + (PN)^2 = 8^2 + 6^2 = 100 \Rightarrow MN = 10$

- Pela expressão da distância entre dois pontos:

$$d(M, N) = \sqrt{(10 - 4)^2 + (-1 - 7)^2} =$$
$$= \sqrt{6^2 + (-8)^2} = \sqrt{100} = 10$$

Logo, a distância entre os pontos M e N é 10 unidades.

7. O ponto $P(1, k)$ é equidistante aos pontos $A(-2, 9)$ e $B(4, 3)$. Determine as coordenadas do ponto P e a distância entre P e os pontos A e B.

Resolução

Se P é equidistante a A e B, então $d(A, P) = d(B, P)$.

$d(A, P) = d(B, P) \Rightarrow$

$\Rightarrow \sqrt{(1 + 2)^2 + (k - 9)^2} = \sqrt{(1 - 4)^2 + (k - 3)^2} \Rightarrow$

$\Rightarrow \sqrt{3^2 + (k - 9)^2} = \sqrt{(-3)^2 + (k - 3)^2} \Rightarrow$

$\Rightarrow \sqrt{9 + k^2 - 18k + 81} = \sqrt{9 + k^2 - 6k + 9} \Rightarrow$

$\Rightarrow \sqrt{k^2 - 18k + 90} = \sqrt{k^2 - 6k + 18} \Rightarrow$

$\Rightarrow k^2 - 18k + 90 = k^2 - 6k + 18 \Rightarrow$

$\Rightarrow -18k + 6k = 18 - 90 \Rightarrow -12k = -72 \Rightarrow k = 6$

Portanto, P é o ponto de coordenadas $(1, 6)$. Para obter a distância entre o ponto P e os pontos A e B, podemos substituir as coordenadas do ponto P e de um dos pontos, A ou B, na expressão de distância entre dois pontos:

$d(A, P) = \sqrt{(1 + 2)^2 + (6 - 9)^2} = \sqrt{3^2 + (-3)^2} =$

$= \sqrt{9 + 9} = \sqrt{18} = 3\sqrt{2}$

Portanto: $d(A, P) = d(P, B) = 3\sqrt{2}$

Exercícios propostos

8. Em quais quadrantes o ponto $P(x, y)$ pode estar localizado para que se tenha $x \cdot y < 0$?

9. Dados os pontos $M(-2, 7)$ e $N(1, 3)$, determine a medida do segmento limitado por eles.

10. Calcule a distância entre o ponto $A(8, -6)$ e a origem de um plano cartesiano.

11. Calcule a distância entre os pares de pontos abaixo.

a) $A(p + 1, 4)$ e $B(p, 3)$

b) $M(-3, k)$ e $N(1, k + 3)$

c) $P(a + 2, b - 4)$ e $Q(a + 1, b - 2)$

d) $R(m^2 + 2, 2m)$ e $T(9 + m^2, 2m)$

12. Determine o valor de k sabendo que a distância entre os pontos $P(-8, k)$ e $Q(k - 1, -5)$ é 10.

13. Calcule o perímetro do triângulo isósceles ABC representado no plano cartesiano abaixo.

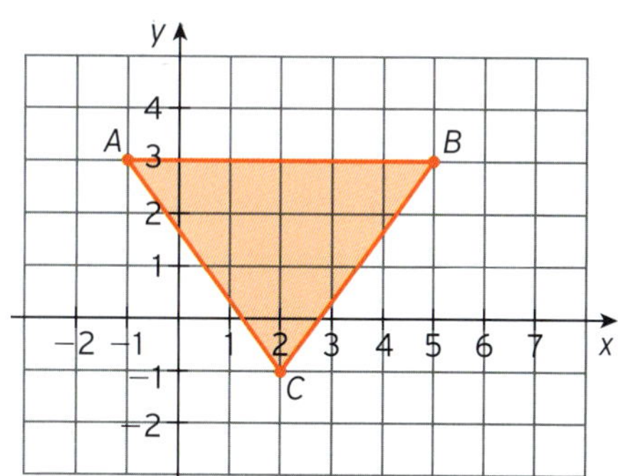

14. Qual é o ponto de abscissa e ordenada iguais e que é equidistante aos pontos $A(2, 3)$ e $B(-1, 4)$?

Ponto médio de um segmento

Em Geometria, há situações que envolvem a determinação do **ponto médio** de um segmento, como na construção de mediatrizes de segmentos e na determinação das medianas e do baricentro de um triângulo.

Para obter as coordenadas do ponto médio de um segmento, basta determinar a média aritmética das coordenadas dos pontos que o limitam. Por exemplo, as coordenadas do ponto médio $M(x_M, y_M)$ do segmento limitado pelos pontos $A(x_A, y_A)$ e $B(x_B, y_B)$ são:

$$x_M = \frac{x_A + x_B}{2} \quad \text{e} \quad y_M = \frac{y_A + y_B}{2}$$

Para recordar

Teorema de Tales

Um feixe de retas paralelas cortadas por duas retas transversais determina, sobre uma das retas transversais, segmentos com medidas proporcionais às medidas dos segmentos correspondentes sobre a outra reta transversal.

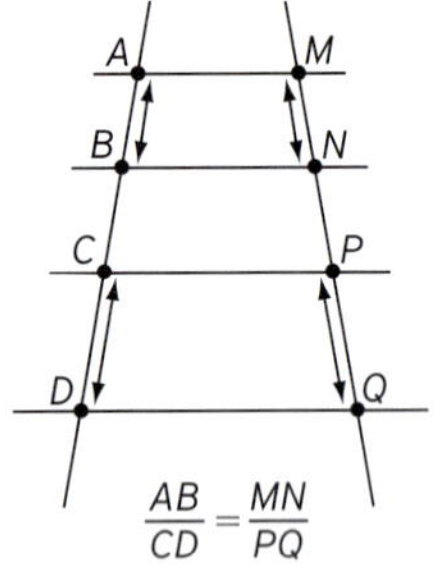

Demonstração

Dados os pontos $A(x_A, y_A)$ e $B(x_B, y_B)$ e seu ponto médio $M(x_M, y_M)$, tem-se $AM = MB$. Considerando as retas paralelas $\overleftrightarrow{AC}$, $\overleftrightarrow{MD}$ e $\overleftrightarrow{BE}$ e as retas transversais $\overleftrightarrow{AB}$ e $\overleftrightarrow{CE}$, como mostrado abaixo, pelo teorema de Tales obtém-se:

$$\frac{AM}{MB} = \frac{CD}{DE} \Rightarrow 1 = \frac{x_M - x_A}{x_B - x_M} \Rightarrow$$

$$\Rightarrow x_M - x_A = x_B - x_M \Rightarrow$$

$$\Rightarrow 2x_M = x_A + x_B \Rightarrow x_M = \frac{x_A + x_B}{2}$$

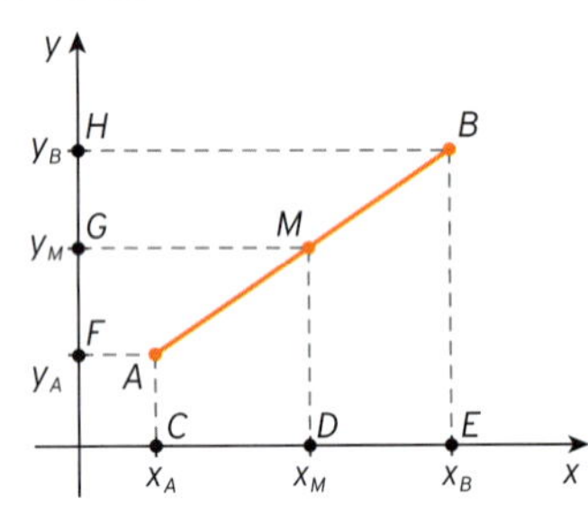

Considerando as retas paralelas $\overleftrightarrow{AF}$, $\overleftrightarrow{MG}$ e $\overleftrightarrow{BH}$ e as retas transversais $\overleftrightarrow{AB}$ e $\overleftrightarrow{FH}$, pelo teorema de Tales, obtém-se:

$$\frac{AM}{MB} = \frac{FG}{GH} \Rightarrow 1 = \frac{y_M - y_A}{y_B - y_M} \Rightarrow y_M - y_A = y_B - y_M \Rightarrow$$

$$\Rightarrow 2y_M = y_A + y_B \Rightarrow y_M = \frac{y_A + y_B}{2}$$

Desse modo, o ponto médio M do segmento $\overline{AB}$ é: $M\left(\frac{x_A + x_B}{2}, \frac{y_A + y_B}{2}\right)$

Exercícios resolvidos

15. Seja $M(7, 4)$ o ponto médio do segmento $\overline{CD}$ tal que o ponto D tem coordenadas (12, 2). Determine as coordenadas do ponto C.

Resolução

C ——— D (7,4) ——— M (12,2)

$$x_M = \frac{x_C + x_D}{2} \Rightarrow 7 = \frac{x_C + 12}{2} \Rightarrow x_C + 12 = 14 \Rightarrow x_C = 2$$

$$y_M = \frac{y_C + y_D}{2} \Rightarrow 4 = \frac{y_C + 2}{2} \Rightarrow y_C + 2 = 8 \Rightarrow y_C = 6$$

Portanto, o ponto C tem coordenadas (2, 6).

16. Determine as coordenadas dos pontos que dividem o segmento $\overline{AB}$, de extremidades $A(-6, -3)$ e $B(2, 5)$, em quatro segmentos congruentes.

Resolução

Para dividir um segmento em quatro segmentos congruentes, determinamos o ponto médio desse segmento e, em seguida, o ponto médio de cada segmento obtido.

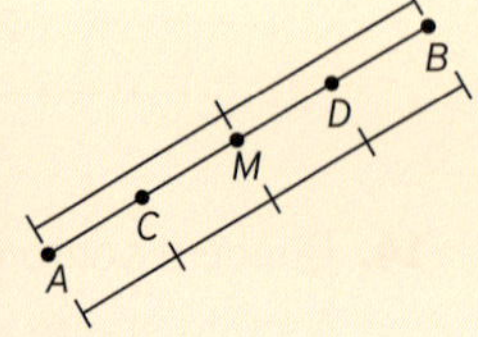

Determinamos o ponto médio M do segmento $\overline{AB}$:

$$\left.\begin{aligned} x_M &= \frac{x_A + x_B}{2} = \frac{-6 + 2}{2} = -2 \\ y_M &= \frac{y_A + y_B}{2} = \frac{-3 + 5}{2} = 1 \end{aligned}\right\} M(-2, 1)$$

Determinamos o ponto médio C do segmento $\overline{AM}$:

$$\left.\begin{aligned} x_C &= \frac{x_A + x_M}{2} = \frac{-6 - 2}{2} = -4 \\ y_C &= \frac{y_A + y_M}{2} = \frac{-3 + 1}{2} = -1 \end{aligned}\right\} C(-4, -1)$$

Determinamos o ponto médio D do segmento $\overline{BM}$:

$$\left.\begin{aligned} x_D &= \frac{x_B + x_M}{2} = \frac{2 - 2}{2} = 0 \\ y_D &= \frac{y_B + y_M}{2} = \frac{5 + 1}{2} = 3 \end{aligned}\right\} D(0, 3)$$

Portanto, os pontos $C(-4, -1)$, $M(-2, 1)$ e $D(0, 3)$ dividem o segmento $\overline{AB}$ em quatro segmentos congruentes.

Condição de alinhamento de três pontos

Dados três pontos A, B e C em um plano cartesiano, existem duas possibilidades para sua disposição: serem **colineares** ou **não colineares**.

Quando três pontos são **colineares**, existe uma única reta que passa por eles.

Quando três pontos são **não colineares**, existe um único triângulo com vértices nesses pontos.

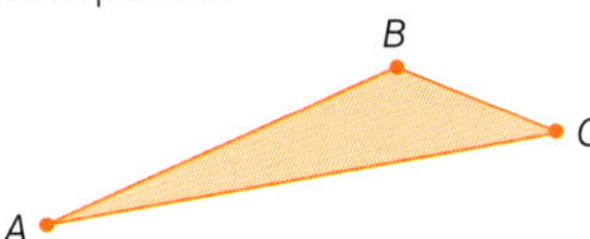

É possível estabelecer uma relação entre as coordenadas dos pontos A, B e C para que sejam colineares ou não colineares, como apresentado a seguir.

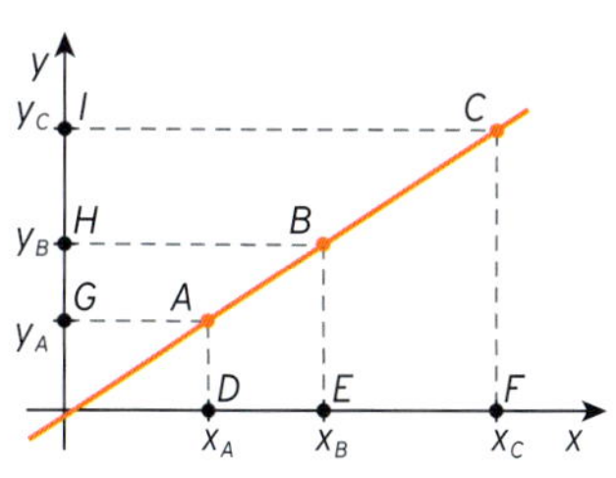

Sendo $A(x_A, y_A)$, $B(x_B, y_B)$ e $C(x_C, y_C)$ pontos colineares, conforme a figura ao lado, e considerando as retas paralelas $\overleftrightarrow{AD}$, $\overleftrightarrow{BE}$ e $\overleftrightarrow{CF}$ e as retas transversais $\overleftrightarrow{AC}$ e $\overleftrightarrow{DF}$, pelo teorema de Tales, tem-se:

$$\frac{AB}{AC} = \frac{DE}{DF} \Rightarrow \frac{AB}{AC} = \frac{x_B - x_A}{x_C - x_A} \quad \text{(I)}$$

Considerando as retas paralelas $\overleftrightarrow{AG}$, $\overleftrightarrow{BH}$ e $\overleftrightarrow{CI}$ e as retas transversais $\overleftrightarrow{AC}$ e $\overleftrightarrow{GI}$, pelo teorema de Tales, tem-se:

$$\frac{AB}{AC} = \frac{GH}{GI} \Rightarrow \frac{AB}{AC} = \frac{y_B - y_A}{y_C - y_A} \quad \text{(II)}$$

Igualando (I) e (II), obtém-se:

$$\frac{x_B - x_A}{x_C - x_A} = \frac{y_B - y_A}{y_C - y_A} \Rightarrow (x_B - x_A) \cdot (y_C - y_A) = (x_C - x_A) \cdot (y_B - y_A) \Rightarrow$$
$$\Rightarrow (x_B - x_A) \cdot (y_C - y_A) - (x_C - x_A) \cdot (y_B - y_A) = 0 \Rightarrow$$
$$\Rightarrow x_B \cdot y_C - x_B \cdot y_A - x_A \cdot y_C + x_A \cdot y_A - x_C \cdot y_B + x_C \cdot y_A + x_A \cdot y_B - x_A \cdot y_A = 0 \Rightarrow$$
$$\Rightarrow x_B \cdot y_C - x_B \cdot y_A - x_A \cdot y_C - x_C \cdot y_B + x_C \cdot y_A + x_A \cdot y_B = 0 \Rightarrow$$
$$\Rightarrow x_A \cdot y_B + x_B \cdot y_C + x_C \cdot y_A - x_B \cdot y_A - x_A \cdot y_C - x_C \cdot y_B = 0 \quad \text{(III)}$$

O primeiro membro da igualdade (III) corresponde ao desenvolvimento do determinante $D = \begin{vmatrix} x_A & y_A & 1 \\ x_B & y_B & 1 \\ x_C & y_C & 1 \end{vmatrix}$, em que os elementos da 1ª coluna correspondem às abscissas dos pontos A, B e C, e os elementos da 2ª coluna, às suas ordenadas. Logo, se três pontos são colineares, então, pela igualdade (III), o determinante assim formado é igual a zero. Note que a recíproca também é verdadeira, ou seja, se o determinante é nulo, então, A, B e C são colineares.

Então, pode-se estabelecer a seguinte proposição:

Três pontos, $A(x_A, y_A)$, $B(x_B, y_B)$ e $C(x_C, y_C)$, são colineares se e somente se:

$$D = \begin{vmatrix} x_A & y_A & 1 \\ x_B & y_B & 1 \\ x_C & y_C & 1 \end{vmatrix} = 0$$

Para refletir

Mostre que se o determinante D é nulo, então os três pontos A, B e C são colineares.

Exercícios resolvidos

17. Determine o valor de a para que os pontos $A(-9, -a)$, $B(-5, a)$ e $C(-1, 6)$ sejam colineares.

Resolução

Para que os pontos A, B e C sejam colineares, temos:

$$\begin{vmatrix} x_A & y_A & 1 \\ x_B & y_B & 1 \\ x_C & y_C & 1 \end{vmatrix} = 0$$

Substituindo as coordenadas desses pontos no determinante e usando a regra de Sarrus, obtemos:

$$\begin{vmatrix} -9 & -a & 1 \\ -5 & a & 1 \\ -1 & 6 & 1 \end{vmatrix} = 0 \Rightarrow -9a + a - 30 + a +$$
$$+ 54 - 5a = 0 \Rightarrow -12a + 24 = 0 \Rightarrow$$
$$\Rightarrow -12a = -24 \Rightarrow a = 2$$

Portanto, os pontos A, B e C são colineares se $a = 2$.

18. Calcule os valores de k para que os pontos $A(k, 2)$, $B(6, 2k)$ e $C(7k, 8)$ determinem um triângulo.

Resolução

Os pontos A, B e C determinam um triângulo quando não são colineares. Portanto:

$$\begin{vmatrix} k & 2 & 1 \\ 6 & 2k & 1 \\ 7k & 8 & 1 \end{vmatrix} \neq 0 \Rightarrow 2k^2 + 14k + 48 - 14k^2 - 8k - 12 \neq 0 \Rightarrow -12k^2 + 6k + 36 \neq 0 \Rightarrow 2k^2 - k - 6 \neq 0 \Rightarrow$$

$$\Rightarrow k \neq 2 \text{ ou } k \neq -\frac{3}{2}$$

Logo, os pontos A, B e C determinam um triângulo se $k \neq 2$ ou se $k \neq -\frac{3}{2}$

Exercícios propostos

19. Determine as coordenadas do ponto médio do segmento de extremidades dadas pelos seguintes pares de pontos:

a) $A(2, 3)$ e $B(6, -1)$

b) $P\left(\frac{1}{4}, 5\right)$ e $Q\left(\frac{5}{4}, -9\right)$

c) $C(-4, 0)$ e $D(2, 8)$

d) $R\left(\sqrt{3}, \frac{2}{3}\right)$ e $S\left(3\sqrt{3}, -\frac{1}{3}\right)$

20. Em cada representação abaixo, P é o ponto médio do segmento $\overline{AB}$. Determine os valores de a.

a)

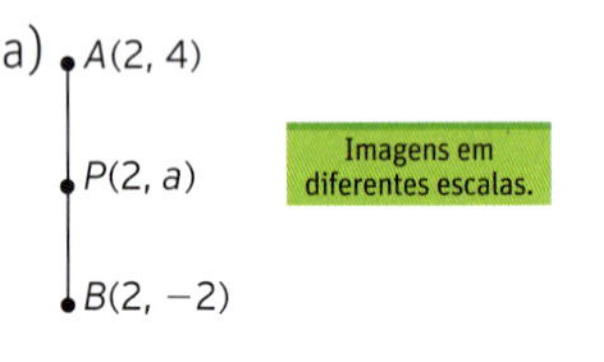

c)

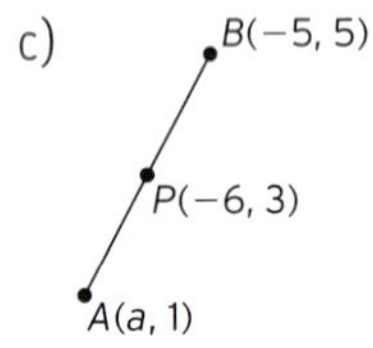

b)

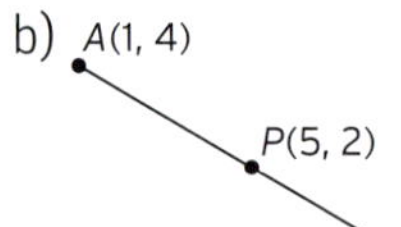

d)

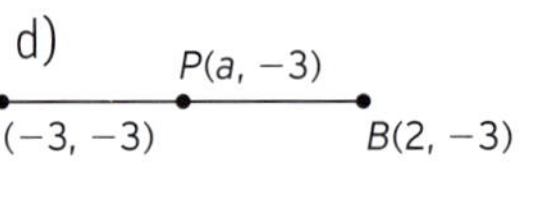

21. Dada uma circunferência no plano cartesiano, com centro no ponto C e com diâmetro $\overline{AB}$, de extremidades $A(-2, 3)$ e $B(4, 1)$, determine as coordenadas do centro C e a medida do raio dessa circunferência.

22. Considere os pontos $A(3, -3)$, $B(9, -3)$ e $C(6, 4)$, que determinam, no plano cartesiano, os vértices de um triângulo isósceles.

a) Quais são os lados congruentes desse triângulo?

b) Quais são as coordenadas do ponto médio M do lado $\overline{AB}$ desse triângulo?

c) Qual é a altura relativa ao lado $\overline{AB}$?

23. Na figura, os segmentos $\overline{AB}$, $\overline{BC}$, $\overline{CD}$ e $\overline{DE}$ são congruentes. Determine as coordenadas dos pontos B, C e D e as medidas dos segmentos $\overline{BC}$ e $\overline{BD}$.

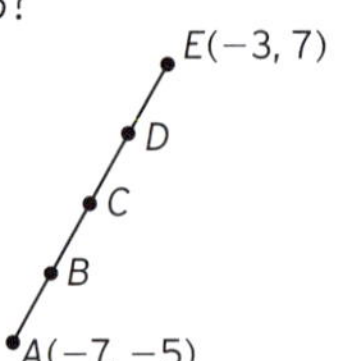

24. Verifique, em cada caso, se os pontos A, B e C dados determinam uma reta ou um triângulo.

a) $A(0, 2)$, $B(-2, 3)$ e $C(7, 9)$

b) $A(2, 3)$, $B(2, -1)$ e $C(2, 7)$

c) $A(1, 3)$, $B(2, 6)$ e $C(3, 9)$

d) $A(-1, -4)$, $B(3, -2)$ e $C(-4, 2)$

25. Determine o ponto P do eixo das abscissas que é colinear aos pontos $M(-1, -6)$ e $N(4, 4)$.

26. Os pontos $A(k, 1)$, $B(10, k - 3)$ e a origem de um plano cartesiano são colineares. Quais são os possíveis valores de k?

27. Considere os pontos $A(1, 1)$, $B(-1, 7)$ e $C(m, -m)$.

a) Para quais valores de m os pontos dados são colineares?

b) Para quais valores de m esses pontos determinam um triângulo?

28. Os pontos $A(0, 1)$, $B(2, 7)$ e $P(m, n)$ são colineares. Os pontos $C(1, -2)$, $D(5, 2)$ e P também são colineares. Determine as coordenadas do ponto P.

29. Mostre que os pontos $A(t, t + 5)$, $B(-1, 4)$ e $C(2, 7)$ são colineares para qualquer valor real t.

30. Classifique as afirmações a seguir como verdadeiras ou falsas, justificando.

a) Os pontos $A(2, -2)$, $B(3, -3)$ e $C(1, -1)$ são colineares.

b) Os pontos de coordenadas $(a, 0)$ e $(0, -a)$ são equidistantes de qualquer ponto de coordenadas (b, b).

c) Se M é o ponto médio do segmento $\overline{AB}$, então $\frac{AM}{BM} = 1$.

31. Determine as coordenadas dos pontos B e C representados a seguir.

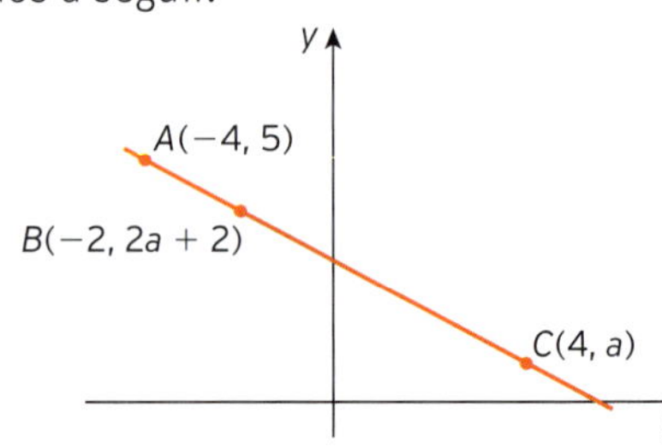

32. Dados os pontos $A(-3, 0)$, $B(-1, 4)$, $C(7, 2)$ e $D(5, 4)$, determine o ponto $P(m, n)$, intersecção das retas $\overleftrightarrow{AB}$ e $\overleftrightarrow{CD}$.

Dica: os pontos A, B e P são colineares, e os pontos C, D e P também são colineares.

3. Retas

Equação de uma reta

Na Geometria analítica, retas, circunferências, parábolas e outras curvas podem ser representadas algebricamente por equações. Assim como na determinação da distância entre dois pontos, essas equações estabelecem relações entre as abscissas e as ordenadas dos pontos pertencentes às curvas.

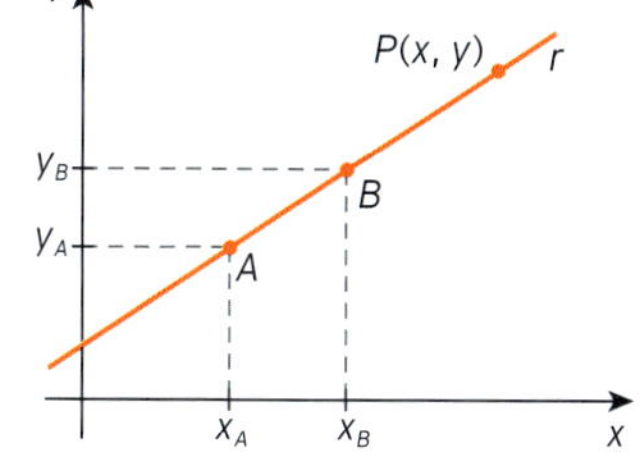

No caso das retas, esses pontos respeitam a condição de alinhamento descrita anteriormente. Assim, seja r uma reta que contém os pontos $A(x_A, y_A)$ e $B(x_B, y_B)$ e seja $P(x, y)$ um ponto qualquer dessa reta, como na figura ao lado. Como o ponto P pertence a r, os pontos P, A e B são colineares e, então, tem-se:

$$\begin{vmatrix} x & y & 1 \\ x_A & y_A & 1 \\ x_B & y_B & 1 \end{vmatrix} = 0 \Rightarrow x \cdot y_A + y \cdot x_B + x_A \cdot y_B - x_B \cdot y_A - y \cdot x_A - x \cdot y_B = 0 \Rightarrow$$

$$\Rightarrow (y_A - y_B)x + (x_B - x_A)y + (x_A \cdot y_B - x_B \cdot y_A) = 0$$

Como x_A, x_B, y_A e y_B são números reais dados, é possível atribuir os valores a, b e c para as diferenças $(y_A - y_B)$, $(x_B - x_A)$ e $(x_A \cdot y_B - x_B \cdot y_A)$, respectivamente, obtendo a **equação da reta na forma geral** que contém os pontos dados.

$ax + by + c = 0$ (equação do 1º grau com duas incógnitas, x e y, e a, b e c números reais)

Logo, o ponto $P(x, y)$ que satisfaz essa equação pertence à reta.

Por exemplo, seja r uma reta definida pela equação $x + 2y - 3 = 0$. O ponto $P(1, 1)$ pertence a essa reta, pois $1 + 2 \cdot 1 - 3 = 0$. Já o ponto $Q(2, 0)$ não pertence a essa reta, pois $2 + 2 \cdot 0 - 3 = -1 \neq 0$.

Observação

Uma reta pode ser representada algebricamente por diferentes equações. Por exemplo, a reta r de equação $x + 2y - 3 = 0$ também pode ser representada pela equação $-2x - 4y + 6 = 0$ ou pela equação $y = \frac{-x + 3}{2}$. Observa-se que essas equações são equivalentes, pois, manipulando seus termos, é possível obter a 1ª equação.

Para simplificar a linguagem, a equação $x + 2y - 3 = 0$ da reta r na forma geral pode ser representada por $r: x + 2y - 3 = 0$ e denominada apenas **equação geral da reta**.

Exercício resolvido

33. Determine a equação geral da reta que passa pelos pontos $A(1, -1)$ e $B(-1, 3)$.

Resolução

Considerando um ponto $P(x, y)$ pertencente à reta, pela condição de alinhamento de três pontos, obtemos:

$$\begin{vmatrix} x & y & 1 \\ 1 & -1 & 1 \\ -1 & 3 & 1 \end{vmatrix} = 0 \Rightarrow -x - y + 3 - 1 - 3x - y = 0 \Rightarrow -4x - 2y + 2 = 0 \Rightarrow 2x + y - 1 = 0$$

Exercícios propostos

34. Determine a equação, na forma $ax + by + c = 0$, de cada reta representada a seguir.

a)

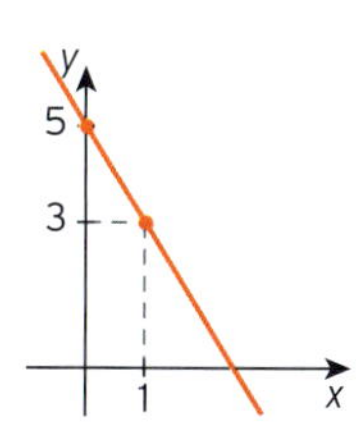

b)

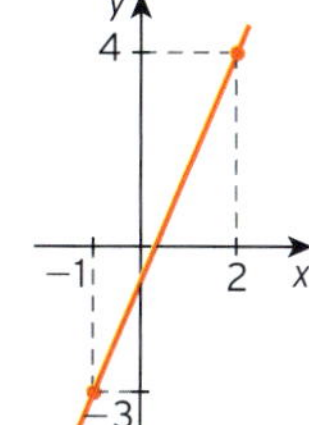

35. Seja a reta $r: 4x - y + 12 = 0$. Dê as coordenadas:

a) do ponto P, pertencente à reta r e ao eixo das ordenadas do plano cartesiano;

b) do ponto Q, pertencente à reta r e ao eixo das abscissas do plano cartesiano.

36. Explique por que os números reais a, b e c da equação da reta na forma geral, $ax + by + c = 0$, não podem ser simultaneamente nulos.

Inclinação e coeficiente angular de uma reta

Define-se:

> A **inclinação** de uma reta no plano cartesiano é a medida do ângulo que a reta forma com o eixo das abscissas, no sentido anti-horário (positivo).
>
> O **coeficiente angular**, ou **declividade**, de uma reta não perpendicular ao eixo das abscissas é a tangente de sua inclinação.

Sendo r uma reta e θ sua inclinação, tem-se $0° \leqslant \theta < 180°$ ou $0 \leqslant \theta < \pi$.

Sendo m o coeficiente angular dessa reta, tem-se: $m = \text{tg}\,\theta$

O quadro a seguir apresenta exemplos de possíveis inclinações de uma reta no plano cartesiano e seus respectivos coeficientes angulares.

Inclinação	$\theta = 0°$	$0° < \theta < 90°$	$\theta = 90°$	$90° < \theta < 180°$
Representação no plano cartesiano	reta paralela ao eixo Ox		reta paralela ao eixo Oy	
Coeficiente angular	$m = \text{tg}\,\theta = \text{tg}\,0° = 0$	$m = \text{tg}\,\theta > 0$	O coeficiente angular não está definido, pois $\text{tg}\,\theta$ não está definida para $\theta = 90°$.	$m = \text{tg}\,\theta < 0$

O coeficiente angular da reta de inclinação θ, sendo $0° < \theta < 90°$ ou $90° < \theta < 180°$, pode ser determinado por relações entre as abscissas e as ordenadas de dois pontos da reta.

- $0° < \theta < 90°$:
  Considerem-se os pontos $A(x_A, y_A)$ e $B(x_B, y_B)$ pertencentes à reta r e o ponto $C(x_B, y_A)$, conforme representados na figura ao lado.
  Como o triângulo ABC é retângulo em C:
  $$\text{tg}\,\theta = \frac{BC}{AC} = \frac{\Delta y}{\Delta x} = \frac{y_B - y_A}{x_B - x_A}$$
  De fato, tem-se $m = \dfrac{y_B - y_A}{x_B - x_A} > 0$, pois $y_B > y_A$ e $x_B > x_A$.

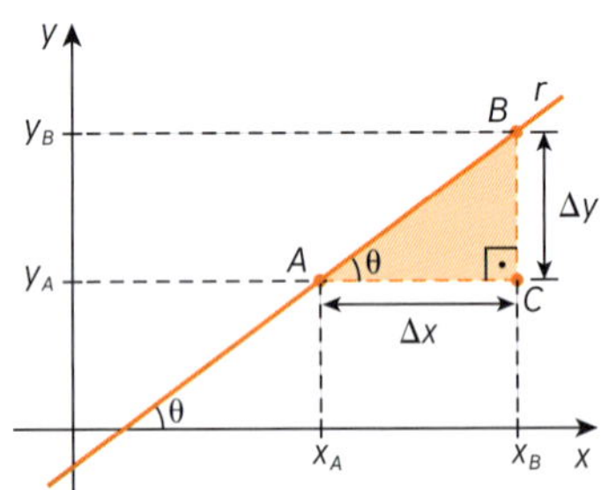

- $90° < \theta < 180°$
  Considerem-se os pontos $A(x_A, y_A)$ e $B(x_B, y_B)$ pertencentes à reta r e o ponto $C(x_A, y_B)$, conforme representado na figura ao lado.
  Como o triângulo ABC é retângulo em C:
  $$\text{tg}\,(180° - \theta) = \frac{AC}{BC} = \frac{\Delta y}{\Delta x} = \frac{y_A - y_B}{x_B - x_A}$$
  Como $\text{tg}\,(180° - \theta) = -\text{tg}\,\theta$:
  $$-\text{tg}\,\theta = \frac{y_A - y_B}{x_B - x_A} \Rightarrow \text{tg}\,\theta = -\frac{y_A - y_B}{x_B - x_A} = \frac{y_B - y_A}{x_B - x_A}$$
  De fato, tem-se $m = \dfrac{y_B - y_A}{x_B - x_A} < 0$, pois $y_A > y_B$ e $x_B > x_A$.

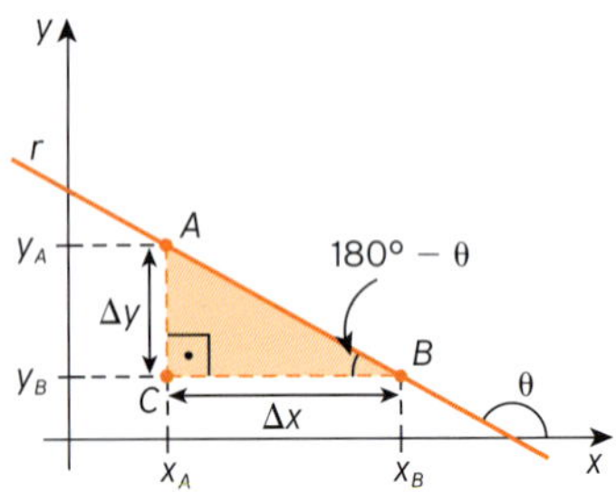

Logo, dados uma reta r e seus pontos $A(x_A, y_A)$ e $B(x_B, y_B)$, o coeficiente angular m da reta r é:

$$m = \frac{\Delta y}{\Delta x} = \frac{y_B - y_A}{x_B - x_A},\ x_A \neq x_B$$

Nessa relação, $m > 0$ para $0° < \theta < 90°$ e $m < 0$ para $90° < \theta < 180°$. A condição $x_A \neq x_B$ exclui as retas paralelas ao eixo Oy, cujo coeficiente angular não é definido.

Para refletir

Para determinar a expressão do cálculo do coeficiente angular de uma reta, consideraram-se retas não paralelas aos eixos Ox ou Oy. Porém, essa expressão também é válida para retas paralelas ao eixo Ox, ou seja, de inclinação igual a zero. Mostre que essa expressão é válida nesse caso.

Exercícios resolvidos

37. Determine o coeficiente angular de cada reta representada abaixo.

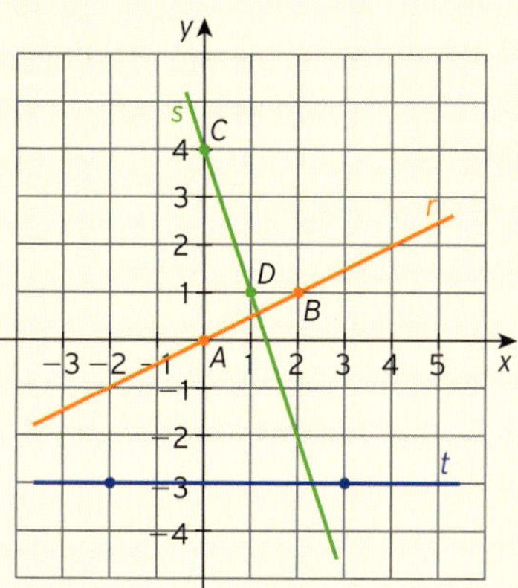

Resolução

- Sendo θ_r a inclinação da reta r e m_r seu coeficiente angular, como $0° < \theta_r < 90°$, tem-se: $m_r > 0$
  Tomando dois pontos da reta r, por exemplo $A(0, 0)$ e $B(2, 1)$, calculamos seu coeficiente angular:
  $$m_r = \frac{y_B - y_A}{x_B - x_A} = \frac{1 - 0}{2 - 0} = \frac{1}{2}$$
- Sendo θ_s a inclinação da reta s e m_s seu coeficiente angular, como $90° < \theta_s < 180°$, tem-se: $m_s < 0$
  Tomando dois pontos da reta s, por exemplo $C(0, 4)$ e $D(1, 1)$, calculamos seu coeficiente angular:
  $$m_s = \frac{y_D - y_C}{x_D - x_C} = \frac{1 - 4}{1 - 0} = -3$$
- Sendo θ_t a inclinação da reta t e m_t seu coeficiente angular, como essa reta é paralela ao eixo das abscissas, tem-se: $\theta_t = 0°$ e $m_t = \text{tg}\ \theta_t = 0$

Portanto: $m_r = \frac{1}{2}$, $m_s = -3$ e $m_t = 0$

38. Dados os pontos $A(1, 2)$, $B(2, 3)$ e $C(-5, -4)$, verifique se a reta que passa pelos pontos A e B e a reta que passa pelos pontos B e C são a mesma reta.

Resolução

Sendo r a reta que contém os pontos A e B e s a reta que contém os pontos B e C, por construção, o **ponto B é ponto comum** das retas r e s.

> Se duas retas têm um ponto comum e coeficientes angulares iguais, então as retas são coincidentes, ou seja, são a mesma reta.

Logo, sendo m_r e m_s os coeficientes angulares das retas r e s, se $m_r = m_s$, então os pontos A, B e C pertencem à mesma reta (são colineares) e, portanto, as retas r e s são coincidentes.

Determinamos m_r e m_s:

$$\left.\begin{aligned} m_r &= \frac{y_B - y_A}{x_B - x_A} = \frac{3 - 2}{2 - 1} = \frac{1}{1} = 1 \\ m_s &= \frac{y_C - y_B}{x_C - x_B} = \frac{-4 - 3}{-5 - 2} = \frac{-7}{-7} = 1 \end{aligned}\right\} m_r = m_s$$

Portanto, a reta que passa pelos pontos A e B e a reta que passa pelos pontos B e C são a mesma reta.

Exercícios propostos

39. Obtenha a medida, em grau, do ângulo formado pela reta de equação dada a seguir e pelo eixo das abscissas.

$$x - y - 7 = 0$$

40. Verifique se as afirmações a seguir são verdadeiras ou falsas e corrija as falsas.

a) O coeficiente angular de uma reta r depende do ângulo formado entre ela e o eixo das abscissas.

b) O coeficiente angular de uma reta é o ângulo formado entre ela e o eixo das abscissas.

c) Uma reta paralela ao eixo das ordenadas não tem coeficiente angular.

d) Se uma reta é paralela ao eixo das abscissas, então seu coeficiente angular é igual a zero.

41. A condição de alinhamento $\begin{vmatrix} x & y & 1 \\ 0 & 2 & 1 \\ 1 & -3 & 1 \end{vmatrix} = 0$ determina uma reta r.

a) Escreva a equação da reta r.

b) Verifique se o ponto $P(-1, 8)$ pertence à reta r.

42. Determine o coeficiente angular das retas r e s representadas abaixo.

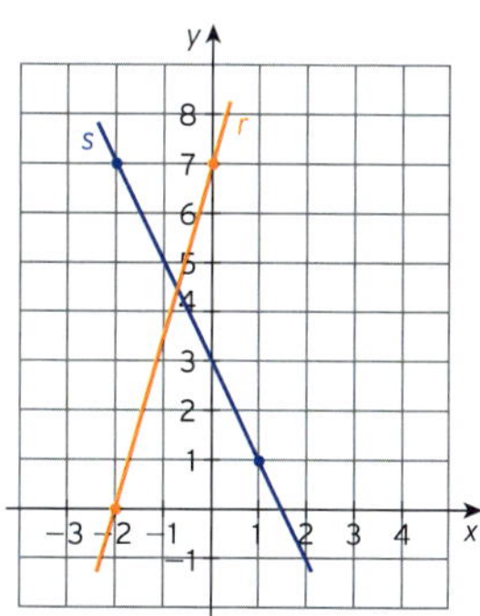

43. Dados os pontos $A(5, 2)$, $B(7, 3)$ e $C(-3, -2)$, verifique se a reta que passa pelos pontos A e B e a reta que passa pelos pontos B e C são a mesma reta.

44. Dados os pontos $A(1, -2)$, $B(2, k)$ e $C(3, k + 2)$, determine o valor de k para que a reta que passa por $\overline{AB}$ e a reta que passa por $\overline{BC}$ sejam a mesma reta.

Equação da reta que passa por um ponto *P* e tem coeficiente angular *m*

Pela condição de alinhamento de três pontos, a equação de uma reta pode ser obtida quando se conhecem dois de seus pontos. Porém, também é possível obter a equação de uma reta conhecendo-se um de seus pontos e seu coeficiente angular, como descrito a seguir.

Sejam $A(x_A, y_A)$ e $P(x, y)$ pontos de uma reta r não paralela ao eixo Oy, como representados abaixo, o coeficiente angular m da reta r pode ser obtido do seguinte modo:

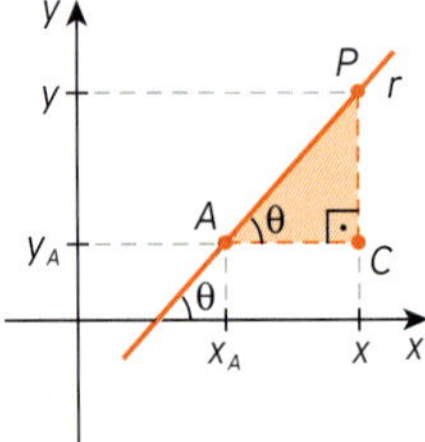

$$m = \frac{y - y_A}{x - x_A} \Rightarrow y - y_A = m(x - x_A)$$

($x \neq x_A$, pois a reta r não é paralela ao eixo Oy.)

Observação

Se r é paralela ao eixo Ox, então $m = 0$.

Assim, sendo $A(x_A, y_A)$ e $P(x, y)$ pontos de uma reta r paralela ao eixo Ox, a equação dessa reta é:

$y - y_A = 0 \cdot (x - x_A) \Rightarrow y = y_A$

De fato, como em uma reta paralela ao eixo Ox os pontos têm ordenadas iguais, a equação dessa reta é: $y = y_A$

No caso em que o coeficiente angular da reta não é definido, ou seja, quando a reta é paralela ao eixo Oy, há uma maneira imediata de determinar a equação da reta, pois seus pontos têm abscissas iguais.

Assim, sendo $A(x_A, y_A)$ e $P(x, y)$ pontos de uma reta r paralela ao eixo Oy, a equação dessa reta é: $x = x_A$

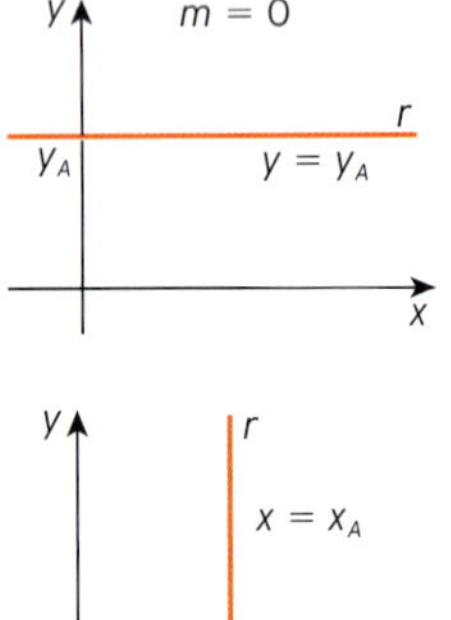

Exemplo

Para determinar a equação da reta r representada abaixo, adotam-se as etapas indicadas no quadro.

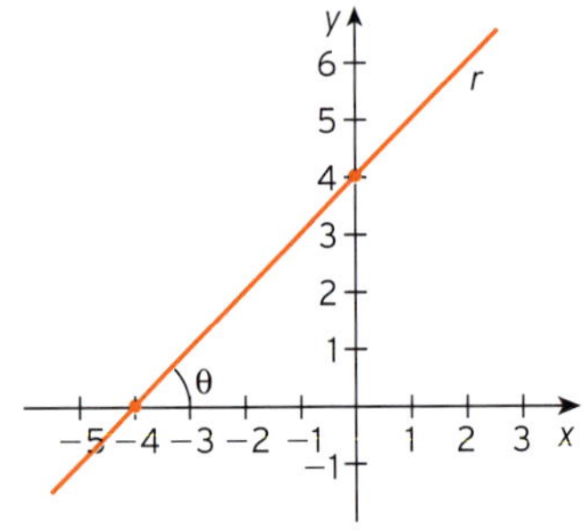

Etapa	Resolução
I. Identificam-se dois pontos pertencentes à reta.	A reta corta o eixo Oy no ponto (0, 4) e o eixo Ox no ponto (−4, 0). Assim, os pontos $A(0, 4)$ e $B(-4, 0)$ pertencem à reta s.
II. Determina-se o coeficiente angular m.	$m = \text{tg}\,\theta = \frac{4 - 0}{4 + 0} = 1$
III. Escolhe-se um ponto $A(x_A, y_A)$ da reta r.	Considera-se, por exemplo, o ponto $A(0, 4)$ da reta r.
IV. Substituem-se o valor de m e os valores das coordenadas do ponto A na expressão $y - y_A = m(x - x_A)$.	$y - y_A = m(x - x_A) \Rightarrow y - 4 = 1 \cdot (x - 0) \Rightarrow y - 4 = x \Rightarrow x - y + 4 = 0$

Portanto, a equação da reta r, na forma geral, é $x - y + 4 = 0$

Saiba mais

Bissetrizes dos quadrantes e suas propriedades

As bissetrizes dos quadrantes do plano cartesiano formam ângulos de 45° com os eixos. Assim, a bissetriz dos quadrantes ímpares tem inclinação 45°, e seu coeficiente angular é $m = \text{tg}\,45° = 1$.

Como essa bissetriz passa pelo ponto (0, 0), uma possível equação para essa reta é:

$y - 0 = 1 \cdot (x - 0) \Rightarrow y = x$

Logo, os pontos pertencentes à bissetriz dos quadrantes ímpares do plano cartesiano têm coordenadas da forma (a, a).

Do mesmo modo, a bissetriz dos quadrantes pares tem inclinação 135° (90° + 45° = 135°), seu coeficiente angular é $m = \text{tg}\,135° = -1$, e uma possível equação dessa reta é: $y - 0 = -1 \cdot (x - 0) \Rightarrow y = -x$

Logo, os pontos pertencentes à bissetriz dos quadrantes pares do plano cartesiano têm coordenadas da forma $(a, -a)$.

A seguir, têm-se as bissetrizes dos quadrantes ímpares (azul) e pares (laranja) do plano cartesiano e alguns de seus pontos.

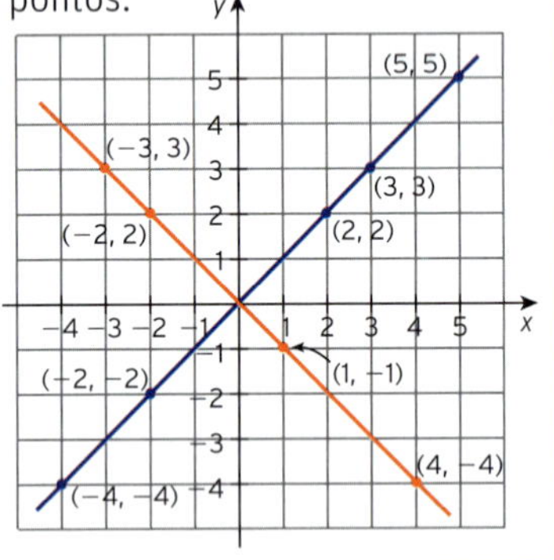

Exercícios resolvidos

45. Determine a equação da reta r que passa pela origem do plano cartesiano e tem inclinação de 30°.

Resolução

Se a reta r passa pela origem do plano cartesiano, então o ponto de coordenadas (0, 0) pertence a essa reta.

Como a inclinação da reta r é 30°, tem-se: $m = \text{tg } 30° = \frac{\sqrt{3}}{3}$

Então: $y - y_A = m(x - x_A) \Rightarrow y - 0 = \frac{\sqrt{3}}{3} \cdot (x - 0) \Rightarrow \frac{\sqrt{3}}{3}x - y = 0 \Rightarrow \sqrt{3}x - 3y = 0$

Portanto, uma possível equação da reta r é $\sqrt{3}x - 3y = 0$

46. Dado o triângulo ABC representado abaixo, determine a equação da reta que passa pelo vértice A e pelo ponto médio do lado $\overline{BC}$.

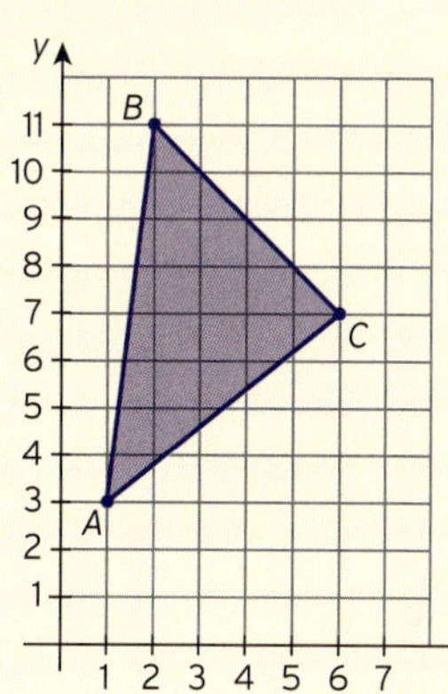

Resolução

Primeiro determinamos as coordenadas (x_M, y_M) do ponto médio M do lado $\overline{BC}$, cujas extremidades são os pontos $B(2, 11)$ e $C(6, 7)$.

$$\left.\begin{array}{l} x_M = \dfrac{x_B + x_C}{2} = \dfrac{2 + 6}{2} = 4 \\ y_M = \dfrac{y_B + y_C}{2} = \dfrac{11 + 7}{2} = 9 \end{array}\right\} M(4, 9)$$

O coeficiente angular da reta que passa pelos pontos $A(1, 3)$ e $M(4, 9)$ é:

$$m = \frac{\Delta y}{\Delta x} = \frac{9 - 3}{4 - 1} \Rightarrow m = 2$$

Então: $y - y_A = m(x - x_A) \Rightarrow y - 3 = 2(x - 1) \Rightarrow y - 3 = 2x - 2 \Rightarrow 2x - y + 1 = 0$

Portanto, a equação da reta é $2x - y + 1 = 0$.

Exercícios propostos

47. Considere a reta r que passa pelo ponto $A(1, 5)$ e tem coeficiente angular $m = -2$. Determine a equação dessa reta na forma $ax + by + c = 0$.

48. Verifique se o ponto $P(2, 3)$ pertence à reta que tem coeficiente angular $-\frac{1}{2}$ e passa pelo ponto $A(-2, 5)$.

49. Uma reta r passa pelo ponto de coordenadas $(1, -4)$, e seu coeficiente angular é $m = 4$. Determine:

a) a equação da reta r na forma $ax + by + c = 0$;

b) as coordenadas do ponto P em que a reta r corta o eixo das abscissas;

c) as coordenadas do ponto Q em que a reta r corta a primeira bissetriz do plano cartesiano ($y = x$).

50. Escreva a equação da reta s, representada abaixo, na forma geral.

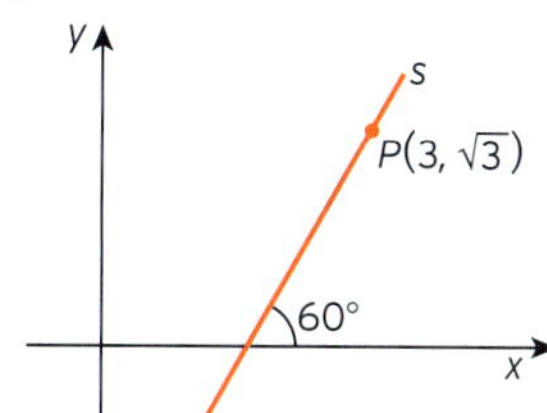

51. Considere uma reta cujo ângulo com o eixo das ordenadas mede 135° e que corta o eixo das abscissas no ponto $A(4, 0)$. Determine a equação dessa reta na forma geral.

52. Uma reta r tem 150° de inclinação e corta o eixo das ordenadas no ponto $P(0, 3)$.

a) Determine o coeficiente angular dessa reta.

b) Escreva a equação dessa reta.

53. Sejam $A(-2, -2)$ e $B(2, -4)$ pontos que determinam uma reta r:

a) determine o coeficiente angular dessa reta;

b) escreva a equação dessa reta;

c) verifique se o ponto $P(8, -6)$ pertence a essa reta.

54. Considere o triângulo MNP representado abaixo.

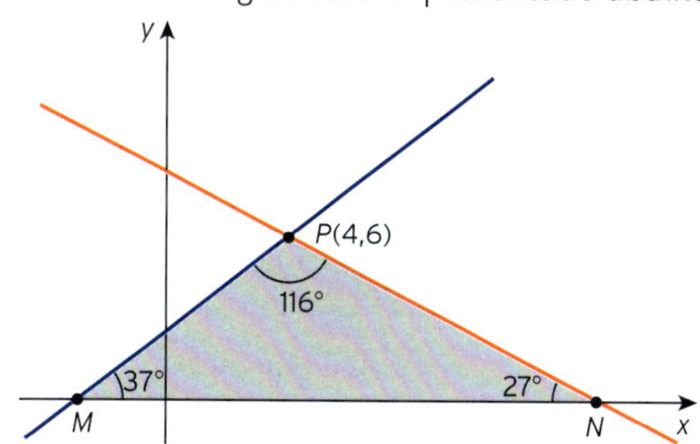

Escreva as equações das retas suportes dos lados desse triângulo.

(adote: tg 27° = 0,50; tg 37° = 0,75 e tg 116° = −2,05)

Equação da reta na forma reduzida

A equação da reta r com coeficiente angular m e que passa por um ponto $A(x_A, y_A)$ é $y - y_A = m(x - x_A)$. Tomando o ponto $A(0, n)$, em que a reta corta o eixo das ordenadas, obtém-se a **equação da reta na forma reduzida**:

$$y - y_A = m(x - x_A) \Rightarrow y - n = m(x - 0) \Rightarrow y - n = mx \Rightarrow \boxed{y = mx + n}$$

A representação reduzida é útil, pois ficam explícitos o coeficiente angular m e a ordenada n do ponto em que a reta corta o eixo das ordenadas, denominada **coeficiente linear** da reta. Além disso, a coordenada y é expressa em função da coordenada x.

$y = mx + n$

- m: coeficiente angular (declividade)
- n: coeficiente linear (ordenada do ponto em que a reta corta o eixo Oy)

É possível comparar a equação da reta na forma reduzida com a lei de correspondência de uma função afim, cujo gráfico é uma reta.

$y = mx + n$ $\quad$ $f(x) = ax + b$

$m = \text{tg}\,\theta = a$

- Se $m > 0$, então a função afim é crescente.
- Se $m < 0$, então a função afim é decrescente.
- Se $m = 0$, então a função afim é constante.

Observação

Para simplificar a linguagem, a equação da reta na forma reduzida será denominada apenas **equação reduzida da reta**.

Exemplos

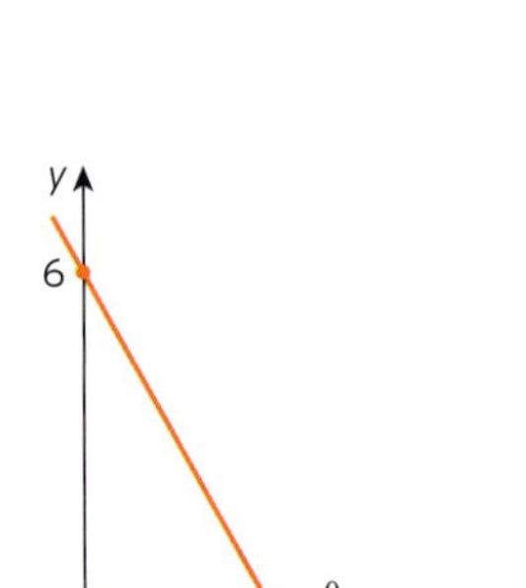

- Para determinar a equação reduzida da reta s representada no gráfico ao lado, adotam-se as etapas indicadas a seguir.

Etapa	Resolução
I. Identificam-se dois pontos pertencentes à reta.	A reta corta o eixo Oy no ponto (0, 6) e o eixo Ox no ponto (3, 0). Assim, os pontos $A(0, 6)$ e $B(3, 0)$ pertencem à reta s.
II. Determina-se o coeficiente angular m.	$m = \frac{0 - 6}{3 - 0} = -\frac{6}{3} = -2$ De fato, como $90° < \theta < 180°$, tem-se $m < 0$.
III. Determina-se o coeficiente linear n.	A reta s corta o eixo das ordenadas no ponto (0, 6), então seu coeficiente linear é $n = 6$.
IV. Escreve-se a equação reduzida da reta.	A equação reduzida da reta é: $y = mx + n \Rightarrow y = -2x + 6$

- Para determinar o coeficiente angular e o coeficiente linear da reta r, dada pela equação $5x - 2y + 8 = 0$, adotam-se as etapas descritas a seguir.

Etapa	Resolução
I. Escreve-se a equação da reta na forma reduzida, com y em função de x.	$5x - 2y + 8 = 0 \Rightarrow -2y = -5x - 8 \Rightarrow y = \frac{5}{2}x + 4$
II. Identificam-se o coeficiente ângular m e o coeficiente linear n.	$y = \underbrace{\frac{5}{2}}_{m}x + \underbrace{4}_{n}$ Portanto, o coeficiente angular é $m = \frac{5}{2}$, e o coeficiente linear é $n = 4$

Equação da reta em outras formas

Além das equações da reta na forma geral e na forma reduzida, já estudadas, há outras duas formas de representar uma reta por uma equação.

Equação da reta na forma segmentária

A **equação da reta na forma segmentária** explicita os pontos em que a reta corta os eixos coordenados.

Considerem-se uma reta r que corta os eixos coordenados nos pontos $A(0, n)$ e $B(q, 0)$ e um ponto qualquer $P(x, y)$ pertencente à reta r.

Como os três pontos pertencem à reta, eles são colineares. Então:

$$\begin{vmatrix} 0 & n & 1 \\ q & 0 & 1 \\ x & y & 1 \end{vmatrix} = 0 \Rightarrow nx + qy - qn = 0 \Rightarrow$$

$$\Rightarrow nx + qy = qn \overset{\div qn}{\Rightarrow} \frac{x}{q} + \frac{y}{n} = 1$$ equação da reta na forma segmentária

Exemplo

Dada a reta $r: \frac{x}{2} + \frac{y}{9} = 1$, é possível identificar os pontos em que essa reta corta os eixos coordenados.

$q = 2$ ⟵ $\frac{x}{2} + \frac{y}{9} = 1$ ⟶ $n = 9$

Logo, a reta r corta o eixo das abscissas no ponto de coordenadas $(2, 0)$ e o eixo das ordenadas no ponto de coordenadas $(0, 9)$.

Equações da reta na forma paramétrica

As **equações da reta na forma paramétrica** são expressas utilizando-se uma terceira variável, denominada **parâmetro**, para representar as coordenadas dos pontos pertencentes à reta.

Considerando uma reta r, de equação $y = mx + n$, as coordenadas x e y podem ser escritas como funções afins de um parâmetro t, $t \in \mathbb{R}$.

$$\begin{cases} x = f(t) \\ y = m \cdot f(t) + n = g(t) \end{cases}$$ equações da reta na forma paramétrica

Exemplo

Dada a reta r de equações $\begin{cases} x = t + 3 \\ y = t - 2 \end{cases}$, quaisquer pontos da forma $(t + 3, t - 2)$ pertencem à reta r.

É possível obter as coordenadas dos pontos dessa reta variando o valor de t. Por exemplo, para $t = 1$, tem-se o ponto de coordenadas $(4, -1)$; para $t = 5$, o ponto de coordenadas $(8, 3)$; e para $t = -4$, o ponto de coordenadas $(-1, -6)$.

Observação

Para simplificar a linguagem, essas equações serão denominadas apenas **equação segmentária da reta** e **equações paramétricas da reta**.

Exercícios resolvidos

55. Determine a equação reduzida da reta s que passa pelos pontos $A(1, 2)$ e $B(2, -3)$.

Resolução

Um modo de determinar a equação da reta s é substituir as coordenadas dos pontos A e B na equação $y = mx + n$ e resolver o sistema formado:

$$\begin{cases} 2 = 1m + n \\ -3 = 2m + n \end{cases} -$$

$$5 = -m + 0 \Rightarrow m = -5$$

Substituindo m por -5 na equação $2 = 1m + n$, obtemos:

$2 = 1 \cdot (-5) + n \Rightarrow 2 = -5 + n \Rightarrow n = 7$

Portanto, a equação reduzida da reta s é: $y = -5x + 7$

56. Determine a equação segmentária da reta s representada abaixo.

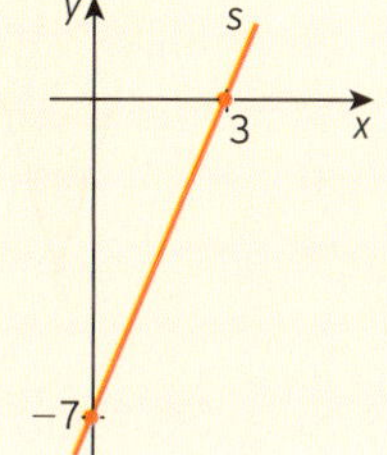

Resolução

Da representação gráfica da reta s, temos os pontos que cortam os eixos x e y, de coordenadas $(3, 0)$ e $(0, -7)$, respectivamente; então, $q = 3$ e $n = -7$.

Substituindo esses valores na equação $\frac{x}{q} + \frac{y}{n} = 1$, obtemos a equação segmentária da reta s:

$$\frac{x}{q} + \frac{y}{n} = 1 \Rightarrow \frac{x}{3} + \frac{y}{(-7)} = 1$$

57. Dadas as equações paramétricas da reta r, $\begin{cases} x = 2t + 2 \\ y = 7 - t \end{cases}$, determine a equação geral dessa reta.

Resolução

Para determinar a equação da reta r, isolamos o parâmetro t em uma das equações:

$$\begin{cases} x = 2t + 2 \\ y = 7 - t \end{cases} \Rightarrow \begin{cases} x = 2t + 2 \text{ (I)} \\ t = 7 - y \text{ (II)} \end{cases}$$

Substituindo (II) em (I), obtemos:

$x = 2 \cdot (7 - y) + 2 \Rightarrow x = 14 - 2y + 2 \Rightarrow$

$\Rightarrow x + 2y - 16 = 0$

Portanto, a equação geral da reta r é: $x + 2y - 16 = 0$

Exercícios propostos

58. Escreva as equações das retas dadas a seguir na forma reduzida.

a) $x - y + 4 = 0$

b) $x - 3y = 0$

c) $4x + 2y - 1 = 0$

d) $x - \frac{1}{2}y = 3$

59. Dada a reta r: $2x + 3y - 4 = 0$, determine:

a) a equação reduzida dessa reta;

b) seu coeficiente angular;

c) seu coeficiente linear.

60. Determine a equação reduzida da reta r que passa pelos pontos $A(0, 4)$ e $B(-2, -2)$.

61. Obtenha os coeficientes lineares e angulares das retas representadas a seguir.

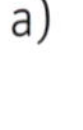

a)

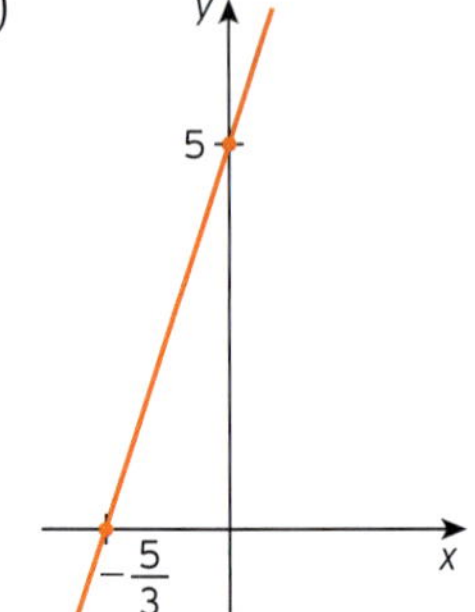

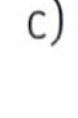

c)

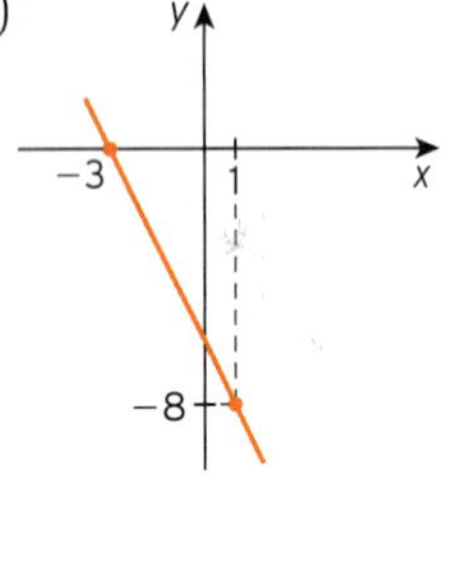

b)

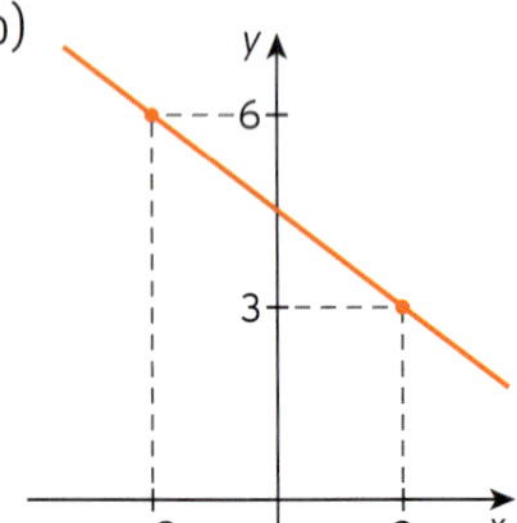

d)

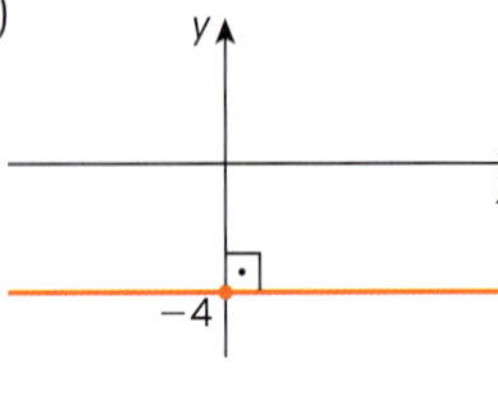

62. A hipotenusa do triângulo retângulo representado abaixo é o segmento cujos extremos são os pontos de intersecção da reta r com os eixos coordenados.

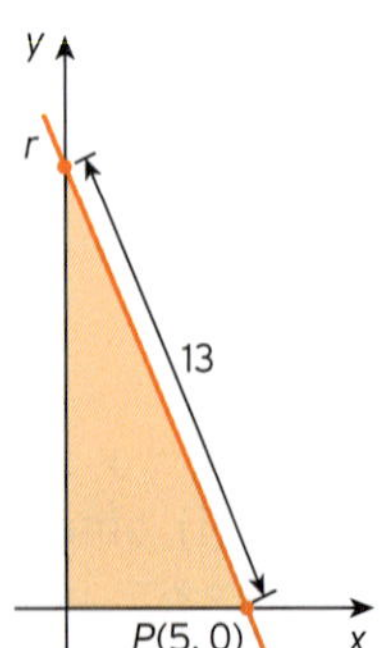

Determine a equação reduzida da reta r.

63. Escreva as equações segmentárias das retas r, s e t representadas abaixo.

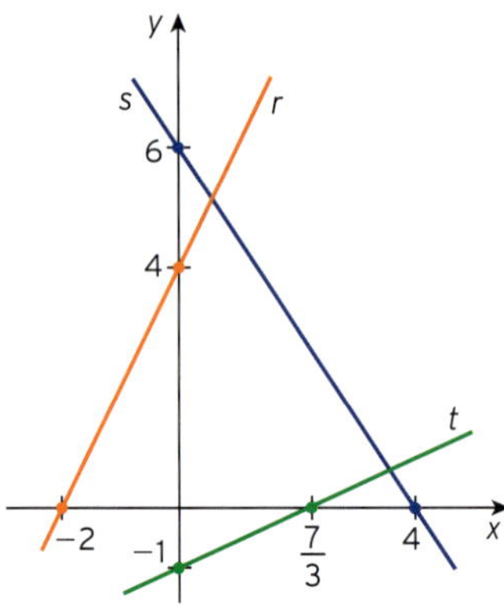

64. Dada a reta r de equação $\frac{x}{3} + \frac{y}{-2} = 1$, determine:

a) os pontos em que a reta r corta os eixos coordenados;

b) o coeficiente angular da reta r;

c) o coeficiente linear da reta r.

65. Determine a equação segmentária da reta s que contém os pontos $M(1, -4)$ e $N(3, 2)$.

66. As equações paramétricas da reta r são: $\begin{cases} x = t + 3 \\ y = 2t + 7 \end{cases}$

a) Determine os pontos pertencentes à reta r para $t = 1$, $t = -2$ e $t = 0$.

b) Escreva a equação reduzida da reta r.

67. Dadas as equações paramétricas $\begin{cases} x = t - 2 \\ y = 4t + 1 \end{cases}$ da reta r, determine:

a) sua equação geral;

b) sua equação reduzida;

c) sua equação segmentária.

68. O losango representado abaixo foi construído a partir dos pontos em que as retas r, s, t e u cortam os eixos coordenados.

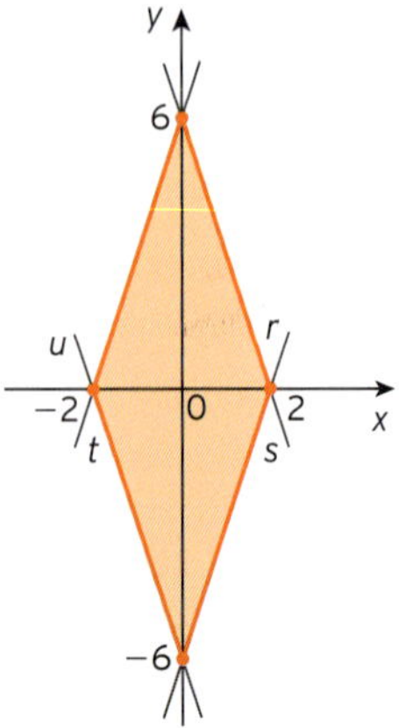

Escreva as equações reduzidas dessas retas.

4. Posição relativa de duas retas em um plano

Duas retas contidas em um mesmo plano podem ser coincidentes, paralelas ou concorrentes, como vimos em Geometria.

Retas coincidentes	Retas paralelas	Retas concorrentes	
		perpendiculares	não perpendiculares
$r = s$	r, s	r, P, s	r, s, P
r e s são a mesma reta. $r = s$	As retas r e s não têm ponto comum. $r // s$	As retas r e s determinam quatro ângulos retos. $r \perp s$	As retas r e s determinam dois ângulos agudos e dois ângulos obtusos.

Em Geometria analítica, a posição relativa de duas retas em um plano é estudada de modo algébrico, analisando-se suas equações.

Retas coincidentes

Duas retas coincidentes ou têm equações iguais ou uma equação é igual à outra multiplicada por uma constante real.

Por exemplo, as retas r: $x + y + 2 = 0$, s: $x = -y - 2$, t: $\frac{3x}{2} + \frac{3y}{2} + 3 = 0$ e u: $-5x - 5y = 10$ são a mesma reta, ou seja, têm representações iguais no plano.

Retas paralelas

Os ângulos formados por duas retas paralelas e os eixos coordenados são congruentes.

- Se duas retas são paralelas, mas não são paralelas ao mesmo eixo coordenado, então seus coeficientes angulares são iguais.
  Assim, sendo r e s retas paralelas, de inclinações θ_r e θ_s e de coeficientes angulares m_r e m_s, como representadas ao lado, tem-se:
  $r // s \Rightarrow \theta_r = \theta_s \Rightarrow \text{tg } \theta_r = \text{tg } \theta_s \Rightarrow m_r = m_s$
  Porém, a igualdade entre os coeficientes angulares de duas retas não é condição suficiente para o paralelismo entre elas. Se os coeficientes angulares m_r e m_s das retas r e s forem iguais e seus coeficientes lineares n_r e n_s também forem iguais, então as retas serão coincidentes.
  Por exemplo, as retas r: $y = 3x - 6$ e s: $y = 3x + 1$ são paralelas, pois $m_r = m_s = 3$ e $n_r \neq n_s$.

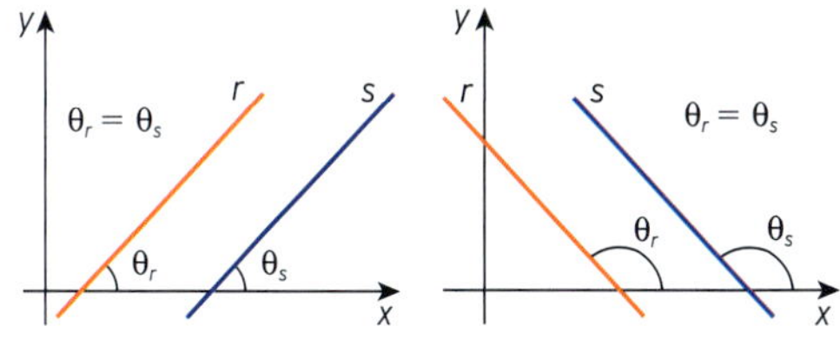

- Se duas retas são paralelas ao mesmo eixo coordenado, então elas são paralelas entre si, mesmo que não tenham coeficientes angulares.
  Por exemplo: as retas r: $y = 7$ e s: $y = 4$ são paralelas, pois são paralelas ao eixo Ox, e seus coeficientes angulares são nulos; as retas t: $x = 2$ e u: $x = 5$ são paralelas, pois são paralelas ao eixo Oy, mesmo não existindo seus coeficientes angulares.

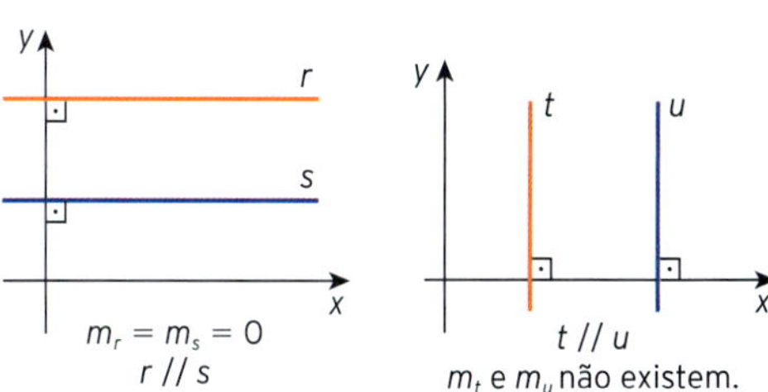

$m_r = m_s = 0$
$r // s$

$t // u$
m_t e m_u não existem.

Exercício resolvido

69. Verifique a posição relativa de cada par de retas:

a) r: $5x + y - 7 = 0$ e s: $10x + 2y - 14 = 0$

b) v: $y = \frac{1}{2}x + 3$ e w: $x - 2y - 8 = 0$

Resolução

A equação reduzida da reta explicita os coeficientes angulares e lineares. Conhecendo esses coeficientes, determinamos a posição relativa das retas.

a) r: $5x + y - 7 = 0 \Rightarrow y = -5x + 7$
s: $10x + 2y - 14 = 0 \Rightarrow y = -5x + 7$

As retas r e s são coincidentes, pois têm coeficientes angulares iguais, $m_r = m_s = -5$, e coeficientes lineares iguais, $n_r = n_s = 7$.

b) v: $y = \frac{1}{2}x + 3$
w: $x - 2y - 8 = 0 \Rightarrow 2y = x - 8 \Rightarrow y = \frac{1}{2}x - 4$

As retas v e w são paralelas, pois têm coeficientes angulares iguais, $m_v = m_w = \frac{1}{2}$, e coeficientes lineares diferentes, $n_v \neq n_w$.

Retas concorrentes

Duas retas contidas no mesmo plano são concorrentes quando têm um único ponto comum. Esse ponto é a solução do sistema formado pelas equações das duas retas.

Por exemplo, o ponto $P(x, y)$ é intersecção da reta r: $a_1x + b_1y + c_1 = 0$ com a reta s: $a_2x + b_2y + c_2 = 0$ se for solução do sistema: $\begin{cases} a_1x + b_1y + c_1 = 0 \\ a_2x + b_2y + c_2 = 0 \end{cases}$

Duas retas concorrentes têm coeficientes angulares diferentes, pois não são paralelas nem coincidentes.

Retas concorrentes perpendiculares

Quando duas retas concorrentes são perpendiculares, ou seja, quando os quatro ângulos determinados por elas medem 90°, seus coeficientes angulares podem ser relacionados do modo apresentado a seguir.

Sejam uma reta r com inclinação θ_r e uma reta s perpendicular à reta r e de inclinação θ_s, como representadas abaixo.

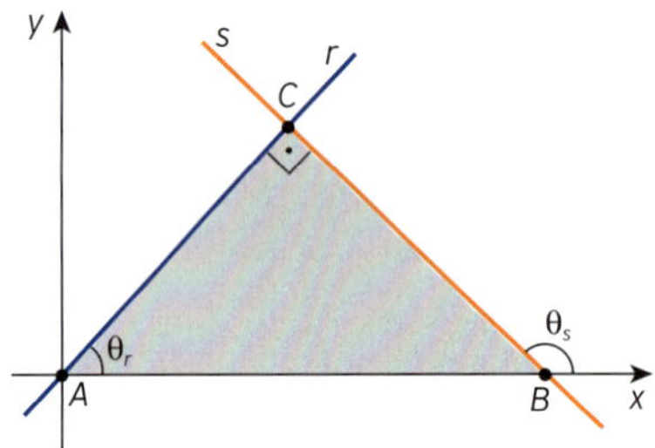

No triângulo ABC, tem-se $\theta_s = 90° + \theta_r$. Então:

$$\text{tg}\,\theta_s = \text{tg}\,(90° + \theta_r) = \frac{\text{sen}\,(90° + \theta_r)}{\cos\,(90° + \theta_r)} = \frac{\text{sen}\,(90° - \theta_r)}{-\cos\,(90° - \theta_r)} =$$

$$= \frac{\cos\theta_r}{-\text{sen}\,\theta_r} = -\frac{1}{\text{tg}\,\theta_r}$$

Sendo m_r e m_s os respectivos coeficientes angulares das retas r e s, como $m_r = \text{tg}\,\theta_r$ e $m_s = \text{tg}\,\theta_s$, tem-se: $m_s = -\frac{1}{m_r}$ ou $m_r \cdot m_s = -1$

Portanto, duas retas, r e s, são perpendiculares se seus coeficientes angulares, m_r e m_s, satisfazem a seguinte relação:

$$m_r \cdot m_s = -1, \text{ com } m_r, m_s \neq 0$$

Observações

- A relação $m_r \cdot m_s = -1$ só pode ser aplicada para retas não paralelas ao eixo Oy, pois o coeficiente angular não está definido nesse caso.
- Uma reta vertical é sempre perpendicular a uma reta horizontal, e esse fato independe da relação apresentada. Por exemplo, as retas r: $x = 5$ e s: $y = 7$ são perpendiculares.
  Assim, se m_r não existe e $m_s = 0$, ou vice-versa, as retas r e s são perpendiculares.

Para recordar

Classificação de sistemas lineares 2 × 2

Um sistema linear 2 × 2 pode ser assim classificado:

- possível e determinado (SPD), se tem uma solução;
- possível e indeterminado (SPI), se tem infinitas soluções;
- impossível (SI), se não tem solução.

Para recordar

Ângulos

Sendo α e β medidas de ângulos, tem-se:

- $\text{sen}\,(90° - \alpha) = \cos\alpha$
- $\cos\,(90° - \alpha) = \text{sen}\,\alpha$
- $\text{tg}\,(180° - \alpha) = -\text{tg}\,\alpha$
- $\text{tg}\,(-\alpha) = -\text{tg}\,\alpha$
- $\text{cotg}\,\alpha = \frac{1}{\text{tg}\,\alpha}$
- $\text{tg}\,(\alpha - \beta) = \frac{\text{tg}\,\alpha - \text{tg}\,\beta}{1 + \text{tg}\,\alpha \cdot \text{tg}\,\beta}$

Saiba mais

A classificação do sistema linear formado pelas equações de duas retas também permite determinar sua posição relativa.

Considera-se o sistema L formado pelas equações das retas r e s.

- Se L é SPD, então o sistema tem uma solução e, portanto, as retas têm um ponto comum, ou seja, são concorrentes.
- Se L é SPI, então o sistema tem infinitas soluções e, portanto, as retas têm infinitos pontos comuns, ou seja, são coincidentes.
- Se L é SI, então o sistema não tem solução e, portanto, as retas não têm pontos comuns, ou seja, são paralelas.

Exercícios resolvidos

70. Verifique a posição relativa das seguintes retas:

$r: 2x + 3y - 6 = 0$ e $s: y = \frac{3}{2}x - 1$

Resolução

Determinamos os coeficientes angulares m_r e m_s das retas r e s:

- $r: 2x + 3y - 6 = 0 \Rightarrow 3y = -2x + 6 \Rightarrow$
$\Rightarrow y = -\frac{2}{3}x + 2 \Rightarrow m_r = -\frac{2}{3}$
- $s: y = \frac{3}{2}x - 1 \Rightarrow m_s = \frac{3}{2}$

Como $m_r \neq m_s$, $m_r \neq 0$ e $m_s \neq 0$, as retas são concorrentes. Verificamos a condição de perpendicularidade: $m_r \cdot m_s = -\frac{2}{3} \cdot \frac{3}{2} = -1$

Portanto, as retas r e s são perpendiculares.

71. Determine a equação reduzida da reta t que contém o ponto $P(-3, 4)$ e é perpendicular à reta $r: y = 3x + 9$

Resolução

O coeficiente angular de r é $m_r = 3$.

Pela condição de perpendicularidade, temos:

$m_r \cdot m_t = -1 \Rightarrow 3 \cdot m_t = -1 \Rightarrow m_t = -\frac{1}{3}$

Como $P(-3, 4)$ pertence a t e $m_t = -\frac{1}{3}$, obtemos o valor de n:

$y = m_t \cdot x + n \Rightarrow 4 = -\frac{1}{3} \cdot (-3) + n \Rightarrow 4 = 1 + n \Rightarrow n = 3$

Portanto, a equação da reta t é $y = -\frac{1}{3}x + 3$

Exercícios propostos

72. Determine o ponto de intersecção das retas cujas equações são dadas a seguir.

$r: 5x - y + 2 = 0$ e $s: 3x - y + 6 = 0$

73. As retas de equações $3x - y + q - 1 = 0$ e $(p - 5) \cdot x - y - 2 = 0$ são coincidentes. Determine o valor de p e de q.

74. Dados os pontos $A(1, 7)$, $B(-2, 1)$, $C(2, 5)$ e $D(-1, -4)$, determine o ponto P em que a reta $\overleftrightarrow{AB}$ corta a reta $\overleftrightarrow{CD}$.

75. Verifique se as retas r e s dadas em cada item são paralelas, concorrentes ou coincidentes.

a) $r: y = 3x - 7$ e $s: 3x + 2y - 2 = 0$

b) $r: 3x + 2y - 11 = 0$ e $s: \frac{x}{2} + \frac{y}{3} = 1$

c) $r: \frac{x}{3} + \frac{y}{-4} = 1$ e $s: \begin{cases} x = 3t \\ y = 4t - 4 \end{cases}$

76. As retas r, s e t são paralelas e estão representadas no plano cartesiano abaixo.

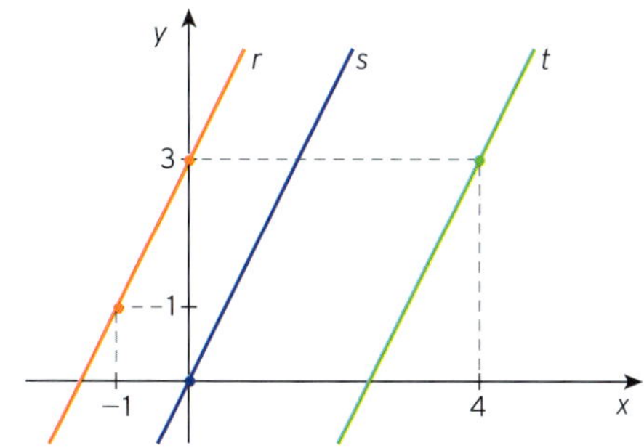

Escreva a equação reduzida das retas r, s e t.

77. Determine a equação geral da mediatriz do segmento de extremidades $A(-1, 5)$ e $B(-7, -19)$.

78. Determine a equação geral da reta r que passa por $P(2, 2)$ e é perpendicular à reta $s: 2x - y - 5 = 0$.

79. O losango $ABCD$ tem vértices $A(-2, 7)$, $B(3, 7)$, $C(6, 3)$ e $D(1, 3)$.

a) Represente esse losango no plano cartesiano.

b) Determine as equações reduzidas das retas $\overleftrightarrow{AB}$ e $\overleftrightarrow{CD}$ e mostre que elas são paralelas.

c) Determine as equações reduzidas das retas $\overleftrightarrow{AD}$ e $\overleftrightarrow{BC}$ e mostre que elas são paralelas.

d) Determine as equações reduzidas das retas $\overleftrightarrow{BD}$ e $\overleftrightarrow{AC}$ e mostre que elas são perpendiculares.

80. A segunda bissetriz de um plano cartesiano tem equação $y = -x$. Escreva a equação geral da reta paralela à segunda bissetriz e que corta o eixo das abscissas no ponto $P(6, 0)$.

81. Determine a equação geral de uma reta que passa pelo ponto $P(2, 5)$ e não corta a segunda bissetriz do plano cartesiano.

82. Determine a equação reduzida da reta r, a seguir.

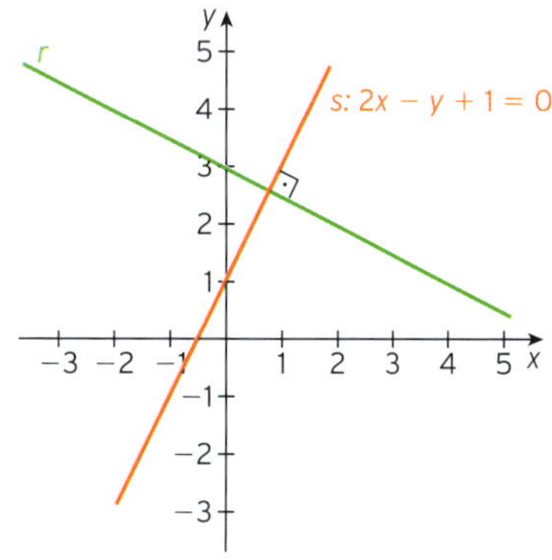

Retas concorrentes não perpendiculares

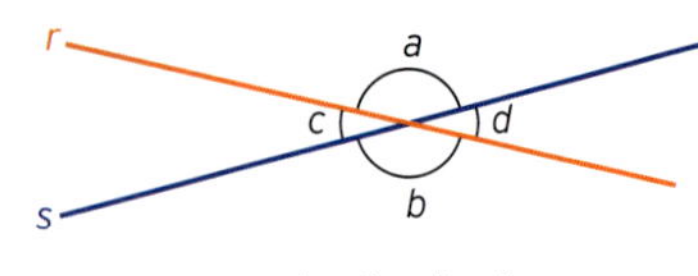

Duas retas concorrentes não perpendiculares determinam quatro ângulos: dois agudos congruentes e dois obtusos congruentes. A figura ao lado mostra duas retas, r e s, concorrentes não perpendiculares.

A medida de um dos ângulos agudos pode ser determinada relacionando-se os coeficientes angulares das retas do modo apresentado a seguir.

Considerem-se as retas concorrentes não perpendiculares, r e s, de inclinação θ_r e θ_s e não paralelas aos eixos Ox e Oy, e β a medida do ângulo agudo formado por essas retas, como representadas ao lado.

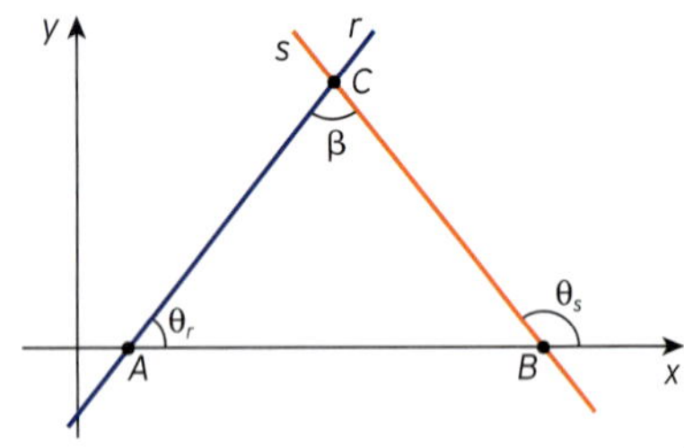

No triângulo ABC, tem-se $\theta_s = \theta_r + \beta$, ou seja, $\beta = \theta_s - \theta_r$. Então:

$$\text{tg}\,\beta = \text{tg}\,(\theta_s - \theta_r) = \frac{\text{tg}\,\theta_s - \text{tg}\,\theta_r}{1 + \text{tg}\,\theta_s \cdot \text{tg}\,\theta_r}$$

Como β é a medida de um ângulo agudo: $\text{tg}\,\beta > 0$

Logo: $\text{tg}\,\beta = \left|\frac{\text{tg}\,\theta_s - \text{tg}\,\theta_r}{1 + \text{tg}\,\theta_s \cdot \text{tg}\,\theta_r}\right|$

Sendo m_r e m_s os coeficientes angulares das retas r e s, como $m_r = \text{tg}\,\theta_r$ e $m_s = \text{tg}\,\theta_s$, obtém-se a seguinte relação:

$$\text{tg}\,\beta = \left|\frac{m_s - m_r}{1 + m_s \cdot m_r}\right|$$

Observações

- Quando a reta r, por exemplo, é paralela ao eixo Ox, tem-se:

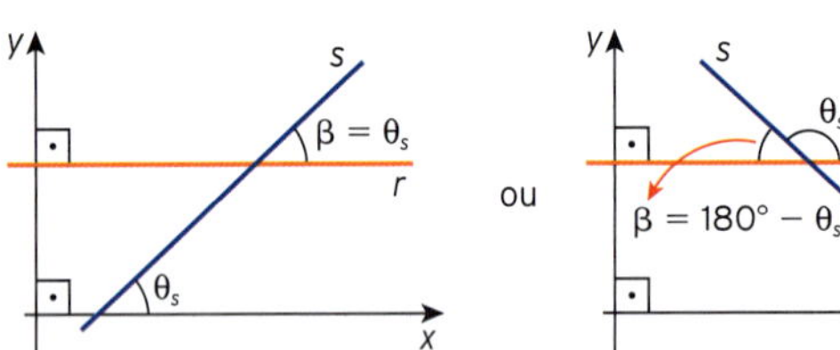

Assim, $\beta = \theta_s$ ou $\beta = 180° - \theta_s$ e, então: $\text{tg}\,\beta = \text{tg}\,\theta_s$ ou $\text{tg}\,\beta = \text{tg}\,(180° - \theta_s)$

Sabe-se que $\text{tg}\,(180° - \theta_s) = -\text{tg}\,\theta_s$; então: $\text{tg}\,\beta = \text{tg}\,(180° - \theta_s) = -\text{tg}\,\theta_s$

Logo: $\text{tg}\,\beta = |\text{tg}\,\theta_s|$

Sendo m_s o coeficiente angular da reta s, como $m_s = \text{tg}\,\theta_s$, tem-se a seguinte relação:

$$\text{tg}\,\beta = |m_s|$$

- Quando a reta r, por exemplo, é paralela ao eixo Oy, tem-se:

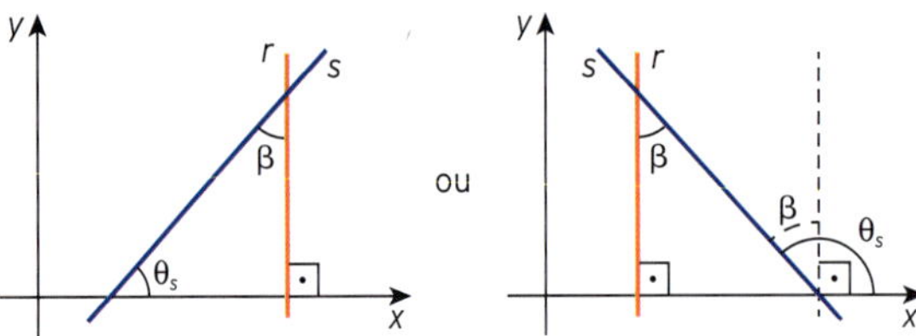

Assim, $\beta = 90° - \theta_s$ ou $\beta = \theta_s - 90°$; então: $\text{tg}\,\beta = \text{tg}\,(90° - \theta_s)$ ou $\text{tg}\,\beta = \text{tg}\,(\theta_s - 90°)$

Sabe-se que $\text{tg}\,(\theta_s - 90°) = -\text{tg}\,(90° - \theta_s)$; então: $\text{tg}\,\beta = \text{tg}\,(\theta_s - 90°) = -\text{tg}\,(90° - \theta_s)$

Logo: $\text{tg}\,\beta = |\text{tg}\,(90° - \theta_s)| = \left|\frac{\text{sen}\,(90° - \theta_s)}{\cos\,(90° - \theta_s)}\right| = \left|\frac{\cos\,\theta_s}{\text{sen}\,\theta_s}\right| = \frac{1}{|\text{tg}\,\theta_s|}$

Sendo m_s o coeficiente angular da reta s, como $m_s = \text{tg}\,\theta_s$, tem-se a seguinte relação:

$$\text{tg}\,\beta = \left|\frac{1}{m_s}\right|$$

Exercício resolvido

83. Determine a medida do ângulo agudo formado pelas retas concorrentes não perpendiculares r e s dadas em cada item.

a) r: $2x - y - 1 = 0$ e s: $6x + 2y + 5 = 0$

b) r: $y = \sqrt{3}x - 7$ e s: $x = 5$

Resolução

Seja β a medida do ângulo agudo formado pelas retas r e s.

a) Para calcular o valor de β, inicialmente determinamos os coeficientes angulares das retas dadas.

r: $2x - y - 1 = 0 \Rightarrow y = 2x - 1 \Rightarrow m_r = 2$

s: $6x + 2y + 5 = 0 \Rightarrow 2y = -6x - 5 \Rightarrow$

$\Rightarrow y = -3x - \frac{5}{2} \Rightarrow m_s = -3$

Como nenhuma das retas é paralela aos eixos Ox ou Oy:

$$\text{tg}\,\beta = \left|\frac{m_s - m_r}{1 + m_s \cdot m_r}\right| = \left|\frac{-3 - 2}{1 + (-3) \cdot 2}\right| =$$

$$= \left|\frac{-5}{-5}\right| \Rightarrow \text{tg}\,\beta = 1$$

Como β é a medida de um ângulo agudo: $\beta = 45°$

b) O coeficiente angular da reta r é $m_r = \sqrt{3}$.

Como a reta s é paralela ao eixo das ordenadas:

$$\text{tg}\,\beta = \left|\frac{1}{m_r}\right| = \left|\frac{1}{\sqrt{3}}\right| \Rightarrow \text{tg}\,\beta = \frac{\sqrt{3}}{3}$$

Como β é a medida de um ângulo agudo: $\beta = 30°$

Exercícios propostos

84. (Famerp-SP) O gráfico indica uma reta r, que intersecta o eixo y no ponto de coordenadas $(0, n)$.

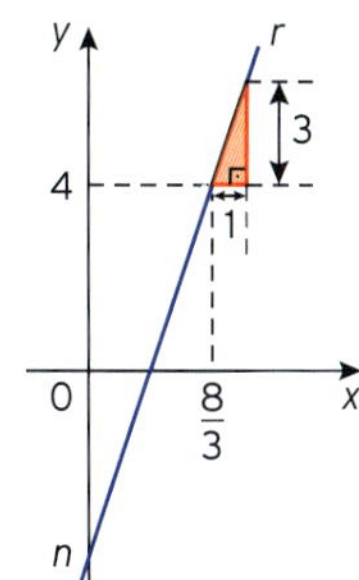

De acordo com os dados disponíveis nesse gráfico, n é igual a:

a) $-4{,}5$ b) -4 c) $-5{,}5$ d) $-3{,}5$ e) -5

85. (FGV-SP) No plano cartesiano, a reta que passa pelos pontos $A(1, 2)$ e $B(2, 4)$ intercepta a reta de equação $x - 3y = 1$ no ponto P. A soma das coordenadas de P é:

a) $-\frac{1}{5}$ b) $-\frac{2}{5}$ c) $-\frac{3}{5}$ d) $-\frac{4}{5}$ e) -1

86. Determine a medida do menor ângulo formado pelo par de retas dado em cada item:

a) r: $\dfrac{x}{-\frac{3}{2}} + \dfrac{y}{3} = 1$ e s: $y = -3x - 12$

b) r: $5x - y + 2 = 0$ e s: $x + 5y + 10 = 0$

87. A reta r: $7x + y + n = 0$ corta o eixo das abscissas no ponto $(3, 0)$.

a) Determine o valor de n.

b) Qual é o valor da tangente do menor ângulo formado pelo eixo das ordenadas e a reta r?

88. (FGV-SP) No plano cartesiano, a reta (r) de equação $y + kx = 2$ é perpendicular à reta (s) que passa pela origem e pelo ponto $(-5, 1)$. O ponto de intersecção das retas (r) e (s) tem abscissa:

a) $-\frac{5}{13}$ b) $-\frac{4}{13}$ c) $-\frac{3}{13}$ d) $-\frac{2}{13}$ e) $-\frac{1}{13}$

89. Considere a figura abaixo.

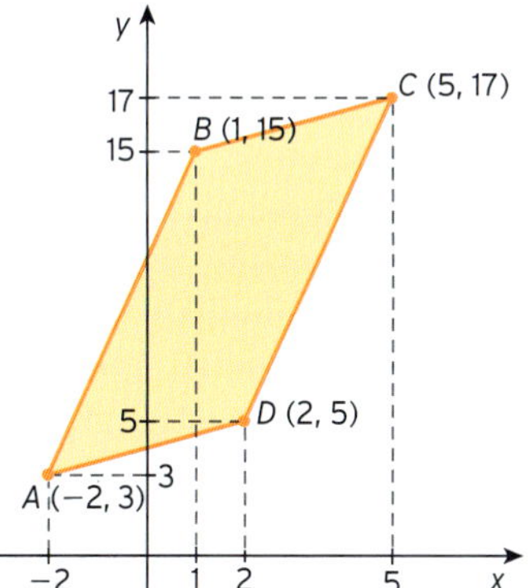

Imagem fora de escala.

Determine as medidas dos ângulos internos do paralelogramo $ABCD$.

90. (FGV-SP) Os pontos $A(3, -2)$ e $C(-1, 4)$ do plano cartesiano são vértices de um quadrado $ABCD$ cujas diagonais são $\overline{AC}$ e $\overline{BD}$. A reta suporte da diagonal intercepta o eixo das ordenadas no ponto de ordenada:

a) $\frac{2}{3}$ b) $\frac{3}{5}$ c) $\frac{1}{2}$ d) $\frac{1}{3}$ e) 0

91. Dadas as retas r: $x - y = -1$, s: $x + y = 9$ e t: $3x - 4y = -8$, determine a tangente do ângulo:

a) de medida α, formado entre as retas r e t;

b) de medida β, formado entre as retas s e t.

92. (FGV-SP) No plano cartesiano, a reta (r) intercepta os eixos x e y nos pontos (5, 0) e (0, 2); a reta (s) intercepta os eixos nos pontos (1, 0) e (0, −1). O ponto P de intersecção das retas (r) e (s) tem coordenadas cuja soma é:

a) $\frac{21}{9}$ c) $\frac{23}{7}$ e) $\frac{25}{5}$

b) $\frac{22}{8}$ d) $\frac{24}{6}$

93. (FGV-SP) Em um paralelogramo, as coordenadas de três vértices consecutivos são, respectivamente, (1, 4), (−2, 6) e (0, 8). A soma das coordenadas do quarto vértice é:

a) 8 c) 10 e) 12

b) 9 d) 11

94. Determine o menor ângulo formado pelas diagonais do quadrilátero de vértices $MNPQ$, representado a seguir.

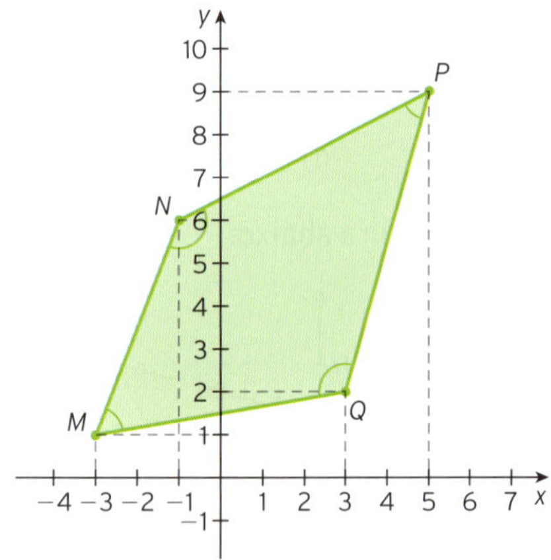

95. Considerando a reta r de equação $2x + y - 2 = 0$ e o ponto $P(2, k)$ pertencente a ela, determine:

a) o valor de k;

b) as equações gerais das duas retas que cortam a reta r no ponto P, formando com ela um ângulo de 45°.

96. Considere os pontos $A(2, 5)$, $B(3, 7)$ e $C(k, 0)$. Determine o valor de k para que o ângulo $A\hat{B}C$ meça $\frac{\pi}{4}$.

97. Determine a medida do menor ângulo formado pela reta r: $3x - y + 4 = 0$ e pela reta s, perpendicular à reta $2x - y - 4 = 0$ e que passa pelo ponto P de coordenadas (0, 8).

98. (Insper-SP) No plano cartesiano da figura, feito fora de escala, o eixo x representa uma estrada já existente, os pontos $A(8, 2)$ e $B(3, 6)$ representam duas cidades e a reta r, de inclinação 45°, representa uma estrada que será construída.

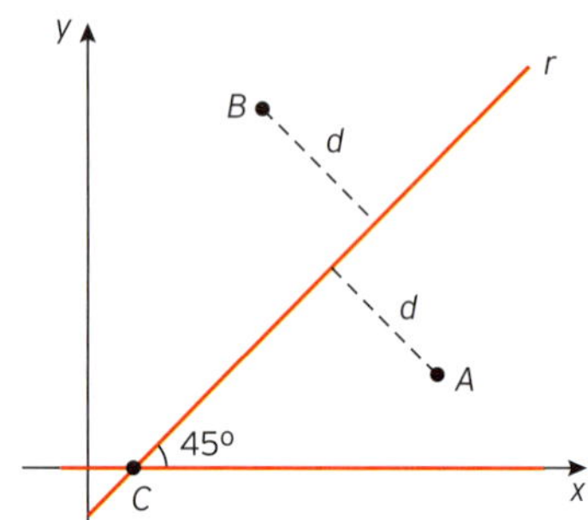

Para que as distâncias da cidade A e da cidade B até a nova estrada sejam iguais, o ponto C, onde a nova estrada intercepta a existente, deverá ter coordenadas:

a) $\left(\frac{1}{2}, 0\right)$ c) $\left(\frac{3}{2}, 0\right)$ e) $\left(\frac{5}{2}, 0\right)$

b) (1, 0) d) (2, 0)

99. (Insper-SP) No plano cartesiano, a reta r, de coeficiente angular 10, intercepta o eixo y em um ponto de ordenada a. Já a reta s, de coeficiente angular 9, intercepta o eixo y em um ponto de ordenada b. Se as retas r e s interceptam-se em um ponto de abscissa 6, então:

a) $b = a$ c) $b = a - 6$ e) $b = a + 6$

b) $b = a - 9$ d) $b = a + 9$

100. (Mackenzie-SP) Na figura, as retas r e s são paralelas. Se (x, y) é um ponto de s, então $x - y$ vale:

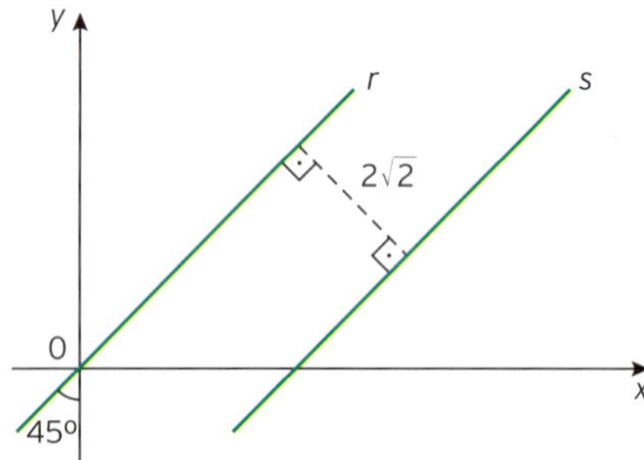

a) 2 c) 4 e) $4\sqrt{2}$

b) $\sqrt{2}$ d) $2\sqrt{2}$

101. (PUC-SP) Em um sistema de eixos cartesianos ortogonais, seja o paralelogramo $ABCD$ em que $A(5, 4)$, $B(-3, -2)$ e $C(1, -5)$. Se $\overline{AC}$ é uma das diagonais desse paralelogramo, a medida da outra diagonal, em unidades de comprimento, é:

a) $3\sqrt{17}$ c) $6\sqrt{17}$ e) $9\sqrt{17}$

b) $6\sqrt{15}$ d) $9\sqrt{15}$

5. Distância entre ponto e reta

Determinar a distância entre um ponto e uma reta é um procedimento muito utilizado em Geometria analítica, como no cálculo da altura e da medida do apótema de um triângulo e na determinação de retas tangentes a circunferências.

Nesta coleção, a distância entre um ponto e uma reta foi definida da seguinte maneira: a distância entre uma reta r e um ponto A, não pertencente a r, é a distância entre esse ponto e sua projeção ortogonal sobre a reta. Essa projeção ortogonal é determinada pela intersecção entre a reta r e a reta perpendicular a ela e que passa pelo ponto A.

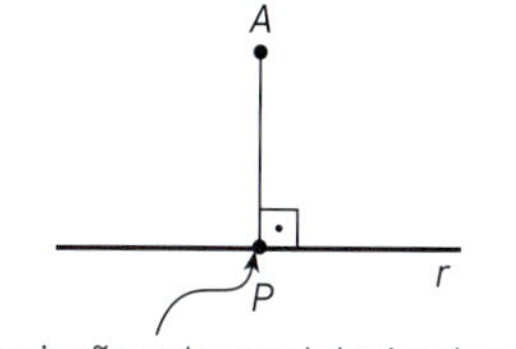

A seguir, são apresentados os procedimentos para determinar a distância entre um ponto $A(x_A, y_A)$ e uma reta r de equação $ax + by + c = 0$.

Reta paralela a um dos eixos coordenados

Quando a reta r é paralela ao eixo Ox, a projeção ortogonal do ponto A sobre essa reta r é o ponto P que tem abscissa igual à do ponto A. Quando a reta r é paralela ao eixo Oy, a projeção ortogonal do ponto A sobre essa reta r é o ponto P que tem ordenada igual à do ponto A.

Exemplos

Reta paralela ao eixo *Ox*	Reta paralela ao eixo *Oy*
ponto $A(4, 5)$ e reta r: $y = 2$	ponto $A(1, 4)$ e reta r: $x = 6$
Para determinar a distância entre o ponto $A(4, 5)$ e a reta r: $y = 2$, projeta-se o ponto A ortogonalmente na reta r, obtendo-se o ponto $P(4, 2)$, de abscissa igual à do ponto A. Pela expressão da distância entre dois pontos, obtém-se: $d(A, r) = d(A, P) = \sqrt{(4-4)^2 + (2-5)^2} = \sqrt{9} \Rightarrow d(A, r) = 3$ Ou, pela expressão da distância entre dois pontos de abscissas iguais, obtém-se: $d(A, r) = d(A, P) = \|2 - 5\| = \|-3\| \Rightarrow d(A, r) = 3$	Para determinar a distância entre o ponto $A(1, 4)$ e a reta r: $x = 6$, projeta-se o ponto A ortogonalmente na reta r, obtendo-se o ponto $P(6, 4)$, de ordenada igual à do ponto A. Pela expressão da distância entre dois pontos, obtém-se: $d(A, r) = d(A, P) = \sqrt{(6-1)^2 + (4-4)^2} = \sqrt{25} \Rightarrow d(A, r) = 5$ Ou, pela expressão da distância entre dois pontos de ordenadas iguais, obtém-se: $d(A, r) = d(A, P) = \|6 - 1\| = \|5\| \Rightarrow d(A, r) = 5$

Reta não paralela aos eixos coordenados

Quando a reta r não é paralela aos eixos coordenados, a projeção ortogonal do ponto A sobre essa reta r é o ponto P. Para determinar a distância entre A e r, realizam-se as etapas descritas a seguir.

I. Determina-se o coeficiente angular da reta r.

II. Determina-se a equação da reta s que contém o segmento $\overline{AP}$.

III. Determinam-se as coordenadas do ponto P.

IV. Calcula-se a distância entre o ponto A e a reta r.

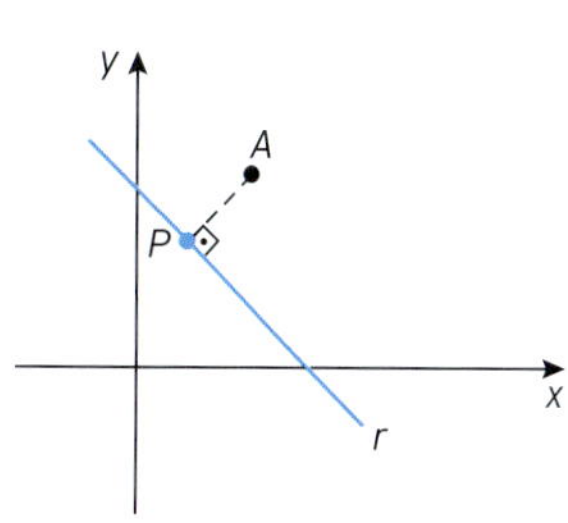

Exemplo

Para determinar a distância entre o ponto $A(1, 4)$ e a reta r: $x - 2y + 2 = 0$, representados ao lado, calcula-se o coeficiente angular m_r da reta r:

$$x - 2y + 2 = 0 \Rightarrow 2y = x + 2 \Rightarrow y = \frac{1}{2}x + 1 \Rightarrow m_r = \frac{1}{2}$$

Como as retas r e s são perpendiculares, o produto de seus coeficientes angulares, m_r e m_s, é igual a -1:

$$m_r \cdot m_s = -1 \Rightarrow \frac{1}{2} \cdot m_s = -1 \Rightarrow m_s = -2$$

Determina-se a equação da reta s que passa pelo ponto $A(1, 4)$ e tem coeficiente angular $m_s = -2$.

$$(y - y_A) = m(x - x_A) \Rightarrow y - 4 = -2 \cdot (x - 1) \Rightarrow y - 4 = -2x + 2 \Rightarrow$$
$$\Rightarrow 2x + y - 6 = 0$$

P é o ponto de intersecção entre as retas r e s. Então:

$$\begin{cases} x - 2y + 2 = 0 \\ 2x + y - 6 = 0 \end{cases} \Rightarrow \begin{cases} x - 2y + 2 = 0 \\ 4x + 2y - 12 = 0 \end{cases} +$$
$$5x - 10 = 0 \Rightarrow x = 2$$

Substituindo x por 2 na equação da reta s, obtém-se:

$$2x + y - 6 = 0 \Rightarrow 2 \cdot 2 + y - 6 = 0 \Rightarrow y = 2$$

Portanto, P é o ponto de coordenadas $(2, 2)$.

A distância entre o ponto A e a reta r é a medida do segmento $\overline{AP}$. Então:

$$d(A, r) = d(A, P) = \sqrt{(2 - 1)^2 + (2 - 4)^2} = \sqrt{1 + 4} \Rightarrow d(A, r) = \sqrt{5}$$

Portanto, a distância entre o ponto A e a reta r é $\sqrt{5}$.

Adotando o processo descrito para determinar a distância de um ponto $A(x_A, y_A)$ e uma reta r não paralela aos eixos coordenados, de equação $ax + by + c = 0$, é possível deduzir a seguinte expressão:

$$d(A, r) = \frac{|ax_A + by_A + c|}{\sqrt{a^2 + b^2}}$$

Observação

Essa expressão também é válida para retas paralelas aos eixos coordenados.

Exercícios propostos

102. Determine a distância entre o ponto P e a reta r em cada caso.

a) $P(5, 4)$ e r: $3x - 4y - 1 = 0$
b) $P(2, 3)$ e r: $5x + 12y = 0$
c) $P(-2, 1)$ e r: $2x - y + 15 = 0$
d) $P(-2, -7)$ e r: $-5x + y - 3 = 0$

103. Determine a distância entre o ponto $P(2, -4)$ e:

a) o eixo das abscissas;
b) a primeira bissetriz de um plano cartesiano;
c) o eixo das ordenadas;
d) a segunda bissetriz do plano cartesiano.

104. Determine o valor de a para que a distância entre o ponto $P(a, 4)$ e a reta r: $y = -\frac{3}{4}x - \frac{7}{4}$ seja igual a 4.

105. Sendo P o ponto em que a reta r: $\frac{3}{7}x - y + 3 = 0$ corta o eixo das ordenadas, determine a distância entre o ponto P e a reta s: $3x + 4y + 3 = 0$.

106. As retas t: $5x - 12y - 5 = 0$ e v: $5x - 12y - 23 = 0$ são paralelas. Qual é a distância entre essas retas?

107. Os pontos $A(2, -2)$ e $B(8, 4)$ são vértices do triângulo isósceles ABC. Determine as coordenadas do ponto C pertencente ao eixo das ordenadas, sabendo que os lados $\overline{AC}$ e $\overline{BC}$ são congruentes.

108. Qual é a distância entre a origem O de um plano cartesiano e a reta r: $3x - 4y + 30 = 0$?

109. Calcule a área do quadrado $ABCD$ representado.

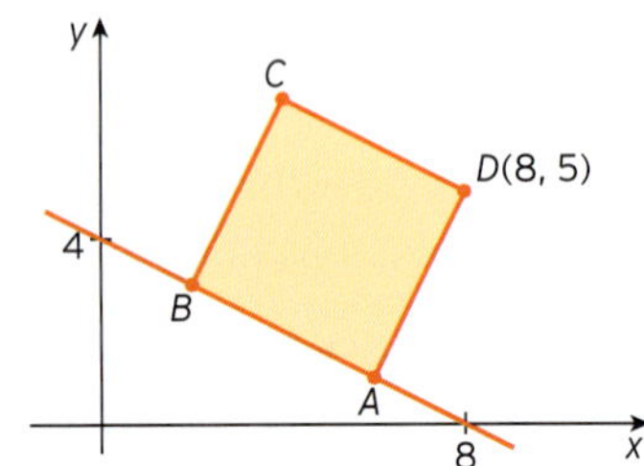

Cálculo da área de um triângulo

A área de um triângulo ABC de base de medida b e altura h é dada por:

$$A_{\triangle ABC} = \frac{1}{2} \cdot b \cdot h$$

Por meio das expressões das distâncias entre pontos e entre ponto e reta, é possível escrever a expressão da área de um triângulo utilizando as coordenadas de seus vértices.

Considerem-se os pontos não colineares $A(x_A, y_A)$, $B(x_B, y_B)$ e $C(x_C, y_C)$, como mostra a figura abaixo.

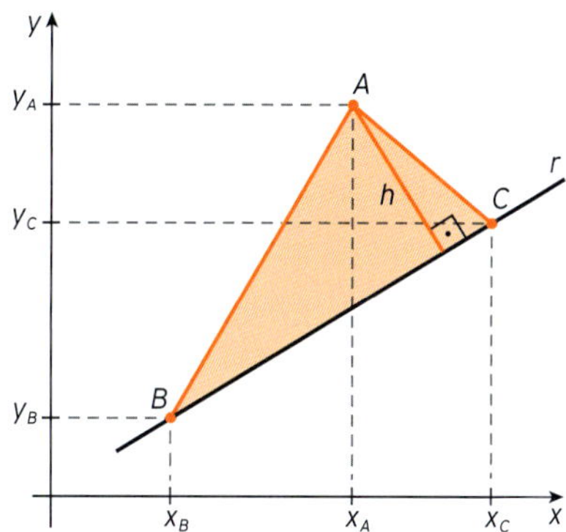

Adotando o lado $\overline{BC}$ como base do triângulo e h como a altura relativa a esse lado, determina-se a medida da base $\overline{BC}$ pela expressão da distância entre pontos:

$$BC = d(B, C) = \sqrt{(x_C - x_B)^2 + (y_C - y_B)^2}$$

A altura h é a distância entre o ponto A e a reta r, que é a reta suporte do segmento que contém os vértices B e C. Para calcular essa distância, é preciso conhecer a equação da reta r.

Pela condição de alinhamento dos pontos B e C, determina-se a equação da reta r:

$$\begin{vmatrix} x & y & 1 \\ x_B & y_B & 1 \\ x_C & y_C & 1 \end{vmatrix} = 0 \Rightarrow x \cdot y_B + y \cdot x_C + x_B \cdot y_C - x_C \cdot y_B - y \cdot x_B - x \cdot y_C = 0 \Rightarrow$$

$$\Rightarrow (y_B - y_C)x + (x_C - x_B)y + (x_B \cdot y_C - x_C \cdot y_B) = 0$$

Então, pela expressão da distância entre ponto e reta, tem-se:

$$d(A, r) = \frac{|(y_B - y_C)x_A + (x_C - x_B)y_A + (x_B \cdot y_C - x_C \cdot y_B)|}{\sqrt{(y_B - y_C)^2 + (x_C - x_B)^2}}$$

Observando a igualdade obtida, verifica-se que a expressão que está em módulo no numerador é igual ao desenvolvimento do determinante $D = \begin{vmatrix} x_A & y_A & 1 \\ x_B & y_B & 1 \\ x_C & y_C & 1 \end{vmatrix}$. Logo: $d(A, r) = \dfrac{|D|}{d(B, C)}$

Aplicando-se a expressão da área do triângulo, obtém-se:

$$A = \frac{1}{2} \cdot b \cdot h = \frac{1}{2} \cdot d(B, C) \cdot d(A, r) = \frac{1}{2} \cdot \cancel{d(B, C)} \cdot \frac{|D|}{\cancel{d(B, C)}} = \frac{1}{2} \cdot |D|$$

Portanto, a área do triângulo, quando são conhecidas as coordenadas de seus vértices, pode ser determinada por:

$$A_{\triangle ABC} = \frac{1}{2} \cdot |D|, \text{ com } D = \begin{vmatrix} x_A & y_A & 1 \\ x_B & y_B & 1 \\ x_C & y_C & 1 \end{vmatrix}$$

Exercício resolvido

110. Determine a área do quadrilátero $ABCD$ representado no plano cartesiano a seguir.

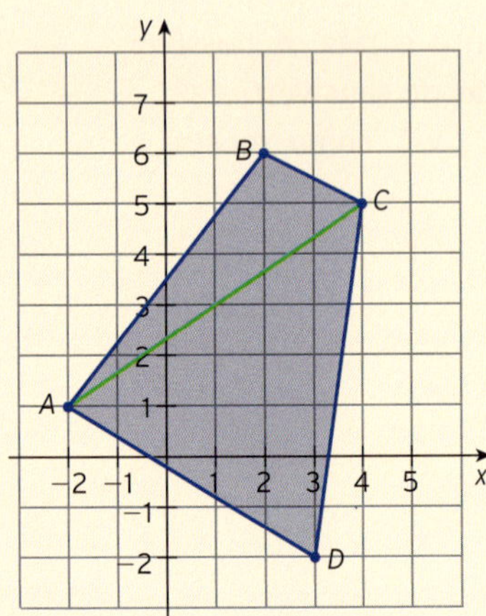

Resolução

Podemos determinar a área do quadrilátero adicionando as áreas dos triângulos ABC e ACD.

Para o triângulo ABC, temos:

$$D = \begin{vmatrix} -2 & 1 & 1 \\ 2 & 6 & 1 \\ 4 & 5 & 1 \end{vmatrix} = -12 + 4 + 10 - 24 - 2 + 10 = -14$$

$$A_{\triangle ABC} = \frac{1}{2} \cdot |D| = \frac{1}{2} \cdot |-14| = 7$$

Para o triângulo ACD, temos:

$$D = \begin{vmatrix} -2 & 1 & 1 \\ 4 & 5 & 1 \\ 3 & -2 & 1 \end{vmatrix} = -10 + 3 - 8 - 15 - 4 - 4 = -38$$

$$A_{\triangle ACD} = \frac{1}{2} \cdot |D| = \frac{1}{2} \cdot |-38| = 19$$

Logo, a área do quadrilátero $ABCD$ é:

$$A_{ABCD} = 7 + 19 = 26$$

Exercícios propostos

111. Determine a área do triângulo com os seguintes vértices:

a) $A(1, 0)$, $B(4, 2)$ e $C(0, 6)$

b) $D(-1, 4)$, $E(0, 2)$ e $F(-6, -2)$

112. A área de um triângulo ABC é 25. Sabendo que os vértices desse triângulo são $A(-k, 1)$, $B(k, 7)$ e $C(3, -4)$, determine os possíveis valores de k.

113. Calcule a área do triângulo ABC determinado pelas retas representadas abaixo.

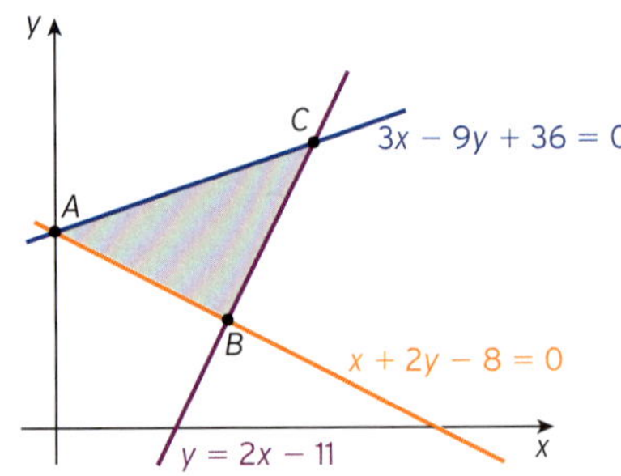

114. Calcule a área do triângulo delimitado pela reta $2x + 5y - 30 = 0$ e pelos eixos coordenados.

115. Considere as retas $r: x - y + 6 = 0$ e $s: y = 8x - 8$.

a) Represente as retas r e s em um mesmo plano cartesiano.

b) Determine as coordenadas do ponto P em que a reta r corta a reta s.

c) Calcule a área do triângulo delimitado pelas retas r, s e pelo eixo das abscissas.

116. Determine a área do triângulo delimitado pelas bissetrizes dos quadrantes pares e ímpares de um plano cartesiano e pela reta de equação $3x - y - 4 = 0$.

117. Os pontos M e N são pontos médios dos segmentos $\overline{AB}$ e $\overline{CD}$.

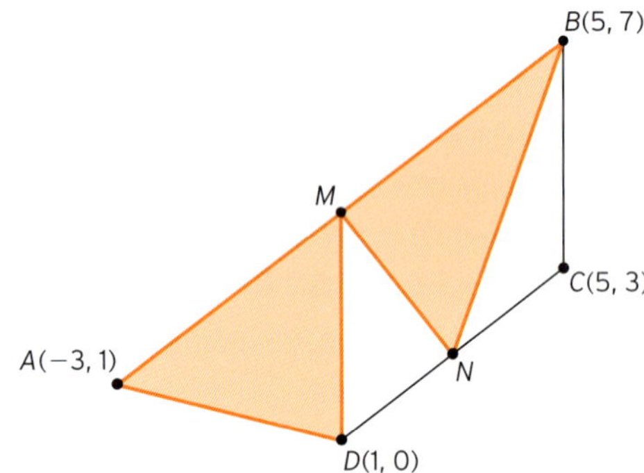

Determine a área da região pintada de laranja.

118. Calcule a área do quadrilátero $ABCD$ representado a seguir.

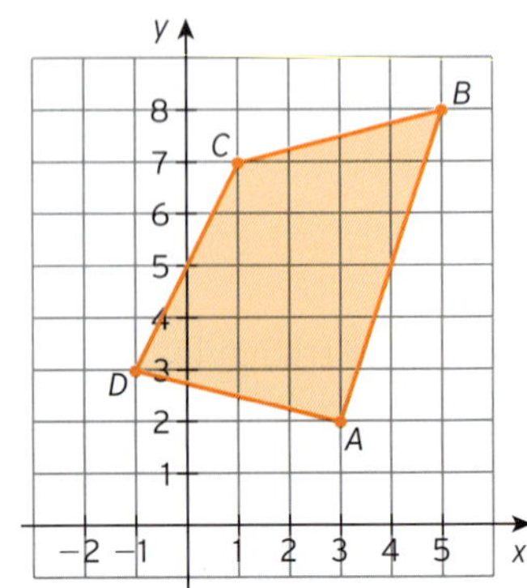

6. Resolução gráfica de inequações do 1º grau com duas incógnitas

Uma reta no plano cartesiano o divide em dois semiplanos, como nestes exemplos:

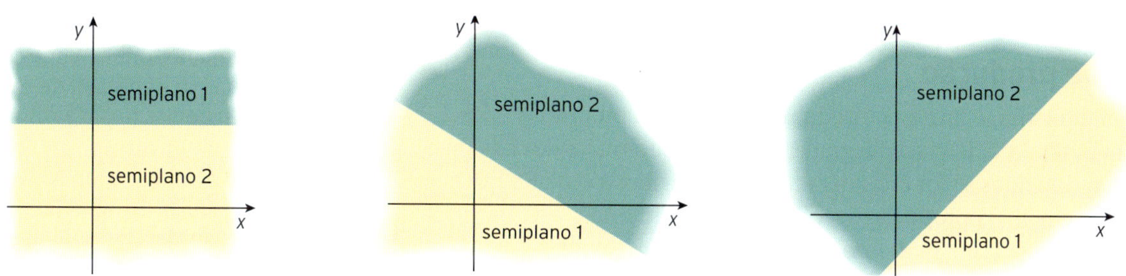

Essas regiões podem ser determinadas por inequações do 1º grau com duas incógnitas. Por exemplo, as inequações $ax + by + c > 0$ e $ax + by + c < 0$ representam os dois semiplanos determinados pela reta de equação $ax + by + c = 0$.

Exemplo

Para representar graficamente o conjunto solução da inequação $x + 2y - 8 > 0$, adotam-se as etapas a seguir.

Etapa	Resolução
I. Representa-se a reta em um plano cartesiano.	Representa-se a reta de equação $x + 2y - 8 = 0$ em um plano cartesiano.
II. Escolhe-se um ponto de um dos semiplanos determinados pela reta e verifica-se se as coordenadas desse ponto satisfazem a inequação.	Escolhendo, por exemplo, o ponto $P(0, 0)$, verifica-se se suas coordenadas satisfazem a inequação dada: $0 + 2 \cdot 0 - 8 > 0 \Rightarrow -8 > 0$ (falso) Como as coordenadas do ponto P não satisfazem a inequação, ele não pertence ao semiplano que é solução da inequação. Portanto, pertence ao outro semiplano.
III. Representam-se as soluções da inequação no plano cartesiano.	Representam-se as soluções da inequação $x + 2y - 8 > 0$. O conjunto solução é o semiplano acima da reta que não contém P, dessa forma representa-se a reta por uma linha tracejada para indicar que seus pontos não são soluções da inequação.

Exercícios propostos

119. Resolva graficamente as seguintes inequações:

a) $x + 5y \leqslant 20$

b) $\frac{7x}{2} + \frac{5y}{3} > 5y + 2$

120. Represente graficamente a região delimitada pelas inequações do sistema abaixo e calcule a área dessa região.

$$\begin{cases} 4x + 8y \leqslant 40 \\ x \geqslant 2 \\ y \geqslant 0 \end{cases}$$

121. Determine o sistema de inequações cujas soluções estão representadas abaixo.

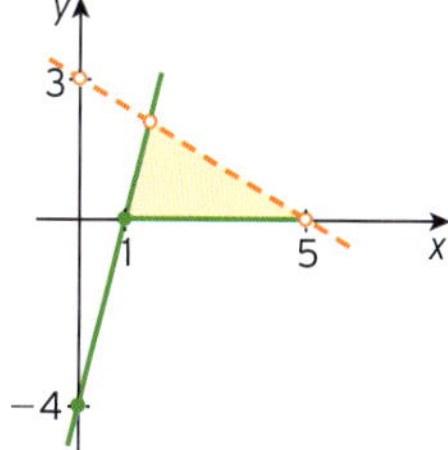

7. Aplicações

Os conteúdos deste capítulo têm diversas aplicações, como na economia e na demonstração de teoremas da Geometria plana. A seguir, são apresentados alguns exemplos dessas aplicações.

Custo de produção

Em uma indústria, o custo da produção por litro do produto A é R\$ 2,00 e do produto B, R\$ 3,00. Represente graficamente quantos litros de cada produto podem ser produzidos se for considerado um custo máximo de R\$ 60 000,00.

O custo, em real, da produção de x litros do produto A, $x > 0$, e y litros do produto B, $y > 0$, é $2x + 3y$. Como esse custo deve ser de no máximo R\$ 60 000,00, para determinar quantos litros de cada produto podem ser produzidos, resolve-se a inequação $2x + 3y \leqslant 60\,000$, ou seja, a inequação $2x + 3y - 60\,000 \leqslant 0$.

Para isso, representa-se a reta de equação $2x + 3y - 60\,000 = 0$ no plano cartesiano (figura 1).

A região assinalada (figura 2) corresponde aos pontos do plano cartesiano que satisfazem as inequações $2x + 3y - 60\,000 \leqslant 0$, $x > 0$ e $y > 0$.

Logo, qualquer ponto dessa região satisfaz as condições apresentadas.

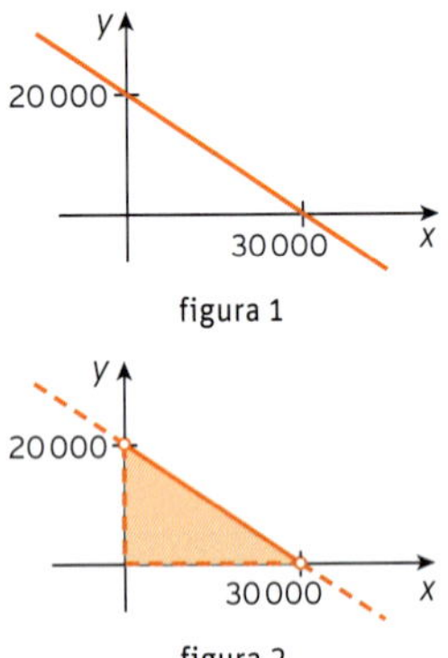

figura 1

figura 2

Observação

Os pontos que pertencem à reta de equação $2x + 3y - 60\,000 = 0$ representam o custo máximo possível, ou seja, o custo de exatamente R\$ 60 000,00. Os demais pontos representam custos inferiores a R\$ 60 000,00.

Demonstrações em Geometria plana

Para demonstrar, por exemplo, que as diagonais de um trapézio isósceles são congruentes, é conveniente representar o trapézio no plano cartesiano de modo que sua base esteja sobre o eixo Ox e seus vértices sejam simétricos em relação ao eixo Oy.

Demonstração

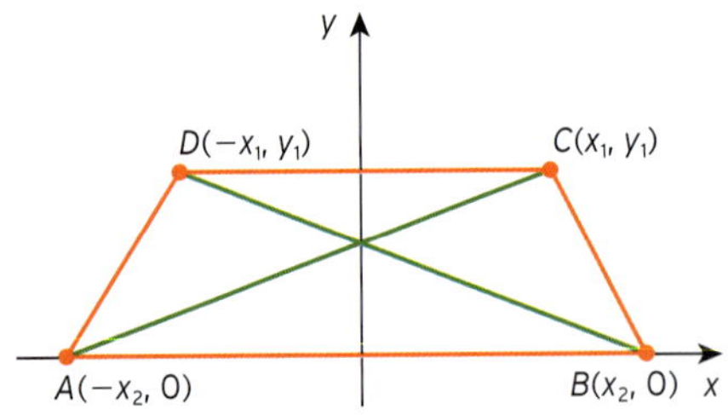

Considera-se o trapézio isósceles de vértices $A(-x_2, 0)$, $B(x_2, 0)$, $C(x_1, y_1)$ e $D(-x_1, y_1)$, conforme representado acima.

A medida da diagonal $\overline{AC}$ pode ser determinada pela distância entre os vértices A e C:

$$d(A, C) = \sqrt{(x_1 + x_2)^2 + (y_1 - 0)^2} = \sqrt{(x_1 + x_2)^2 + (y_1)^2}$$

A medida da diagonal $\overline{BD}$ pode ser determinada pela distância entre os vértices B e D:

$$d(B, D) = \sqrt{(-x_1 - x_2)^2 + (y_1 - 0)^2} = \sqrt{(x_1 + x_2)^2 + (y_1)^2}$$

Logo, $d(A, C) = d(B, D)$ e, portanto, as diagonais $\overline{AC}$ e $\overline{BD}$ são congruentes.

Saiba mais

Aplicações

O estudo das funções, com o apoio da Geometria analítica, é particularmente útil no controle administrativo e contábil de empresas e sistemas financeiros.

Softwares diversos, em especial as planilhas eletrônicas, podem mapear e fazer previsões que ajudam os profissionais das áreas envolvidas a planejarem ações empresariais e contábeis, por exemplo.

Por conta disso, inúmeros são os cursos superiores que trabalham com disciplinas focadas nas aplicações dessa área do conhecimento.

Exercícios propostos

122. Quando o preço de mercado de certo produto atinge 200 € por unidade, a empresa não produz esse produto; quando o preço do produto aumenta 10 €, a empresa oferece 400 unidades do produto ao mercado. O gráfico representa a função de oferta desse produto.

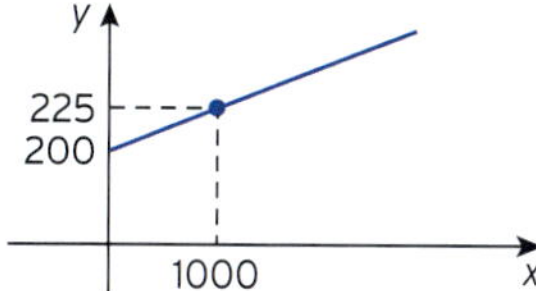

Escreva a lei de associação dessa função.

123. Uma fábrica produz parafusos de 3 cm e de 7 cm. Além de outros materiais, nos parafusos menores são utilizados 25 g de aço e, nos maiores, 15 g. Represente graficamente quantos parafusos de cada tamanho podem ser produzidos utilizando-se, no máximo, 7,6 kg de aço.

124. Uma vinícola vende seu produto em garrafas de 1 litro e garrafões de 5 litros. Represente graficamente a quantidade de vasilhames de cada tipo que podem ser utilizados para engarrafar 800 litros de vinho.

125. Uma companhia aérea verificou que, quando cobra 200 reais pela passagem, são vendidas mensalmente, em média, 3 000 passagens; quando o preço é 250 reais, essa média mensal passa para 2 800 passagens.

a) Considerando y a quantidade de passagens vendidas e x o valor cobrado pela passagem, escreva a lei de correspondência da função.

b) Represente graficamente essa função.

126. Demonstre que a medida da mediana relativa à hipotenusa de um triângulo retângulo é igual à metade da medida da hipotenusa.

127. Mostre que, em um quadrilátero qualquer, os pontos médios dos lados consecutivos formam um paralelogramo.

128. (FGV-SP) Quando o preço por unidade de certo modelo de telefone celular é R$ 250,00, são vendidas 1 400 unidades por mês. Quando o preço por unidade é R$ 200,00, são vendidas 1 700 unidades mensalmente. Admitindo que o número de celulares vendidos por mês pode ser expresso como função polinomial do primeiro grau do seu preço, podemos afirmar que, quando o preço for R$ 265,00, serão vendidas:

a) 1 290 unidades.
b) 1 300 unidades.
c) 1 310 unidades.
d) 1 320 unidades.
e) 1 330 unidades.

129. (FGV-SP) Os gráficos abaixo representam as funções receita mensal $R(x)$ e o custo mensal $C(x)$ de um produto fabricado por uma empresa, em que x é a quantidade produzida e vendida. Qual o lucro obtido ao se produzir e vender 1 350 unidades por mês?

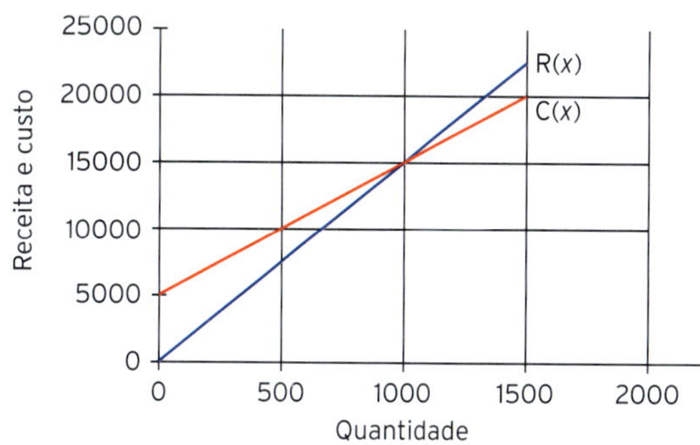

a) 1 740
b) 1 750
c) 1 760
d) 1 770
e) 1 780

130. (Enem) No Brasil há várias operadoras e planos de telefonia celular. Uma pessoa recebeu 5 propostas (A, B, C, D e E) de planos telefônicos. O valor mensal de cada plano está em função do tempo mensal das chamadas, conforme o gráfico.

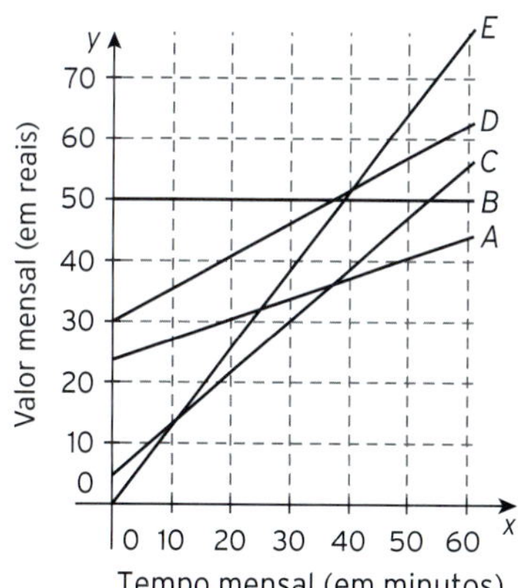

Essa pessoa pretende gastar exatamente R$ 30,00 por mês com telefone. Dos planos telefônicos apresentados, qual é o mais vantajoso, em tempo de chamada, para o gasto previsto para essa pessoa?

a) A
b) B
c) C
d) D
e) E

Exercícios complementares

131. Represente os pontos $A(-3, 0)$, $B(-2, 3)$, $C(2, 3)$, $D(3, 0)$, $E(2, -3)$ e $F(-2, -3)$ em um plano cartesiano.

132. Considere a representação a seguir.

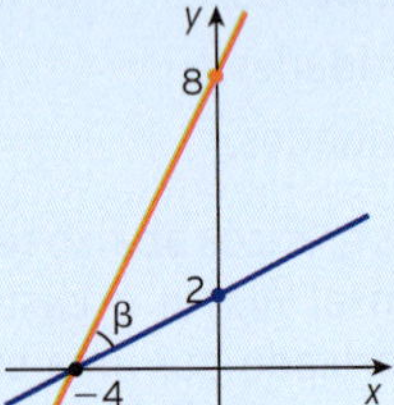

Determine a tangente do ângulo de medida β.

133. Calcule a área da região pintada de laranja abaixo.

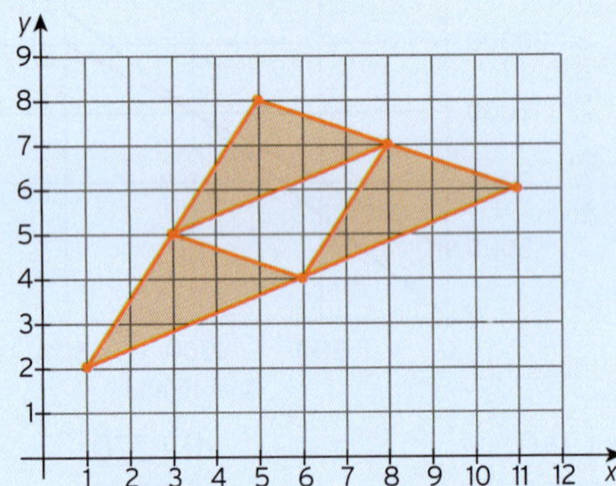

134. Resolva graficamente as seguintes inequações:

a) $2x + 3y \geqslant 12$ b) $x - y - 4 < 0$

135. Um *software* gráfico utiliza recursos de Geometria analítica para gerar as linhas das composições, como no exemplo a seguir.

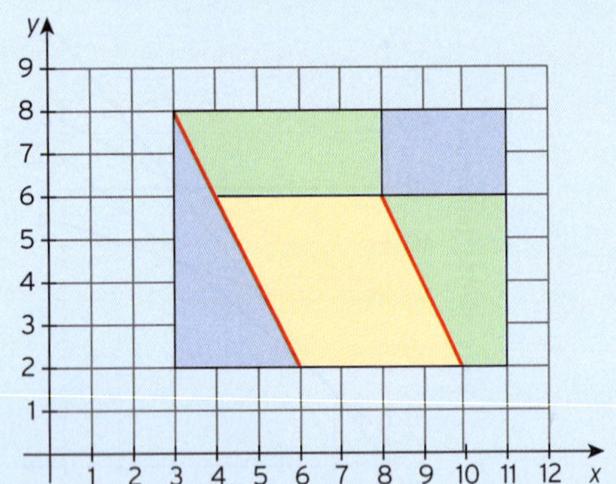

Determine as equações das retas suportes dos segmentos de reta vermelhos da composição acima. O que é possível afirmar sobre a posição relativa desses segmentos?

136. Dada a reta r: $3x - y - 2 = 0$, verifique se cada um dos pontos pertence a essa reta.

a) $A(1, 1)$
b) $B(-1, -4)$
c) $C(a, 3a - 2)$
d) $D\left(\dfrac{a+2}{3}, a\right)$

137. Considere as seguintes equações de retas:

r: $y = 2x + 6$

t: $2y + x - 8 = 0$

s: $\dfrac{x}{-3} + \dfrac{y}{6} = 1$

u: $\begin{cases} x = t + 1 \\ y = 3t + 4 \end{cases}$

Entre essas retas, identifique:

a) duas retas coincidentes;
b) duas retas perpendiculares;
c) a reta concorrente com todas as outras.

138. Calcule o perímetro do triângulo de vértices $A(1, -2)$, $B(-3, 1)$ e $C(-3, -2)$.

139. O ponto $M(x, y)$ pertence ao eixo das ordenadas. Determine os valores de x e y para que os pontos $A(-1, 5)$, $B(1, -3)$ e M sejam colineares.

140. A circunferência circunscrita ao quadrado $ABCD$ tem centro de coordenadas $(3, 5)$. Sendo $A(6, 9)$ um dos vértices do quadrado, determine:

a) a medida da diagonal do quadrado;
b) a medida do lado do quadrado;
c) a área do quadrado.

141. Quais são as coordenadas de um ponto C que, em um plano cartesiano, pertence ao eixo das abscissas e é equidistante dos pontos $A(2, 3)$ e $B(6, -3)$?

142. O ponto M é ponto médio de um segmento $\overline{AB}$ de 10 cm. Considerando os pontos $A(4, 3)$ e $B(10, a)$, determine os possíveis valores de a e as coordenadas do ponto M.

143. Os pontos da forma $P(3a, 2a - 5)$ definem uma reta s.

a) Escreva as equações paramétricas de s.
b) Para que valor de a essa reta corta o eixo Ox? Quais são as coordenadas desse ponto?

144. Uma gráfica vai montar cadernos de dois tipos: com 30 páginas e com 100 páginas. Represente graficamente quantos cadernos de cada tipo podem ser montados totalizando, no máximo, 12 300 páginas.

145. Considere o triângulo ABC abaixo.

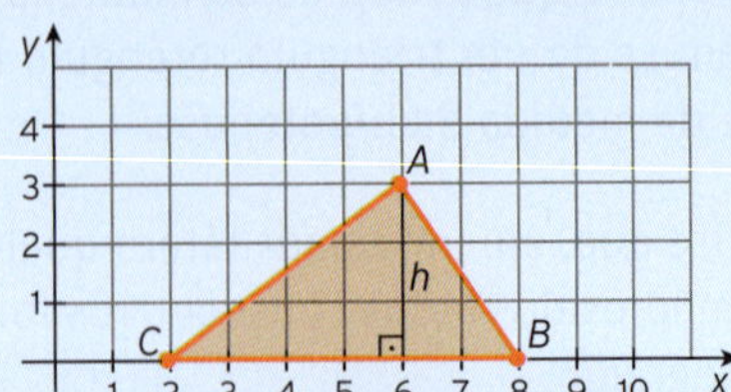

a) Determine as medidas dos lados do triângulo.
b) Calcule a área desse triângulo.

146. Determine a distância entre os pares de pontos:

a) $A(2, 2)$ e $B(2, 7)$
b) $C(-7, 4)$ e $D(5, -2)$
c) $E(-1, -1)$ e $F(3, -1)$

CAPÍTULO

27

Circunferência

Módulos

1. Circunferência
2. Posições relativas em um plano

Brooks Kraft/Sygma/Corbis/Latinstock

Velocípede no desfile de 16 de outubro de 1993, na cidade de Boston, Estados Unidos, em homenagem ao inventor dos pedais.

Para começar

Criada em 1861, em Paris, pelos irmãos Pierre e Ernest Michaux, a bicicleta ganhou inicialmente o nome de velocípede (*velo* = veloz; *pieds* = pés).

Disponível em: <http://www.revistadehistoria.com.br/secao/artigos/o-rio-dos-cavalos-de-ferro>. Acesso em: 22 jun. 2015.

As rodas dos velocípedes executam movimentos circulares. Quando um ponto material descreve uma trajetória circular, o espaço linear S percorrido por ele está diretamente relacionado à medida R do raio da curvatura da trajetória e à medida φ do ângulo descrito nesse movimento:

$$S = \varphi \cdot R$$

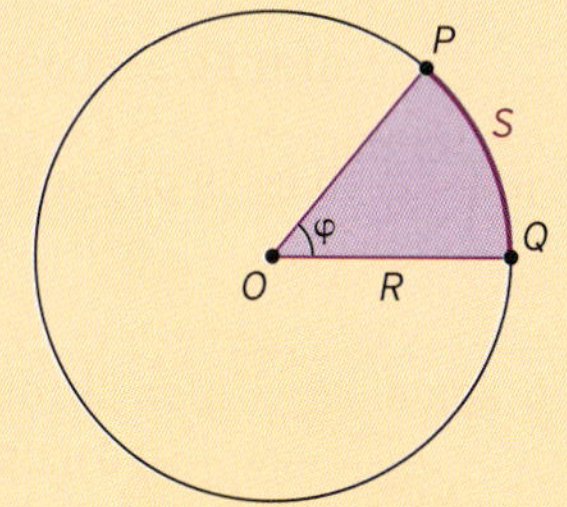

1. Elabore uma hipótese para explicar por que o velocípede precisa ter a roda dianteira grande.
2. Supondo que, em um velocípede, o raio da roda dianteira meça o dobro da medida do raio da roda traseira, quantas voltas a roda traseira dará quando a dianteira der sete voltas completas?
3. Em alguns modelos de bicicleta atuais, é possível fazer a roda traseira girar cinco voltas completas com apenas uma volta do pedal. Seria possível construir um velocípede que tivesse um recurso semelhante a esse? Explique.

1. Circunferência

O conceito de circunferência é usado em diversos ramos e atividades: na engenharia, na arquitetura e na astrofísica. Registros históricos apontam usos da circunferência em contextos variados em todo o mundo, embora não se tenha registro exato de qual povo ou cultura a utilizou pela primeira vez. O conceito de circunferência está relacionado à descoberta da roda, que muitos acreditam ter sido uma das mais importantes descobertas da humanidade.

O filósofo francês René Descartes (1596-1650) desenvolveu relações entre a álgebra e a geometria que deram origem à geometria analítica, possibilitando a representação algébrica de propriedades geométricas, como, por exemplo, a da circunferência, assim definida:

> A **circunferência** de centro *C* e raio medindo *r* é o conjunto dos pontos do plano que distam *r* do centro *C*.

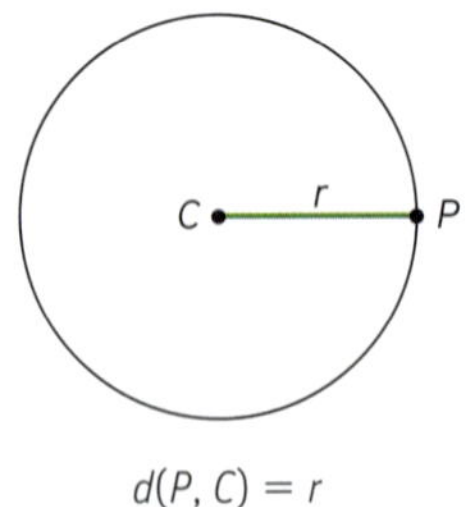

$d(P, C) = r$

Sendo r um número real positivo qualquer, um ponto P pertence à circunferência de centro C e raio medindo r, como representado ao lado, se a distância entre os pontos P e C é igual a r.

Exemplo

Considerando a circunferência representada no plano cartesiano a seguir, é possível determinar algebricamente a medida de seu raio.

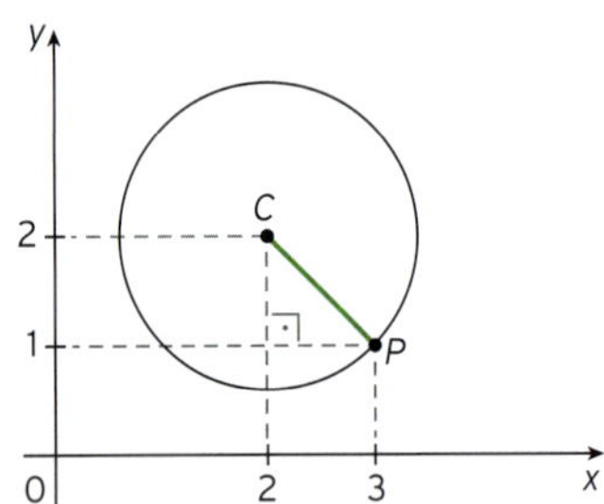

- O centro da circunferência é o ponto $C(2, 2)$.
- O ponto $P(3, 1)$ pertence à circunferência. Logo, a distância entre P e C é igual a r: $d(P, C) = r$

  Aplicando a expressão da distância entre dois pontos, obtém-se:

  $d(P, C) = \sqrt{(3-2)^2 + (1-2)^2} = \sqrt{1^2 + (-1)^2} = \sqrt{1+1} = \sqrt{2}$

  Assim: $d(P, C) = r = \sqrt{2}$

Para recordar

A distância entre dois pontos $A(x_A, y_A)$ e $B(x_B, y_B)$ é a medida do comprimento do segmento de reta que tem esses pontos como extremidades. Essa distância pode ser determinada por:

$d(A, B) = \sqrt{(x_A - x_B)^2 + (y_A - y_B)^2}$

Equação de uma circunferência na forma reduzida

Dada uma circunferência de centro $C(a, b)$ e raio medindo r, como representada ao lado, é possível deduzir a equação a ela associada.

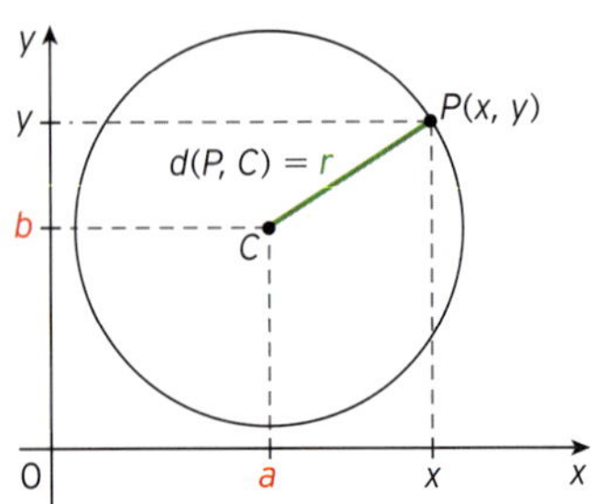

Um ponto $P(x, y)$ pertence à circunferência, se $d(P, C) = r$. Pela distância do ponto P ao centro da circunferência, tem-se:

$$d(P, C) = r \Rightarrow \sqrt{(x-a)^2 + (y-b)^2} = r$$

Elevando-se ao quadrado ambos os membros da igualdade obtida, chega-se à **equação de uma circunferência na forma reduzida**:

$$(x-a)^2 + (y-b)^2 = r^2$$

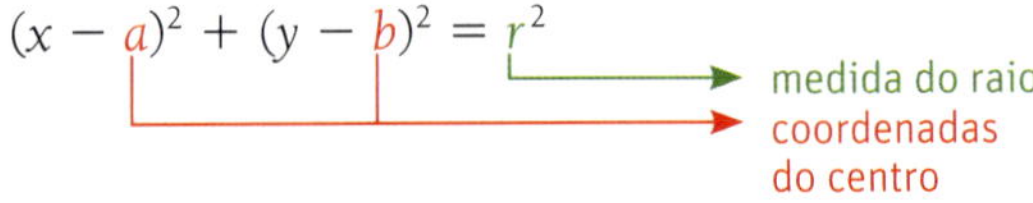

Observação

Para simplificar a linguagem, a equação da circunferência na forma reduzida será denominada apenas **equação reduzida da circunferência**.

Exercícios resolvidos

1. Determine a medida do raio e as coordenadas do centro da circunferência de equação a seguir:

$$(x-7)^2+(y+3)^2=121$$

Resolução

Para determinar a medida r do raio e as coordenadas (a, b) do centro da circunferência, comparamos a equação dada com a equação reduzida de uma circunferência: $(x-7)^2+(y+3)^2=121$

$$(x-a)^2+(y-b)^2=r^2$$

Assim:

- $-a=-7 \Rightarrow a=7$
- $-b=+3 \Rightarrow b=-3$
- $r^2=121 \Rightarrow r=\sqrt{121}=11$, pois $r>0$

Portanto, o raio dessa circunferência mede 11, e seu centro é o ponto de coordenadas $(7, -3)$.

2. Determine a equação reduzida da circunferência de centro $C(-3, 1)$ e que passa pelo ponto $P(-4, 2)$.

Resolução

Como o ponto P pertence à circunferência, a distância entre os pontos P e C, por definição, é igual à medida do raio da circunferência:

$d(P, C)=r \Rightarrow r=\sqrt{(-4+3)^2+(2-1)^2}=\sqrt{2}$

Então, temos a equação reduzida da circunferência:

$(x-a)^2+(y-b)^2=r^2 \Rightarrow (x-(-3))^2+(y-1)^2=(\sqrt{2})^2 \Rightarrow$

$\Rightarrow (x+3)^2+(y-1)^2=2$

3. Determine os pontos de intersecção da circunferência de equação $x^2+(y-4)^2=5^2$ com os eixos coordenados.

Resolução

A circunferência intersecta o eixo das ordenadas quando $x=0$. Então:

$0^2+(y-4)^2=5^2 \Rightarrow y^2-8y+16=25 \Rightarrow$

$\Rightarrow y^2-8y-9=0 \Rightarrow (y-9)\cdot(y+1)=0 \Rightarrow$

$\Rightarrow y=9$ ou $y=-1$

A circunferência intersecta o eixo das abscissas quando $y=0$. Então:

$x^2+(0-4)^2=5^2 \Rightarrow x^2+16=25 \Rightarrow x^2=9 \Rightarrow x=\pm 3$

Portanto, a circunferência intersecta os eixos coordenados nos pontos $(0, -1)$, $(0, 9)$, $(-3, 0)$ e $(3, 0)$.

Exercícios propostos

4. Determine a equação reduzida da circunferência de centro C e medida r do raio dados em cada item.

a) $C(4, -5)$ e $r=7$

b) $C(-7, -1)$ e $r=2^2$

c) $C(-2, 3)$ e $r=\sqrt{11}$

d) $C(3, 0)$ e $r=3$

5. Determine a medida do raio e as coordenadas do centro da circunferência descrita pela equação em cada item. Depois, represente cada circunferência em um plano cartesiano.

a) $(x-3)^2+(y-4)^2=4$

b) $x^2+(y+1)^2=9$

c) $(x+3)^2+y^2=1$

d) $x^2+(y-2)^2=3^2-2^2$

6. Escreva a equação reduzida de cada circunferência representada abaixo.

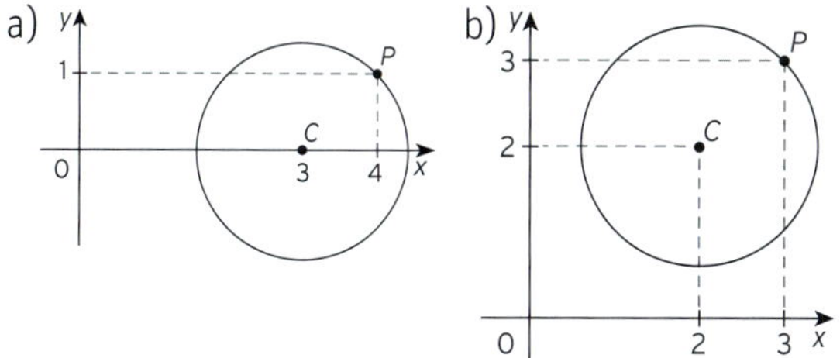

7. Considere uma circunferência de centro $C(1+k, k)$ e que passa pelos pontos $A(2, 3)$ e $B(7, 4)$. Determine as coordenadas do centro C e a medida r do raio dessa circunferência.

8. Determine os pontos de intersecção dos eixos coordenados e a circunferência descrita pela equação dada em cada item.

a) $(x+4)^2+(y-3)^2=16$

b) $(x+1)^2+y^2=49$

9. Considere a circunferência representada abaixo, cujo centro é a origem do plano cartesiano.

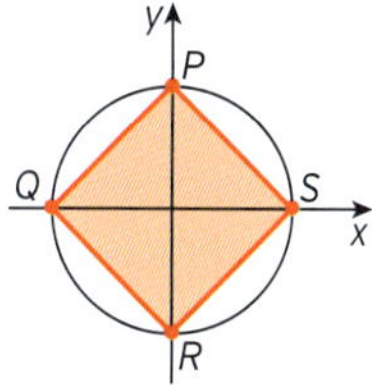

a) Escreva a equação reduzida dessa circunferência sabendo que a área do quadrado $PQRS$ é 8 u.a.

b) Translada-se essa circunferência 2 unidades para a direita. Identifique as coordenadas do centro e a equação reduzida da nova circunferência.

10. Considere uma circunferência de centro $C(a, b)$ e raio medindo r. Com um colega, explique o que acontece com os valores de a, b e r na equação $(x-a)^2+(y-b)^2=r^2$ quando se translada a circunferência:

a) 3 unidades para cima;

b) 5 unidades para a esquerda;

c) 3 unidades para baixo e 2 unidades para a direita.

Equação de uma circunferência na forma geral

Dada uma circunferência de centro $C(a, b)$ e raio medindo r, como a representada ao lado, desenvolvendo sua equação na forma reduzida, obtém-se a seguinte equação:

$$(x - a)^2 + (y - b)^2 = r^2 \Rightarrow x^2 - 2ax + a^2 + y^2 - 2yb + b^2 = r^2 \Rightarrow$$
$$\Rightarrow x^2 + y^2 - 2ax - 2by + a^2 + b^2 - r^2 = 0$$

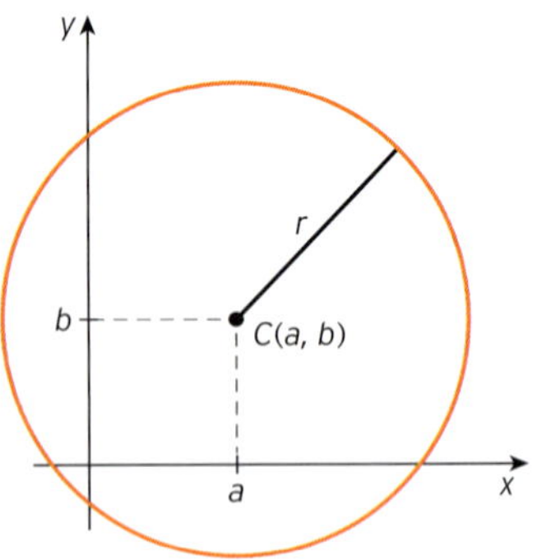

A equação obtida é chamada **equação de uma circunferência na forma geral**. Como a, b e r são números reais dados, é possível definir as variáveis M, N e P, para alguns termos da equação, $M = -2a$, $N = -2b$ e $P = a^2 + b^2 - r^2$, e assim obter outra maneira de escrever a equação da circunferência na forma geral:

$$x^2 + y^2 + Mx + Ny + P = 0$$

Porém, nem toda equação dessa forma é representada geometricamente por uma circunferência. A equação representará uma circunferência sempre que for possível escrevê-la também na forma da equação reduzida. Um método utilizado para escrever equações na forma reduzida consiste em completar quadrados. Acompanhe o exemplo a seguir.

Exemplo

Na equação $x^2 + y^2 - 2x + 6y + 5 = 0$, agrupam-se os termos em x e os termos em y, de modo que, no primeiro membro, apareça a adição de dois binômios e, no segundo membro, o termo independente:

$$(x^2 - 2x) + (y^2 + 6y) = -5$$

O método de completar quadrados consiste em transformar os binômios em trinômios quadrados perfeitos, adicionando-se um termo a cada binômio. Para que a igualdade continue válida, os termos adicionados ao primeiro membro devem também ser adicionados ao segundo membro da equação.

$$\underbrace{(x^2 - 2x + 1)}_{(x-1)^2} + \underbrace{(y^2 + 6y + 9)}_{(y+3)^2} = \underbrace{-5 + 1 + 9}_{5}$$

A equação $(x - 1)^2 + (y + 3)^2 = 5$ é a forma reduzida da equação $x^2 + y^2 - 2x + 6y + 5 = 0$, que descreve a circunferência de centro $C(1, -3)$ e raio medindo $r = \sqrt{5}$.

Outra maneira de verificar se a equação $x^2 + y^2 - 2x + 6y + 5 = 0$ representa uma circunferência é comparar seus coeficientes com os coeficientes da equação na forma geral:

$$x^2 + y^2 + Mx + Ny + P = 0$$
$$x^2 + y^2 - 2x + 6y + 5 = 0$$

Tem-se:

- $M = -2a \Rightarrow -2a = -2 \Rightarrow a = 1$
- $N = -2b \Rightarrow -2b = 6 \Rightarrow b = -3$
- $P = a^2 + b^2 - r^2 \Rightarrow a^2 + b^2 - r^2 = 5 \Rightarrow 1^2 + (-3)^2 - r^2 = 5 \Rightarrow 1 + 9 - r^2 = 5 \Rightarrow$
  $\Rightarrow r^2 = -5 + 10 = 5 \Rightarrow r = \sqrt{5}$

Como r é um número real positivo, essa equação representa a circunferência de centro $C(1, -3)$ e raio medindo $r = \sqrt{5}$.

Observação

A partir de agora, para simplificar a linguagem, a equação da circunferência na forma geral será denominada apenas **equação geral da circunferência**.

Para recordar

Completar quadrados

O binômio $x^2 + 6x$ pode ser escrito como $x^2 + 3x + 3x$, cuja representação pode ser feita como a soma das áreas de retângulos e quadrados:

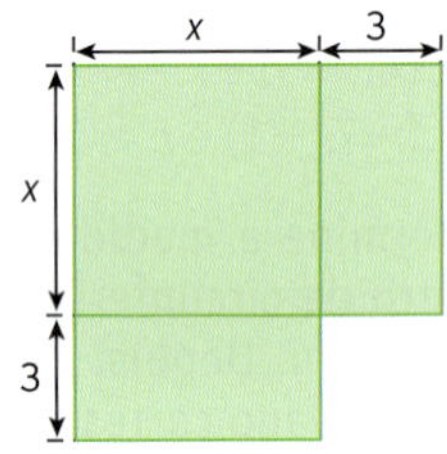

Completar quadrados equivale a, geometricamente, completar a área do quadrado de área $(x + 3)^2$, representada pela área hachurada abaixo. Nesse caso, essa área é 3^2.

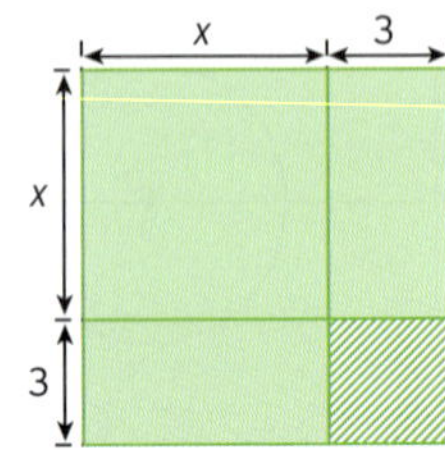

Assim, para que o binômio $x^2 + 6x$ não seja alterado, é adicionado e subtraído o termo 3^2:

$$x^2 + 6x = x^2 + 6x + 3^2 - 3^2 =$$
$$= (x + 3)^2 - 3^2$$

Exercícios resolvidos

11. Verifique se a equação $x^2 + y^2 - 4x - 6y + 15 = 0$ descreve uma circunferência.

Resolução

Comparamos a equação dada com a equação geral:

$$x^2 + y^2 + Mx + Ny + P = 0$$
$$x^2 + y^2 - 4x - 6y + 15 = 0$$

- $M = -2a \Rightarrow -2a = -4 \Rightarrow a = 2$
- $N = -2b \Rightarrow -2b = -6 \Rightarrow b = 3$
- $P = a^2 + b^2 - r^2 \Rightarrow 2^2 + 3^2 - r^2 = 15 \Rightarrow r^2 = -15 + 13 = -2$

Como $r^2 = -2$, a equação dada não descreve uma circunferência.

12. Determine a equação geral da circunferência que passa pelos pontos $A(1, 0)$, $B(2, 3)$ e $D(3, 1)$.

Resolução

Dados dois pontos de uma circunferência, esses pontos são equidistantes do centro da circunferência. Logo, o centro da circunferência pertence à mediatriz do segmento de extremos nesses pontos.

Assim, como os pontos B e D pertencem à circunferência, o centro C da circunferência pertence à mediatriz do segmento $\overline{BD}$. Analogamente, o centro C também pertence à mediatriz do segmento $\overline{AD}$.

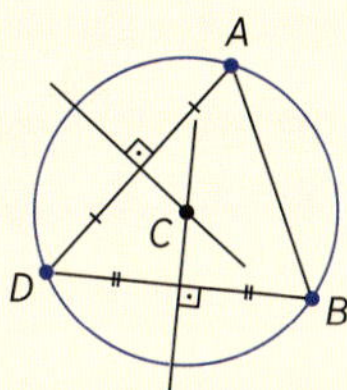

Então, para determinar as coordenadas do ponto C, determinamos a intersecção dessas mediatrizes.

Sendo $P(x, y)$ o ponto médio do segmento $\overline{BD}$, então $d(B, P) = d(D, P)$, e, dessa relação, determinamos a equação da reta mediatriz m_1 do segmento $\overline{BD}$:

$$\sqrt{(x-2)^2 + (y-3)^2} = \sqrt{(x-3)^2 + (y-1)^2} \Rightarrow x^2 - 4x + 4 + y^2 - 6y + 9 = x^2 - 6x + 9 + y^2 - 2y + 1 \Rightarrow$$
$$\Rightarrow -4x - 6y + 13 = -6x - 2y + 10 \Rightarrow 2x - 4y = -3$$

Analogamente, sendo Q o ponto médio do segmento $\overline{AD}$, a equação da reta mediatriz m_2 desse segmento é tal que $d(A, Q) = d(D, Q)$. Então:

$$\sqrt{(x-1)^2 + y^2} = \sqrt{(x-3)^2 + (y-1)^2} \Rightarrow x^2 - 2x + 1 + y^2 = x^2 - 6x + 9 + y^2 - 2y + 1 \Rightarrow$$
$$\Rightarrow -2x + 1 = -6x - 2y + 10 \Rightarrow 4x + 2y = 9$$

Assim, o ponto C é a solução do sistema formado por essas equações:

$$\begin{cases} 2x - 4y = -3 \\ 4x + 2y = 9 \end{cases} \Rightarrow \begin{cases} 4x - 8y = -6 \\ 4x + 2y = 9 \end{cases} \Rightarrow -10y = -15 \Rightarrow y = \frac{15}{10} = \frac{3}{2}$$

Substituindo y por $\frac{3}{2}$ na equação $4x + 2y = 9$, temos: $4x + 2 \cdot \frac{3}{2} = 9 \Rightarrow 4x = 9 - 3 \Rightarrow x = \frac{6}{4} = \frac{3}{2}$

Portanto, o ponto $C\left(\frac{3}{2}, \frac{3}{2}\right)$ é o centro da circunferência.

Para determinar a medida r do raio, calculamos a distância do centro C a qualquer ponto da circunferência; por exemplo, ao ponto $A(1, 0)$:

$$r = d(A, C) = \sqrt{\left(\frac{3}{2} - 1\right)^2 + \left(\frac{3}{2} - 0\right)^2} = \sqrt{\frac{10}{4}} = \frac{\sqrt{10}}{2}$$

Então, a equação reduzida da circunferência que passa pelos pontos dados é: $\left(x - \frac{3}{2}\right)^2 + \left(y - \frac{3}{2}\right)^2 = \frac{10}{4}$

Desenvolvendo essa equação, obtemos a equação geral:

$$x^2 - 3x + \frac{9}{4} + y^2 - 3y + \frac{9}{4} = \frac{10}{4} \Rightarrow x^2 + y^2 - 3x - 3y + \frac{18}{4} - \frac{10}{4} = 0 \Rightarrow x^2 + y^2 - 3x - 3y + 2 = 0$$

13. Estabeleça uma condição para k de modo que a equação $x^2 + y^2 + 10x - 4y + k = 0$ represente uma circunferência.

Resolução

Pelo método de completar quadrados, obtemos:

$(x^2 + 10x) + (y^2 - 4y) + k = 0 \Rightarrow (x^2 + 10x + \mathbf{25}) + (y^2 - 4y + \mathbf{4}) = -k + \mathbf{25} + \mathbf{4} \Rightarrow$

$\Rightarrow (x + 5)^2 + (y - 2)^2 = -k + 29$

Para que a equação represente uma circunferência, o segundo membro deve ser positivo: $-k + 29 > 0 \Rightarrow$ $\Rightarrow k < 29$. Logo, a equação representa uma circunferência quando $k < 29$.

Exercícios propostos

14. Determine a equação geral da circunferência de centro C e raio medindo r dados em cada item.

a) $C(2, 4)$ e $r = 5$

b) $C(-3, 7)$ e $r = 4$

c) $C\left(\frac{2}{3}, -1\right)$ e $r = 7$

d) $C(-8, -2)$ e $r = 10$

15. Determine as coordenadas do centro e a medida do raio da circunferência cuja equação na forma geral é:

a) $x^2 + y^2 - 6x + 4y + 4 = 0$

b) $x^2 + y^2 - 10x - 4y + 25 = 0$

c) $x^2 + y^2 + 8x - 2y + 1 = 0$

16. Escreva a equação geral da circunferência centrada na origem de um plano cartesiano e que passa pelo ponto $P(3, 4)$.

17. Escreva a equação geral da circunferência que passa pelos pontos $(0, 1)$, $(2, 0)$ e $(3, 2)$.

18. Determine k de modo que a equação $x^2 + y^2 + 12x - 6y + k = 0$ represente uma circunferência.

19. Ari e Ivo sabem que, alterando o raio de uma circunferência, a equação $x^2 + y^2 + Mx + Ny + P = 0$ tem um dos coeficientes alterados. Ari afirma que, se aumentar a medida do raio, um dos coeficientes aumenta; Ivo diz que um dos coeficientes diminui. Qual dos dois está correto? Justifique.

20. Na figura abaixo, é possível ver um hexágono regular inscrito em uma circunferência com centro na origem do plano cartesiano.

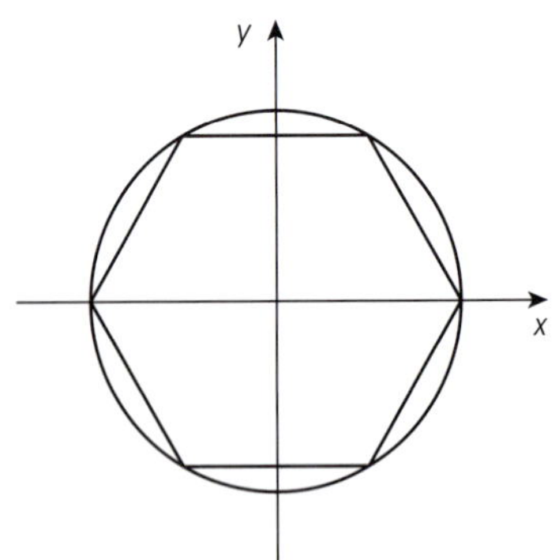

Sabendo que a medida do lado do hexágono regular é 5, determine a equação reduzida da circunferência.

21. Um quadrado está inscrito em uma circunferência de centro $(1, 2)$. Se um dos vértices desse quadrado é o ponto $(-3, -1)$, qual é a equação reduzida dessa circunferência?

22. Os pontos $(3, 4)$ e $(7, 8)$ são extremidades de uma das diagonais de um quadrado.

a) Determine a equação reduzida da circunferência que passa pelos vértices desse quadrado.

b) Escreva a forma geral da equação da circunferência que passa pelos vértices desse quadrado.

23. Os pontos de intersecção da circunferência de equação $x^2 + y^2 - 2x - 2y = 0$ com os eixos coordenados determinam um polígono.

a) Que polígono é esse?

b) Determine a área desse polígono.

24. A reta de equação $y = 3x$ passa pelo centro de uma circunferência e ainda a intersecta em dois pontos. Se os pontos dessa intersecção são $(0, 0)$ e $(2, 6)$, qual é a equação geral dessa circunferência?

25. Os pontos $A(-2, 0)$ e $B(3, 0)$ representados na figura abaixo pertencem à circunferência.

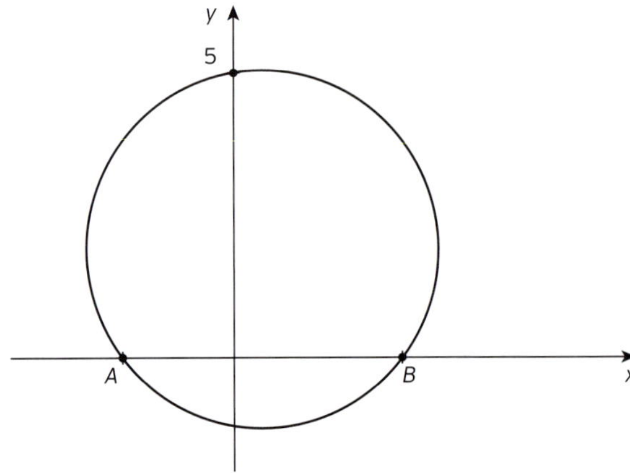

Determine a equação geral dessa circunferência.

2. Posições relativas em um plano

Posição relativa entre um ponto e uma circunferência

Por definição, todos os pontos que pertencem a uma circunferência distam r do centro da circunferência de raio medindo r. Assim, dado um ponto $P(x_0, y_0)$, coplanar a uma circunferência de centro $C(a, b)$ e raio medindo r, é possível determinar a posição relativa entre o ponto P e a circunferência comparando a medida r com a distância desse ponto ao centro da circunferência.

- **Ponto exterior à circunferência**

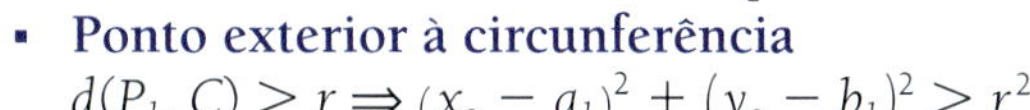

$d(P_1, C) > r \Rightarrow (x_0 - a_1)^2 + (y_0 - b_1)^2 > r^2$

- **Ponto pertencente à circunferência**

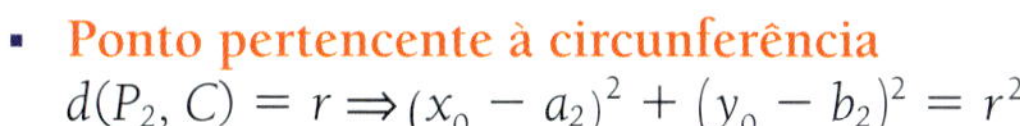

$d(P_2, C) = r \Rightarrow (x_0 - a_2)^2 + (y_0 - b_2)^2 = r^2$

- **Ponto interior à circunferência**

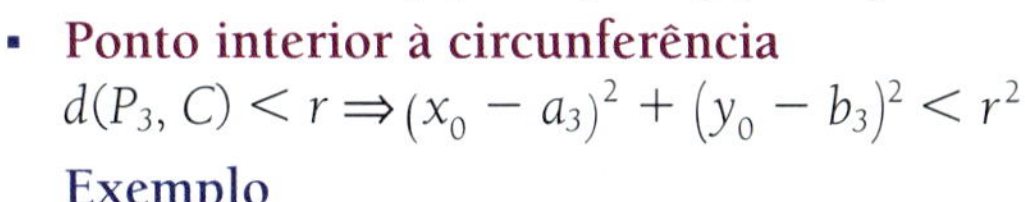

$d(P_3, C) < r \Rightarrow (x_0 - a_3)^2 + (y_0 - b_3)^2 < r^2$

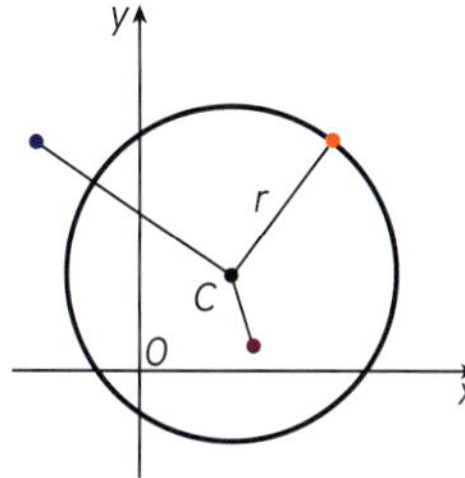

Para refletir

Considere uma circunferência de centro $C(a, b)$ e raio medindo r em um plano cartesiano. As inequações abaixo representam quais regiões desse plano?

- $(x - a)^2 + (y - b)^2 < r^2$
- $(x - a)^2 + (y - b)^2 > r^2$

Exemplo

Dados os pontos $P(5, 2)$, $Q(3, -5)$ e $R(4, -2)$, pode-se determinar a posição de cada ponto em relação à circunferência de equação $(x - 3)^2 + (y + 2)^2 = 9$ calculando-se a distância de cada ponto ao centro da circunferência e comparando-a com a medida do raio da circunferência.

A circunferência tem centro $C(3, -2)$ e raio medindo $r = 3$.

$d(P, C) = \sqrt{(5 - 3)^2 + (2 - (-2))^2} = 2\sqrt{5} > 3$

$d(Q, C) = \sqrt{(3 - 3)^2 + (-5 - (-2))^2} = \sqrt{9} = 3$

$d(R, C) = \sqrt{(4 - 3)^2 + (-2 - (-2))^2} = 1 < 3$

Portanto, o ponto P é exterior à circunferência, o ponto Q pertence a ela, e o ponto R é interior a ela, como representado a seguir.

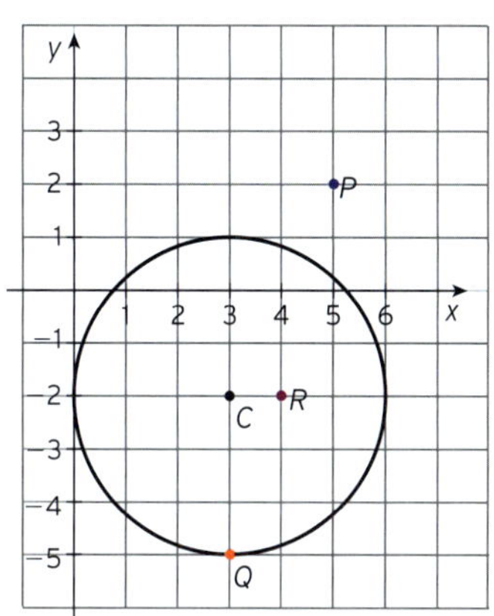

Exercícios propostos

26. Determine a posição relativa do ponto $P(3, -2)$ e a circunferência dada por cada equação.

a) $(x - 2)^2 + (y + 3)^2 = 2$

b) $x^2 + y^2 = 5$

c) $x^2 + y^2 - 10x + 18y + 90 = 0$

27. Considere o ponto $P(3, k)$ e a circunferência de equação $(x - 3)^2 + (y + 1)^2 = 81$. Determine os valores de k para que esse ponto seja:

a) interior à circunferência;

b) exterior à circunferência;

c) pertencente à circunferência.

28. Dadas as equações $(x - 5)^2 + (y - 2)^2 = 9$ e $x^2 + y^2 - 6x + 8 = 0$ de duas circunferências, determine a posição do centro de uma circunferência em relação à outra circunferência.

29. Qual é a distância máxima entre um ponto pertencente à circunferência de equação $(x + 2)^2 + (y + 2)^2 = 1$ e um ponto pertencente à circunferência de equação $(x - 9)^2 + (y - 9)^2 = 16$?

30. Determine o ponto simétrico ao ponto $Q(1, 2)$ em relação ao centro da circunferência de equação dada por $x^2 + y^2 - 6x - 2y - 6 = 0$.

Posição relativa de uma reta e uma circunferência

Você já viu que as retas, por exemplo, são denotadas por letras minúsculas do alfabeto (a, b, s, t, ...). As circunferências podemos denotá-las pelas letras gregas maiúsculas, como Ω (ômega), λ (lambda). A posição relativa de uma reta t, de equação $ax + by + c = 0$, e uma circunferência Ω de centro $C(x_C, y_C)$ e raio medindo r, ambas no mesmo plano, é determinada comparando-se a distância da reta ao centro da circunferência com a medida r.

- **Reta exterior à circunferência** (a reta não intersecta a circunferência)

$$d(C, s) > r \Rightarrow \frac{|a_1x_C + b_1y_C + c|}{\sqrt{a^2 + b^2}} > r$$

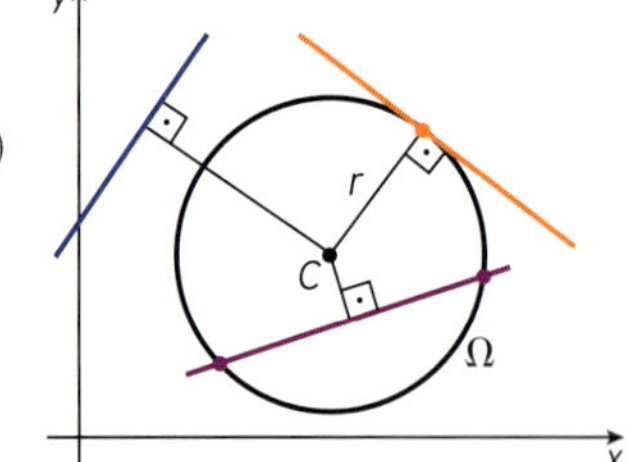

- **Reta tangente à circunferência** (a reta intersecta a circunferência em um único ponto)

$$d(C, t) = r \Rightarrow \frac{|a_2x_C + b_2y_C + c|}{\sqrt{a^2 + b^2}} = r$$

- **Reta secante à circunferência** (a reta intersecta a circunferência em dois pontos)

$$d(C, u) < r \Rightarrow \frac{|a_3x_C + b_3y_C + c|}{\sqrt{a^2 + b^2}} < r$$

A intersecção de uma reta t: $ax + by + c = 0$ e uma circunferência Ω: $(x - x_C)^2 + (y - y_C)^2 = r^2$, se existir, é a solução do sistema formado por suas equações: $\begin{cases} ax + by + c = 0 \\ (x - x_C)^2 + (y - y_C)^2 = r^2 \end{cases}$

Exemplo

Para determinar a posição relativa de uma reta t de equação $x - 2 = 0$ e uma circunferência Ω de equação $(x - 1)^2 + (y - 2)^2 = 4$, calcula-se a distância entre a reta e o centro da circunferência. Para isso, usamos a expressão da distância de um ponto a uma reta.

Comparando a equação $x - 2 = 0$, com $ax + by + c = 0$, tem-se $a = 1$, $b = 0$ e $c = -2$. Da equação da circunferência, tem-se o centro $C(1, 2)$ e o raio medindo $r = 2$. Então:

$$d(C, t) = \frac{|1 \cdot 1 + 0 \cdot 2 - 2|}{\sqrt{1^2 + 0^2}} = 1 < 2$$

Portanto, a reta t é secante à circunferência.

Resolvendo o sistema formado pelas equações da reta e da circunferência, determinam-se os pontos de intersecções entre elas:

$$\begin{cases} x - 2 = 0 & \text{(I)} \\ (x - 1)^2 + (y - 2)^2 = 4 & \text{(II)} \end{cases}$$

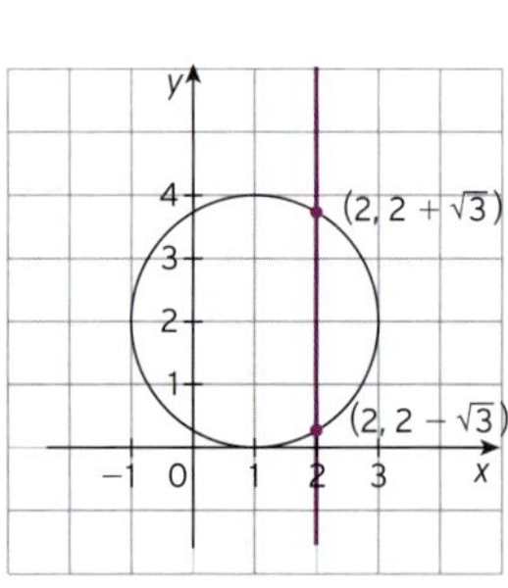

Da equação (I), tem-se: $x = 2$
Substituindo x por 2 na equação (II), obtém-se:

$(2 - 1)^2 + (y - 2)^2 = 4 \Rightarrow 1 + (y - 2)^2 = 4 \Rightarrow (y - 2)^2 = 3 \Rightarrow$
$\Rightarrow y - 2 = \pm\sqrt{3} \Rightarrow y = 2 \pm \sqrt{3}$

Assim, os pontos $(2, 2 + \sqrt{3})$ e $(2, 2 - \sqrt{3})$ são as intersecções da reta t com a circunferência Ω, como representado ao lado.

Tangência entre uma reta e uma circunferência

Se uma reta t é tangente a uma circunferência de centro C em um ponto P, então o segmento CP é perpendicular à reta t.

Demonstração

Considerem-se uma circunferência de centro C e uma reta t tangente a essa circunferência no ponto P.

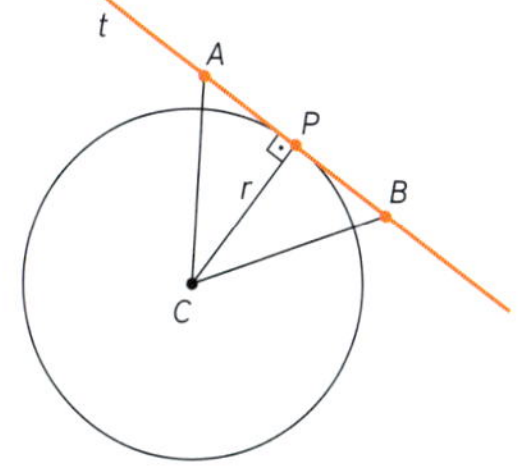

Sejam A e B pontos pertencentes à reta t tal que os segmentos AP e BP tenham medidas iguais, como mostrado ao lado. Por construção, os triângulos CAP e CBP são congruentes e, então, os ângulos $C\hat{P}A$ e $C\hat{P}B$ são congruentes. Como são suplementares, esses ângulos são retos. Logo, o segmento CP é perpendicular à reta t.

Assim, para construir uma reta tangente a uma circunferência de centro C no ponto P, basta construir uma reta perpendicular ao segmento CP no ponto P.

Exercícios resolvidos

31. Determine a equação geral da circunferência que é tangente aos eixos coordenados e que tem centro $C(a, b)$, $a > 0$ e $b < 0$, e raio medindo $r = 3$.

Resolução

Como a circunferência é tangente aos eixos coordenados e $a > 0$ e $b < 0$, temos o seguinte esboço:

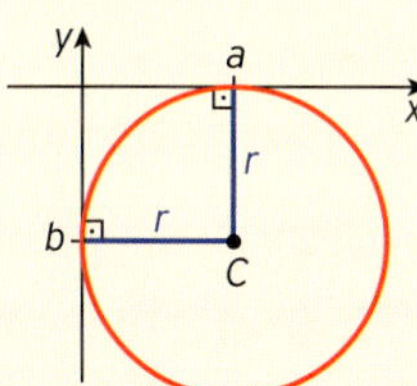

Assim: $|a| = r$ e, como $a > 0$, temos $a = 3$; e $|b| = r$ e, como $b < 0$, temos $b = -3$.

Então, temos a equação reduzida dessa circunferência: $(x - 3)^2 + (y + 3)^2 = 3^2$

Desenvolvendo essa equação, obtemos a equação geral da circunferência:

$(x - 3)^2 + (y + 3)^2 = 3^2 \Rightarrow x^2 - 6x + 9 + y^2 + 6y + 9 = 9 \Rightarrow x^2 + y^2 - 6x + 6y + 9 = 0$

32. Os pontos A e B são as intersecções da reta de equação $x - y + 1 = 0$ com a circunferência de equação $x^2 + y^2 - 2x - 3 = 0$. Determine o comprimento da corda AB.

Resolução

Determinamos o comprimento da corda AB calculando a distância entre os pontos A e B. Para isso, inicialmente determinamos as coordenadas desses pontos resolvendo o sistema formado pelas equações da reta e da circunferência: $\begin{cases} x - y + 1 = 0 \\ x^2 + y^2 - 2x - 3 = 0 \end{cases}$

Da primeira equação, temos: $y = x + 1$

Substituindo $y = x + 1$ na segunda equação, obtemos:

$x^2 + (x + 1)^2 - 2x - 3 = 0 \Rightarrow x^2 + x^2 + 2x + 1 - 2x - 3 = 0 \Rightarrow 2x^2 - 2 = 0 \Rightarrow x^2 = 1 \Rightarrow x = 1$ ou $x = -1$

Logo, temos:

$y_1 = 1 + 1 = 2$ e $y_2 = -1 + 1 = 0$

Portanto, os pontos A e B têm coordenadas $(1, 2)$ e $(-1, 0)$, não necessariamente nessa ordem, e, então: $d(A, B) = \sqrt{(1 + 1)^2 + (2 - 0)^2} = \sqrt{8} = 2\sqrt{2}$

Portanto, a corda AB mede $2\sqrt{2}$.

33. Determine os possíveis valores de k para que a reta de equação $y = 2x + k$ seja tangente à circunferência de equação $(x - 2)^2 + (y - 1)^2 = 4$.

Resolução

Substituindo a equação $y = 2x + k$ na equação da circunferência, obtemos:

$(x - 2)^2 + (2x + k - 1)^2 = 4 \Rightarrow x^2 - 4x + 4 + 4x^2 + 2xk - 2x + 2xk + k^2 - k - 2x - k + 1 = 4 \Rightarrow 5x^2 + (4k - 8)x + (k^2 - 2k + 1) = 0$

Como a reta deve ser tangente à circunferência, existe um único ponto de intersecção entre elas. Logo, para que a equação do 2º grau obtida tenha apenas uma solução, o discriminante deve ser igual a zero. Comparando a equação obtida com $ax^2 + bx + c = 0$, temos:

$\Delta = b^2 - 4ac \Rightarrow (4k - 8)^2 - 4 \cdot 5 \cdot (k^2 - 2k + 1) = 0 \Rightarrow 16k^2 - 64k + 64 - 20k^2 + 40k - 20 = 0 \Rightarrow -4k^2 - 24k + 44 = 0 \Rightarrow k^2 + 6k - 11 = 0 \Rightarrow$

$\Rightarrow k = \dfrac{-6 \pm \sqrt{6^2 + 4 \cdot 1 \cdot 11}}{2} = \dfrac{-6 \pm \sqrt{36 + 44}}{2} = \dfrac{-6 \pm 4\sqrt{5}}{2} = -3 \pm 2\sqrt{5}$

Portanto, as retas de equações $y = 2x - 3 + 2\sqrt{5}$ e $y = 2x - 3 - 2\sqrt{5}$ são tangentes à circunferência dada.

Exercícios propostos

34. Determine a equação geral da circunferência tangente aos eixos Ox e Oy nos pontos (2, 0) e (0, 2).

35. Uma circunferência passa pelo ponto $A(2, 2)$ e tem centro $C(0, 1)$. Determine a equação da reta tangente a essa circunferência no ponto.

36. Calcule a distância entre a reta t: $x + 2y - 5 = 0$ e o centro C da circunferência Ω: $(x - 3)^2 + (y + 2)^2 = 1$. Compare o valor obtido com a medida do raio dessa circunferência, identificando se a reta t é exterior, tangente ou secante à circunferência Ω.

37. Os pontos A e B são as intersecções da reta de equação $x - y = 0$ e da circunferência de equação $x^2 + y^2 + 4x + 4y = 0$. Calcule a medida do segmento AB.

38. Determine as equações das retas paralelas à reta de equação $x - y = 0$ e que são tangentes à circunferência de equação $x^2 + y^2 - 2x - 2y - 2 = 0$.

39. A reta de equação $y - x + m = 0$ é externa à circunferência de equação $x^2 + y^2 - 4x - 2y - 4 = 0$. Determine os valores de m.

40. Existe uma circunferência que é tangente aos eixos coordenados nos pontos $A(1, 0)$ e $B(0, 2)$? Justifique.

41. Determine a equação geral da circunferência tangente aos eixos coordenados cujo raio mede 5, sabendo que a coordenada x do centro é positiva e que a coordenada y do centro é negativa.

42. Duas retas s e t intersectam-se na origem do plano cartesiano, conforme ilustrado a seguir.

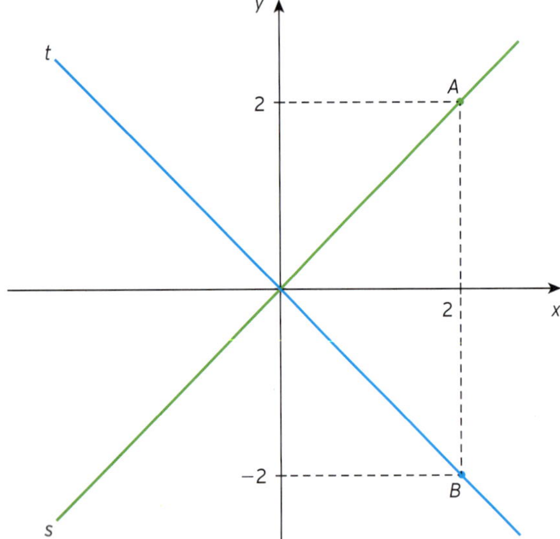

Agora, determine:

a) as equações das retas s e t.

b) a equação da circunferência que tangencia as retas nos pontos A e B indicados.

43. A circunferência representada abaixo é tangente aos eixos coordenados.

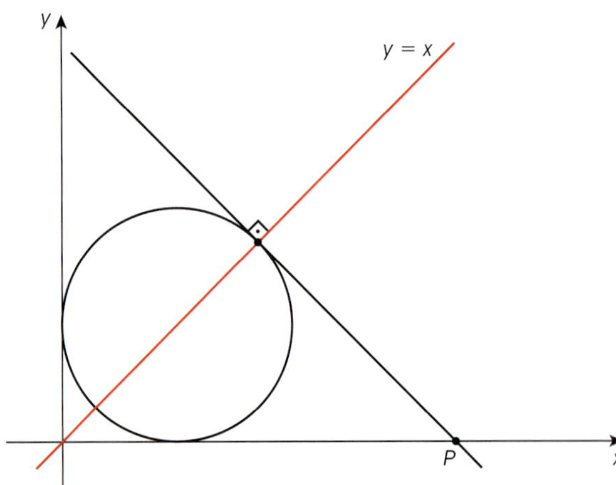

Determine as coordenadas do ponto P, sabendo que o raio da circunferência é igual a 1.

44. (UFPR) Considerando a circunferência C, de equação $(x - 3)^2 + (y - 4)^2 = 5$, avalie as afirmativas.

I. O ponto $P(4, 2)$ pertence a C.

II. O raio de C é 5.

III. A reta $y = \frac{4}{3}x$ passa pelo centro de C.

Assinale a alternativa correta:

a) Somente a afirmativa (I) é verdadeira.

b) Somente a afirmativa (II) é verdadeira.

c) As afirmativas (I), (II) e (III) são verdadeiras.

d) Somente as afirmativas (I) e (II) são verdadeiras.

e) Somente as afirmativas (I) e (III) são verdadeiras.

45. O tema "Grafite: entre o vandalismo e a arte" foi assunto do vestibular da Unesp (Universidade Paulista Júlio de Mesquita Filho), em 2012.

a) Reúna-se em grupo e discuta sobre o tema: O que é grafite? O que é arte? O que é vandalismo? Pichação é o ato de pichar; o que é pichar? Há desenhos, rabiscos, palavras ou frases escritas nos muros ou nas paredes de sua escola? O que o grupo pensa sobre isso?

Em seguida, escreva um texto com as conclusões do grupo e apresente para todos os alunos da turma.

b) Em um grafite, foram feitos os desenhos de uma circunferência, que pode ser descrita pela equação $(x - 3)^2 + (y + 4)^2 = 9$, de centro C, e de uma reta t, de equação $2x - y + 5 = 0$.

Verifique se a reta t é exterior, tangente ou secante à circunferência.

Posição relativa de duas circunferências

A posição relativa de uma circunferência Ω_1, de centro C_1 e raio medindo r_1, e uma circunferência Ω_2, de centro C_2 e raio medindo r_2, ambas no mesmo plano, é determinada comparando-se a distância entre C_1 e C_2 com as medidas r_1 e r_2.

- **Circunferências tangentes** (as circunferências se intersectam em um ponto)

Tangentes externamente

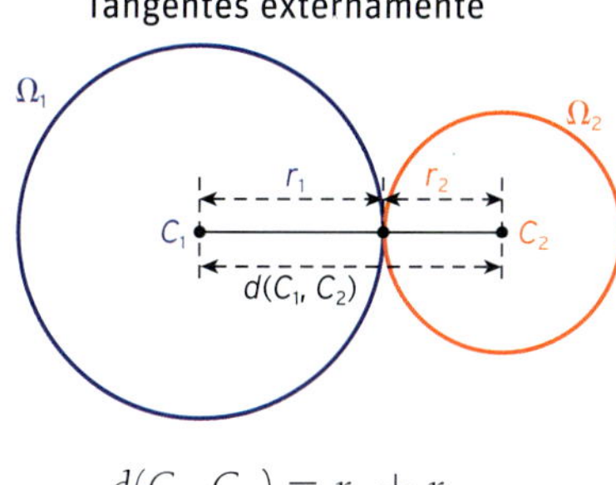

$d(C_1, C_2) = r_1 + r_2$

Tangentes internamente

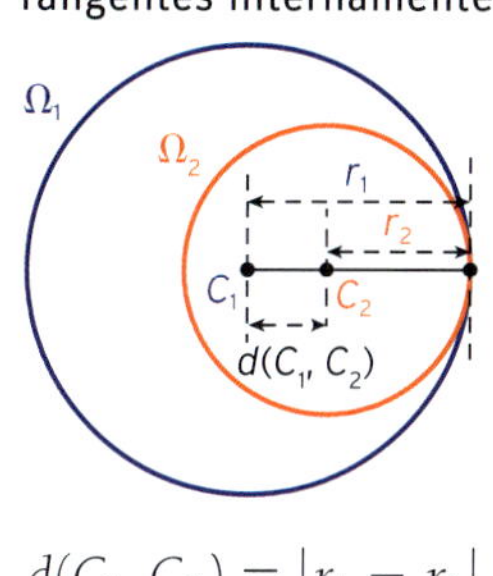

$d(C_1, C_2) = |r_1 - r_2|$

- **Circunferências secantes** (as circunferências se intersectam em dois pontos)

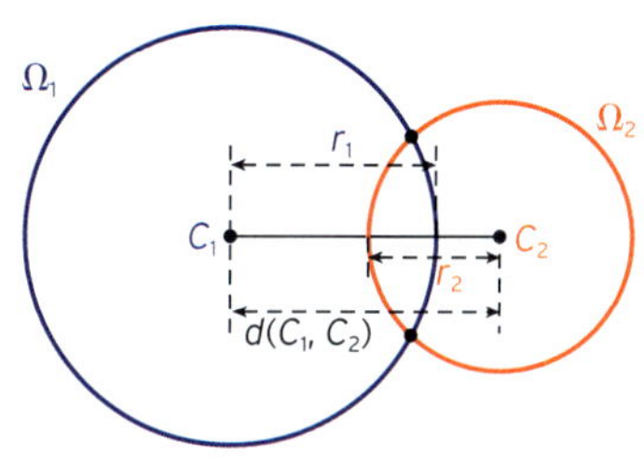

$|r_1 - r_2| < d(C_1, C_2) < r_1 + r_2$

- **Circunferências externas ou internas** (as circunferências não se intersectam)

Externas

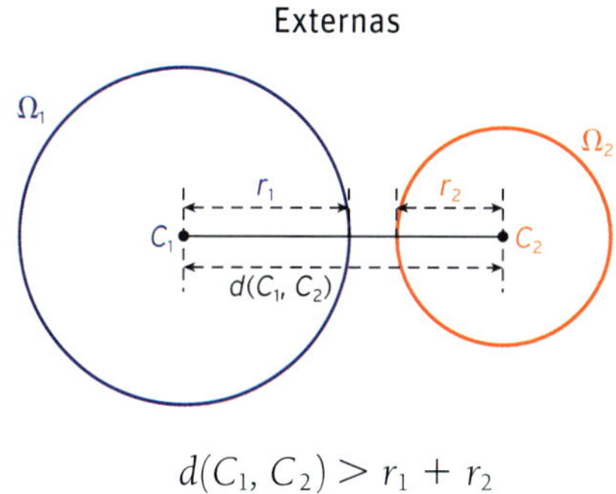

$d(C_1, C_2) > r_1 + r_2$

Internas

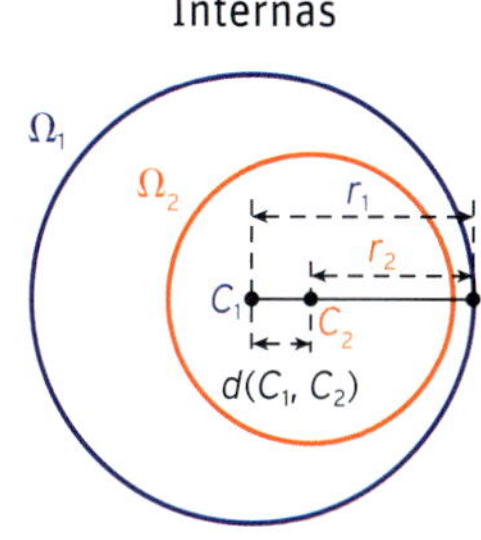

$d(C_1, C_2) < |r_1 - r_2|$

A intersecção das circunferências Ω_1: $(x - x_1)^2 + (y - y_1)^2 = (r_1)^2$ e Ω_2: $(x - x_2)^2 + (y - y_2)^2 = (r_2)^2$, se existir, é a solução do sistema formado por suas equações: $\begin{cases}(x - x_1)^2 + (y - y_1)^2 = (r_1)^2\\(x - x_2)^2 + (y - y_2)^2 = (r_2)^2\end{cases}$

Observação

Duas circunferências são concêntricas se têm o mesmo centro, isto é, $d(C_1, C_2) = 0$. Nesse caso, pode-se dizer que uma circunferência é interna à outra e que $d(C_1, C_2) = 0 < |r_1 - r_2|$.

A figura ao lado mostra duas circunferências concêntricas.

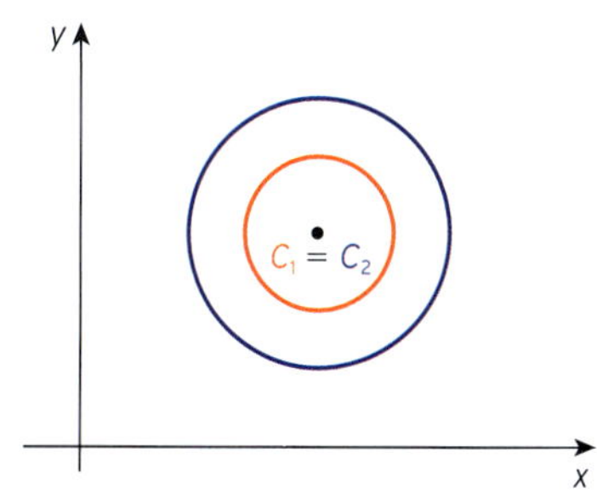

Exercícios resolvidos

46. Determine a posição relativa das circunferências Ω_1 e Ω_2, cujas equações são $(x - 2)^2 + (y - 3)^2 = 9$ e $(x - 3)^2 + (y + 2)^2 = 16$.

Resolução

Da equação de Ω_1, concluímos que o centro da circunferência é $C_1(2, 3)$ e o raio mede 3. Da equação de Ω_2, concluímos que o centro é $C_2(3, -2)$ e o raio mede 4.

Calculamos a distância entre os centros:

$$d(C_1, C_2) = \sqrt{(2 - 3)^2 + (3 - (-2))^2} = \sqrt{1 + 25} =$$
$$= \sqrt{26} \cong 5{,}1$$

Comparamos essa distância com o módulo da diferença das medidas dos raios:

$1 = |4 - 3| < d(C_1, C_2) < 4 + 3 = 7$

Portanto, as circunferências dadas são secantes.

47. Determine o ponto de tangência P das circunferências de equações $x^2 + y^2 - 2x - 2y + 1 = 0$ e $x^2 + y^2 - 2x + 4y + 1 = 0$.

Resolução

Organizamos as equações em um sistema:

$$\begin{cases} x^2 + y^2 - 2x - 2y + 1 = 0 & \text{(I)} \\ x^2 + y^2 - 2x + 4y + 1 = 0 & \text{(II)} \end{cases}$$

Subtraindo a equação (II) da equação (I), obtemos o valor de y:

$-2y - 4y = 0 \Rightarrow -6y = 0 \Rightarrow y = 0$

Substituindo y por 0 na equação (I), obtemos o valor de x:

$x^2 + 0 - 2x - 0 + 1 = 0 \Rightarrow (x - 1)^2 = 0 \Rightarrow$
$\Rightarrow x - 1 = 0 \Rightarrow x = 1$

Portanto, $P(1, 0)$ é o ponto de tangência das circunferências dadas.

Exercícios propostos

48. Determine a posição relativa de cada par de circunferências.

a) $(x - 3)^2 + (y + 2)^2 = 9$ e $(x + 1)^2 + (y - 2)^2 = 16$

b) $(x - 2)^2 + (y - 1)^2 = 25$ e $x^2 + y^2 = 5$

c) $x^2 + y^2 - 2x - 2y + 1 = 0$ e $x^2 + y^2 + 2x - 2y + 1 = 0$

d) $x^2 + y^2 - 6x + 2y + 9 = 0$ e $x^2 + y^2 - 6x + 2y + 1 = 0$

49. Escreva a equação geral da circunferência de centro $C_1(-2, 2)$ que é tangente, no ponto $A(0, 2)$, à circunferência de equação $(x - 3)^2 + (y - 2)^2 = 9$. Essas circunferências são tangentes interna ou externamente?

50. Determine os pontos de intersecção das seguintes circunferências:

$$\Omega_1: x^2 + y^2 - 4 = 0$$
$$\Omega_2: x^2 + y^2 - 4x + 3 = 0$$

51. Usando régua e compasso, represente, no mesmo plano cartesiano, a circunferência de equação $(x + 2)^2 + (y - 1)^2 = 9$ e o ponto $P(-2, 4)$. Analisando a representação, determine a equação da circunferência de raio medindo 5 que é tangente externamente, no ponto P, à circunferência traçada.

52. Usando régua e compasso, represente, no mesmo plano cartesiano, a circunferência de equação $x^2 + y^2 - 6x - 16 = 0$ e o ponto $P(3, 5)$. Analisando a representação, determine a equação da circunferência de raio medindo 3 que é tangente internamente, no ponto P, à circunferência traçada.

53. Estabeleça uma condição para a medida do raio de uma circunferência de modo que ela seja tangente a duas circunferências concêntricas de raios medindo r_1 e r_2.

54. As circunferências Ω_1 e Ω_2 representadas abaixo se intersectam nos pontos A e B.

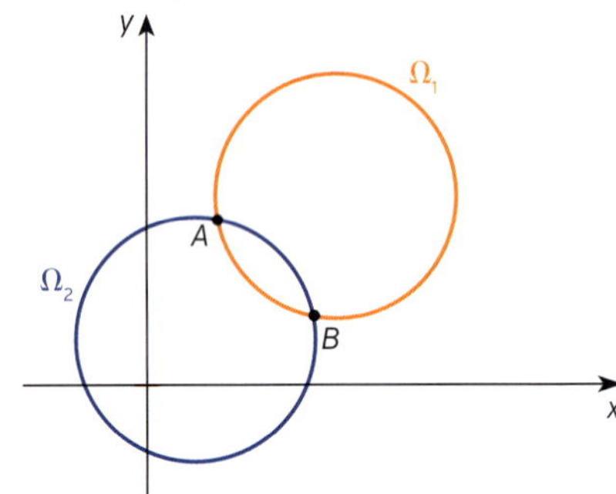

Essas circunferências têm raio medindo 2 e seus centros são $C_1(3, 3)$ e $C_2(1, 1)$. Determine:

a) as equações das circunferências Ω_1 e Ω_2 na forma reduzida;

b) as coordenadas dos pontos A e B.

55. Mostre que, se duas circunferências distintas, de centros A e B, têm medidas dos raios iguais e são secantes nos pontos P e R, então o quadrilátero $APBR$ é um losango.

56. Considere as circunferências de equações abaixo:

$$x^2 + y^2 = 1 \text{ e } \left(x - \frac{1}{2}\right)^2 + \left(y - \frac{1}{2}\right)^2 = \frac{1}{2}$$

a) Qual é o polígono formado pelos segmentos AP, PB, BR e RA, sendo A e B os centros das circunferências e P e R os pontos de intersecção entre elas?

b) Qual é a área desse polígono?

Exercícios complementares

57. No conjunto dos reais, uma circunferência pode ser descrita pela equação $(x - 2)^2 + (y - 3)^2 = -3$? Justifique.

58. Em Londres, Inglaterra, está localizada uma das maiores rodas-gigantes do mundo, chamada de *London Eye*, que significa "olho de Londres". Uma pessoa nessa roda-gigante atinge 135 m de altura máxima em relação ao solo, e desse lugar sua visão abrange até 40 quilômetros de raio.

Fonte de pesquisa: KLM Royal Dutch Airlines. Disponível em: <http://www.klm.com/destinations/br/br/article/incredible-views-from-the-london-eye>. Acesso em: 9 jun. 2015.

dutourdumonde/Shutterstock.com/ID/BR

Fotografia de 2012.

Escreva a equação reduzida que descreve a circunferência que representa a roda-gigante, considerando que o centro dela se localiza na origem do plano cartesiano e que a roda-gigante está suspensa a 5 m do solo.

59. Determine a equação reduzida e a equação geral da circunferência representada abaixo.

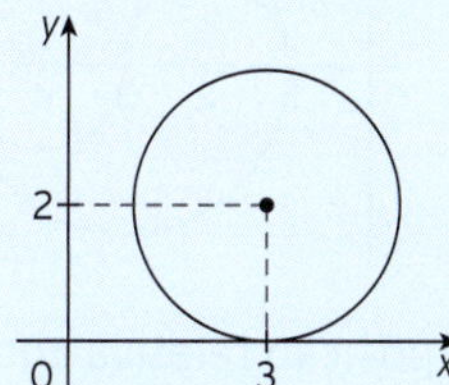

60. Para quais valores de k as circunferências de equações $(x - 3)^2 + y^2 = 4$ e $x^2 + (y - 4)^2 = k^2$ são tangentes?

61. Duas circunferências têm uma única reta tangente comum. Qual é a posição relativa dessas circunferências?

62. Determine a posição relativa do ponto $P(5, 2)$ em relação à circunferência de raio medindo 4 e centro de coordenadas (3, 1).

63. O ponto $P(-1, 2)$ pertence à circunferência de raio medindo 4 e centro $C(3, 2)$?

64. Calcule o perímetro do polígono cujos vértices são o centro da circunferência de equação $x^2 + y^2 - 2x - 2y - 8 = 0$ e as intersecções dessa circunferência com a reta de equação $x + y - 4 = 0$.

65. Considere uma circunferência de raio medindo r. Ao se dividir o círculo delimitado por essa circunferência em quatro partes de áreas iguais, pode-se construir uma nova figura, como a representada abaixo.

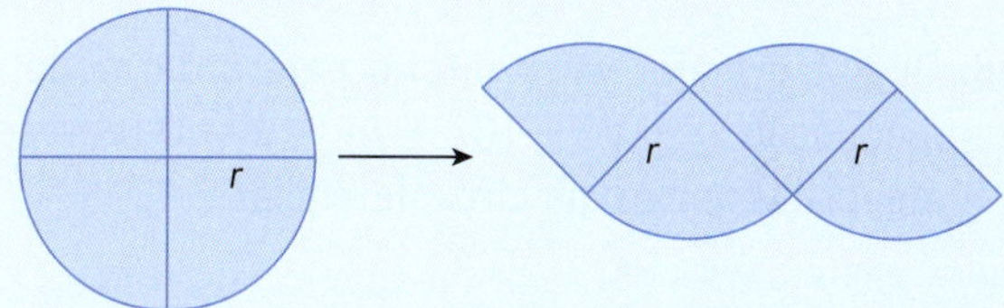

Repetindo-se o processo, com a divisão do círculo em oito partes, tem-se uma figura como a mostrada abaixo.

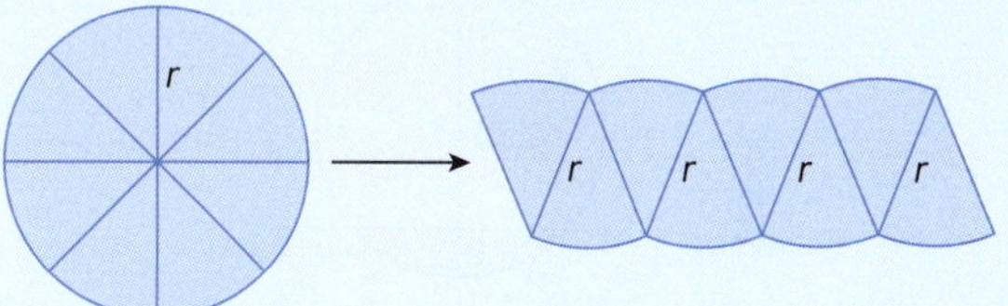

Pode-se repetir o processo, dividindo o círculo em n partes de áreas iguais e construindo uma nova figura.

a) Quanto maior o número natural n, melhor é a aproximação dessa figura com um polígono. Que polígono é esse?

b) Quais são as medidas dos lados desse polígono?

c) Determine a razão entre a medida do maior lado e a medida do menor lado.

66. (UFBA) Considerando-se a circunferência C_1 e a reta r de equações $(x + 1)^2 + (y - 2)^2 = 16$ e $3x + 4y + 10 = 0$, respectivamente, pode-se afirmar:

01. uma equação de uma reta paralela a r e tangente a C_1 é $3x + 4y - 20 = 0$.

02. a reta de equação $4x - 3y + 10 = 0$ passa pelo centro de C_1, perpendicularmente a r.

04. a reta r faz com o eixo Oy um ângulo θ tal que $\text{tg}\,\theta = \frac{3}{4}$.

Exercícios complementares

08. a ordenada de um ponto $P(-1, a)$, interior à C_1, pertence ao intervalo $]-2, 6[$.
16. todo quadrado inscrito em C_1 tem área igual a 32 u.a.
32. se a circunferência C_2 tem raio $3\sqrt{2}$ u.c. e é concêntrica à circunferência C_1, então a área da coroa circular determinada por C_1 e C_2 tem 7π u.a.
64. um cubo de base circunscrita a C_1 tem volume igual a 512 u.v.

67. Dada uma expressão que estabelece uma relação entre as variáveis x e y, é possível verificar se essa lei descreve uma função. A equação da circunferência pode representar uma função? Justifique.

68. Qual é o maior valor inteiro para k de modo que a equação $x^2 + y^2 - 10x + 4y + k = 0$ represente algebricamente uma circunferência?

69. A professora de Carla propôs que a turma representasse a região colorida (abaixo) com uma inequação.

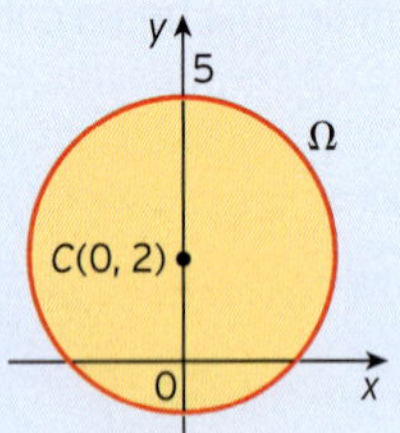

Veja a resolução correta de Carla:

Ω: $(x - 0)^2 + (y - 2)^2 = 3^2$

$x^2 + y^2 - 4y + 4 = 9$

$x^2 + y^2 - 4y - 5 = 0$

A região indicada são os pontos da circunferência mais todos os pontos internos a ela, ou seja, $x^2 + y^2 - 4y - 5 \leqslant 0$.

Adotando o mesmo método utilizado por Carla, represente algebricamente cada região colorida:

a)

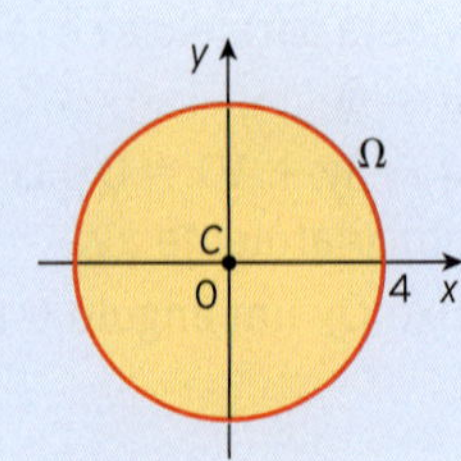

b)

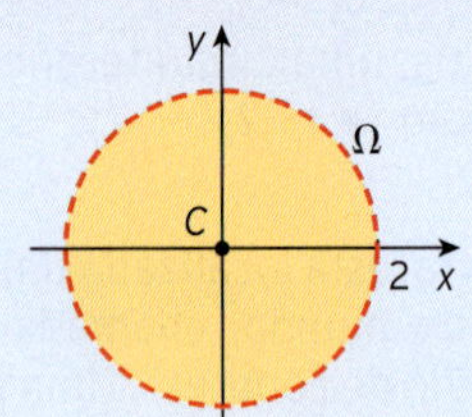

c)

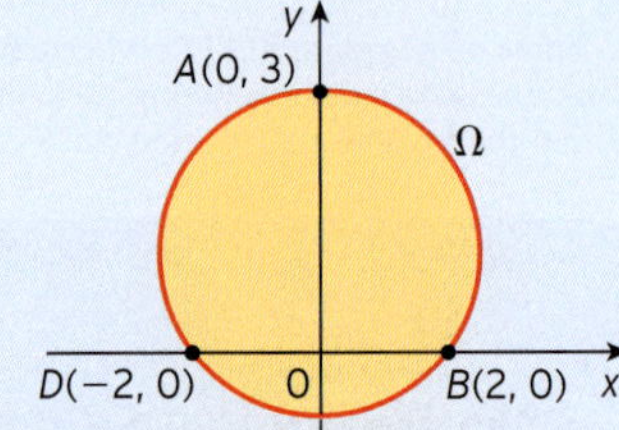

d)

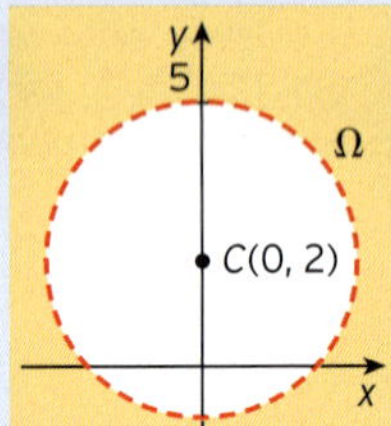

70. As circunferências podem ser representadas como a união de gráficos de funções. Da equação reduzida de uma circunferência de centro $C(a, b)$ e raio medindo r, obtém-se:

$(x - a)^2 + (y - b)^2 = r^2 \Rightarrow (y - b)^2 = r^2 - (x - a)^2 \Rightarrow$
$\Rightarrow y - b = \pm\sqrt{r^2 - (x - a)^2} \Rightarrow y = b \pm \sqrt{r^2 - (x - a)^2}$

Portanto, uma circunferência pode ser expressa como a união dos gráficos das funções f e g tal que:

$f(x) = b + \sqrt{r^2 - (x - a)^2}$ e $g(x) = b - \sqrt{r^2 - (x - a)^2}$

Com essas informações, determine as leis de correspondência e os domínios das funções que descrevem as curvas a seguir.

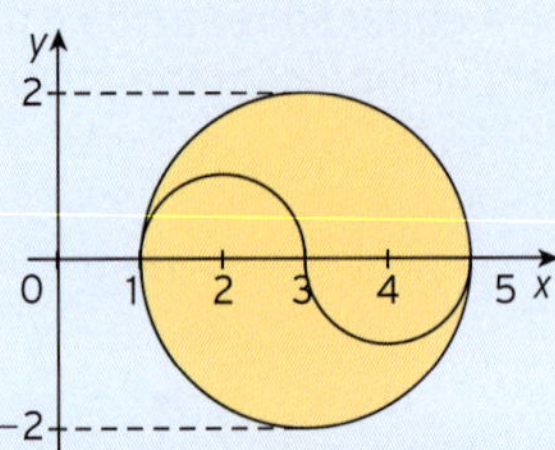

71. Determine a posição relativa entre a circunferência de centro $C(3, -3)$ e raio medindo 2, e a circunferência de equação $x^2 - 8x + y^2 - 4y - 5 = 0$.

72. Escreva a equação geral da circunferência que é tangente ao eixo das abscissas do plano cartesiano e é concêntrica à circunferência de equação $x^2 + y^2 - 2x - 2y - 14 = 0$.

CAPÍTULO

28

Cônicas

Paul Almasy/Corbis/ Latinstock

Módulos

Espelho parabólico na estação de energia solar de Odeillo, França.

Para começar

O petróleo, a principal fonte de energia da atualidade, é um óleo de origem fóssil que demorou milhares de anos para ser formado. Porém, como as reservas são finitas e o uso do petróleo e de seus subprodutos polui o ambiente, buscam-se outras alternativas como fonte energética. Os raios solares e a força dos ventos e da água são possíveis alternativas, pois são fontes de energia renováveis.

A fotografia acima mostra uma estação de energia solar na França: um grande painel parabólico reflete e concentra os raios solares que nele incidem. O calor recebido aquece um fluido que, em seguida, movimenta turbinas e gera energia elétrica.

1. Qual é o principal subproduto do petróleo e por que ele é considerado o "grande vilão" da nossa época?
2. O que são fontes de energia renováveis? Cite algumas vantagens e desvantagens do uso dessas fontes.
3. Pesquise sobre coletores solares usados em usinas de geração de energia, como o da fotografia. Explique por que o formato parabólico de seus painéis é interessante do ponto de vista físico. Se necessário, converse com o professor de Física.

1. Cônicas

As curvas cônicas são obtidas pela intersecção de um plano com um cone circular reto de duas folhas. Dependendo da inclinação do plano, obtêm-se uma circunferência, uma elipse, uma hipérbole ou uma parábola.

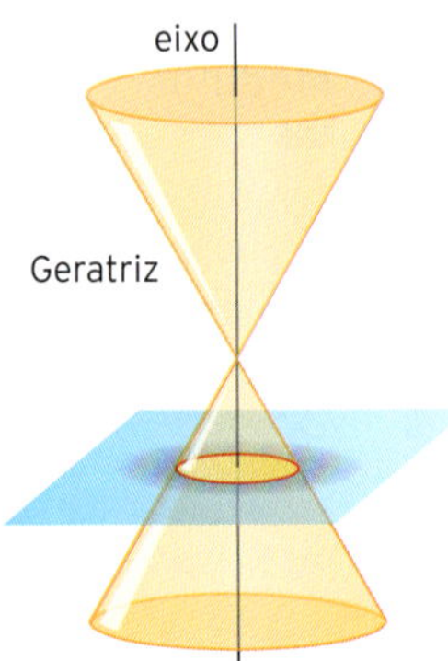

Circunferência: intersecção da superfície de um cone circular reto de duas folhas e um plano perpendicular ao eixo que corta uma das folhas do cone.

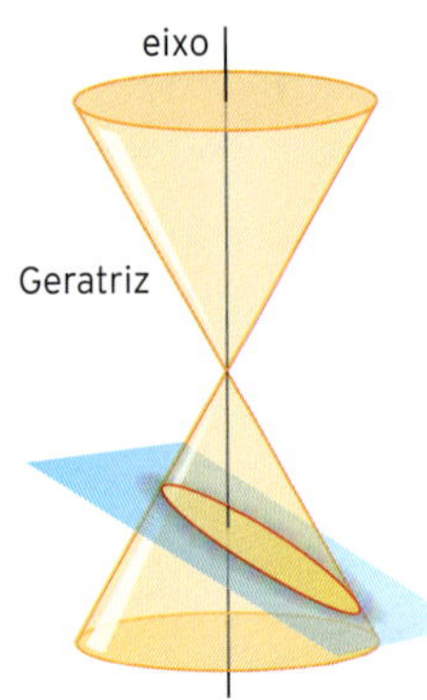

Elipse: intersecção da superfície de um cone circular reto de duas folhas e um plano não perpendicular (e não paralelo) ao eixo que corta uma das folhas do cone e todas suas geratrizes.

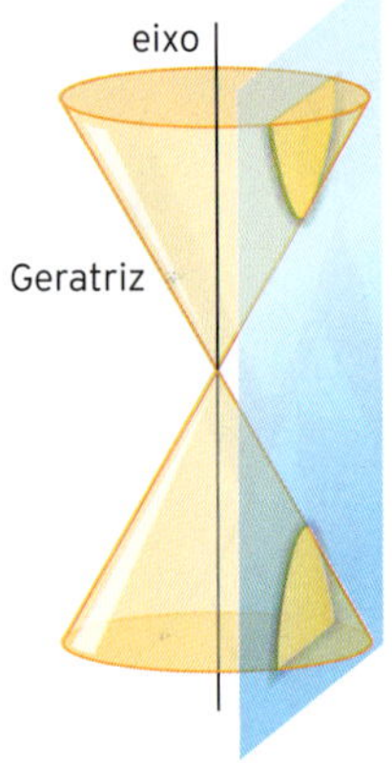

Hipérbole: intersecção da superfície de um cone circular reto de duas folhas e um plano paralelo ao eixo que corta a superfície das duas folhas do cone.

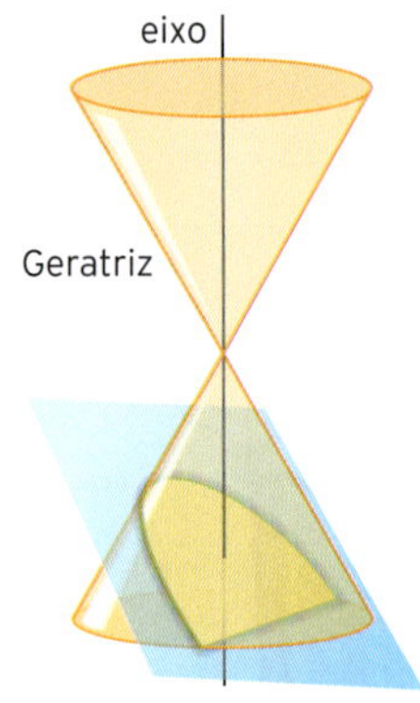

Parábola: intersecção da superfície de um cone circular reto de duas folhas e um plano paralelo a uma das geratrizes e que corta uma das folhas do cone.

O aparecimento das cônicas na Física

A ideia de cônicas surgiu por volta do século III a.C.

No início do Renascimento, Nicolau Copérnico (1473-1543) acreditava que as órbitas dos planetas eram circulares. No entanto, Johannes Kepler (1571-1630) provou que todos os planetas se movem em trajetórias elípticas.

órbita elíptica — órbita hiperbólica — órbita parabólica

Já Galileu Galilei (1564-1642) demonstrou que, no lançamento de projéteis na Terra, estes descrevem trajetórias parabólicas. Esse fato foi muito explorado pelos engenheiros militares para projetar canhões, por exemplo.

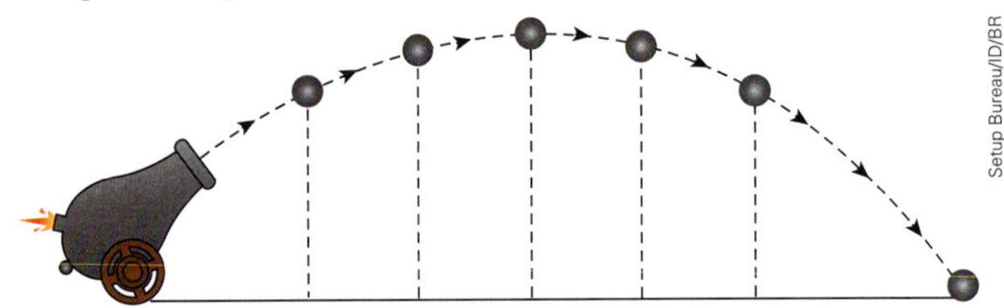

Setup Bureau/ID/BR

O conceito de cônicas é aplicado em diversas áreas. Na odontologia, a iluminação da boca do paciente é feita por um espelho elíptico, para que os raios emitidos pela lâmpada não ofusquem a visão do profissional. Na astronomia, alguns telescópios usam uma composição de espelhos parabólicos e hiperbólicos; isso reduz o tamanho dos instrumentos em relação aos que usam apenas espelhos planos. São exemplos dessa composição o telescópio óptico do observatório de Monte Palomar, na Califórnia (fotografia ao lado), e o telescópio espacial Hubble, lançado pela Nasa no ônibus espacial Discovery, em 1990.

Roger Ressmeyer/Corbis/Latinstock

Monte Palomar é um importante observatório astronômico, localizado no estado da Califórnia, EUA. Pertence ao Instituto de Tecnologia da Califórnia.

Observação

O estudo das **circunferências** foi feito no capítulo anterior. Este capítulo apresentará as **elipses**, as **hipérboles** e as **parábolas**.

2. Elipse

A **elipse** é a intersecção da superfície de um cone reto de duas folhas e um plano não perpendicular ao eixo do cone, que corta todas as geratrizes de sua superfície. Como esse plano corta apenas uma das folhas do cone reto, a elipse pode ser obtida pela intersecção da superfície de um cone reto e um plano não paralelo à base do cone, que corta todas as geratrizes.

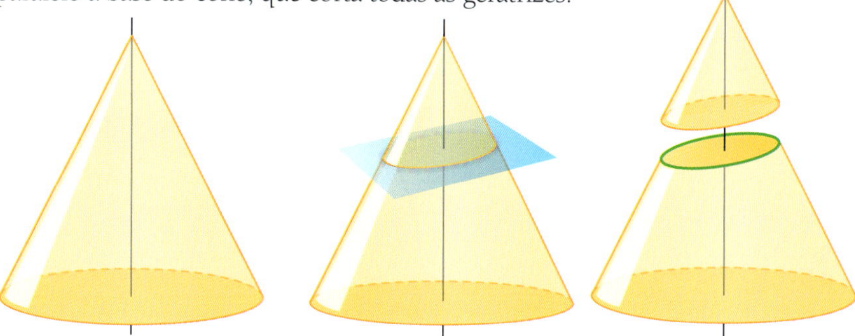

Pode-se traçar uma elipse em um plano com o auxílio de um barbante e de um lápis. Primeiro, marcam-se dois pontos, F_1 e F_2, separados pela distância $2c$. Fixa-se em F_1 e F_2 cada ponta do barbante, de comprimento $2a$ maior do que $2c$. Então, esticando-se o barbante, traça-se uma elipse, como mostram as figuras abaixo.

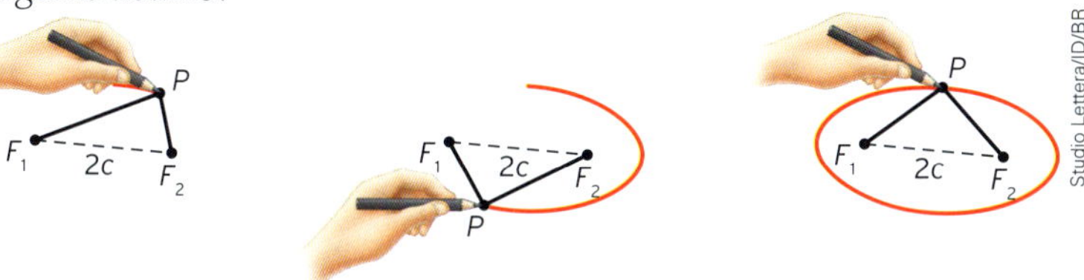

Essa construção garante que a soma das distâncias entre cada ponto P traçado e os pontos F_1 e F_2 seja sempre constante e igual a $2a$, que é exatamente o comprimento do barbante: $d(P, F_1) + d(P, F_2) = 2a$

Define-se:

> Sejam F_1 e F_2 dois pontos no plano, separados pela distância $2c$, e seja $2a$ um comprimento tal que $2a > 2c$. A **elipse** de focos F_1 e F_2 é o lugar geométrico dos pontos P do plano tais que $d(P, F_1) + d(P, F_2) = 2a$.

Para recordar

Lugar geométrico

Em geometria, **lugar geométrico** é o conjunto dos pontos do espaço que partilham uma mesma propriedade e pode ser representado por curvas ou por superfícies.

Mediatriz, bissetriz, circunferência, elipse, hipérbole e parábola são exemplos de lugares geométricos.

Para refletir

O astrônomo e matemático alemão Johannes Kepler utilizou observações celestes anteriormente documentadas para chegar à conclusão de que a órbita dos planetas não era circular, mas sim elíptica.

Uma parte do seu trabalho foi consolidada posteriormente na forma das três Leis de Kepler, básicas para os estudos de astronomia.

Pensando sobre isso, durante o movimento de translação da Terra em torno do Sol, você acha que existem momentos em que nosso planeta está mais perto do Sol? Pesquise: que nomes são usados em astronomia para designar pontos de máximo e de mínimo afastamento orbital?

Elementos de uma elipse

- **Focos**: são os pontos F_1 e F_2.
- **Distância focal**: é a distância $2c$ entre os focos.
- **Vértices**: são os pontos A_1 e A_2 da elipse, que pertencem à reta determinada pelos focos F_1 e F_2.
- **Eixo maior**: é o segmento cujos extremos são os vértices A_1 e A_2. Por construção, esse segmento tem comprimento $2a$.
- **Centro**: é o ponto médio C do segmento F_1F_2.
- **Eixo menor**: é o segmento cujos extremos são os pontos B_1 e B_2 da elipse, que pertencem à reta perpendicular ao eixo maior no ponto C. Por construção, esse segmento tem comprimento $2b$. O centro C é também ponto médio do eixo maior e do eixo menor.

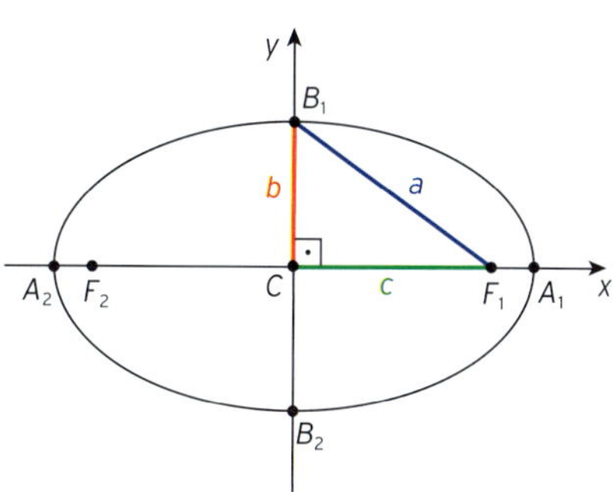

Características de uma elipse

- De quaisquer dos triângulos retângulos CB_1F_1, CB_1F_2, CB_2F_1 e CB_2F_2 da figura acima, conclui-se que: $a^2 = b^2 + c^2$
- A razão $\frac{c}{a}$ é denominada **excentricidade** da elipse e é denotada por e. Como $c < a$, tem-se $0 < e < 1$. Quanto mais próxima de 1 é a excentricidade, mais "achatada" é a elipse, e quanto mais próxima de 0 é a excentricidade, mais próxima da circunferência é a elipse.

Equação da elipse com centro na origem

Sejam uma elipse cujo centro C coincida com a origem $O(0, 0)$ do plano cartesiano e um ponto $P(x, y)$ qualquer da curva. Para obter a equação dessa elipse, é necessário estudar dois casos: eixo maior da elipse sobre o eixo das abscissas e eixo maior da elipse sobre o eixo das ordenadas.

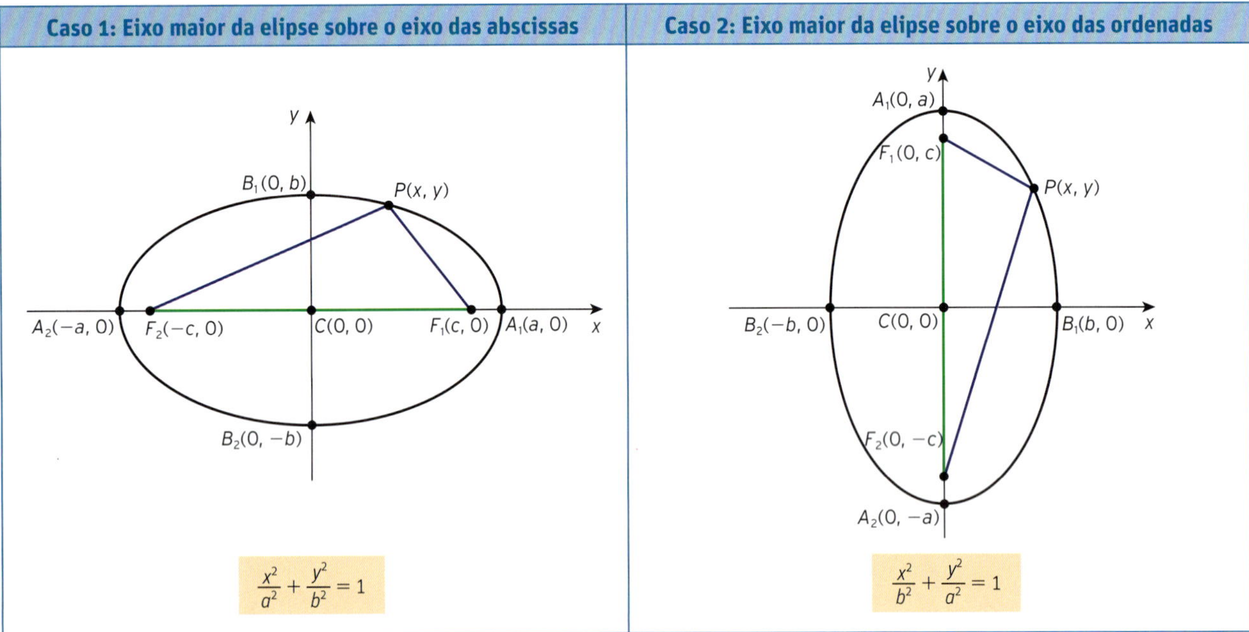

Demonstração do caso 1

Dado um ponto $P(x, y)$ qualquer da elipse com centro $C(0, 0)$ e com focos $F_1(c, 0)$ e $F_2(-c, 0)$, ou seja, com o eixo maior sobre o eixo das abscissas, pela definição de elipse, vem: $d(P, F_1) + d(P, F_2) = 2a$

Conhecidas as coordenadas dos pontos P, F_1 e F_2, pela definição de distância entre pontos desenvolve-se esta equação:

$$\sqrt{(x-c)^2 + (y-0)^2} + \sqrt{(x+c)^2 + (y-0)^2} = 2a$$

$$\sqrt{(x+c)^2 + y^2} = 2a - \sqrt{(x-c)^2 + y^2}$$

$$\left(\sqrt{(x+c)^2 + y^2}\right)^2 = \left(2a - \sqrt{(x-c)^2 + y^2}\right)^2$$

$$(x+c)^2 + y^2 = 4a^2 - 4a\sqrt{(x-c)^2 + y^2} + (x-c)^2 + y^2$$

$$x^2 + 2xc + c^2 + y^2 = 4a^2 - 4a\sqrt{(x-c)^2 + y^2} + x^2 - 2xc + c^2 + y^2$$

$$4xc = 4a^2 - 4a\sqrt{(x-c)^2 + y^2}$$

$$xc = a^2 - a\sqrt{(x-c)^2 + y^2}$$

$$a\sqrt{(x-c)^2 + y^2} = a^2 - xc$$

$$\left(a\sqrt{(x-c)^2 + y^2}\right)^2 = (a^2 - xc)^2$$

$$a^2((x-c)^2 + y^2) = (a^2 - xc)^2$$

$$a^2(x^2 - 2xc + c^2 + y^2) = a^4 - 2a^2xc + x^2c^2$$

$$a^2x^2 - 2a^2xc + a^2c^2 + a^2y^2 = a^4 - 2a^2xc + x^2c^2$$

$$a^2x^2 + a^2y^2 - x^2c^2 = a^4 - a^2c^2$$

$$x^2(a^2 - c^2) + a^2y^2 = a^2(a^2 - c^2)$$

Para a elipse, vale a relação $a^2 = b^2 + c^2$, ou seja, $b^2 = a^2 - c^2$

Então: $x^2(a^2 - c^2) + a^2y^2 = a^2(a^2 - c^2) \Rightarrow x^2(b^2) + a^2y^2 = a^2(b^2)$

Como $ab \neq 0$, obtém-se: $\dfrac{x^2b^2}{a^2b^2} + \dfrac{a^2y^2}{a^2b^2} = \dfrac{a^2b^2}{a^2b^2} \Rightarrow \dfrac{x^2}{a^2} + \dfrac{y^2}{b^2} = 1$

Saiba mais

Propriedade refletora da elipse

Sejam: uma elipse de focos F e F'; P um ponto qualquer da elipse; e t uma reta tangente à elipse no ponto P. Pela propriedade refletora, o ângulo formado pelo segmento PF e a reta t é congruente ao ângulo formado pelo segmento PF' e a reta t.

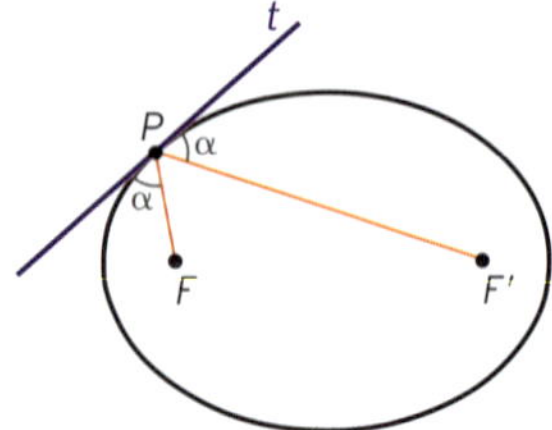

Assim, dado um espelho com curvatura de elipse, sendo a parte refletora no "lado de dentro" da elipse, pela propriedade refletora da elipse, qualquer onda mecânica (som) ou eletromagnética (luz) emitida de um dos focos é refletida pelo espelho em direção ao outro foco.

Demonstração do caso 2

Dado um ponto $P(x, y)$ qualquer da elipse com centro $C(0, 0)$ e com focos $F_1(0, c)$ e $F_2(0, -c)$, ou seja, com o eixo maior sobre o eixo das ordenadas, pela definição de elipse: $d(P, F_1) + d(P, F_2) = 2a$.

Conhecidas as coordenadas dos pontos P, F_1 e F_2, pela definição de distância entre pontos desenvolve-se esta equação:

$$d(P, F_1) + d(P, F_2) = 2a \Rightarrow \sqrt{(x-0)^2 + (y-c)^2} + \sqrt{(x-0)^2 + (y+c)^2} = 2a$$

Desenvolvendo essa igualdade de modo análogo ao do caso 1, obtém-se a equação da elipse com eixo maior sobre o eixo das ordenadas: $\frac{x^2}{b^2} + \frac{y^2}{a^2} = 1$

Exercícios resolvidos

1. Determinar a equação da elipse de focos $F_1(12, 0)$ e $F_2(-12, 0)$ e com extremidades do eixo maior nos pontos $A_1(13, 0)$ e $A_2(-13, 0)$ do plano cartesiano.

Resolução

Pelas coordenadas dos focos, sabemos que o eixo maior da elipse pertence ao eixo das abscissas e que seu centro coincide com a origem do plano cartesiano. Podemos assim representar essa elipse:

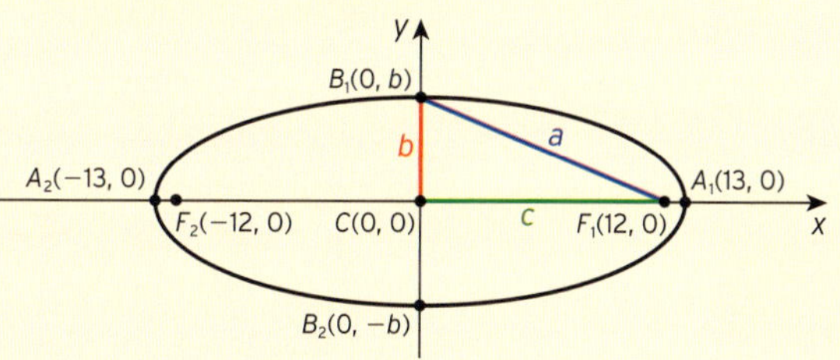

Temos: $a = 13$ e $c = 12$. Então:

$a^2 = b^2 + c^2 \Rightarrow b^2 = 13^2 - 12^2 = 169 - 144 \Rightarrow b = 5$

Substituindo a por 13 e b por 5 na equação de uma elipse com focos no eixo das abscissas, obtemos a equação da elipse dada:

$\frac{x^2}{a^2} + \frac{y^2}{b^2} = 1 \Rightarrow \frac{x^2}{169} + \frac{y^2}{25} = 1$

2. Calcule as coordenadas dos focos da elipse determinada pela equação $25x^2 + 16y^2 = 400$.

Resolução

Escrevemos a equação dada na forma $\frac{x^2}{a^2} + \frac{y^2}{b^2} = 1$:

$25x^2 + 16y^2 = 400 \Rightarrow$

$\Rightarrow \frac{25x^2}{400} + \frac{16y^2}{400} = \frac{400}{400} \Rightarrow \frac{x^2}{16} + \frac{y^2}{25} = 1$

Em qualquer elipse, temos $a > b$. Então: $a^2 = 25$, $b^2 = 16$ e o eixo maior da elipse está sobre o eixo das ordenadas. Portanto:

$a^2 = b^2 + c^2 \Rightarrow 25 = 16 + c^2 \Rightarrow c^2 = 9 \Rightarrow c = 3$

Logo, a elipse tem focos $F_1(0, -3)$ e $F_2(0, 3)$.

3. Determinar a equação da elipse com focos $F_1(4, 0)$ e $F_2(-4, 0)$ e eixo menor de comprimento 2.

Resolução

Pelas coordenadas dos focos, o eixo maior da elipse coincide com o eixo das abscissas, e seu centro coincide com a origem do plano cartesiano.

Temos: $c = 4$ e $2b = 2 \Rightarrow b = 1$

Então: $a^2 = b^2 + c^2 = 1^2 + 4^2 = 1 + 16 = 17$

Obtemos assim a equação da elipse:

$\frac{x^2}{a^2} + \frac{y^2}{b^2} = 1 \Rightarrow \frac{x^2}{17} + \frac{y^2}{1} = 1$

Exercícios propostos

4. Considerando a elipse a seguir, determine as coordenadas das extremidades do eixo menor, a excentricidade e a equação da elipse.

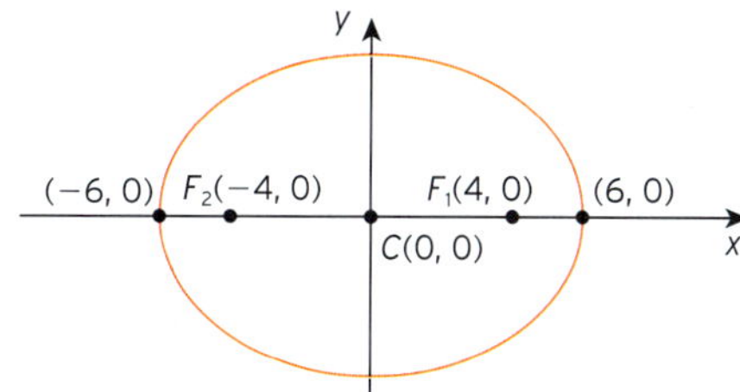

5. Escreva a equação da elipse que tem focos $F_1(4, 0)$ e $F_2(-4, 0)$, e extremidades do eixo maior $A_1(5, 0)$ e $A_2(-5, 0)$.

6. Determine as coordenadas dos focos, as coordenadas do centro e a excentricidade da elipse que corresponde à equação dada.

a) $16x^2 + 9y^2 = 144$ b) $9x^2 + 36y^2 = 324$

7. Escreva a equação da elipse que tem focos $F_1(0, 6)$ e $F_2(0, -6)$ e o eixo menor com comprimento 16.

8. Esboce no plano cartesiano as elipses de equações:

a) $\frac{x^2}{16} + \frac{y^2}{4} = 1$ b) $\frac{x^2}{9} + \frac{y^2}{25} = 1$

9. Uma elipse tem equação $\frac{x^2}{16} + \frac{y^2}{9} = 1$. Quais são as coordenadas dos pontos de intersecção da elipse com a reta de equação $x - y = 0$?

Equação da elipse com centro fora da origem

Dada uma elipse de centro $C(x_0, y_0)$ diferente da origem $O(0, 0)$ de um plano cartesiano, de eixos Ox e Oy, é possível tomar um novo plano cartesiano, de eixos $O'x'$ e $O'y'$, nas seguintes condições.

- O eixo $O'x'$ é paralelo ao eixo Ox, e o eixo $O'y'$ é paralelo ao eixo Oy.
- O eixo $O'x'$ está sobre o eixo horizontal da elipse, e $O'y'$, sobre seu eixo vertical.
- O ponto $C(x_0, y_0)$ é a origem do novo plano cartesiano.

Caso 1: Eixo maior da elipse paralelo ao eixo das abscissas

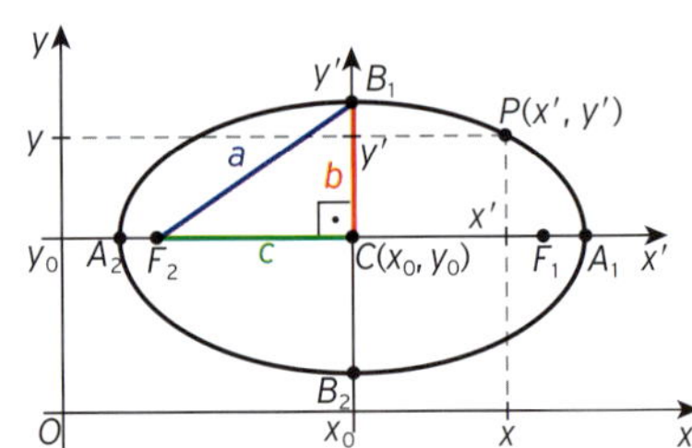

A equação da elipse no novo plano cartesiano é $\frac{(x')^2}{a^2} + \frac{(y')^2}{b^2} = 1$ (I)

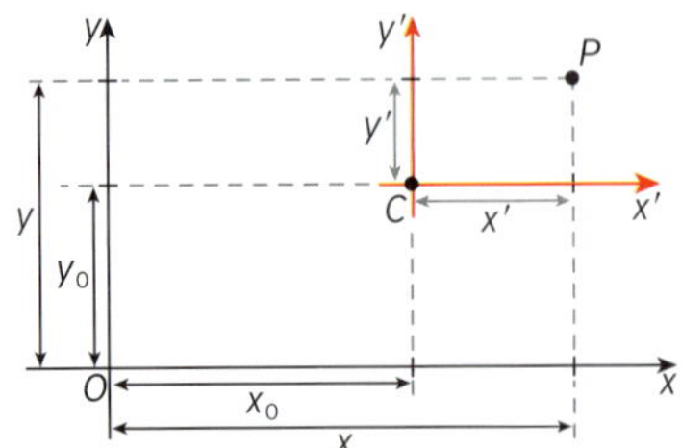

As coordenadas do ponto $P(x', y')$ no novo plano cartesiano são $x' = x - x_0$ e $y' = y - y_0$ (II)

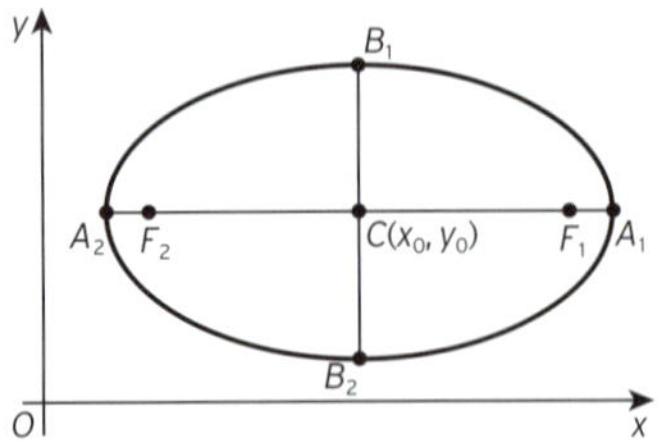

Substituindo (II) em (I), obtém-se a equação da elipse no plano cartesiano de eixos Ox e Oy:

$$\frac{(x - x_0)^2}{a^2} + \frac{(y - y_0)^2}{b^2} = 1$$

Caso 2: Eixo maior da elipse paralelo ao eixo das ordenadas

Analogamente ao caso 1, tem-se a equação da elipse de centro fora da origem e eixo maior paralelo ao eixo das ordenadas.

$$\frac{(x - x_0)^2}{b^2} + \frac{(y - y_0)^2}{a^2} = 1$$

Exercício resolvido

10. Determinar a equação da elipse de focos $F_1(7, 3)$ e $F_2(1, 3)$ e extremidades do eixo maior em $A_2(-2, 3)$ e $A_1(10, 3)$.

Resolução

Pelas coordenadas dos focos, o eixo maior da elipse é paralelo ao eixo das abscissas, e o centro $C(x_0, y_0)$ é o ponto médio dos focos $F_1(7, 3)$ e $F_2(1, 3)$:

$$x_0 = \frac{1 + 7}{2} = \frac{8}{2} = 4 \quad \text{e} \quad y_0 = \frac{3 + 3}{2} = \frac{6}{2} = 3$$

Assim, o centro da elipse é $C(4, 3)$.

Da relação $a^2 = b^2 + c^2$, obtemos o valor de b^2:

$6^2 = b^2 + 3^2 \Rightarrow b^2 = 36 - 9 = 27$

Então:

$$\frac{(x - x_0)^2}{a^2} + \frac{(y - y_0)^2}{b^2} = 1 \Rightarrow \frac{(x - 4)^2}{36} + \frac{(y - 3)^2}{27} = 1$$

Exercícios propostos

11. Considerando a elipse abaixo, determine as coordenadas do centro e das extremidades do eixo menor. Em seguida, determine a excentricidade e a equação da elipse.

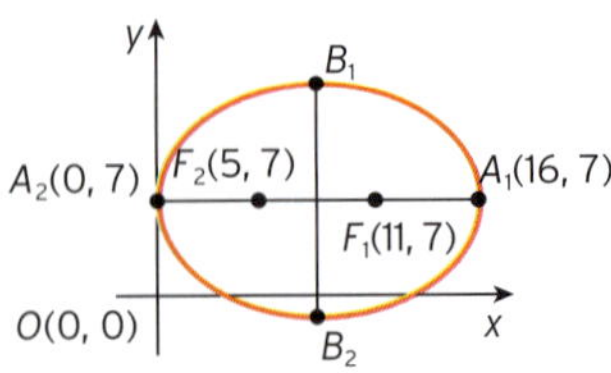

12. Determine o centro e os focos da elipse de equação $10x^2 + 18y^2 - 40x - 36y - 32 = 0$, sabendo que o eixo maior é paralelo ao eixo Ox.

13. Considere a elipse ao lado. Sabendo que $B_1B_2 = 12$, determine as coordenadas do centro, das extremidades do eixo menor e do eixo maior. Em seguida, determine a excentricidade e a equação da elipse.

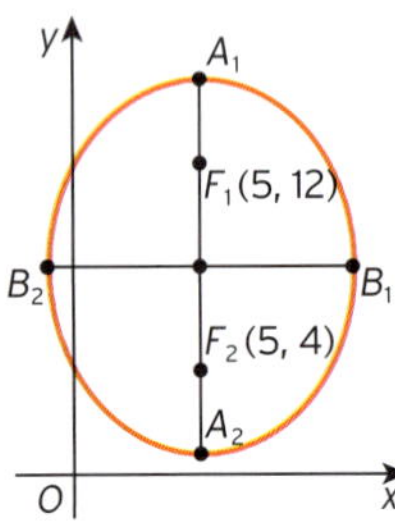

14. Determine a equação da elipse de focos $F_1(10, 8)$ e $F_2(4, 8)$ e extremidades $A_1(12, 8)$ e $A_2(2, 8)$ do eixo maior.

15. A distância entre o centro da circunferência de equação $x^2 + y^2 - 6x - 4y - 3 = 0$ e o foco de coordenadas positivas da elipse de equação $\frac{x^2}{25} + \frac{y^2}{16} = 1$ é:

a) 1 b) 2 c) 3 d) 4 e) 5

16. Determine a excentricidade da elipse de equação $9x^2 + 4y^2 - 72x + 36y - 164 = 0$.

a) $\frac{\sqrt{3}}{3}$

b) $\frac{3}{2}$

c) $\frac{\sqrt{5}}{4}$

d) $\frac{\sqrt{5}}{3}$

e) $\frac{1}{3}$

17. (ITA-SP) No plano, considere S o lugar geométrico dos pontos cuja soma dos quadrados de suas distâncias à reta t: $x = 1$ e ao ponto $A = (3, 2)$ é igual a 4. Então, S é

a) uma circunferência de raio $\sqrt{2}$ e centro (2, 1).
b) uma circunferência de raio 1 e centro (1, 2).
c) uma hipérbole.
d) uma elipse de eixos de comprimento $2\sqrt{2}$ e 2.
e) uma elipse de eixos de comprimento 2 e 1.

18. A distância do centro da cônica de equação $4x^2 + 9y^2 - 16x + 18y - 11 = 0$ à origem do sistema de coordenadas é:

a) $\sqrt{2}$
b) $\sqrt{3}$
c) 2
d) $\sqrt{5}$
e) $\sqrt{6}$

19. (ITA-SP) Os focos de uma elipse são $F_1(0, -6)$ e $F_2(0, 6)$. Os pontos $A(0, 9)$ e $B(x, 3)$, $x > 0$, estão na elipse. A área do triângulo com vértices em B, F_1 e F_2 é igual a

a) $22\sqrt{10}$
b) $18\sqrt{10}$
c) $15\sqrt{10}$
d) $12\sqrt{10}$
e) $6\sqrt{10}$

20. (Unicamp-SP) Dada uma elipse de semieixos a e b, calcule, em termos destes parâmetros, a área do quadrado nela inscrito, com lados paralelos aos eixos da elipse.

21. (ITA-SP) A distância focal e a excentricidade da elipse com centro na origem e que passa pelos pontos (1, 0) e (0, −2) são, respectivamente,

a) $\sqrt{3}$ e $\frac{1}{2}$

b) $\frac{1}{2}$ e $\sqrt{3}$

c) $\frac{\sqrt{3}}{2}$ e $\frac{1}{2}$

d) $\sqrt{3}$ e $\frac{\sqrt{3}}{2}$

e) $2\sqrt{3}$ e $\frac{\sqrt{3}}{2}$

22. (Mackenzie-SP) Dadas as cônicas de equações
(I) $x^2 + y^2 - 2x + 8y + 8 = 0$ e
(II) $4x^2 + y^2 - 8x + 8y + 16 = 0$,
assinale a alternativa INCORRETA.

a) Os gráficos de (I) e (II) são, respectivamente, uma circunferência e uma elipse.
b) As duas cônicas têm centro no mesmo ponto.
c) As duas cônicas se interceptam em dois pontos distintos.
d) O gráfico da equação (I) é uma circunferência de raio 3.
e) O gráfico da equação (II) é uma elipse com centro $C(1, -4)$.

23. (Fuvest-SP) A elipse $x^2 + \frac{y^2}{2} = \frac{9}{4}$ e a reta $y = 2x + 1$, do plano cartesiano, se interceptam nos pontos A e B. Pode-se, pois, afirmar que o ponto médio do segmento $\overline{AB}$ é:

a) $\left(-\frac{2}{3}, \frac{1}{3}\right)$

b) $\left(\frac{2}{3}, -\frac{7}{3}\right)$

c) $\left(\frac{1}{3}, -\frac{5}{3}\right)$

d) $\left(-\frac{1}{3}, \frac{1}{3}\right)$

e) $\left(-\frac{1}{4}, \frac{1}{2}\right)$

3. Hipérbole

wA **hipérbole** é a intersecção da superfície de um cone reto de duas folhas e um plano que corta a superfície das duas folhas do cone.

cone duplo

plano que intersecciona o cone

secção obtida

Pode-se traçar uma hipérbole no plano com o auxílio de uma régua de extremidades A e B, um barbante e um lápis. Primeiro, marcam-se os pontos F_1 e F_2, separados pela distância $2c$. Fixa-se a extremidade A da régua no foco F_1, de modo que a régua possa girar em torno de A. Em F_2 e na outra extremidade B da régua, são fixadas as extremidades do barbante, de comprimento $2a$ menor do que $2c$. Então, esticando-se o barbante, traça-se a hipérbole, como mostram as figuras abaixo.

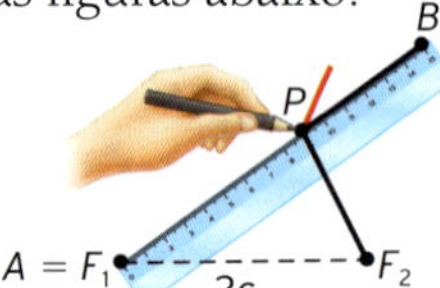

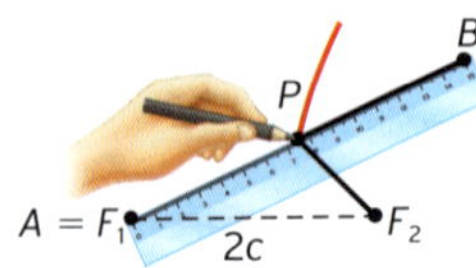

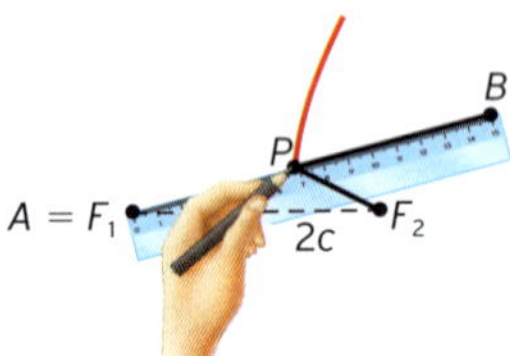

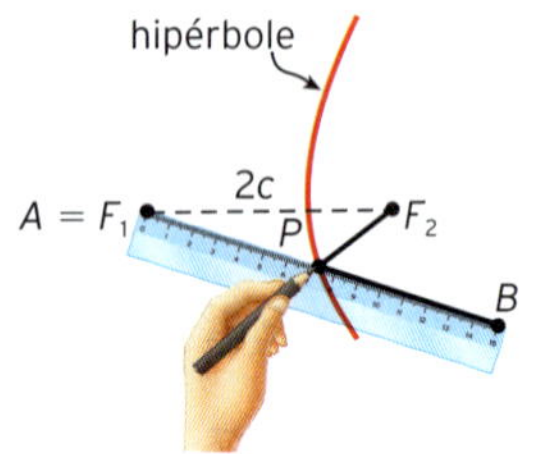

Essa construção garante que o módulo da diferença entre as distâncias de cada ponto P traçado aos focos F_1 e F_2 é constante e igual a $2a$, que é o comprimento do barbante:

$$|d(P, F_1) - d(P, F_2)| = 2a$$

Define-se:

> Sejam F_1 e F_2 dois pontos no plano, separados pela distância $2c$, e seja $2a$ um comprimento tal que $2a < 2c$. A **hipérbole** de focos F_1 e F_2 é o lugar geométrico dos pontos P tais que $|d(P, F_1) - d(P, F_2)| = 2a$.

Elementos de uma hipérbole

- **Focos**: são os pontos F_1 e F_2.
- **Distância focal**: é a distância $2c$ entre os focos.
- **Vértices**: são os pontos A_1 e A_2 da hipérbole que pertencem à reta determinada pelos focos F_1 e F_2.
- **Eixo real**: é o segmento cujos extremos são os vértices A_1 e A_2. Por construção, esse segmento tem comprimento $2a$.
- **Centro**: é o ponto médio C do segmento F_1F_2.
- **Eixo imaginário**: é o segmento cujos extremos são os pontos B_1 e B_2 da reta perpendicular ao eixo real no ponto C e que distam c dos vértices. Por construção, esse segmento tem comprimento $2b$. O centro C é também ponto médio do eixo real e do eixo imaginário.

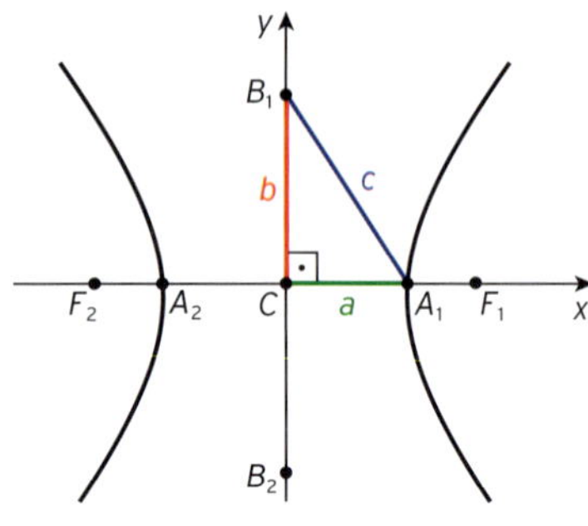

Características de uma hipérbole

- De quaisquer dos triângulos retângulos CB_1A_1, CB_1A_2, CB_2A_1 e CB_2A_2 da figura acima, conclui-se que: $c^2 = a^2 + b^2$
- A razão $\frac{c}{a}$ é denominada **excentricidade** da hipérbole e é denotada por e. Como $c > a$, tem-se $e > 1$. Quanto mais próximo de 1 for a excentricidade, mais "fechada" é a hipérbole, e quanto maior for a excentricidade, mais "aberta" é a hipérbole.

Equação da hipérbole com centro na origem

Sejam uma hipérbole cujo centro C coincide com a origem $O(0, 0)$ do plano cartesiano e um ponto $P(x, y)$ qualquer da curva. Para obter a equação dessa hipérbole, é necessário estudar dois casos: eixo real sobre o eixo das abscissas e eixo real sobre o eixo das ordenadas.

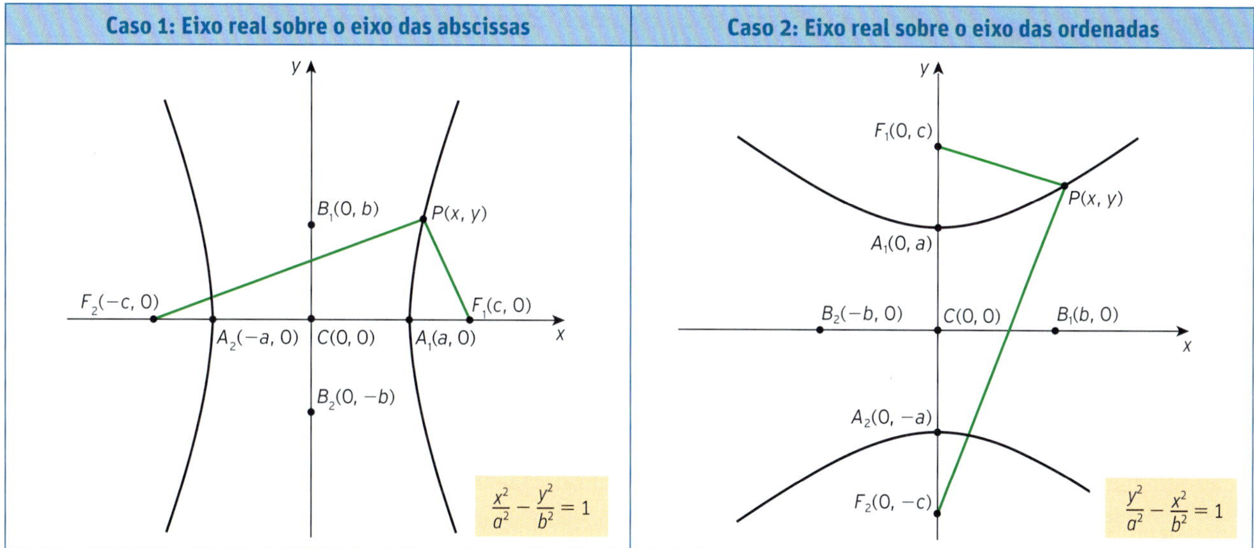

Demonstração do caso 1

Dado um ponto $P(x, y)$ qualquer da hipérbole com centro $C(0, 0)$ e com focos $F_1(c, 0)$ e $F_2(-c, 0)$, ou seja, com eixo real sobre o eixo das abscissas, pela definição de hipérbole, vem: $|d(P, F_1) - d(P, F_2)| = 2a$.

Conhecidas as coordenadas dos pontos P, F_1 e F_2, pela definição de distância entre pontos desenvolve-se esta equação:

$$|d(P, F_1) - d(P, F_2)| = 2a$$
$$\left|\sqrt{(x-c)^2 + (y-0)^2} - \sqrt{(x+c)^2 + (y-0)^2}\right| = 2a$$
$$\sqrt{(x-c)^2 + y^2} = \pm 2a + \sqrt{(x+c)^2 + y^2}$$
$$\left(\sqrt{(x-c)^2 + y^2}\right)^2 = \left(\pm 2a + \sqrt{(x+c)^2 + y^2}\right)^2$$
$$(x-c)^2 + y^2 = 4a^2 \pm 4a\sqrt{(x+c)^2 + y^2} + (x+c)^2 + y^2$$
$$x^2 - 2xc + c^2 + y^2 = 4a^2 \pm 4a\sqrt{(x+c)^2 + y^2} + x^2 + 2xc + c^2 + y^2$$
$$-4xc - 4a^2 = \pm 4a\sqrt{(x+c)^2 + y^2}$$
$$-xc - a^2 = \pm a\sqrt{(x+c)^2 + y^2}$$
$$(-xc - a^2)^2 = \left(\pm a\sqrt{(x+c)^2 + y^2}\right)^2$$
$$x^2c^2 + 2xca^2 + a^4 = a^2[(x+c)^2 + y^2]$$
$$x^2c^2 + 2xca^2 + a^4 = a^2[x^2 + 2xc + c^2 + y^2]$$
$$x^2c^2 + 2xca^2 + a^4 = a^2x^2 + 2xca^2 + c^2a^2 + y^2a^2$$
$$x^2c^2 + a^4 = a^2x^2 + c^2a^2 + y^2a^2$$
$$x^2c^2 - a^2x^2 - y^2a^2 = c^2a^2 - a^4$$
$$x^2(c^2 - a^2) - y^2a^2 = a^2(c^2 - a^2)$$

Para a hipérbole, vale a relação $c^2 = a^2 + b^2$, ou seja, $b^2 = c^2 - a^2$. Então:

$$x^2(c^2 - a^2) - y^2a^2 = a^2(c^2 - a^2) \Rightarrow x^2(b^2) - a^2y^2 = a^2(b^2)$$

Como $ab \neq 0$, obtém-se:

$$\frac{x^2b^2}{a^2b^2} - \frac{a^2y^2}{a^2b^2} = \frac{a^2b^2}{a^2b^2} \Rightarrow \frac{x^2}{a^2} - \frac{y^2}{b^2} = 1$$

Saiba mais

Propriedade refletora da hipérbole

Sejam: uma hipérbole de focos F e F'; P um ponto qualquer da hipérbole; e t uma reta tangente à hipérbole no ponto P. Pela propriedade refletora da hipérbole, o ângulo formado entre o segmento PF e a reta t é congruente ao ângulo formado pelo segmento PF' e a reta t.

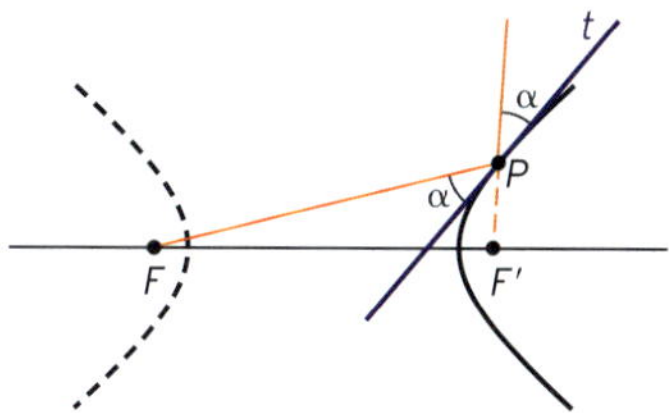

Assim, dado um espelho com curvatura de hipérbole, sendo a parte refletora no lado convexo da hipérbole, ou seja, no "lado de fora", pela propriedade refletora da hipérbole, qualquer onda mecânica (som) ou eletromagnética (luz) emitida em direção a um dos focos é refletida no ramo mais próximo, e o raio é refletido na direção do outro foco.

Demonstração do caso 2

Dado um ponto $P(x, y)$ qualquer da elipse com centro $C(0, 0)$ e com focos $F_1(0, c)$ e $F_2(0, -c)$, ou seja, com eixo real sobre o eixo das ordenadas, pela definição de hipérbole: $|d(P, F_1) - d(P, F_2)| = 2a$.

Conhecidas as coordenadas dos pontos P, F_1 e F_2, pela definição de distância entre pontos tem-se: $|d(P, F_1) - d(P, F_2)| = 2a \Rightarrow \left|\sqrt{(x-0)^2 + (y-c)^2} - \sqrt{(x-0)^2 + (y+c)^2}\right| = 2a$.

Desenvolvendo essa igualdade de modo análogo ao do caso 1, obtém-se a equação dessa hipérbole com eixo real sobre o eixo das ordenadas: $\dfrac{y^2}{a^2} - \dfrac{x^2}{b^2} = 1$

Equação da hipérbole com centro fora da origem

Pela translação de um plano cartesiano, como feito para a elipse, é possível determinar a equação de uma hipérbole de centro $C(x_0, y_0)$ qualquer.

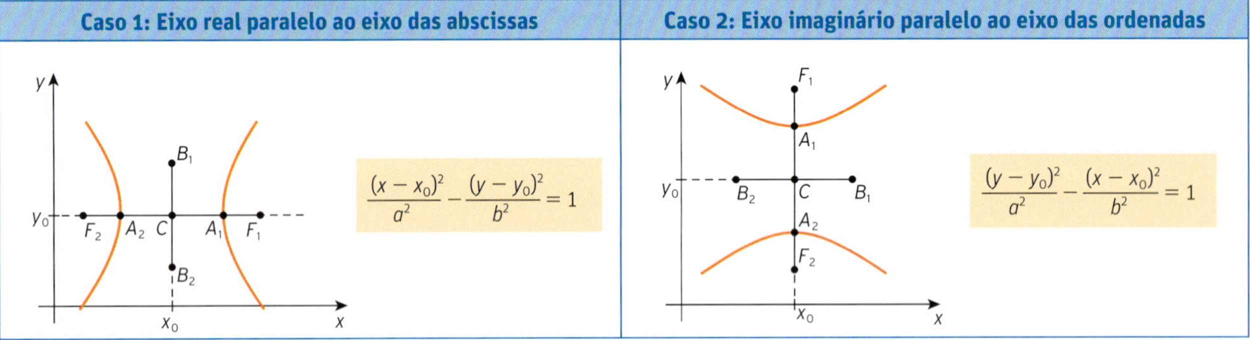

Assíntotas da hipérbole

A equação $\dfrac{x^2}{a^2} - \dfrac{y^2}{b^2} = 1$ representa uma hipérbole de centro na origem do plano cartesiano e eixo real sobre o eixo das abscissas. Tal equação pode ser reescrita isolando-se y: $y = \pm\dfrac{b}{a}\sqrt{x^2 - a^2}$

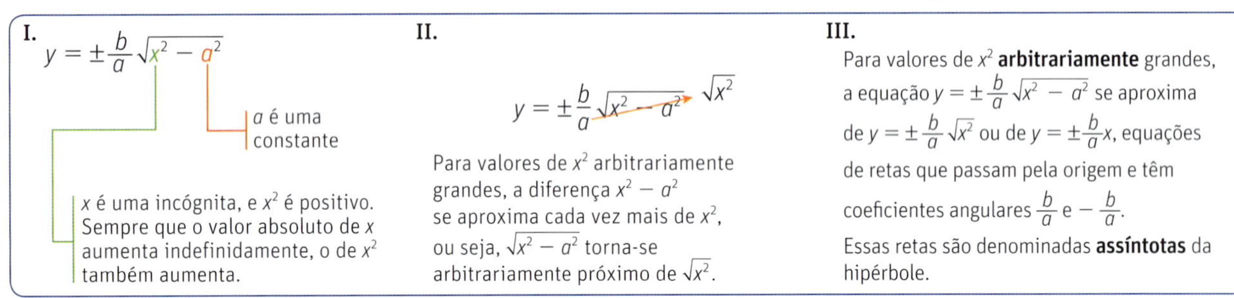

Para ilustrar esse raciocínio, o quadro abaixo mostra alguns valores para x quando se adota $a = 1$.

x	$x^2 - a^2$	x^2	Variação $[x^2 - (x^2 - a^2)]$
1	$1^2 - 1^2 = 0$	$1^2 = 1$	$\dfrac{1-0}{1} = 1$
10	$10^2 - 1^2 = 99$	$10^2 = 100$	$\dfrac{100-99}{100} = 0{,}01$
100	$100^2 - 1^2 = 9\,999$	$100^2 = 10\,000$	$\dfrac{10\,000 - 9\,999}{10\,000} = 0{,}0001$

Observações

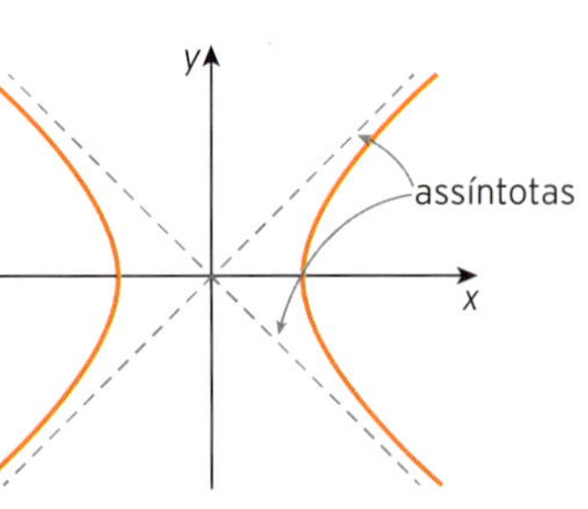

- Diz-se que a hipérbole tende às assíntotas, pois nunca se cortarão, já que o valor de a^2, por menor que seja, sempre será diferente de zero.
- Para hipérboles cujos centros $C(x_0, y_0)$ não coincidem com a origem, têm-se as seguintes equações das assíntotas:
  - $(y - y_0) = \pm\dfrac{b}{a}(x - x_0)$, para hipérboles com eixo real paralelo ao eixo das abscissas;
  - $(y - y_0) = \pm\dfrac{a}{b}(x - x_0)$, para hipérboles com eixo real paralelo ao eixo das ordenadas.

Exercício resolvido

24. Determinar as equações das assíntotas da hipérbole de equação $\frac{(x-2)^2}{81} - \frac{(y-10)^2}{25} = 1$.

Resolução

Da equação da hipérbole, temos:

- a hipérbole tem centro com coordenadas (2, 10);
- $a^2 = 81 \Rightarrow a = 9$ e $b^2 = 25 \Rightarrow b = 5$ (a e b são positivos, pois representam as distâncias entre o centro e os pontos A_1 e B_1 ou A_2 e B_2);
- o eixo real é paralelo ao eixo das abscissas.

Então, temos as equações das duas assíntotas:

$$(y - y_0) = \pm\frac{b}{a}(x - x_0) \Rightarrow (y - 10) = \pm\frac{5}{9}(x - 2) \Rightarrow$$

$$\Rightarrow 9y - 90 = \pm 5(x - 2) \Rightarrow \begin{cases} 9y - 90 = 5x - 10 \\ 9y - 90 = -5x + 10 \end{cases} \Rightarrow$$

$$\Rightarrow \begin{cases} 5x - 9y + 80 = 0 \\ -5x - 9y + 100 = 0 \end{cases} \Rightarrow \begin{cases} 5x - 9y + 80 = 0 \\ 5x + 9y - 100 = 0 \end{cases}$$

Exercícios propostos

25. Considere a representação de uma hipérbole:

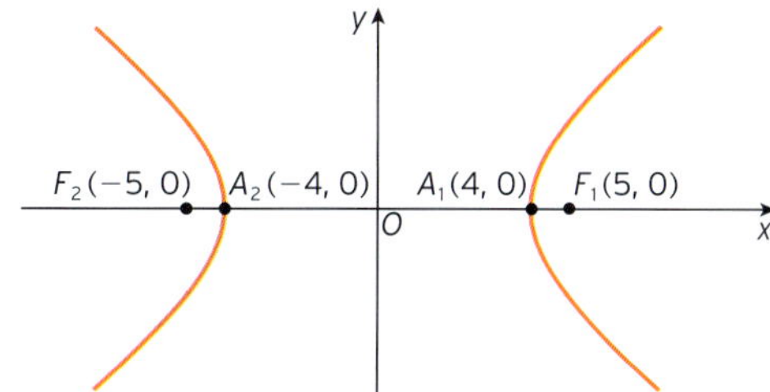

a) O eixo real da hipérbole está sobre o eixo Ox ou sobre o eixo Oy?

b) E o eixo imaginário?

c) Quais pontos correspondem aos focos?

d) Quais pontos correspondem aos vértices?

e) Qual é a equação da hipérbole?

f) Quais são as equações das assíntotas da hipérbole?

26. Considere a representação de uma hipérbole.

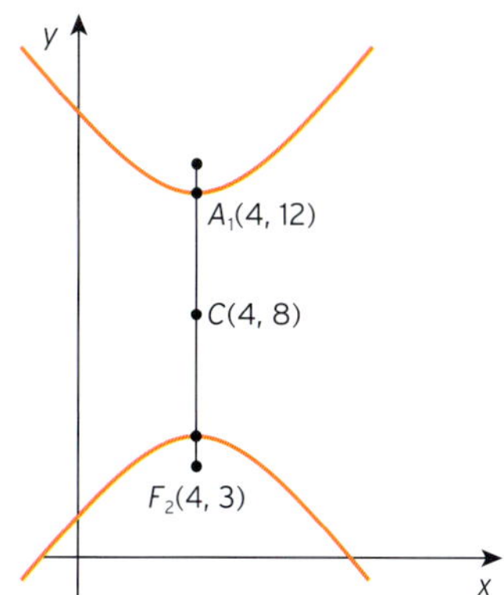

a) O eixo real da hipérbole é horizontal ou vertical?

b) E o eixo imaginário?

c) Quais são as coordenadas dos focos?

d) Quais são as coordenadas dos vértices?

e) Qual é a equação da hipérbole?

f) Quais são as equações das assíntotas da hipérbole?

27. Considere a hipérbole representada abaixo:

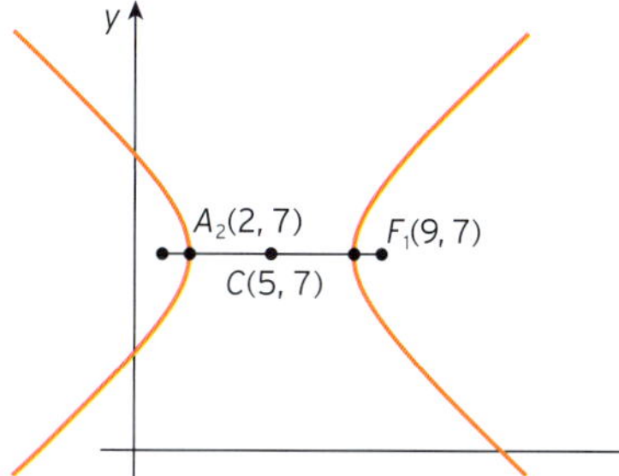

a) Determine a equação da hipérbole e as equações das assíntotas.

b) Calcule a excentricidade da hipérbole.

28. Determine a equação da hipérbole de focos $F_1(4, 0)$ e $F_2(-4, 0)$, com centro na origem e excentricidade $\frac{4}{3}$.

29. Considere uma hipérbole de vértices $A_1(0, 4)$ e $A_2(0, -4)$ e focos $F_1(0, 5)$ e $F_2(0, -5)$. Determine:

a) a equação da hipérbole;

b) as equações das assíntotas;

c) a excentricidade da hipérbole.

30. Determine as coordenadas do centro, dos focos e dos vértices da hipérbole com a seguinte equação:

$$5x^2 - 4y^2 = 80$$

31. Esboce no plano cartesiano as hipérboles das equações dadas a seguir. Trace também as assíntotas de cada hipérbole.

a) $\frac{x^2}{4} - \frac{y^2}{16} = 1$

b) $\frac{x^2}{9} - \frac{y^2}{25} = 1$

c) $\frac{(x-3)^2}{49} - \frac{(y+1)^2}{36} = 1$

4. Parábola

A **parábola** é a intersecção da superfície de um cone reto de duas folhas e um plano paralelo a uma das geratrizes do cone. Como esse plano corta apenas uma das folhas do cone, a parábola pode ser obtida pela intersecção da superfície de um cone reto e um plano paralelo a uma das geratrizes.

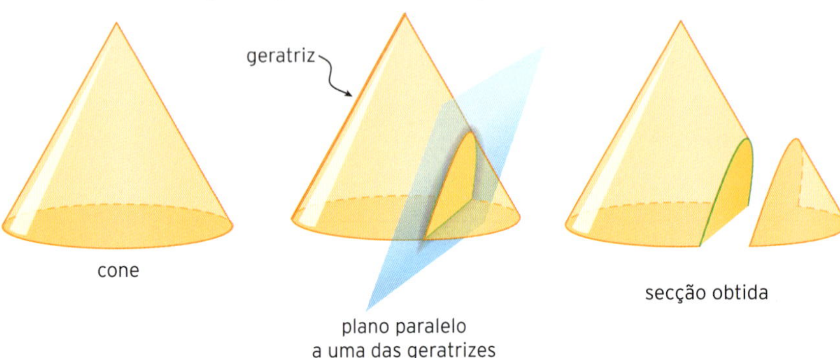

Pode-se traçar uma parábola em um plano com o auxílio de uma régua de extremidades A e B, um barbante e um lápis. Primeiro, traça-se uma reta r e marca-se um ponto F fora dela. A régua é posicionada perpendicularmente à reta r, de modo que a extremidade A da régua pertença à reta r. Nos pontos B e F, fixam-se as extremidades de um barbante de comprimento AB. Mantendo o barbante esticado, quando o ponto A da régua se desloca ao longo da reta r, um lápis em P se desloca sobre a régua e obtém-se o traçado da parábola, como mostram as figuras abaixo.

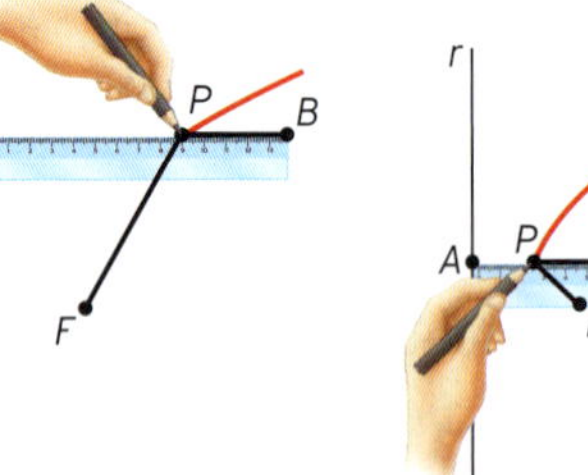

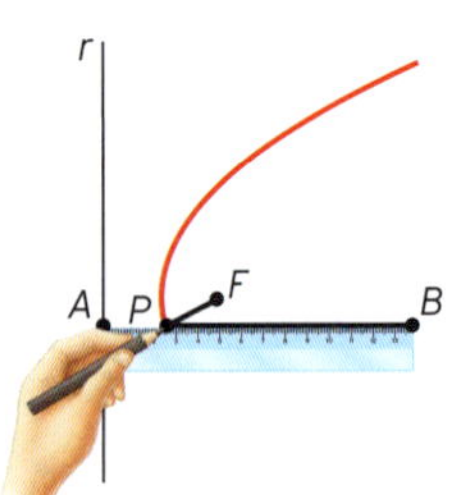

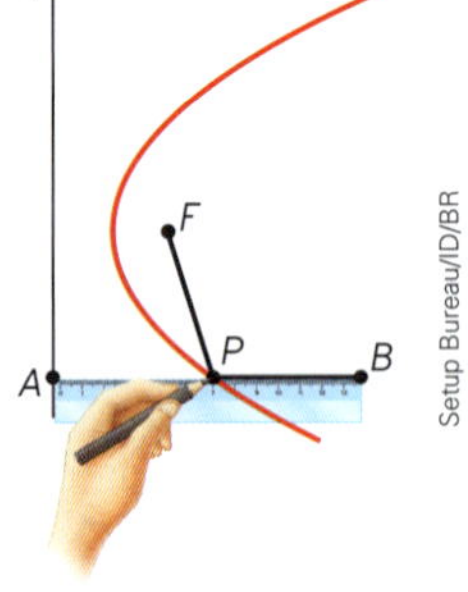

Setup Bureau/ID/BR

Essa construção garante que a distância entre cada ponto P da parábola e o ponto F é igual à distância do ponto P à reta r: $d(P, F) = d(P, r)$.

Define-se:

> Sejam F um ponto e r uma reta no plano. A **parábola** de foco F é o lugar geométrico dos pontos P tais que $d(P, F) = d(P, r)$.

Elementos da parábola

- **Foco**: é o ponto F.
- **Diretriz**: é a reta r.
- **Eixo de simetria**: é a reta perpendicular à diretriz no foco F. A intersecção do eixo de simetria com a diretriz é o ponto A.
- **Vértice**: é o ponto médio V do segmento AF.

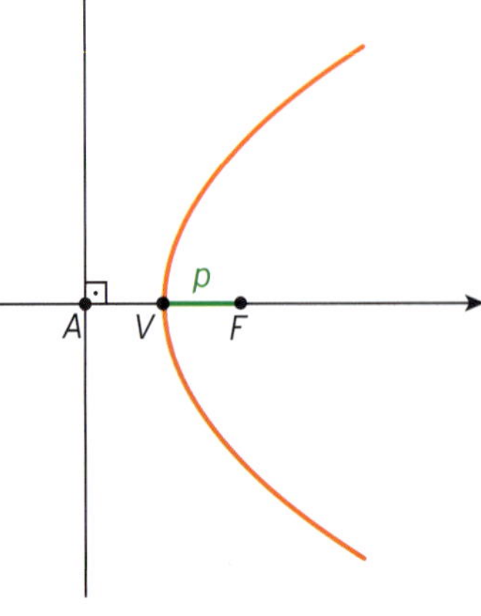

Característica da parábola

A medida $FA = 2p$ é chamada **parâmetro** da parábola. Então, por construção:

$$d(F, V) = d(V, A) = p$$

Saiba mais

Antenas parabólicas

As antenas parabólicas melhoram a recepção de sinais para televisores e são utilizadas para captar transmissões em localidades distantes ou para receber sinal codificado de sistemas de TV por assinatura.

A superfície da antena deve ser tal que todos os sinais recebidos de uma mesma direção sejam direcionados para um único ponto após a reflexão, e portanto a superfície deve ser parabólica.

João Prudente/Pulsar Imagens

Equação da parábola com vértice na origem

Sejam uma parábola com vértice V na origem $O(0, 0)$ do plano cartesiano e um ponto $P(x, y)$ qualquer da curva. Para obter a equação dessa parábola, é necessário estudar dois casos: diretriz paralela ao eixo das ordenadas e diretriz paralela ao eixo das abscissas.

Caso 1: Diretriz paralela ao eixo das ordenadas		Caso 2: Diretriz paralela ao eixo das abscissas	
Foco à direita do vértice	Foco à esquerda do vértice	Foco acima do vértice	Foco abaixo do vértice
r; y; $(-p, y)$; $P(x, y)$; $F(p, 0)$; $A(-p, 0)$; $V(0, 0)$; x	y; r; $P(x, y)$; (p, y); $F(-p, 0)$; $V(0, 0)$; $A(p, 0)$; x	y; $F(0, p)$; $P(x, y)$; $V(0, 0)$; x; r; $A(0, -p)$; $(x, -p)$	y; $A(0, p)$; (x, p); r; $V(0, 0)$; $P(x, y)$; x; $F(0, -p)$
$x = \frac{1}{4p}y^2$	$x = -\frac{1}{4p}y^2$	$y = \frac{1}{4p}x^2$	$y = -\frac{1}{4p}x^2$

Demonstração do caso 1

Dado um ponto $P(x, y)$ qualquer da parábola com vértice $V(0, 0)$, com foco $F(p, 0)$, ou seja, com foco à direita do vértice, e com diretriz paralela ao eixo das ordenadas, pela definição de parábola: $d(P, r) = d(P, F)$.

Conhecidas as coordenadas dos pontos P, V e F, pela definição de distância entre pontos, desenvolve-se esta equação:

$$d(P, r) = d(P, F)$$

$$\sqrt{(x + p)^2 + (y - y)^2} = \sqrt{(x - p)^2 + (y - 0)^2}$$

$$\sqrt{(x + p)^2} = \sqrt{(x - p)^2 + y^2}$$

$$(x + p)^2 = (x - p)^2 + y^2$$

$$x^2 + 2xp + p^2 = x^2 - 2xp + p^2 + y^2$$

$$4xp = y^2$$

$$x = \frac{1}{4p}y^2$$

Se o foco for $F(-p, 0)$, ou seja, se estiver à esquerda do vértice, tem-se:

$$d(P, r) = d(P, F) \Rightarrow \sqrt{(x - p)^2 + (y - y)^2} = \sqrt{(x + p)^2 + (y - 0)^2}$$

Desenvolvendo essa igualdade de modo análogo à anterior, obtém-se:

$$x = -\frac{1}{4p}y^2$$

Demonstração do caso 2

Dado um ponto $P(x, y)$ qualquer da parábola com vértice $V(0, 0)$, com foco $F(0, p)$, ou seja, com foco acima do vértice, e com diretriz paralela ao eixo das abscissas, pela definição de parábola: $d(P, r) = d(P, F)$.

Conhecidas as coordenadas dos pontos P, V e F, pela definição de distância entre pontos, desenvolve-se esta equação:

$$d(P, r) = d(P, F) \Rightarrow \sqrt{(x - x)^2 + (y + p)^2} = \sqrt{(x - 0)^2 + (y - p)^2}$$

Desenvolvendo essa igualdade de modo análogo ao caso 1, obtém-se:

$$y = \frac{1}{4p}x^2$$

Se o foco for $F(0, -p)$, ou seja, se estiver abaixo do vértice, tem-se:

$$d(P, r) = d(P, F) \Rightarrow \sqrt{(x - x)^2 + (y - p)^2} = \sqrt{(x - 0)^2 + (y + p)^2}$$

Desenvolvendo essa igualdade de modo análogo ao caso 1, obtém-se:

$$y = -\frac{1}{4p}x^2$$

Saiba mais

Propriedade refletora da parábola

Sejam: uma parábola de foco F; P um ponto qualquer da parábola; e t a reta tangente à parábola no ponto P. Pela propriedade refletora da parábola, o ângulo formado entre o segmento $\overline{PF}$ e a reta t é congruente ao ângulo formado entre a reta paralela ao eixo de simetria da parábola no ponto P e a reta t.

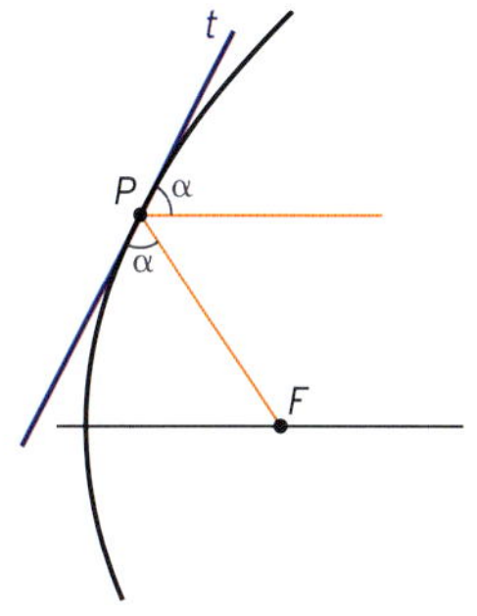

Assim, dado um espelho com curvatura de parábola, sendo a parte refletora no lado côncavo da parábola, ou seja, no "lado de dentro", pela propriedade refletora, qualquer onda mecânica (som) ou eletromagnética (luz) emitida paralela ao eixo de simetria é refletida pelo espelho passando pelo foco, e vice-versa.

Equação da parábola com vértice fora da origem

Pela translação de plano cartesiano, é possível determinar a equação de uma parábola de vértice $V(x_0, y_0)$.

Caso 1: Diretriz paralela ao eixo das ordenadas		Caso 2: Diretriz paralela ao eixo das abscissas	
Foco à direita do vértice	Foco à esquerda do vértice	Foco acima do vértice	Foco abaixo do vértice
$(y - y_0)^2 = 4p(x - x_0)$	$(y - y_0)^2 = -4p(x - x_0)$	$(x - x_0)^2 = 4p(y - y_0)$	$(x - x_0)^2 = -4p(y - y_0)$

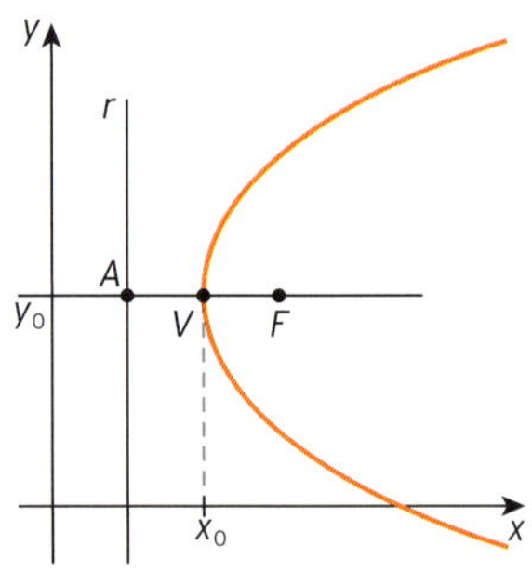

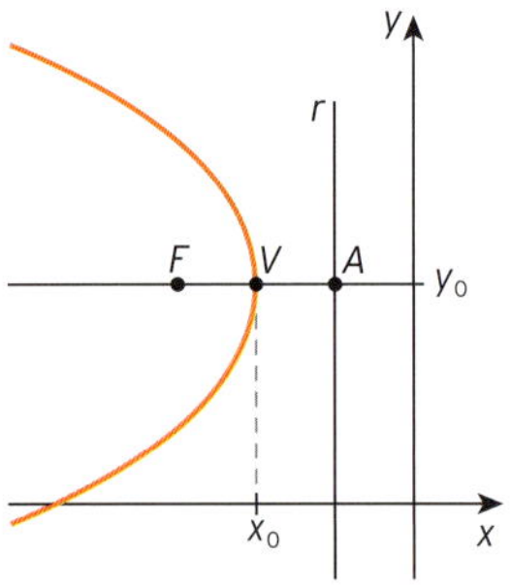

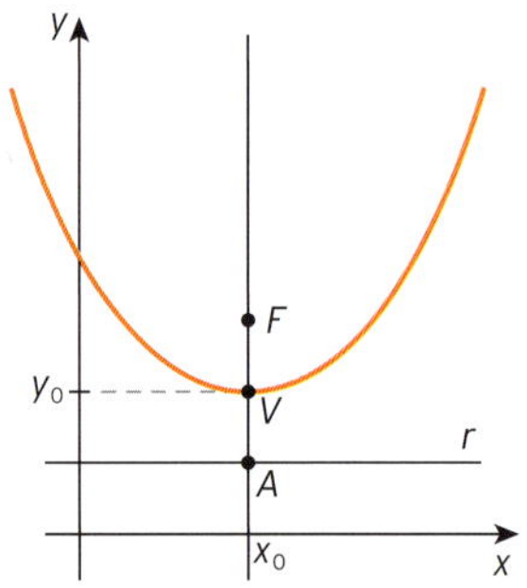

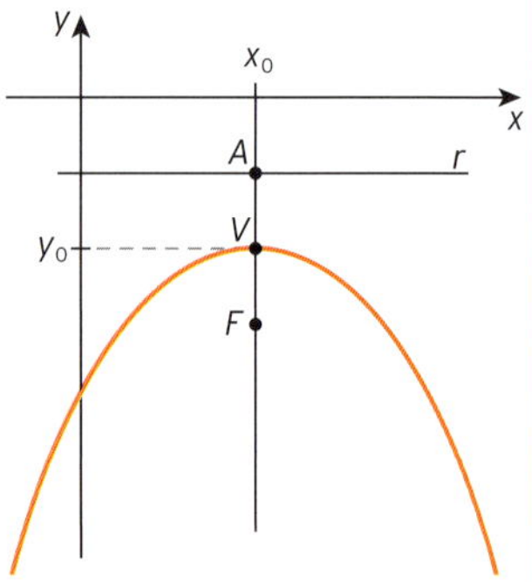

Exercícios resolvidos

32. Considerando a parábola representada a seguir, determine as coordenadas do vértice e do foco, o parâmetro e as equações da diretriz e da parábola.

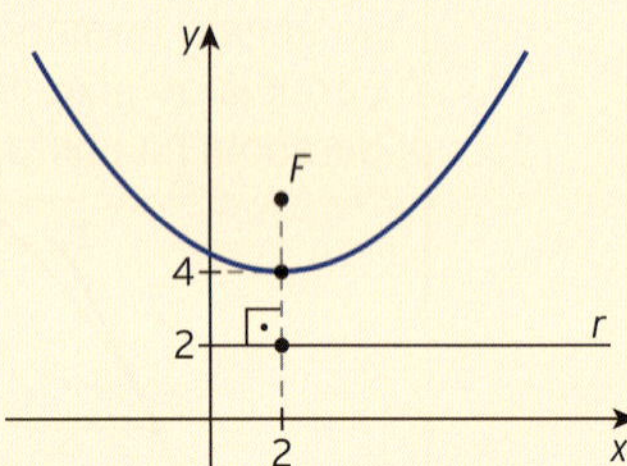

Resolução

Observando a figura ao lado, temos:

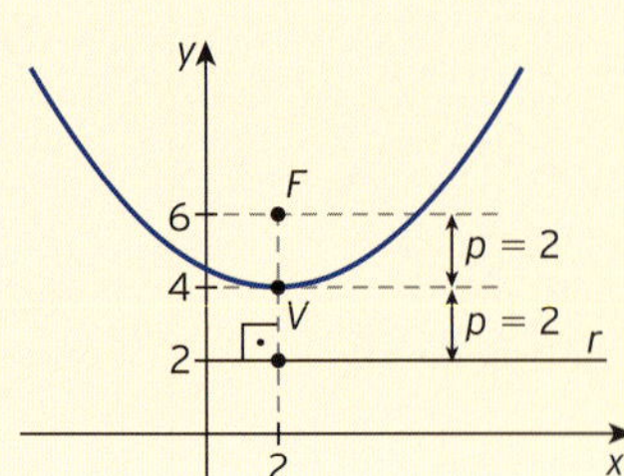

Vértice: $V(2, 4)$

Foco: $F(2, 6)$

Parâmetro: $2p = 4$

Equação da diretriz: $y = 2$

Equação da parábola:

$$(x - x_0)^2 = 4p(y - y_0) \Rightarrow (x - 2)^2 = 8(y - 4) \Rightarrow$$
$$\Rightarrow x^2 - 4x + 4 = 8y - 32 \Rightarrow x^2 - 4x + 36 = 8y \Rightarrow$$
$$\Rightarrow y = \frac{x^2}{8} - \frac{x}{2} + \frac{9}{2}$$

33. Dada a parábola de equação $2y^2 - 3x = 0$, determine as coordenadas do foco, o parâmetro e a equação da diretriz.

Resolução

Isolando x na equação dada, obtemos:

$$2y^2 - 3x = 0 \Rightarrow 3x = 2y^2 \Rightarrow x = \frac{2}{3}y^2$$

Comparamos essa equação com a equação da parábola de diretriz vertical e que tem vértice na origem:

$$\left.\begin{array}{l} x = \dfrac{1}{4p}y^2 \\ x = \dfrac{2}{3}y^2 \end{array}\right\} \dfrac{1}{4p} = \dfrac{2}{3} \Rightarrow p = \dfrac{3}{8}$$

Então, temos o esboço dessa parábola:

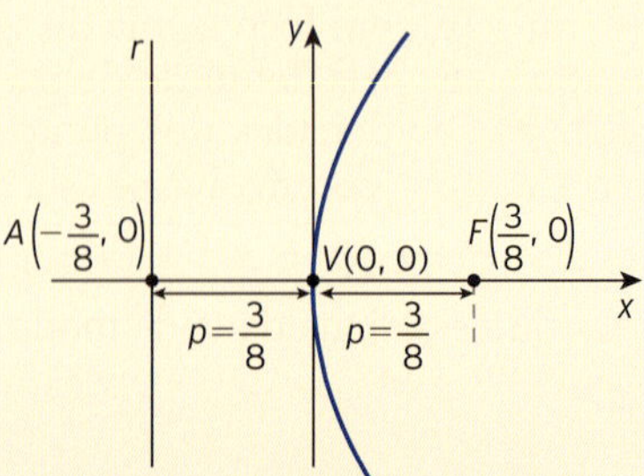

Logo, o foco é $F\left(\frac{3}{8}, 0\right)$, o parâmetro é $2p = \frac{3}{4}$, e a diretriz tem equação $x = -\frac{3}{8}$.

Um pouco de história

Desenhar para aprender

Em 2011, professores e psicólogos dos Estados Unidos, do Reino Unido e da Austrália iniciaram um movimento para romper as fronteiras da Educação Artística e incluir atividades de desenho em aulas de Ciências.

Estudos e pesquisas, tanto com crianças de dez anos quanto com estudantes de graduação em faculdades, mostram que alunos são capazes de elaborar melhores interpretações de conceitos científicos quando eles próprios se envolvem na produção de imagens para representá-los.

> [Segundo os pesquisadores,] a razão para o sucesso [...] é que o desenho torna mais fácil para o docente identificar noções erradas sobre o que é ensinado.
>
> "Quando você produz um desenho, é preciso ser muito explícito" [disse a coordenadora do movimento, que é inglesa]. "Não há onde se esconder quando você tem de expor sua compreensão sobre determinado assunto com um desenho."

Disponível em: <http://www1.folha.uol.com.br/fsp/saber/sb0509201101.htm>. Acesso em: 11 jul. 2015.

- A produção de um desenho ou esquema torna mais fácil para você a compreensão de alguns conteúdos? Justifique.
- Faça um esboço das cônicas estudadas neste capítulo e indique nesse desenho seus elementos. A produção desse esboço tornou mais clara sua compreensão sobre as cônicas e seus elementos?

Exercícios propostos

34. Determine o foco e a equação de cada parábola.

a)

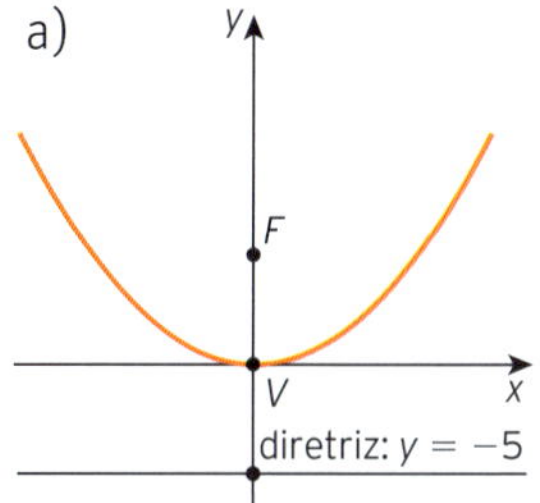

b)

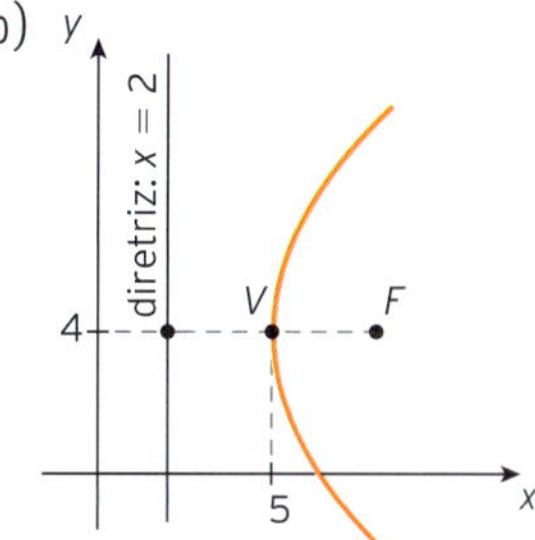

35. Dada a parábola de equação $y^2 - 8x = 0$, determine: o parâmetro; as coordenadas do foco; e a equação da diretriz.

36. Determine a equação da parábola de foco $F(3, 0)$ e diretriz $x = -3$.

37. Dada uma parábola de equação $y = x^2 - 5x + 6$, determine:

a) as coordenadas do foco e do vértice;

b) as coordenadas dos pontos de intersecção com o eixo das abscissas;

c) a equação da diretriz.

38. Escreva a equação da parábola de foco $F(6, 3)$ e diretriz $y = -2$.

39. Determine as coordenadas do foco e a equação da diretriz de cada parábola.

a) $y^2 = 4x$

b) $2x^2 - 4x - 2y + 8 = 0$

c) $(x - 1)^2 = 16(y - 1)$

d) $x^2 = 4y$

e) $(y + 2)^2 = 16(x + 3)$

f) $x^2 = -16y$

40. Dadas as parábolas de equações $(x - 3)^2 = 8y$ e $y^2 - 2y + 4x - 19 = 0$, determine a equação:

a) da reta que passa pelos dois focos;

b) da reta que passa pelos vértices;

c) da circunferência cujo diâmetro é o segmento com extremidades nos dois vértices.

41. Dada a parábola de equação $(x - 4)^2 = -32(y - 5)$, determine a equação:

a) da mediatriz do segmento cujas extremidades são o vértice da parábola e a origem do plano de coordenadas;

b) da reta paralela a essa mediatriz e que passa pelo foco da parábola.

42. Considere a parábola representada ao lado.

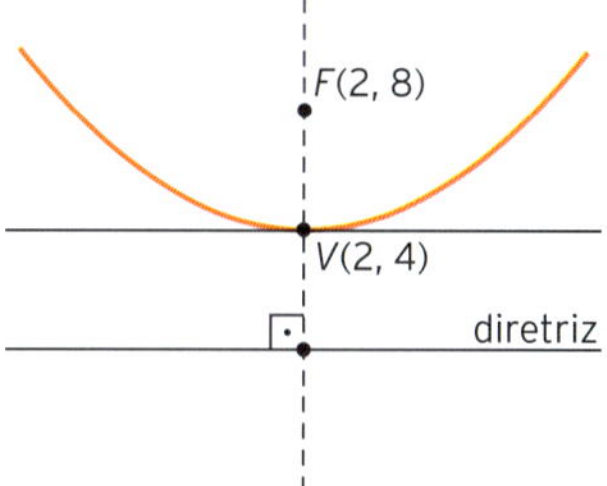

Verifique se cada ponto P pertence a essa parábola:

a) $P(2, 4)$

b) $P(5, 8)$

c) $P\left(0, \frac{17}{4}\right)$

d) $P(-2, 5)$

e) $P(-6, 8)$

f) $P(4, 5)$

(Dica: determine a equação da parábola e verifique os pares ordenados.)

43. Considere uma parábola de equação $y - x^2 + 4 = 0$ e uma reta de equação $x + y + 2 = 0$, que corta a parábola nos pontos A e B. Sendo V o vértice da parábola, determine a área do triângulo ABV.

44. Considere as seguintes equações de parábola:

I. $(y + 1)^2 = (x - 1)$

II. $y^2 - 2y - 2x + 1 = 0$

III. $(x - 7)^2 = 8 \cdot (y + 2)$

Para cada parábola, determine:

a) as coordenadas do foco;

b) a equação da diretriz;

c) o parâmetro da parábola;

d) as coordenadas do vértice.

45. (Fuvest-SP) O lugar geométrico dos pontos equidistantes da reta $y = 0$ e da circunferência $x^2 + (y-2)^2 = 1$ é:

a) uma reta.

b) uma semirreta.

c) uma circunferência.

d) uma elipse.

e) uma parábola.

46. A equação da parábola que é simétrica em relação ao eixo Oy, com vértice na origem e que contém o ponto $P(2, -3)$ é:

a) $y = \frac{3}{4}x^2$

b) $y = -\frac{3}{4}x^2$

c) $y = -\frac{4}{3}x^2$

d) $y = \frac{4}{3}x^2$

e) $y = 4x^2 + 3$

47. (Insper-SP) O número n de pessoas presentes em uma festa varia ao longo do tempo t de duração da festa, em horas, conforme mostra o gráfico a seguir.

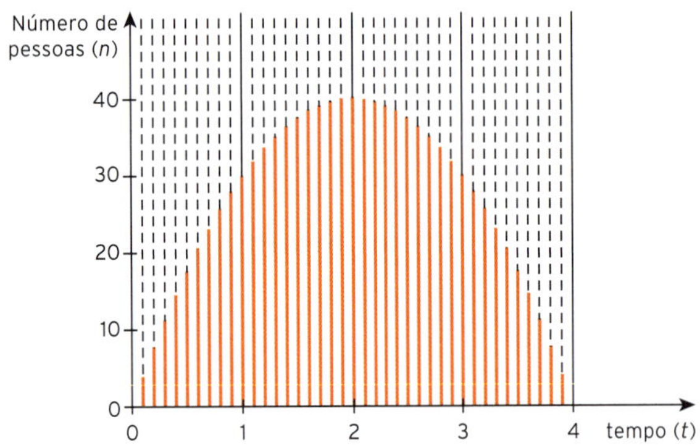

Das opções abaixo, aquela que melhor descreve a função $n(t)$ é:

a) $n(t) = -10t^2 + 4t + 50$.

b) $n(t) = -10t^2 + 40t + 50$.

c) $n(t) = -10t^2 + 4t$.

d) $n(t) = -t^2 + 40t$.

e) $n(t) = -10t^2 + 40t$.

48. O foco da parábola de equação $y^2 - 4y - 12x - 8 = 0$ corresponde ao ponto:

a) (1, 2)

b) (2, 2)

c) (2, 3)

d) (3, 3)

e) (3, 2)

49. A distância do foco da parábola de equação $x^2 - 6x + 4y - 11 = 0$ ao seu vértice é:

a) 1

b) 2

c) 3

d) 4

e) 5

50. (ITA-SP) A distância entre o vértice e o foco da parábola de equação $2x^2 - 4x - 4y + 3 = 0$ é igual a:

a) 2

b) $\frac{3}{2}$

c) 1

d) $\frac{3}{4}$

e) $\frac{1}{2}$

51. A distância do vértice da parábola de equação $x^2 + 4x + 8y - 20 = 0$ à reta de equação $4x - 3y + 4 = 0$ é:

a) $\frac{11}{3}$

b) $\frac{17}{6}$

c) $\frac{13}{2}$

d) $\frac{11}{4}$

e) $\frac{13}{5}$

52. A equação da reta diretriz da parábola de equação $(y + 1)^2 = 5\left(x - \frac{7}{4}\right)$ é:

a) $x = \frac{1}{2}$

b) $y = \frac{1}{2}$

c) $x = 1$

d) $y = -2$

e) $x = 2$

53. A distância entre os focos das parábolas de equações $(y)^2 = x$ e $(x)^2 - 2x - 20y - 39 = 0$ é:

a) $\frac{\sqrt{153}}{4}$

b) $\frac{\sqrt{53}}{2}$

c) $\frac{\sqrt{125}}{4}$

d) $\frac{\sqrt{153}}{3}$

e) $\frac{\sqrt{128}}{3}$

54. A distância do centro da hipérbole de equação $-16x^2 + 9y^2 - 160x - 54y - 885 = 0$ ao vértice da parábola de equação $x^2 - 2x - 20y - 39 = 0$ é:

a) $\sqrt{48}$

b) $\sqrt{53}$

c) $\sqrt{57}$

d) $\sqrt{61}$

e) $\sqrt{67}$

Exercícios complementares

55. A órbita da Lua em volta da Terra é uma elipse em que a Terra é um dos focos. O eixo maior dessa órbita mede cerca de 768 800 km, e o eixo menor, cerca de 767 600 km.

Fonte de pesquisa: <http://nssdc.gsfc.nasa.gov/planetary/factsheet/moonfact.html>. Acesso em: 11 jul. 2015.

a) Determine a excentricidade da órbita da Lua.

b) Calcule a maior e a menor distância entre a Lua e a Terra.

c) O formato da órbita da Lua está mais próximo do formato da elipse *A* ou do formato da elipse *B*, representadas ao lado?

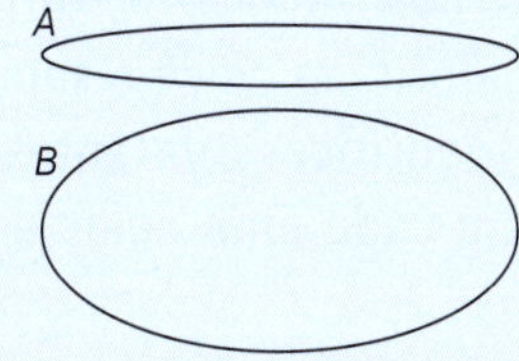

56. Considere a hipérbole com centro na origem e que tangencia o quadrado *ABCD* representado abaixo.

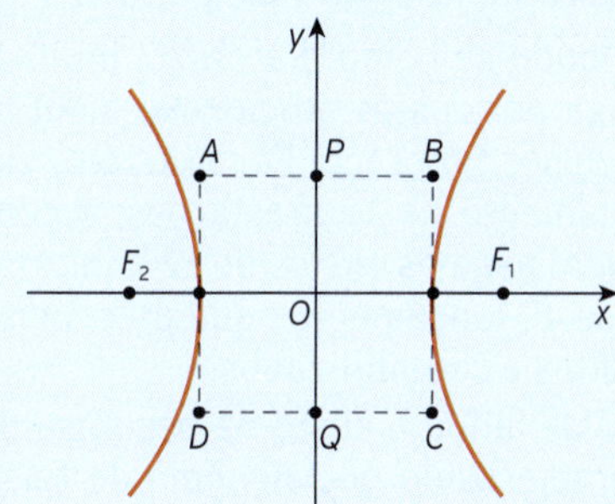

Sendo 16 a área do quadrado e $\overline{PQ}$ o eixo imaginário da hipérbole, determine:

a) a equação da hipérbole;

b) as equações das assíntotas da hipérbole.

57. Considere as hipérboles a seguir.

I. $A_1(2, 11)$; $C(2, 5)$; $F_2(2, -5)$

II. $\dfrac{(x-2)^2}{16} - \dfrac{(y+1)^2}{4} = 1$

III. $-9x^2 + y^2 + 2y - 8 = 0$

Para cada hipérbole, determine:

a) os comprimentos do eixo real e do eixo imaginário;

b) as coordenadas das extremidades do eixo imaginário;

c) a distância focal e as coordenadas dos focos;

d) a excentricidade da hipérbole;

e) as equações das assíntotas.

58. A trajetória de um fluxo de água lançado por uma mangueira é descrita pela equação $(x - 200)^2 = -2(y - 20\,000)$, com x em centímetro e y em milímetro. Calcule a altura e o alcance máximos atingidos pelo fluxo de água.

59. Considere a parábola *ABC* a seguir.

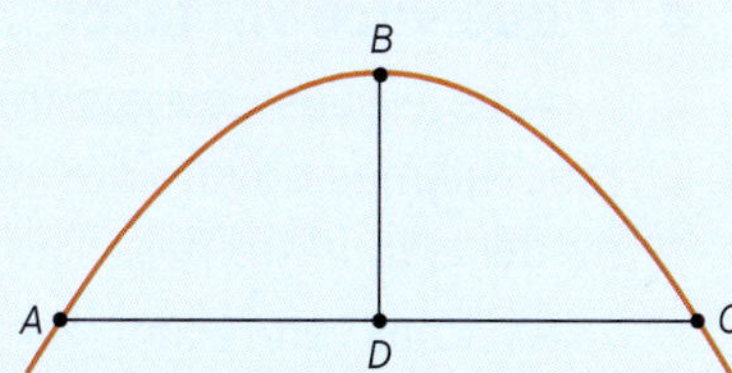

Sendo $AD = CD = 40$ m, $BD = 30$ m e D a origem do sistema, determine:

a) a equação da parábola;

b) as coordenadas dos pontos da parábola que estão 20 m acima do segmento $\overline{AC}$.

60. Em dupla, resolva o seguinte problema:

Considere a representação de uma elipse a seguir:

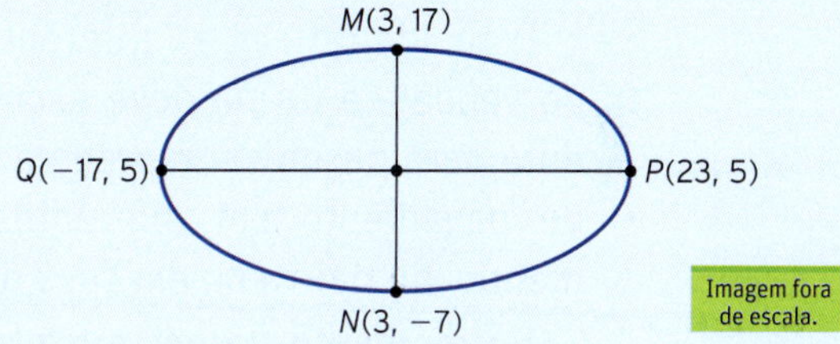

Imagem fora de escala.

Calcule a área do quadrilátero *MPNQ*.

61. A parábola de equação $x^2 - 5x - y + 6 = 0$ corta o eixo das abscissas do plano cartesiano nos pontos *A* e *B*. Sendo *V* o vértice da parábola, determine a área do triângulo *ABV*.

62. (ITA-SP) Os focos de uma elipse são $F_1(0, -6)$ e $F_2(0, 6)$. Os pontos $A(0, 9)$ e $B(x, 3)$, $x > 0$ estão na elipse. A área do triângulo com vértices em B, F_1 e F_2 é igual a:

a) $22\sqrt{10}$
b) $18\sqrt{10}$
c) $15\sqrt{10}$
d) $12\sqrt{10}$
e) $6\sqrt{10}$

63. Dê a equação da elipse com os seguintes elementos:

a) focos $F_1(8, 0)$ e $F_2(-8, 0)$; excentricidade $\frac{1}{3}$;

b) extremidade do eixo maior $A_1(0, 24)$ e $A_2(0, -24)$; excentricidade $\frac{1}{2}$.

64. (FCC-BA) Consideremos num plano cartesiano a cônica *C*, de equação reduzida $\dfrac{x^2}{9} + \dfrac{y^2}{4+m} = 1$, onde $m \neq -4$ é um número real. Qual das afirmativas abaixo é verdadeira?

a) Se $m < -4$, *C* é uma hipérbole.

b) Se $m > 0$, *C* é uma elipse.

c) Se $0 < m < 4$, *C* é uma parábola.

d) Para todo $m \neq -4$, *C* é uma elipse.

e) É uma circunferência se $m = 1$.

65. Escreva a equação da elipse que tem extremidades do eixo maior nos pontos $A_1(8, 0)$ e $A_2(-8, 0)$ e passa pelo ponto $P(4, 3)$.

Comprar à vista ou a prazo?

Tomada de consciência sobre as variáveis que determinam uma compra à vista ou a prazo.

O que você vai fazer

Você e seus colegas irão preparar uma oficina para esclarecer a comunidade sobre os mecanismos envolvidos na elaboração geral de preços e fornecer informações que ajudem na decisão entre pagar por uma compra à vista ou a prazo.

As lojas oferecem formas de pagamento à vista ou a prazo que nem sempre são vantajosas para o consumidor. Analisar as condições impostas pelos lojistas no momento da compra é fundamental para evitar problemas financeiros futuros.

Para que seja possível a elaboração da oficina, você e seus colegas irão aplicar conhecimentos de matemática financeira para identificar diferentes situações reais de vendas de produtos, analisar os juros embutidos em cada uma delas e decidir sobre a melhor opção de compra.

Pesquisa das situações reais

Para identificar as diferentes situações de vendas, a turma deve escolher um produto para pesquisar o preço e as condições de pagamento em diferentes estabelecimentos do bairro ou em *sites* da internet.

No momento da pesquisa, é importante anotar todos os dados a seguir.

- Preço à vista
- Preço total a prazo
- Número de parcelas
- Valor das prestações
- Taxas de juros praticadas
- O custo de abertura de crédito

Custo de abertura de crédito

Quando se compra a prazo, muitas vezes se paga por custos adicionais, além do juro, já inclusos no preço. Por exemplo, em um parcelamento de 12 prestações, o comprador é quem paga os custos de 12 boletos bancários e de 12 lançamentos que precisam ser registrados e contabilizados.

Existe ainda o custo da pesquisa de crédito, caracterizado por alguém que telefona para o empregador, os antigos credores ou para o serviço de proteção ao crédito. Todos esses custos são chamados de **custos de abertura de crédito**.

Análise dos dados

Para analisar as situações pesquisadas, comparam-se os juros embutidos no valor das prestações e o desconto aplicado para o pagamento à vista com os rendimentos obtidos com algumas aplicações financeiras.

A turma deve escolher um fundo de renda fixa e a caderneta de poupança como parâmetros para comparar as opções de pagamento oferecidas pelo estabelecimento na compra do produto. Também não deve se esquecer de considerar os impostos e os custos operacionais cobrados sobre as aplicações financeiras.

Para estudar as situações de venda encontradas para o produto em questão, as perguntas a seguir devem ser respondidas.

Aplicações financeiras

Com uma aplicação financeira, espera-se receber, além do capital investido, um excedente, como juro ou dividendos.

Caderneta de poupança

A caderneta de poupança é um dos investimentos mais populares do país; é garantida pelo governo e regulamentada pelo Banco Central.

Fundo de renda fixa

Fundo de renda fixa são títulos que pagam, em períodos definidos, certa remuneração, que pode ser determinada no momento da aplicação ou no momento do resgate.

O título pode ser imaginado como um empréstimo; quando um título de renda fixa é comprado, ele funciona como um empréstimo de dinheiro ao emissor do título (pode ser um banco, uma empresa ou o governo).

- Qual é a taxa de juro praticada quando o pagamento é parcelado?
- Caso o valor para pagamento à vista fosse aplicado na poupança ou no fundo de renda fixa, qual seria a quantia resgatada ao final do período correspondente ao parcelamento, em cada tipo de aplicação?
- Caso o valor da parcela fosse depositado mensalmente na poupança ou no fundo de renda fixa, qual seria a quantia resgatada ao final do período correspondente ao parcelamento, em cada tipo de aplicação?

Juro composto

Para efetuar os cálculos, você e seus colegas devem utilizar o juro composto:

$$M_t = C \cdot (1 + i)t$$

em que M_t é a quantia correspondente ao capital mais o juro; C é a quantia que se pede emprestado ou se aplica em um investimento; i é a taxa de juro; t é o período de duração do empréstimo ou da aplicação.

Tomada de decisão

Após a análise das respostas às perguntas anteriores, a turma deve decidir a melhor opção de compra, considerando duas possíveis situações:

- dispor do valor total para pagamento à vista;
- ter apenas o valor referente a uma parcela do pagamento a prazo.

Observação: é importante considerar outros fatores que podem influenciar a compra de um produto à vista ou a prazo, como a urgência em receber o produto, a dificuldade em poupar dinheiro, a sedução das propagandas, etc.

A oficina

Para essa fase do projeto, a turma pode ser dividida em três grupos.

Grupo 1. **Antes da oficina.** O grupo será responsável por todos os preparativos para a realização da oficina.

- Comunicação e convite. O grupo deve preparar materiais de divulgação da oficina, como: cartazes, convites, *e-mails*, circulares para os pais, etc.
- Materiais que serão utilizados durante a oficina. O grupo deve providenciar calculadora, projetor de imagem, papel para anotações, etc.

Grupo 2. **Realização da oficina.** O grupo será responsável pela realização da oficina, que pode ser dividida em duas partes:

- Apresentação do tema. O grupo pode elaborar alguns materiais que facilitem a apresentação e o entendimento do tema.
- Participação do público. O grupo deve prever um momento de participação do público para esclarecer eventuais dúvidas.

Grupo 3. **Resultados da oficina.** O grupo será responsável pela divulgação dos resultados da oficina.

- Para isso, deve preparar cartazes, que serão afixados na escola, informando como ocorreu a oficina, o número de participantes, como foi o interesse do público, etc.

Avaliação

Depois de concluído o projeto, faça uma avaliação com seus colegas.

- A maneira como foi organizada a oficina, a divisão de tarefas e as estratégias adotadas facilitaram a realização do projeto? O que poderia ser modificado em outra oportunidade?
- Na opinião da turma, o projeto atingiu os objetivos iniciais? O público compreendeu o assunto tratado? A oficina despertou e manteve o interesse do público?

UNIDADE

Tópicos de álgebra

Capítulos

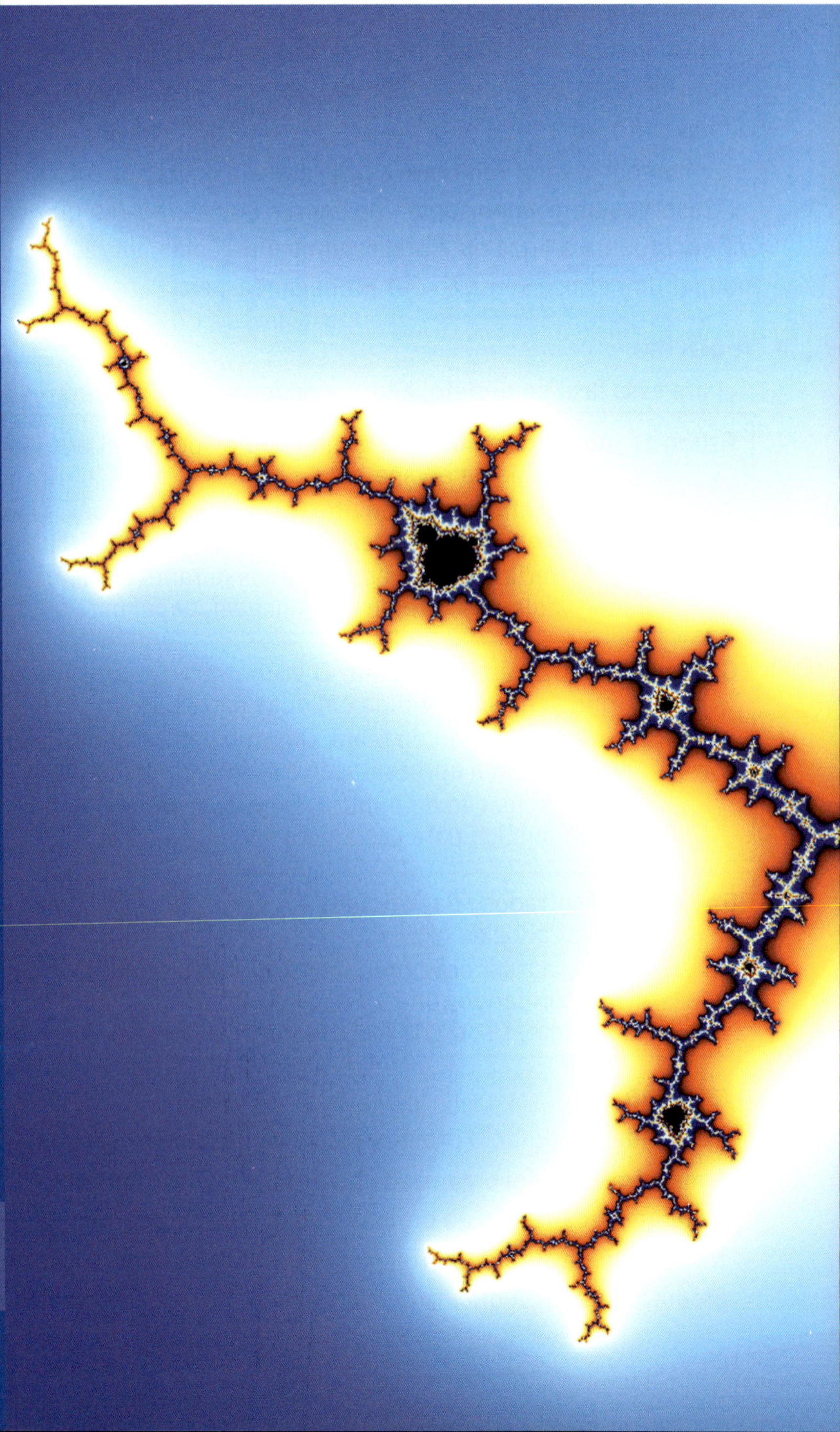

Cflorinc/Dreamstime.com/ID/BR

Fractal do "conjunto de Mandelbrot".

Fractal é uma estrutura gerada pela repetição de um padrão com variações pequenas e constantes. Essas estruturas podem ser vistas na natureza, por exemplo, em certas plantas e na formação de nuvens.

Um fractal muito conhecido é o chamado “conjunto de Mandelbrot”, reproduzido em parte na imagem abaixo. Esse fractal é obtido por um processo repetitivo no plano dos números complexos, assunto que será estudado nesta unidade.

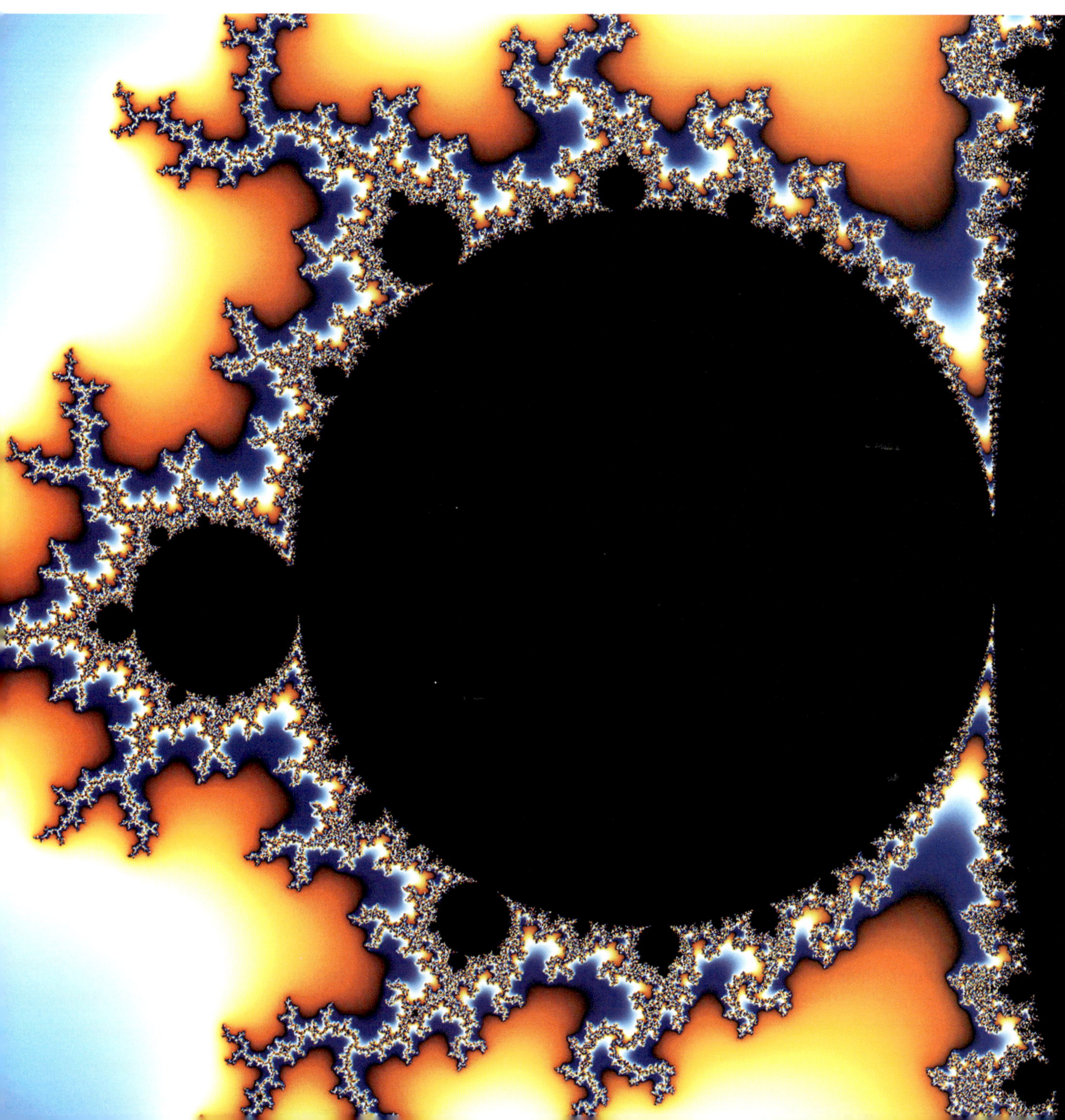

CAPÍTULO

29 Números complexos

Módulos

Disponível em: <http://commons.wikimedia.org/wiki/File:Niccol%C3%B2_Tartaglia.jpg>. Acesso em: 10 jul. 2015.

Nicolo Fontana (1500-1557), apelidado de Tartaglia, nasceu em Bréscia, Itália. Foi o responsável por determinar a solução geral das equações do 3º grau.

Para começar

Assim como Tartaglia, muitos matemáticos tentaram encontrar expressões para a solução de qualquer equação do 3º grau, pois desde antes do século XVI já era conhecida a expressão para soluções de equações de 2º grau da forma $ax^2 + bx + c = 0$, com $a \neq 0$:

$$x = \frac{-b \pm \sqrt{b^2 - 4ac}}{2a}$$

1. Utilizando essa expressão, que você já conhece, determine as soluções das seguintes equações, no conjunto dos números reais.

I. $x^2 - 10x + 40 = 0$

II. $x^2 - 10x + 24 = 0$

2. O que você notou ao resolver cada equação? Registre as características que mais chamaram sua atenção durante a resolução.

3. Na expressão para encontrar a solução de uma equação do 2º grau, o radicando $b^2 - 4ac$ é denominado **discriminante**. Analisando seu valor, determina-se o número de soluções da equação de 2º grau: quando o discriminante é positivo, a equação tem duas soluções reais; quando é nulo, tem duas soluções reais e iguais. O que acontece quando o discriminante é negativo?

4. Podemos dizer que, no caso do discriminante negativo, a equação não tem solução? É possível pensar em um conjunto universo diferente dos números reais para que essa equação tenha solução?

1. Números complexos

Os números complexos surgiram da necessidade de resolver equações do 3º grau da forma $x^3 + ax + b = 0$. Para solucioná-las, o matemático italiano Gerônimo Cardano (1501-1576) publicou a seguinte expressão, desenvolvida por Nicolo Tartaglia:

$$x = \sqrt[3]{-\frac{b}{2} + \sqrt{\frac{b^2}{4} + \frac{a^3}{27}}} + \sqrt[3]{-\frac{b}{2} - \sqrt{\frac{b^2}{4} + \frac{a^3}{27}}}$$

O problema apareceu quando Cardano usou essa expressão para a equação $x^3 - 15x = 4$ e obteve $x = \sqrt[3]{2 + \sqrt{-121}} + \sqrt[3]{2 - \sqrt{-121}}$. Essa equação admite a solução real 4 (pois $4^3 - 15 \cdot 4 = 4$). Cardano, porém, se perguntava como esse valor poderia ser obtido de uma expressão que continha raízes quadradas de números negativos, pois para ele essas raízes não existiam.

O matemático Raphael Bombelli (1526-1573) prosseguiu com a solução dessa equação e, de maneira ousada para a época, operou com $\sqrt{-1}$ como se fosse um número real, chamando-o de **número imaginário**. Por exemplo, $\sqrt{-121} = \sqrt{121 \cdot (-1)} = 11\sqrt{-1}$.

Já no século XVIII, Leonhard Euler (1707-1783) substituiu $\sqrt{-1}$ pelo símbolo ***i*** e, então, $11\sqrt{-1}$ passou a ser representado por $11i$.

Fonte de pesquisa: Cerri, C.; Monteiro, M. S. *História dos números complexos*. São Paulo: Caem-IME-USP, 2001.

A partir daí, apareceram muitos trabalhos com operações envolvendo os números imaginários, com as mesmas propriedades dos números reais. No início do século XIX, organizaram-se números reais e imaginários no **conjunto dos números complexos**, cujos elementos são **números complexos**.

Hoje esses números são utilizados, por exemplo, na análise de circuitos elétricos de corrente alternada, na geometria de fractais e no movimento de líquidos e gases.

Conjunto dos números complexos

Todas as operações no conjunto dos números reais continuam válidas no conjunto dos números complexos, e, além disso, nesse conjunto a raiz quadrada de um número negativo está definida. Dessa maneira, o conjunto dos números reais é um subconjunto dos números complexos, que é assim definido:

> O **conjunto dos números complexos** é o conjunto de todos os pares ordenados de coordenadas reais.

O conjunto dos números complexos é denotado por $\mathbb{C}$, e seus pares ordenados por $z = (a, b)$, $a \in \mathbb{R}$ e $b \in \mathbb{R}$.

Assim, dados dois números complexos, $z_1 = (a, b)$ e $z_2 = (c, d)$, são definidas a relação de igualdade e as operações de adição e multiplicação nesse conjunto.

- Igualdade: $z_1 = z_2 \Leftrightarrow (a, b) = (c, d) \Leftrightarrow a = c$ e $b = d$
- Adição: $z_1 + z_2 = (a, b) + (c, d) = (a + c, b + d)$
- Multiplicação: $z_1 \cdot z_2 = (a, b) \cdot (c, d) = (ac - bd, ad + bc)$

Na representação a seguir, têm-se os conjuntos dos números naturais, inteiros, racionais, reais e complexos.

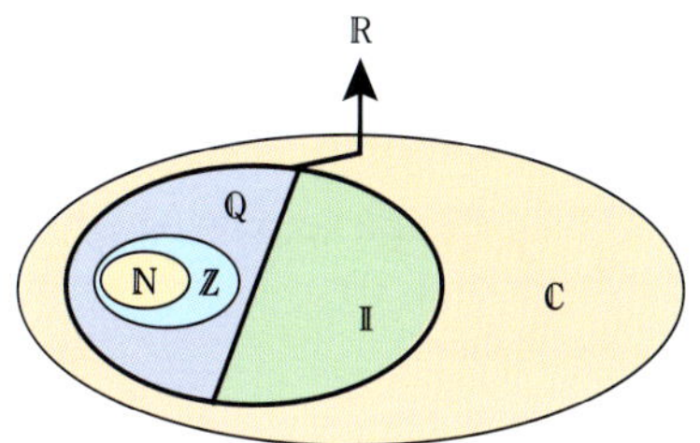

Um pouco de história

A busca pela solução de equações do 3º grau por meio de radicais

Consta que, por volta de 1510, um matemático italiano de nome Scipione del Ferro encontrou uma forma geral de resolver equações do tipo $x^3 + px + q = 0$, mas ele morreu sem publicar sua descoberta. Seu aluno Antonio Maria Fior conhecia tal solução e tentou ganhar notoriedade com ela. Na época eram comuns os desafios entre sábios. [...] Tartaglia, apesar de não saber resolver ainda tais equações, aceitou o desafio, [...] não só deduziu a resolução para este caso, como também resolveu as equações do tipo $x^3 + px^2 + q = 0$. [...]

Nesta época Cardano estava escrevendo a *Pratica arithmeticae generalis* [...]. [Ao] saber que Tartaglia achara a solução geral da equação de grau 3 pediu-lhe que a revelasse, para que fosse publicada em seu próximo livro. Tartaglia não concordou, alegando que ele mesmo iria publicar sua descoberta. [...] Após muitas conversas [...], jurando não divulgar tal descoberta, [Cardano] conseguiu que Tartaglia lhe revelasse a solução. [...] Cardano quebrou todas as promessas e, em 1545, fez publicar na [obra] *Ars magna* a fórmula de Tartaglia. [...]

Cerri, C.; Monteiro, M. S. *História dos números complexos*. São Paulo: Caem-IME-USP, 2001.

Classificação dos números complexos

Os números reais correspondem aos pares ordenados que têm a segunda coordenada igual a zero: $z = (a, 0)$. Assim, qualquer número complexo dessa forma é um **número real**, inclusive o 0, representado por $z = (0, 0)$. Por exemplo, o número complexo $z = (3, 0)$ corresponde ao número real 3, e o número complexo $w = \left(-\sqrt{2}, 0\right)$ corresponde ao número real $-\sqrt{2}$.

Quando apenas a primeira ordenada de um número complexo é igual a zero, $z = (0, b)$ e $b \neq 0$, esse número é denominado **número imaginário puro**. Por exemplo, $z = (0, -2)$ e $w = \left(0, \sqrt{3}\right)$.

Unidade imaginária

Como visto, o símbolo ***i*** foi criado para representar $\sqrt{-1}$, a **unidade imaginária**, que também pode ser representada pelo número complexo $z = (0, 1)$.

Pela multiplicação de números complexos, tem-se:

$i^2 = i \cdot i = (0, 1) \cdot (0, 1) = (0 \cdot 0 - 1 \cdot 1, 0 \cdot 1 + 1 \cdot 0) = (-1, 0) = -1$

Então, $i^2 = -1$ e, assim: $i = \sqrt{-1}$

Definida a unidade imaginária, acompanhe no exemplo a seguir a resolução de uma equação do 2º grau no conjunto dos números complexos.

Exemplo

Dada a equação $x^2 + 4x + 5 = 0$, calcula-se seu discriminante (Δ):

$\Delta = 4^2 - 4 \cdot 1 \cdot 5 = 16 - 20 \Rightarrow \Delta = -4$

Portanto, as soluções da equação dada são: $x = \dfrac{-4 \pm \sqrt{-4}}{2}$

Utilizando a unidade imaginária $i = \sqrt{-1}$, é possível determinar as soluções dessa equação:

$$x = \frac{-4 \pm \sqrt{-4}}{2} = \frac{-4 \pm \sqrt{4 \cdot (-1)}}{2} = \frac{-4 \pm \sqrt{4} \cdot \sqrt{-1}}{2} = \frac{-4 \pm 2 \cdot \sqrt{-1}}{2} = \frac{-4 \pm 2i}{2} =$$

$$= -2 \pm i \Rightarrow \begin{cases} x_1 = -2 + i \\ x_2 = -2 - i \end{cases}$$

Portanto, o conjunto solução dessa equação no conjunto dos números complexos é:

$S = \{-2 + i, -2 - i\}$

Observação

A seguir, será visto que $(-2 + i)$ e $(-2 - i)$ são números complexos, que podem ser representados de outra forma.

Propriedades dos números complexos

Definidas as operações de adição e de multiplicação no conjunto dos números complexos, são válidas as seguintes propriedades, considerando x, y e z números complexos.

- Comutativa da adição: $x + y = y + x$
- Associativa da adição: $(x + y) + z = x + (y + z)$
- Existência do elemento neutro na adição: $w = (0, 0)$, $w \in \mathbb{C} \Rightarrow x + w = w + x = x$
- Existência do elemento oposto da adição: para qualquer x complexo, existe um número complexo $x_0 \in \mathbb{C}$ oposto de x tal que: $x + x_0 = x_0 + x = (0, 0)$
- Comutativa da multiplicação: $x \cdot y = y \cdot x$
- Associativa da multiplicação: $(x \cdot y) \cdot w = x \cdot (y \cdot w)$
- Existência do elemento neutro da multiplicação: $k = (1, 0)$, $k \in \mathbb{C} \Rightarrow x \cdot k = k \cdot x = x$
- Existência do elemento inverso da multiplicação: para qualquer x complexo, $x \neq (0, 0)$, existe um número complexo $x_1 \in \mathbb{C}$ inverso de x tal que: $x \cdot x_1 = x_1 \cdot x = (1, 0)$
- Distributiva da multiplicação em relação à adição:
  $z \cdot (x + y) = z \cdot x + z \cdot y$ e $(x + y) \cdot z = x \cdot z + y \cdot z$

Conjugado de um número complexo

O **conjugado** de um número complexo $z = (a, b)$ é o número complexo $\overline{z} = (a, -b)$. Por exemplo, o conjugado do número complexo $z_1 = (3, 5)$ é $\overline{z_1} = (3, -5)$, e o conjugado do número complexo $z_2 = (0, -2)$ é $\overline{z_2} = (0, 2)$.

Propriedades do conjugado de um número complexo

- Um número complexo é igual ao seu conjugado se esse número complexo é um número real.
  Assim, sendo $z = (a, b)$ um número complexo, $\overline{z} = (a, -b)$ é seu conjugado, e esses números complexos são iguais se $b = 0$:
  $z = \overline{z} \Rightarrow (a, b) = (a, -b) \Rightarrow b = -b \Rightarrow b = 0$
- O produto de um número complexo por seu conjugado é um número real.
  Assim, sendo $z = (a, b)$ um número complexo, $\overline{z} = (a, -b)$ é seu conjugado, e o produto desses números complexos é um número real:
  $z \cdot \overline{z} = (a, b) \cdot (a, -b) = (a \cdot a + b \cdot b, -a \cdot b + b \cdot a) \Rightarrow z \cdot \overline{z} = (a^2 + b^2, 0) = a^2 + b^2$
- O conjugado do produto de dois números complexos é igual ao produto de seus conjugados.
  Assim, sendo z_1 e z_2 números complexos: $\overline{z_1 \cdot z_2} = \overline{z_1} \cdot \overline{z_2}$
- O conjugado da soma de dois números complexos é igual à soma de seus conjugados.
  Assim, sendo z_1 e z_2 números complexos: $\overline{z_1 + z_2} = \overline{z_1} + \overline{z_2}$

Ação e cidadania

Competição e colaboração

Alguns dos matemáticos que, no século XVI, cooperaram e competiram para desenvolver o estudo dos números imaginários, organizados três séculos depois no conjunto dos números complexos, foram: Scipione del Ferro (1465-1526), Nicolo Tartaglia (1500-1557), Gerônimo Cardano (1501-1576), Raphael Bombelli (1526-1573), Antonio Maria Fior (datas de nascimento e morte não conhecidas; viveu entre os séculos XV e XVI).

As ciências em geral se desenvolvem ao longo da história fundamentando-se em estudos realizados por gerações de pensadores precedentes. E isso se dá tanto pela competição individual para superar outros pesquisadores quanto pela colaboração entre eles para obter resultados que auxiliem no avanço do conhecimento.

- Competitivo ou cooperativo. Com qual desses adjetivos você mais se identifica em situações que vivencia na escola? E fora da escola? Dê exemplos para esclarecer sua reflexão.
- "Se vi mais longe foi por estar de pé sobre ombros de gigantes." Essa frase, escrita em 15 de fevereiro de 1676 por Isaac Newton (1642-1727), em carta a Robert Hook (1635-1703), ilustra a importância da cooperação histórica para o desenvolvimento das ciências. Mas também pode servir, talvez em menor escala, como reflexão sobre nosso desenvolvimento pessoal. Você concorda? Explique.

Exercícios propostos

1. Determine em $\mathbb{C}$ as soluções das equações a seguir.

a) $x^2 + 8 = 0$
b) $2x^2 - 5x + 8 = 0$
c) $x^4 + 12x^2 + 32 = 0$
d) $x^4 - 16 = 0$
e) $x^2 - 2x + 5 = 0$
f) $-x^2 + 7x - 15 = 0$
g) $x^4 + 10x^2 + 9 = 0$
h) $x^4 - 81 = 0$

2. Determine o conjugado dos seguintes números complexos:

a) $z = (7, -2)$
b) $z = (-2, 3)$
c) $z = (-7, \sqrt{3})$
d) $z = \left(4, \frac{1}{2}\right)$

3. Identifique se cada número complexo a seguir é igual a seu conjugado.

a) $z = (0, -2)$
b) $z = \left(\frac{7}{3}, 0\right)$
c) $z = (-3, 0)$
d) $z = (0, 0)$

4. Calcule o produto de cada número complexo a seguir por seu conjugado.

a) $z = (3, -1)$
b) $z = \left(\frac{2}{3}, 7\right)$
c) $z = (-5, 0)$
d) $z = \left(\frac{2}{3}, -\frac{1}{3}\right)$

5. Calcule $\overline{z_1 \cdot z_2}$ e $\overline{z_1 + z_2}$ dados os números complexos z_1 e z_2 em cada item.

a) $z_1 = (2, 2)$ e $z_2 = (3, -7)$
b) $z_1 = (-2, 0)$ e $z_2 = (-2, 1)$
c) $z_1 = (-4, 2)$ e $z_2 = (4, -2)$
d) $z_1 = \left(0, \frac{1}{5}\right)$ e $z_2 = (\sqrt{5}, 0)$

2. Representação algébrica de um número complexo

Seja $z = (a, b)$ um número complexo qualquer. Esse número também pode ser escrito na forma $z = a + bi$, denominada **forma algébrica** do número complexo z.

Demonstração

Pela adição de números complexos, pode-se escrever o número complexo $z = (a, b)$ da seguinte maneira:

$z = (a, b) = (a + 0, b + 0) \Rightarrow z = (a, 0) + (0, b)$

Sabe-se que:

$(b, 0) \cdot (0, 1) = (b \cdot 0 - 0 \cdot 1, b \cdot 1 + 0 \cdot 0) = (0 - 0, b + 0) = (0, b)$

Então, substitui-se $(0, b)$ por $(b, 0) \cdot (0, 1)$ na expressão de z, obtendo-se:

$z = (a, 0) + (0, b) \Rightarrow z = (a, 0) + (b, 0) \cdot (0, 1)$

Todo número complexo na forma $(x, 0)$ corresponde ao número real x. Além disso, $(0, 1)$ é a unidade imaginária i. Então:

$z = (a, 0) + (b, 0) \cdot (0, 1) \Rightarrow z = a + b \cdot i$

Assim, o número complexo $z = (a, b)$ pode ser escrito como $z = a + bi$ tal que a e $b \in \mathbb{R}$. Nesse número complexo, a é a **parte real** e b é a **parte imaginária**. Elas são indicadas por: $Re(z) = a$ e $Im(z) = b$

Exemplos

- O número complexo $z = (2, 1)$ escrito na forma algébrica é $z = 2 + 1i = 2 + i$
- O número complexo $-\sqrt{3} - 2i$ tem parte real $a = -\sqrt{3}$ e parte imaginária $b = -2$.
- O número complexo πi tem parte real $a = 0$ e parte imaginária $b = \pi$, pois $\pi i = 0 + \pi i$. Então, πi é um número imaginário puro.
- O número complexo 5 tem parte real $a = 5$ e parte imaginária $b = 0$, pois $5 = 5 + 0i$. Então, 5 é um número real.

Igualdade de números complexos na forma algébrica

Na forma algébrica, dois números complexos são iguais se suas partes reais são iguais e suas partes imaginárias também são iguais.

Sendo $z_1 = a + bi$ e $z_2 = c + di$ dois números complexos, tem-se:

$z_1 = z_2 \Leftrightarrow a + bi = c + di \Leftrightarrow a = c$ e $b = d$

Exercícios resolvidos

6. Escreva os seguintes números complexos na forma algébrica:

a) $(-3, -3)$
b) $(\sqrt{2}, 3)$
c) $(2, 0)$
d) $(0, 5)$

Resolução

a) $(-3, -3)$ na forma algébrica é: $-3 - 3i$
b) $(\sqrt{2}, 3)$ na forma algébrica é: $\sqrt{2} + 3i$
c) $(2, 0)$ na forma algébrica é: 2
d) $(0, 5)$ na forma algébrica é: $5i$

7. Determine os valores reais de x e y para que sejam válidas as seguintes igualdades entre números complexos:

a) $(x^2 + 3, 2y + 1) = (7, 5)$
b) $4x + 5i = -8 + 10yi$

Resolução

a) Pela definição, verificamos a igualdade $(x^2 + 3, 2y + 1) = (7, 5)$ quando:

I. $x^2 + 3 = 7 \Rightarrow x^2 = 4 \Rightarrow x = \pm 2$

II. $2y + 1 = 5 \Rightarrow 2y = 4 \Rightarrow y = 2$

Logo: $x = \pm 2$ e $y = 2$

b) A igualdade $4x + 5i = -8 + 10yi$ é verificada quando $Re(z) = Re(w)$ e $Im(z) = Im(w)$. Então:

$$z = w \Rightarrow \begin{cases} 4x = -8 \\ 5 = 10y \end{cases} \Rightarrow \begin{cases} x = -2 \\ y = \frac{1}{2} \end{cases}$$

Logo: $x = -2$ e $y = \frac{1}{2}$

Conjugado de um número complexo na forma algébrica

Na forma algébrica, o conjugado de um número complexo $z = a + bi$ é o número complexo $\overline{z} = a - bi$. Assim, dois números complexos são conjugados um do outro quando têm partes reais iguais e partes imaginárias opostas.

Exemplos

- O conjugado do número complexo $z_1 = 3 + 5i$ é:
  $\overline{z_1} = 3 - 5i$
- O conjugado do número complexo $z_2 = -2i$ é:
  $\overline{z_2} = 2i$
- O conjugado do número complexo $z_3 = \sqrt{5} - i$ é:
  $\overline{z_3} = \sqrt{5} + i$
- O conjugado do número complexo $z_4 = 11$ é:
  $\overline{z_4} = 11$

Exercícios propostos

8. Escreva os seguintes números complexos na forma algébrica:

a) $(3, 4)$
b) $\left(-\frac{1}{2}, 0\right)$
c) $\left(-\frac{1}{2}, \frac{3}{2}\right)$
d) $(\sqrt{5}, \sqrt{3})$
e) $\left(\frac{3}{4}, -\frac{2}{3}\right)$
f) $\left(-\frac{5}{8}, -3\right)$
g) $(0, \sqrt{2})$
h) $\left(0, -\frac{4}{7}\right)$

9. Determine a parte real e a parte imaginária de cada número complexo.

a) $z = -5 + 13i$
b) $z = 15i$
c) $z = \frac{7}{3} + 2i$
d) $z = \frac{2}{3}$
e) $z = 12 + 6i$
f) $z = 5$
g) $z = \frac{\sqrt{3}}{5} + \frac{\sqrt{2}}{5}i$
h) $z = \frac{1}{7} + \frac{3}{5}i$

10. Determine os valores reais de a e b de modo que os pares de números complexos a seguir sejam iguais.

a) $z = a + 10i$ e $w = -6 + 2bi$
b) $z = (a^2 + 3) + (b + 12)i$ e $w = 7 + b^2 i$
c) $z = a^2 + 4 + 14i$ e $w = 29 + (2b + 8)i$
d) $z = a + b + ai - bi$ e $w = 3 - i$

11. Determine o conjugado de cada número complexo:

a) $z = 6 - 2i$
b) $z = -1 + i$
c) $z = 5$
d) $z = -3 + i$
e) $z = 2 - 2i$
f) $z = -3i$
g) $z = 7$
h) $z = -2 + 5i$

12. Considere os números complexos $z = 2a + (a + b)i$ e $w = 6 - 9i$. Quais devem ser os valores de a e de b para que se tenha $z = \overline{w}$?

13. Seja $w = x + yi$ um número complexo. Mostre que $\overline{\overline{w}} = w$, ou seja, que o conjugado do conjugado do número w é igual ao próprio número complexo w.

14. Sejam x e y números reais tais que $w = 6 - 5i$ e $z = (x^2 - 2) + (2y + 3)i$. Quais são os valores de x e y para que $z = \overline{w}$?

15. Quais são os valores reais de x para que o número complexo $z = (x^2 + 4x) + (x + 3)i$ seja um número real? E para que seja um imaginário puro?

16. Determine, quando possível, as restrições para a e b em cada caso.

a) O número complexo $z = 1 + (a^2 - 16)i$ é um número real.
b) $z = (2a + 8) + (6b - 4)i$ é um número imaginário puro.
c) $z = (a^2 - 16) + (b^2 + 2b - 3)i$ é um número complexo não real.
d) O número complexo $z = 3a + 5bi$ é um número real não nulo.
e) $z = (a^2 - 9) + (2a + 10)i$ é um número complexo não nulo.
f) O número complexo $z = 4i + a^2 + ai - 2$ é imaginário puro.
g) $(a + b) + (a - 3b)i = -4 - i$
h) $-a + 3 + 10i = 6 - 5i - bi$

17. Usando números complexos na forma algébrica, demonstre que a propriedade do conjugado do produto de dois números complexos e que a propriedade do conjugado da soma de dois números complexos são válidas para quaisquer dois números complexos.

Operações com números complexos na forma algébrica

As operações definidas anteriormente para os números complexos na forma de pares ordenados também são válidas para a forma algébrica desses números.

Adição e subtração de números complexos

Sejam $z_1 = (a, b)$ e $z_2 = (c, d)$ dois números complexos. Por definição:

$$z_1 + z_2 = (a, b) + (c, d) = (a + c, b + d)$$

E na forma algébrica:

$$z_1 + z_2 = (a + c, b + d) = (a + c) + (b + d)i$$

Assim, para adicionar dois números complexos, adicionam-se as partes reais e as partes imaginárias desses números:

$$z_1 + z_2 = (a + bi) + (c + di) = (a + c) + (b + d)i$$

A subtração de números complexos é análoga à adição entre eles:

$$z_1 - z_2 = (a + bi) - (c + di) = (a - c) + (b - d)i$$

Exemplos

- $\left(-\frac{1}{2} + 3i\right) + \left(1 - \frac{1}{3}i\right) = \left(-\frac{1}{2} + 1\right) + \left(3 - \frac{1}{3}\right)i = \frac{1}{2} + \frac{8}{3}i$
- $\left(\sqrt{2} + \frac{\pi}{2}i\right) - \left(3\sqrt{2} + \frac{3\pi}{2}i\right) = (\sqrt{2} - 3\sqrt{2}) + \left(\frac{\pi}{2} - \frac{3\pi}{2}\right)i = -2\sqrt{2} - \pi i$

Saiba mais

Números complexos na engenharia elétrica e eletrônica

A habilidade de operar com números complexos é muito útil na engenharia elétrica e eletrônica em geral. É um fundamento básico no trato de circuitos elétricos de corrente alternada.

Assim, é importante dominar as operações básicas com complexos nessa área, muito embora hoje já existam *softwares* específicos que podem auxiliar nos projetos de circuitos e sistemas eletroeletrônicos.

Exercícios resolvidos

18. Determine o número complexo z que satisfaz a equação $(5 + 3i) = z + (2 + 4i)$.

Resolução

$5 + 3i = z + (2 + 4i) \Rightarrow$
$\Rightarrow z = (5 + 3i) - (2 + 4i) =$
$= (5 - 2) + (3 - 4)i =$
$= 3 - i$

19. Determine os números complexos z e w tais que:

$$\begin{cases} w + z = 1 + 6i \\ w - z = -7 + 6i \end{cases}$$

Resolução

$\begin{cases} w + z = 1 + 6i \\ w - z = -7 + 6i \end{cases} \Rightarrow w + w = -6 + 12i$

Considerando w da forma $w = a + bi$, obtemos:
$(a + bi) + (a + bi) = -6 + 12i \Rightarrow$
$\Rightarrow 2a + (2b)i = -6 + 12i \Rightarrow$
$\Rightarrow 2a = -6$ e $2b = 12 \Rightarrow a = -3$ e $b = 6$
Então: $w = -3 + 6i$
Substituímos o complexo w na primeira equação:
$z + (-3 + 6i) = 1 + 6i \Rightarrow$
$\Rightarrow z = (1 + 6i) - (-3 + 6i) = 4 + 0i = 4$
Então: $z = 4$

Exercícios propostos

20. Calcule o valor das expressões, escrevendo o resultado na forma algébrica e na de par ordenado.

a) $(3 + 4i) + (-6 + 2i) - (-3i) + (5 - 12i)$
b) $\left(\frac{\pi}{4} + \frac{2}{3}i\right) + \left(-\frac{\pi}{3} + \frac{5}{3}i\right) - \left(\frac{5\pi}{6} - \frac{9}{4}i\right)$

21. Considere os números complexos $z_1 = 3 + 7i$, $z_2 = -3 + 2i$, $z_3 = 10 - 2i$ e $z_4 = -10i$. Determine o número complexo resultante de:

a) $-z_3 + z_2 - z_1$
b) $z_1 + z_2 - \overline{z_4}$
c) $(z_2 - z_3) + (z_1 + \overline{z_2})$
d) $(\overline{z_2 + z_3}) + z_1 - z_2$

22. Determine os valores reais de a e b para que $(a + 4ai) + (-4 + 3bi)$ seja um número imaginário puro.

23. Sendo z um número complexo e $\overline{z}$ o seu conjugado, determine z na forma algébrica em:

a) $z + (2 + 4i) = 12 - 3i$
b) $\overline{z} + 12 = -(z + \overline{z}) - (9 + 3i)$

24. Sendo z e w números complexos, determine, em cada item, esses números na forma algébrica.

a) $\begin{cases} z + w = -3 + 9i \\ -z + w = -4 + 14i \end{cases}$

b) $\begin{cases} -z + w = -26 + 10i \\ -z - w = 23 + 3i \end{cases}$

25. Determine os valores reais de a e b de modo que $(4 + ai) - (b + 5i) = 8 - 10i$.

Multiplicação de números complexos

Dados os números complexos $z_1 = (a, b)$ e $z_2 = (c, d)$, por definição tem-se: $z_1 \cdot z_2 = (a, b) \cdot (c, d) = (ac - bd, ad + bc)$

E na forma algébrica: $(ac - bd, ad + bc) = (ac - bd) + (ad + bc)i$

Assim, o produto de dois números complexos na forma algébrica é calculado pela propriedade distributiva da multiplicação em relação à adição:

$$z_1 \cdot z_2 = (a + bi) \cdot (c + di) = a \cdot c + a \cdot di + bi \cdot c + bi \cdot di =$$

$$= ac + adi + bci + bdi^2 = (ac - bd) + (ad + bc)i$$

$i^2 = -1$

Então: $z_1 \cdot z_2 = (a + bi) \cdot (c + di) = (ac - bd) + (ad + bc)i$

Exemplos

- $(3 + 4i) \cdot (5 - 7i) = 15 - 21i + 20i - 28i^2 = (15 + 28) + (-21 + 20)i = 43 - i$
- $(2 - 3i)^2 = 2^2 - 2 \cdot 2 \cdot 3i + (-3i)^2 = 4 - 12i - 9 = -5 - 12i$

Exercícios resolvidos

26. Determine os valores reais de a e b para que seja válida a igualdade $(C + bi) \cdot (2 - 3i) = (5 + 6i)$.

Resolução

Primeiro, determinamos o produto dos números complexos no membro à esquerda da igualdade:

$(a + bi) \cdot (2 - 3i) = 2a - 3ai + 2bi - 3bi^2 =$
$= (2a + 3b) + (-3a + 2b)i$

Então: $(2a + 3b) + (-3a + 2b)i = (5 + 6i)$

Depois, comparamos os dois membros da igualdade e resolvemos o sistema:

$$\begin{cases} 2a + 3b = 5 \\ -3a + 2b = 6 \end{cases} \Rightarrow \begin{cases} 6a + 9b = 15 \\ -6a + 4b = 12 \end{cases} +$$

$$13b = 27 \Rightarrow b = \frac{27}{13}$$

Substituímos o valor de b na primeira equação do sistema para determinar o valor de a:

$$2a + 3 \cdot \left(\frac{27}{13}\right) = 5 \Rightarrow 2a + \frac{81}{13} = 5 \Rightarrow$$

$$\Rightarrow \frac{26a + 81}{13} = \frac{65}{13} \Rightarrow 26a = 65 - 81 \Rightarrow$$

$$\Rightarrow a = -\frac{16}{26} \Rightarrow a = -\frac{8}{13}$$

Logo: $a = -\frac{8}{13}$ e $b = \frac{27}{13}$

27. Calcule $(3 + 2i)^3$.

Resolução

$(3 + 2i)^3 = (3 + 2i)^2 \cdot (3 + 2i) =$
$= [3^2 + 2 \cdot 3 \cdot 2i + (2i)^2] \cdot (3 + 2i) =$
$= (5 + 12i) \cdot (3 + 2i) = 15 + 10i + 36i + 24i^2 =$
$= -9 + 46i$

Exercícios propostos

28. Determine o valor de cada expressão no conjunto dos números complexos.

a) $-(-3 + 4i) \cdot (2 + 3i) - (4 + 7i) \cdot (2 + 8i)$

b) $(3 - i) \cdot (9 - 5i) \cdot (3i) \cdot (-5i)$

c) $\left(\frac{1}{2} + \frac{3}{4}i\right) \cdot \left(\frac{2}{3} - \frac{8}{6}i\right) + \left(\frac{7}{12} - 2i\right) \cdot \left(-\frac{16}{5} + \frac{14}{7}i\right)$

d) $(4 + 2i)^3 + (-5 - 3i)^2 + 7i \cdot (-3 - i)$

29. Considere os complexos $z = (2y + 3) + (-y - 2)i$ e $w = (y + 3i)$.

a) Determine o número complexo $z \cdot w$ em função de y.

b) Calcule os valores reais de y tais que: $Re(z \cdot w) \geqslant Im(z \cdot w)$

30. Determine o valor de m para que o número complexo $z = (5 + 3i) \cdot [(2m + 10) + 3i]$ seja um número:

a) imaginário puro;

b) real.

31. Calcule os valores em cada item.

a) $(\sqrt{2} - \sqrt{3}i)^2$

b) $\left(\frac{1}{3} - 6i\right)^2$

c) $(-5 + 2i)^3$

d) $\left(\frac{1}{2} + i\right)^3$

32. Determine o número complexo z tal que:

- a adição com seu conjugado seja igual ao quádruplo de sua parte imaginária;
- o produto pelo seu conjugado seja igual a 25.

Divisão de números complexos

Para dividir dois números complexos, multiplicam-se o dividendo e o divisor pelo conjugado do divisor. Esse procedimento transforma o divisor em um número real.

Dados dois números complexos, z_1 e z_2, na forma algébrica, o quociente de z_1 por z_2 é:

$$\frac{z_1}{z_2} = \frac{z_1}{z_2} \cdot \frac{\overline{z_2}}{\overline{z_2}}, \text{ com } z_2 \neq 0$$

Observação

O processo de transformar o divisor em um número real é semelhante ao de racionalizar o denominador de uma fração.

Exemplo

Dados os números complexos $z = 2 + i$ e $w = 3 - 2i$, o quociente $\frac{z}{w}$ é:

1º modo: $\frac{z}{w} = \frac{z}{w} \cdot \frac{\overline{w}}{\overline{w}} = \frac{(2+i)}{(3-2i)} \cdot \frac{(3+2i)}{(3+2i)} = \frac{6+4i+3i+2i^2}{9-4i^2} = \frac{4+7i}{13} = \frac{4}{13} + \frac{7}{13}i$

2º modo: A divisão de dois números complexos também pode ser feita do seguinte modo:

$$\frac{z_1}{z_2} = x + yi \Rightarrow z_1 = (x + yi) \cdot z_2, \text{ com } x \text{ e } y \text{ reais.}$$

Aplicando-se a propriedade distributiva ao segundo membro da equação, obtém-se um número complexo em função dos números reais x e y, que é igual ao primeiro membro da equação. Pela igualdade entre números complexos, determinam-se os valores de x, de y e o resultado da divisão.

Assim, para os números complexos $z = 2 + i$ e $w = 3 - 2i$:

$\frac{z}{w} = x + yi \Rightarrow \frac{2+i}{3-2i} = x + yi \Rightarrow 2 + i = (x + yi) \cdot (3 - 2i) \Rightarrow$

$\Rightarrow 2 + i = (3x + 2y) + (3y - 2x)i \Rightarrow \begin{cases} 3x + 2y = 2 \\ 3y - 2x = 1 \end{cases} \Rightarrow \begin{cases} 6x + 4y = 4 \\ -6x + 9y = 3 \end{cases}$

Resolvendo esse sistema, obtém-se: $13y = 7 \Rightarrow y = \frac{7}{13}$

$3x + 2 \cdot \frac{7}{13} = 2 \Rightarrow 3x = 2 - \frac{14}{13} = \frac{12}{13} \Rightarrow x = \frac{4}{13}$

Então: $\frac{z}{w} = \frac{4}{13} + \frac{7}{13}i$

Exercícios propostos

33. Calcule:

a) $\frac{14 + 2i}{-1 - i}$

b) $\frac{(4 + 2i)^2}{2 + 4i}$

c) $\frac{6 + 7i}{6 - 7i}$

d) $\frac{3}{4 + 2i}$

e) $\frac{7i}{1 - i}$

f) $\frac{9}{4i}$

34. Determine o conjugado do seguinte número complexo:

$$z = \frac{16 + 5i}{3i}$$

35. Calcule o valor de z^2 sabendo que $z = \frac{i}{1 - 3i}$.

36. Simplifique as expressões a seguir.

a) $(3 + 4i)i - (13 + 5i) \cdot (-13 + 2i)$

b) $\frac{(-2 + 2i)^2 + (\sqrt{3} + \sqrt{3}i)^2}{\sqrt{2}i}$

c) $\frac{(3 - i) \cdot (2 + i) + (5 - i)}{-i}$

37. Determine o valor de $\frac{2z^2}{\overline{z}}$ sabendo que $z = 4 - i$.

38. Sabendo que o inverso de um número complexo z é $\frac{1}{z}$, determine o inverso de:

a) $z = 5 + 6i$

b) $z = \frac{2}{3} + \frac{1}{3}i$

c) $z = -2 - 7i$

d) $z = \frac{16i}{3}$

39. Quais são os valores reais de a e b que tornam verdadeira a igualdade $-2 + \sqrt{3}i - \frac{a}{1 - \sqrt{3}i} = b$?

40. Calcule o valor de a para que o número complexo $z = \frac{3}{i} + \frac{4}{1 - 3i} - \frac{a}{4 + 2i}$ seja um número real.

41. Quais devem ser os valores reais de x para que a parte real do número complexo $z = \frac{x + 3i}{x - 2i}$ seja negativa?

42. Determine os valores de a e b reais em cada item.

a) $\frac{(a + bi)}{2 + i} = \frac{38 - 8i}{5}$

b) $(7 + 3i) \cdot (a + bi) = 58$

c) $(a + bi)^2 = 32 + 24i$

Potências de i

É possível determinar as potências da unidade imaginária pelas propriedades de potências de números reais.

No quadro abaixo, têm-se algumas potências e seus respectivos valores.

$i^0 = 1$	$i^4 = i^3 \cdot i = -i \cdot i = -i^2 = -(-1) = 1$	$i^8 = i^7 \cdot i = -i \cdot i = -i^2 = -(-1) = 1$	...
$i^1 = i$	$i^5 = i^4 \cdot i = 1 \cdot i = i$	$i^9 = i^8 \cdot i = 1 \cdot i = i$	
$i^2 = -1$	$i^6 = i^5 \cdot i = i \cdot i = i^2 = -1$	$i^{10} = i^9 \cdot i = i \cdot i = i^2 = -1$	
$i^3 = i^2 \cdot i = -1 \cdot i = -i$	$i^7 = i^6 \cdot i = -1 \cdot i = -i$	$i^{11} = i^{10} \cdot i = -1 \cdot i = -i$	

Observa-se que as potências da unidade imaginária de expoente natural se repetem. Assim, para $n \in \mathbb{N}$, têm-se:

$4n$ representa os expoentes divisíveis por 4.

- $i^{4n} = (i^4)^n = 1^n = 1$

$4n + 1$ representa os expoentes que, quando divididos por 4, têm resto 1.

- $i^{4n+1} = i^{4n} \cdot i = 1 \cdot i = i$

$4n + 2$ representa os expoentes que, quando divididos por 4, têm resto 2.

- $i^{4n+2} = i^{4n} \cdot i^2 = 1 \cdot (-1) = -1$

$4n + 3$ representa os expoentes que, quando divididos por 4, têm resto 3.

- $i^{4n+3} = i^{4n} \cdot i^3 = 1 \cdot (-i) = -i$

Para refletir

Qual é o valor da soma $i^n + i^{n+1} + i^{n+2} + i^{n+3}$ para qualquer $n \in \mathbb{N}$?

Exercício resolvido

43. Determine os valores de i^{32}, i^{57}, i^{42} e i^{39}.

Resolução

Para calcular qualquer potência natural da unidade imaginária, dividimos o expoente por 4 e calculamos o valor de: $i^{\text{resto da divisão do expoente por 4}}$

- Assim, para calcular i^{32}, primeiro efetuamos a divisão $32 : 4 = 8$, de que se conclui que o resto é 0. Logo: $i^{32} = i^0 = 1$

  Outro modo de mostrar essa igualdade é reescrever a potência como uma potência de i^4:

  $i^{32} = (i^4)^8 = 1^8 = 1$
- Analogamente, para calcular i^{57}, dividimos 57 por 4, obtendo resto 1. Logo: $i^{57} = i^1 = i$

  Ou então: $i^{57} = (i^4)^{14} \cdot i = 1^{14} \cdot i = 1 \cdot i = i$
- Para calcular i^{42}, dividimos 42 por 4, obtendo resto 2. Logo: $i^{42} = i^2 = -1$

  Ou então: $i^{42} = (i^4)^{10} \cdot i^2 = 1^{10} \cdot (-1) =$
  $= 1 \cdot (-1) = -1$
- Para calcular i^{39}, dividimos 39 por 4, obtendo resto 3. Logo: $i^{39} = i^3 = -i$

  Ou então: $i^{39} = (i^4)^9 \cdot i^3 = 1^9 \cdot (-i) =$
  $= 1 \cdot (-i) = -i$

Exercícios propostos

44. Determine o valor de cada potência:

a) i^{50}
b) $(-i)^{152}$
c) i^{1000}
d) i^{17}
e) i^{196}
f) i^{147}
g) i^{120}
h) i^{76}
i) i^{30}

45. Efetue as operações indicadas a seguir.

a) $\dfrac{6 + i^{11}}{3 + i^{19}}$

b) $\dfrac{-3 + i^{13}}{4 + i^{21}}$

c) $\dfrac{i^{73} + i^{56}}{2 + i^{18}}$

d) $\dfrac{i^{46} + i^{11}}{i^{17} - 5}$

e) $\dfrac{(-3i)^5 - 9}{i^{96}}$

f) $\dfrac{(-2i)^{10} + 4}{i^{44}}$

3. Representação geométrica de um número complexo

Por constituir um par ordenado de números reais, todo número complexo pode ser representado geometricamente no plano cartesiano – o qual, nesse caso, é denominado **plano complexo** ou **plano de Argand-Gauss**.

Plano complexo

Seja $z = (a, b)$ um número complexo. Pode-se representar esse número por um ponto no plano cartesiano do seguinte modo:

- marca-se no eixo Ox a parte real a do número complexo;
- marca-se no eixo Oy a parte imaginária b do número complexo.

Assim, obtém-se o ponto $P(a, b)$. Diz-se que o **afixo** do número complexo $z = a + bi$ é o ponto P. O eixo Ox é denominado **eixo real** e indicado por Re, e o eixo Oy é denominado **eixo imaginário** e indicado por Im.

Representação geométrica do ponto $P(a, b)$, que é o afixo do número complexo $z = a + bi$, com $a > 0$ e $b > 0$.

Exemplo

O número complexo $z = 3 + 0i = 3$ é representado pelo ponto $P_z(3, 0)$, o número complexo $w = 0 - 2i = -2i$ é representado pelo ponto $P_w(0, -2)$, e o número complexo $y = -3 - i$, pelo ponto $P_y(-3, -1)$.

A seguir, têm-se as representações desses números complexos e de seus conjugados no plano complexo.

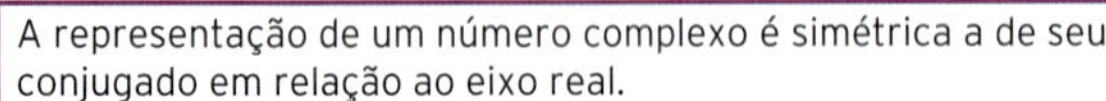

A representação de um número complexo é simétrica a de seu conjugado em relação ao eixo real.

A representação de um número complexo real está sobre o eixo real. Sua representação é coincidente com a de seu conjugado.

A representação de um número imaginário puro está sobre o eixo imaginário. A representação de seu conjugado, que também é imaginário puro, está sobre o mesmo eixo e é simétrica a ele em relação ao eixo real.

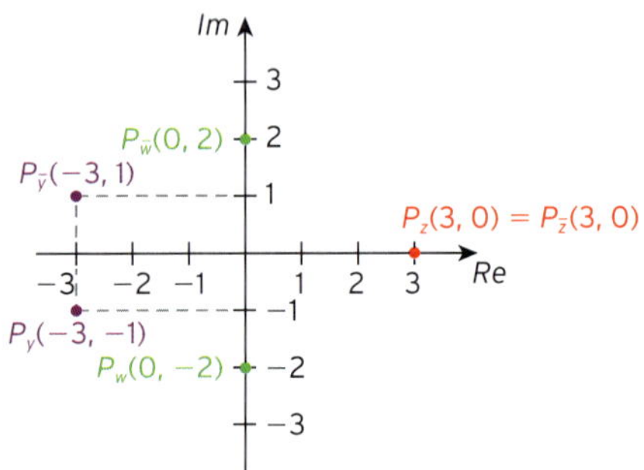

Se um número complexo é um número real, seu afixo é um ponto localizado no eixo real. Se o número complexo é imaginário puro, seu afixo é um ponto localizado no eixo imaginário.

Exercício resolvido

46. Represente geometricamente os números complexos $z_1 = 1 + 2i$, $z_2 = -\frac{1}{2} + \frac{3}{2}i$ e $z_3 = -2$. Depois, represente geometricamente os seus conjugados e os resultados das operações $z_1 + z_3$ e $z_1 - z_3$.

Resolução

Vamos determinar o afixo de cada número complexo e representar os pontos obtidos no plano de Argand-Gauss:

- $z_1 = 1 + 2i \Rightarrow P(1, 2)$;
- $z_2 = -\frac{1}{2} + \frac{3}{2}i \Rightarrow Q\left(-\frac{1}{2}, \frac{3}{2}\right)$;
- $z_3 = -2 \Rightarrow S(-2, 0)$;
- $\bar{z}_1 = 1 - 2i \Rightarrow P'(1, -2)$;
- $\bar{z}_2 = -\frac{1}{2} + \frac{3}{2}i \Rightarrow Q'\left(-\frac{1}{2}, -\frac{3}{2}\right)$;
- $\bar{z}_3 = -2 \Rightarrow S'(-2, 0)$
- $z_1 + z_3 = 1 + 2i + (-2) = -1 + 2i \Rightarrow T(-1, 2)$
- $z_1 - z_3 = 1 + 2i - (-2) = 3 + 2i \Rightarrow U(3, 2)$

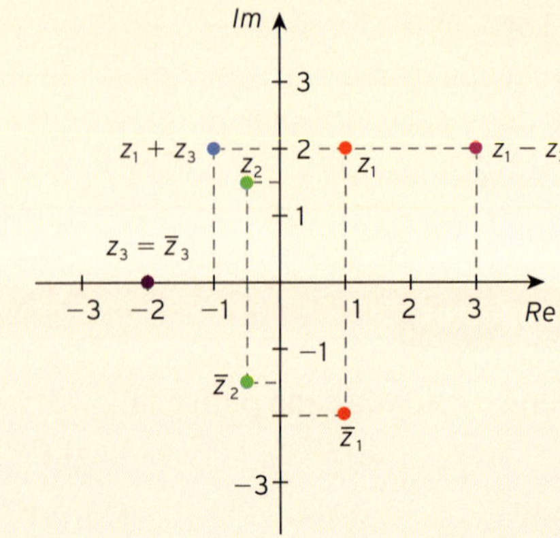

Módulo de um número complexo

Geometricamente, o **módulo** de um número complexo é a distância de seu afixo à origem do plano complexo. Denota-se o módulo do número complexo z por $|z|$ ou ρ (letra rô do alfabeto grego). Neste livro, vamos adotar a notação ρ.

Sendo um número complexo $z = a + bi$ não nulo ($z \neq 0$) e $P(a, b)$ seu afixo em um plano complexo de origem $O(0, 0)$, como mostrado ao lado, pela distância entre pontos, tem-se:

$$\rho = d(P, O) = \sqrt{(a - 0)^2 + (b - 0)^2} = \sqrt{a^2 + b^2}$$

Logo:

$$\rho = \sqrt{a^2 + b^2}$$

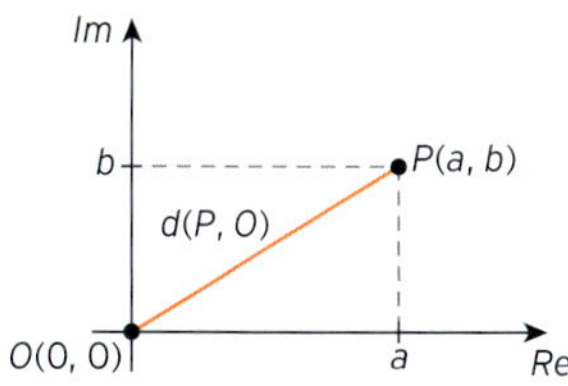

Representação geométrica do número complexo $z = a + bi$ no plano complexo de origem $O(0, 0)$ com $a > 0$ e $b > 0$. O módulo de z é a distância entre seu afixo P e a origem O.

Argumento de um número complexo

Sendo o número complexo $z = a + bi$, $z \neq 0$, de afixo $P(a, b)$ em um plano complexo de origem $O(0, 0)$, o **argumento** desse número complexo é a medida θ do ângulo formado entre a semirreta $\overrightarrow{OP}$ e o eixo Re do plano, tomado a partir do eixo Re, no sentido anti-horário. Tem-se $0 \leqslant \theta < 2\pi$ (ou $0° \leqslant \theta < 360°$).

Para simplificar o estudo, supõe-se, por exemplo, que $a > 0$ e $b > 0$. Logo, o afixo P do número complexo z pertence ao 1º quadrante do plano complexo, como mostrado ao lado.

O ponto $R(a, 0)$ é a projeção ortogonal de P sobre o eixo Re. Então, por construção, os pontos O, P e R determinam um triângulo retângulo em R.

Assim, têm-se as seguintes relações:

$$\begin{cases} \text{sen } \theta = \dfrac{PR}{OP} = \dfrac{b}{\rho} \\ \cos \theta = \dfrac{OR}{OP} = \dfrac{a}{\rho} \end{cases}$$

É possível mostrar que essas relações são válidas para qualquer número complexo não nulo.

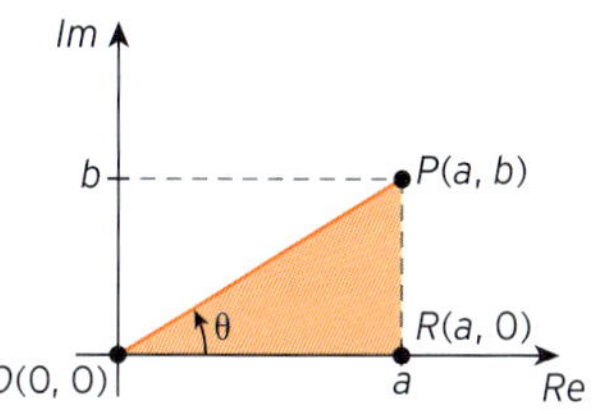

Representação geométrica do número complexo $z = a + bi$ com $a > 0$ e $b > 0$. O ângulo de medida θ formado entre a semirreta $\overline{OP}$ e o eixo real, tomado a partir do eixo Re no sentido anti-horário, é o argumento de z.

Exemplo

O módulo do número complexo $z = 1 + i$ é: $\rho = \sqrt{1^2 + 1^2} = \sqrt{2}$

E o argumento de z pode ser calculado pelas seguintes relações:

$$\begin{cases} \text{sen } \theta = \dfrac{b}{\rho} = \dfrac{1}{\sqrt{2}} = \dfrac{\sqrt{2}}{2} \\ \cos \theta = \dfrac{a}{\rho} = \dfrac{1}{\sqrt{2}} = \dfrac{\sqrt{2}}{2} \end{cases} \Rightarrow \theta = 45° \text{ ou } \theta = \dfrac{\pi}{4}$$

Logo: $\rho = \sqrt{2}$ e $\theta = 45°$ ou $\theta = \dfrac{\pi}{4}$

Exercícios propostos

47. Determine o módulo de cada número complexo a seguir. Depois, represente geometricamente cada um deles em um plano complexo.

a) $z = 2 + 3i$

b) $z = -1 - \sqrt{3}i$

c) $z = 4 - \dfrac{3}{2}i$

d) $z = 3$

48. Calcule o valor de x, sabendo que o módulo do número complexo $z = 4 + xi$ é $\sqrt{20}$.

49. Determine o módulo e o argumento do número complexo $z = \dfrac{\sqrt{3}}{2} + \dfrac{1}{2}i$ e de seu conjugado.

4. Representação trigonométrica de um número complexo

É possível relacionar um plano complexo a um **sistema de coordenadas polares**. Nesse sistema, sendo P o afixo do número complexo $z = a + bi$ de módulo ρ e argumento θ, esse ponto é representado pelo par ordenado (ρ, θ).

Para o número complexo z são válidas as seguintes relações:

$\rho = \sqrt{a^2 + b^2}$	$\text{sen}\,\theta = \frac{b}{\rho}$	$\cos\theta = \frac{a}{\rho}$

Pode-se escrever as coordenadas a e b em função de ρ e de θ:

$$\text{sen}\,\theta = \frac{b}{\rho} \Rightarrow b = \rho \cdot \text{sen}\,\theta$$

$$\cos\theta = \frac{a}{\rho} \Rightarrow a = \rho \cdot \cos\theta$$

Assim, substituindo os valores determinados para a e b na forma algébrica do número complexo z, determina-se sua **forma trigonométrica**, ou **forma polar**:

$$z = a + bi = \rho \cdot \cos\theta + \rho \cdot \text{sen}\,\theta \cdot i \Rightarrow z = \rho \cdot (\cos\theta + i \cdot \text{sen}\,\theta)$$

Exemplos

- O módulo do número complexo $z_1 = \frac{3}{2} + \frac{3\sqrt{3}}{2}i$ é: $\rho = \sqrt{\left(\frac{3}{2}\right)^2 + \left(\frac{3\sqrt{3}}{2}\right)^2} = 3$

  Colocando 3 em evidência na forma algébrica de z, tem-se: $z_1 = 3 \cdot \left(\frac{1}{2} + \frac{\sqrt{3}}{2}i\right)$

  Então, $\text{sen}\,\theta = \frac{\sqrt{3}}{2}$ e $\cos\theta = \frac{1}{2}$, ou seja, $\theta = \frac{\pi}{3}$. Logo, a forma trigonométrica desse número complexo é: $z_1 = 3 \cdot \left[\cos\left(\frac{\pi}{3}\right) + i \cdot \text{sen}\left(\frac{\pi}{3}\right)\right]$

  A partir da forma trigonométrica, basta calcularmos os valores do seno e do cosseno do argumento de um número complexo para obter sua forma algébrica:

  $z_1 = 3 \cdot \left[\cos\left(\frac{\pi}{3}\right) + i \cdot \text{sen}\left(\frac{\pi}{3}\right)\right] = 3 \cdot \left(\frac{1}{2} + i \cdot \frac{\sqrt{3}}{2}\right) \Rightarrow z_1 = \frac{3}{2} + \frac{3\sqrt{3}}{2}i$

- O módulo do número complexo $z_2 = -2i$ é: $\rho = \sqrt{0^2 + (-2)^2} = 2$

  Colocando 2 em evidência, tem-se: $z_2 = 2 \cdot (-i) = 2 \cdot (0 - i)$

  Então, $\text{sen}\,\theta = -1$ e $\cos\theta = 0$, ou seja, $\theta = \frac{3\pi}{2}$. Portanto, a forma trigonométrica desse número complexo é: $z_2 = 2 \cdot \left[\cos\left(\frac{3\pi}{2}\right) + i \cdot \text{sen}\left(\frac{3\pi}{2}\right)\right]$

- O módulo do número complexo $z_3 = 3$ é: $\rho = \sqrt{3^2 + 0^2} = 3$

  Então: $z_3 = 3 \cdot (1 + 0i)$, ou seja, $\text{sen}\,\theta = 0$ e $\cos\theta = 1$ e, portanto, $\theta = 0°$. Logo, a forma trigonométrica desse número complexo é:

  $z_3 = 3 \cdot (\cos 0° + i \cdot \text{sen}\,0°)$

Exercícios propostos

50. Represente, na forma trigonométrica e na forma geométrica, cada número complexo a seguir.

a) $z = -\frac{5\sqrt{2}}{2} - \frac{5\sqrt{2}}{2}i$

b) $z = -\frac{1}{2} + \frac{\sqrt{3}}{2}i$

c) $z = 3\sqrt{2} - 3\sqrt{2}i$

d) $z = -7$

e) $z = -3i$

f) $z = \sqrt{3} - i$

51. Represente os números complexos a seguir na forma algébrica e em um plano complexo.

a) $z = 4 \cdot \left[\cos\left(\frac{3\pi}{2}\right) + i \cdot \text{sen}\left(\frac{3\pi}{2}\right)\right]$

b) $z = 6 \cdot \left[\cos\left(\frac{5\pi}{4}\right) + i \cdot \text{sen}\left(\frac{5\pi}{4}\right)\right]$

c) $z = 2 \cdot \left[\cos\left(\frac{\pi}{3}\right) + i \cdot \text{sen}\left(\frac{\pi}{3}\right)\right]$

Operações com números complexos na forma trigonométrica

As operações definidas para os números complexos na forma algébrica são válidas também para os números complexos na forma trigonométrica. Sendo $z_1 = \rho_1 \cdot (\cos \theta_1 + i \cdot \text{sen } \theta_1)$ e $z_2 = \rho_2 \cdot (\cos \theta_2 + i \cdot \text{sen } \theta_2)$ números complexos na forma trigonométrica, são válidas as operações descritas a seguir.

Multiplicação de números complexos

Pela propriedade distributiva da multiplicação em relação à adição, obtém-se o produto de z_1 por z_2:

$$z_1 \cdot z_2 = [\rho_1 \cdot (\cos \theta_1 + i \cdot \text{sen } \theta_1)] \cdot [\rho_2 \cdot (\cos \theta_2 + i \cdot \text{sen } \theta_2)] =$$

$$= \rho_1 \cdot \rho_2 \cdot (\cos \theta_1 + i \cdot \text{sen } \theta_1) \cdot (\cos \theta_2 + i \cdot \text{sen } \theta_2) =$$

$$= \rho_1 \cdot \rho_2 \cdot (\cos \theta_1 \cdot \cos \theta_2 + i \cdot \cos \theta_1 \cdot \text{sen } \theta_2 + i \cdot \text{sen } \theta_1 \cdot \cos \theta_2 +$$

$$+ i^2 \cdot \text{sen } \theta_1 \cdot \text{sen } \theta_2) = \rho_1 \cdot \rho_2 \cdot [(\cos \theta_1 \cdot \cos \theta_2 - \text{sen } \theta_1 \cdot \text{sen } \theta_2) +$$

$$+ i \cdot (\cos \theta_1 \cdot \text{sen } \theta_2 + \text{sen } \theta_1 \cdot \cos \theta_2)]$$

Pelas relações trigonométricas da adição e da subtração de arcos, conclui-se que o produto dos números complexos z_1 e z_2 na forma trigonométrica é:

$$z_1 \cdot z_2 = \rho_1 \cdot \rho_2 \cdot [\cos (\theta_1 + \theta_2) + i \cdot \text{sen } (\theta_1 + \theta_2)]$$

Divisão de números complexos

O quociente de z_1 por z_2 é obtido pela multiplicação do numerador e do denominador pelo conjugado do número complexo z_2:

$$\frac{z_1}{z_2} = \frac{z_1}{z_2} \cdot \frac{\overline{z_2}}{\overline{z_2}} = \frac{\rho_1 \cdot (\cos \theta_1 + i \cdot \text{sen } \theta_1)}{\rho_2 \cdot (\cos \theta_2 + i \cdot \text{sen } \theta_2)} \cdot \frac{\rho_2 \cdot (\cos \theta_2 - i \cdot \text{sen } \theta_2)}{\rho_2 \cdot (\cos \theta_2 - i \cdot \text{sen } \theta_2)} =$$

$$= \frac{\rho_1}{\rho_2} \cdot \frac{\cos \theta_1 \cdot \cos \theta_2 - i \cdot \cos \theta_1 \cdot \text{sen } \theta_2 + i \cdot \text{sen } \theta_1 \cdot \cos \theta_2 - i^2 \cdot \text{sen } \theta_1 \cdot \text{sen } \theta_2}{\cos^2 \theta_2 - i \cdot \cos \theta_2 \cdot \text{sen } \theta_2 + i \cdot \text{sen } \theta_2 \cdot \cos \theta_2 - i^2 \cdot \text{sen}^2 \theta_2} =$$

$$= \frac{\rho_1}{\rho_2} \cdot \frac{(\cos \theta_1 \cdot \cos \theta_2 + \text{sen } \theta_1 \cdot \text{sen } \theta_2) + i \cdot (\text{sen } \theta_1 \cdot \cos \theta_2 - \cos \theta_1 \cdot \text{sen } \theta_2)}{\cos^2 \theta_2 + \text{sen}^2 \theta_2} =$$

$$= \frac{\rho_1}{\rho_2} \cdot \frac{(\cos \theta_1 \cdot \cos \theta_2 + \text{sen } \theta_1 \cdot \text{sen } \theta_2) + i \cdot (\text{sen } \theta_1 \cdot \cos \theta_2 - \cos \theta_1 \cdot \text{sen } \theta_2)}{1}$$

Pelas relações trigonométricas da adição e subtração de arcos, conclui-se que o quociente dos números complexos z_1 e z_2 na forma trigonométrica é:

$$\frac{z_1}{z_2} = \frac{\rho_1}{\rho_2} \cdot [\cos (\theta_1 - \theta_2) + i \cdot \text{sen } (\theta_1 - \theta_2)]$$

Para recordar

Adição e subtração de arcos

- Seno da soma de dois arcos: $\text{sen } (a + b) =$ $= \text{sen } a \cdot \cos b + \text{sen } b \cdot \cos a$
- Seno da diferença de dois arcos: $\text{sen } (a - b) =$ $= \text{sen } a \cdot \cos b - \text{sen } b \cdot \cos a$
- Cosseno da soma de dois arcos: $\cos (a + b) =$ $= \cos a \cdot \cos b - \text{sen } a \cdot \text{sen } b$
- Cosseno da diferença de dois arcos: $\cos (a - b) =$ $= \cos a \cdot \cos b + \text{sen } a \cdot \text{sen } b$

Exercício resolvido

52. Calcule o produto e o quociente de $z_1 = 6 \cdot \left[\cos\left(\frac{\pi}{4}\right) + i \cdot \text{sen}\left(\frac{\pi}{4}\right)\right]$ por $z_2 = 2 \cdot \left[\cos\left(\frac{\pi}{6}\right) + i \cdot \text{sen}\left(\frac{\pi}{6}\right)\right]$.

Resolução

Produto dos números complexos z_1 e z_2:

$$z_1 \cdot z_2 = 6 \cdot 2 \cdot \left[\cos\left(\frac{\pi}{4} + \frac{\pi}{6}\right) + i \cdot \text{sen}\left(\frac{\pi}{4} + \frac{\pi}{6}\right)\right] \Rightarrow z_1 \cdot z_2 = 12 \cdot \left[\cos\left(\frac{5\pi}{12}\right) + i \cdot \text{sen}\left(\frac{5\pi}{12}\right)\right]$$

Quociente dos números complexos z_1 e z_2:

$$\frac{z_1}{z_2} = \frac{6}{2} \cdot \left[\cos\left(\frac{\pi}{4} - \frac{\pi}{6}\right) + i \cdot \text{sen}\left(\frac{\pi}{4} - \frac{\pi}{6}\right)\right] \Rightarrow \frac{z_1}{z_2} = 3 \cdot \left[\cos\left(\frac{\pi}{12}\right) + i \cdot \text{sen}\left(\frac{\pi}{12}\right)\right]$$

Potenciação de números complexos

Sendo z um número complexo, a potência z^n, com $n \in \mathbb{N}$, é dada por:

$$z^n = \underbrace{z \cdot z \cdot z \cdot z \cdot z \ldots \cdot z}_{n \text{ fatores}},\ n \in \mathbb{N}.$$

Considerando $z = \rho \cdot (\cos\theta + i \cdot \text{sen}\,\theta)$, então:

$$z^n = \underbrace{z \cdot \ldots \cdot z}_{n \text{ fatores}} = \underbrace{\rho \cdot \ldots \cdot \rho}_{n \text{ fatores}} \cdot [\cos(\underbrace{\theta + \ldots + \theta}_{n \text{ fatores}}) + i \cdot \text{sen}\,(\underbrace{\theta + \ldots + \theta}_{n \text{ fatores}})]$$

Assim:

$$z^n = \rho^n \cdot \cos[(n\theta) + i \cdot \text{sen}\,(n\theta)], \text{ para qualquer } n \in \mathbb{N}.$$

Essa expressão é conhecida como **primeira fórmula de De Moivre**.

Observa-se que, para $n = 0$, tem-se:

$z^0 = \rho^0 \cdot [\cos(0 \cdot \theta) + i \cdot \text{sen}\,(0 \cdot \theta)] = 1 \cdot [\cos 0 + i \cdot \text{sen}\,0] \Rightarrow z^0 = 1 \cdot (1 + 0) = 1$

Radiciação

Seja o número complexo $z = \rho \cdot (\cos\theta + i \cdot \text{sen}\,\theta)$. Determinar as raízes n-ésimas $\sqrt[n]{z}$, com $n \in \mathbb{N}$, $n \geqslant 2$, significa encontrar os números complexos $z_k = \rho_k \cdot (\cos\theta_k + i \cdot \text{sen}\,\theta_k)$ tais que $(z_k)^n = z$, com $k \in \mathbb{N}$.

Aplicando a primeira fórmula de De Moivre, obtemos:

$(z_k)^n = z \Rightarrow (\rho_k)^n \cdot [\cos(n\theta_k) + i \cdot \text{sen}\,(n\theta_k)] = \rho \cdot (\cos\theta + i \cdot \text{sen}\,\theta)$

Comparando os dois membros da igualdade, obtém-se: $\begin{cases} (\rho_k)^n = \rho \\ \cos(n\theta_k) = \cos\theta \\ \text{sen}\,(n\theta_k) = \text{sen}\,\theta \end{cases}$

Da primeira equação, obtém-se: $\rho_k = \sqrt[n]{\rho}$

Da segunda e da terceira equações, obtém-se: $n\theta_k = \theta + 2k\pi \Rightarrow \theta_k = \dfrac{\theta}{n} + \dfrac{2k\pi}{n}$

Para que as raízes sejam todas distintas, deve-se ter $k \in \{0, 1, 2..., n - 1\}$.

Portanto, todas as raízes n-ésimas distintas de um número complexo z, na forma trigonométrica, são:

$$\sqrt[n]{z} = z_k = \sqrt[n]{\rho} \cdot \left[\cos\left(\frac{\theta}{n} + \frac{2k\pi}{n}\right) + i \cdot \text{sen}\left(\frac{\theta}{n} + \frac{2k\pi}{n}\right)\right],\ k \in \{0, 1, 2..., n - 1\}$$

Essa expressão é conhecida como **segunda fórmula de De Moivre**.

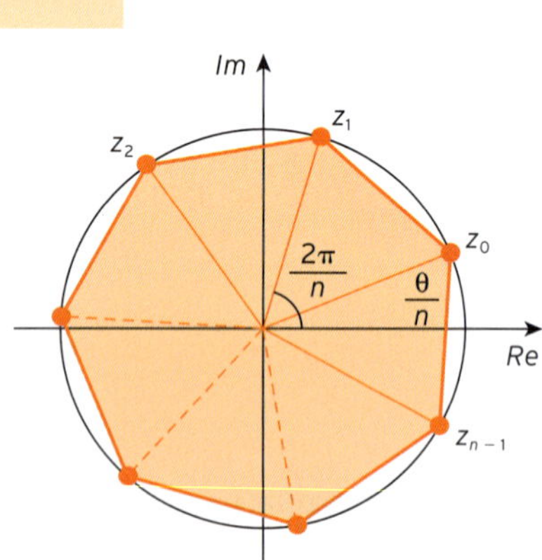

Observação

Essas raízes têm o mesmo módulo $\sqrt[n]{\rho}$, e seus argumentos estão em progressão aritmética de razão $\dfrac{2\pi}{n}$ e primeiro termo $\dfrac{\theta}{n}$.

$$\theta_0 = \frac{\theta}{n},\ \theta_1 = \frac{\theta}{n} + \frac{2\pi}{n},\ \theta_2 = \frac{\theta}{n} + \frac{4\pi}{n},\ \ldots,\ \theta_{n-1} = \frac{\theta}{n} + \frac{2(n-1)\pi}{n}$$

Como consequência, a representação geométrica dessas raízes são os vértices de um polígono regular de n lados, inscrito em uma circunferência de raio medindo $\sqrt[n]{\rho}$ e centro na origem do plano complexo, como representado ao lado.

Exemplo

Para determinar as raízes cúbicas de $8 \cdot (\cos\pi + i \cdot \text{sen}\,\pi)$, calculam-se z_0, z_1 e z_2:

$$z_0 = \sqrt[3]{8} \cdot \cos\left[\left(\frac{\pi + 2 \cdot 0 \cdot \pi}{3}\right) + i \cdot \text{sen}\left(\frac{\pi + 2 \cdot 0 \cdot \pi}{3}\right)\right] = 2 \cdot \left[\cos\left(\frac{\pi}{3}\right) + i \cdot \text{sen}\left(\frac{\pi}{3}\right)\right]$$

$$z_1 = \sqrt[3]{8} \cdot \cos\left[\left(\frac{\pi + 2 \cdot 1 \cdot \pi}{3}\right) + i \cdot \text{sen}\left(\frac{\pi + 2 \cdot 1 \cdot \pi}{3}\right)\right] = 2 \cdot [\cos\pi + i \cdot \text{sen}\,\pi]$$

$$z_2 = \sqrt[3]{8} \cdot \cos\left[\left(\frac{\pi + 2 \cdot 2 \cdot \pi}{3}\right) + i \cdot \text{sen}\left(\frac{\pi + 2 \cdot 2 \cdot \pi}{3}\right)\right] = 2 \cdot \left[\cos\left(\frac{5\pi}{3}\right) + i \cdot \text{sen}\left(\frac{5\pi}{3}\right)\right]$$

Geometricamente, as raízes são os vértices de um triângulo equilátero inscrito em uma circunferência de raio medindo 2.

Interpretação geométrica da adição e da multiplicação

Considerando os números complexos $z_1 = a_1 + b_1 i$ e $z_2 = a_2 + b_2 i$ e seus afixos P e Q, o quadro abaixo mostra as representações geométricas em um plano complexo da soma $z_1 + z_2$ e do produto $z_1 \cdot z_2$.

$z_1 + z_2$	$z_1 \cdot z_2$
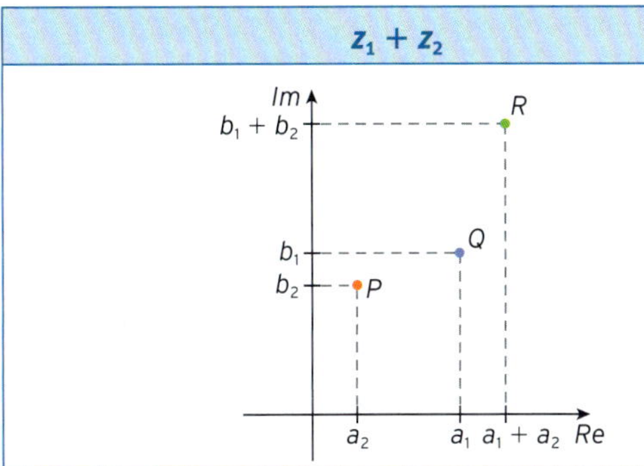	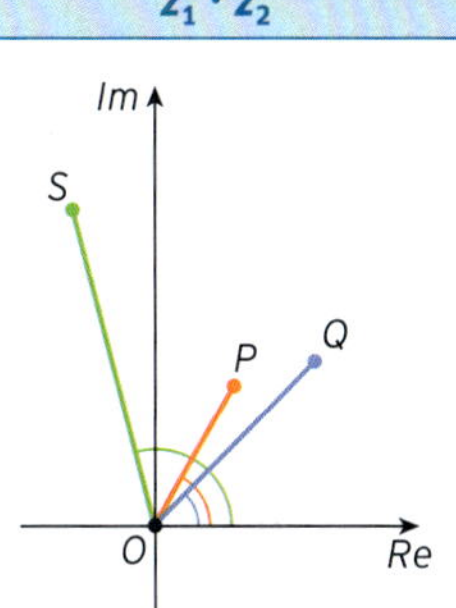
Em $z_1 + z_2$, a parte real e a parte imaginária de $z_1 + z_2$ são a soma das partes reais e imaginárias de z_1 e z_2. Logo, a representação no plano está relacionada à **forma algébrica** desses números complexos. O afixo de $z_1 + z_2$ é o ponto R.	Em $z_1 \cdot z_2$, há uma rotação positiva do segmento $\overline{OP}$ em um ângulo igual ao argumento de z_2, de modo que o argumento de $z_1 \cdot z_2$ é a soma dos argumentos de z_1 e de z_2. O módulo de $z_1 \cdot z_2$ é o produto dos módulos de z_1 e de z_2. Logo, a representação no plano está relacionada à **forma trigonométrica** desses números complexos. O afixo de $z_1 \cdot z_2$ é o ponto S.

Exercícios resolvidos

53. Determine a quinta potência do número complexo $z = 2 \cdot \left[\cos\left(\frac{\pi}{6}\right) + i \cdot \text{sen}\left(\frac{\pi}{6}\right)\right]$.

Resolução

Utilizando a primeira fórmula de De Moivre, temos:

$$z^5 = 2^5 \cdot \left[\cos\left(5 \cdot \frac{\pi}{6}\right) + i \cdot \text{sen}\left(5 \cdot \frac{\pi}{6}\right)\right] = 32 \cdot \cos\left[\left(\frac{5\pi}{6}\right) + i \cdot \text{sen}\left(\frac{5\pi}{6}\right)\right]$$

54. Determine as raízes quartas de $\sqrt{2} - \sqrt{2}i$.

Resolução

Primeiro é necessário escrever o número complexo na forma trigonométrica, determinando o módulo ρ e o argumento θ.

- $\rho = \sqrt{(\sqrt{2})^2 + (-\sqrt{2})^2} = 2$
- $\text{sen}\,\theta = -\frac{\sqrt{2}}{2}$
- $\cos\theta = \frac{\sqrt{2}}{2} \Rightarrow \theta = \frac{7\pi}{4}$

Assim: $z = 2 \cdot \cos\left[\left(\frac{7\pi}{4}\right) + i \cdot \text{sen}\left(\frac{7\pi}{4}\right)\right]$

Em seguida, determinamos z_0, z_1, z_2 e z_3, que são as raízes quartas de z.

$$z_k = \sqrt[n]{\rho} \cdot \left[\cos\left(\frac{\theta}{n} + \frac{2k\pi}{n}\right) + i \cdot \text{sen}\left(\frac{\theta}{n} + \frac{2k\pi}{n}\right)\right]$$

- $k = 0$: $z_0 = \sqrt[4]{2} \cdot \left[\cos\left(\frac{7\pi}{16} + \frac{2 \cdot 0 \cdot \pi}{4}\right) + i \cdot \text{sen}\left(\frac{7\pi}{16} + \frac{2 \cdot 0 \cdot \pi}{4}\right)\right] = \sqrt[4]{2} \cdot \left[\cos\left(\frac{7\pi}{16}\right) + i \cdot \text{sen}\left(\frac{7\pi}{16}\right)\right]$
- $k = 1$: $z_1 = \sqrt[4]{2} \cdot \left[\cos\left(\frac{7\pi}{16} + \frac{2 \cdot 1 \cdot \pi}{4}\right) + i \cdot \text{sen}\left(\frac{7\pi}{16} + \frac{2 \cdot 1 \cdot \pi}{4}\right)\right] = \sqrt[4]{2} \cdot \left[\cos\left(\frac{15\pi}{16}\right) + i \cdot \text{sen}\left(\frac{15\pi}{16}\right)\right]$
- $k = 2$: $z_2 = \sqrt[4]{2} \cdot \left[\cos\left(\frac{7\pi}{16} + \frac{2 \cdot 2 \cdot \pi}{4}\right) + i \cdot \text{sen}\left(\frac{7\pi}{16} + \frac{2 \cdot 2 \cdot \pi}{4}\right)\right] = \sqrt[4]{2} \cdot \left[\cos\left(\frac{23\pi}{16}\right) + i \cdot \text{sen}\left(\frac{23\pi}{16}\right)\right]$
- $k = 3$: $z_3 = \sqrt[4]{2} \cdot \left[\cos\left(\frac{7\pi}{16} + \frac{2 \cdot 3 \cdot \pi}{4}\right) + i \cdot \text{sen}\left(\frac{7\pi}{16} + \frac{2 \cdot 3 \cdot \pi}{4}\right)\right] = \sqrt[4]{2} \cdot \left[\cos\left(\frac{31\pi}{16}\right) + i \cdot \text{sen}\left(\frac{31\pi}{16}\right)\right]$

55. Interprete geometricamente as raízes cúbicas de 27.

Resolução

Primeiro escrevemos o número $z = 27$ na forma trigonométrica: $z = 27 \cdot (\cos 0 + i \cdot \text{sen } 0)$

Em seguida, determinamos z_0, z_1 e z_2, que são as raízes cúbicas de z.

$z_k = \sqrt[n]{\rho} \cdot \cos\left[\left(\frac{\theta}{n} + \frac{2k\pi}{n}\right) + i \cdot \text{sen}\left(\frac{\theta}{n} + \frac{2k\pi}{n}\right)\right]$

- $k = 0$: $z_0 = 3 \cdot \left[\cos\left(\frac{2 \cdot 0 \cdot \pi}{3}\right) + i \cdot \text{sen}\left(\frac{2 \cdot 0 \cdot \pi}{3}\right)\right] = 3 \cdot (1 + i \cdot 0) = 3$
- $k = 1$: $z_1 = 3 \cdot \left[\cos\left(\frac{2 \cdot 1 \cdot \pi}{3}\right) + i \cdot \text{sen}\left(\frac{2 \cdot 1 \cdot \pi}{3}\right)\right] = 3 \cdot \left[\cos\left(\frac{2\pi}{3}\right) + i \cdot \text{sen}\left(\frac{2\pi}{3}\right)\right]$
- $k = 2$: $z_2 = 3 \cdot \left[\cos\left(\frac{2 \cdot 2 \cdot \pi}{3}\right) + i \cdot \text{sen}\left(\frac{2 \cdot 2 \cdot \pi}{3}\right)\right] = 3 \cdot \left[\cos\left(\frac{4\pi}{3}\right) + i \cdot \text{sen}\left(\frac{4\pi}{3}\right)\right]$

Geometricamente, os afixos dessas raízes são os vértices de um triângulo equilátero inscrito em uma circunferência de centro na origem do plano complexo e raio medindo 3, como representado ao lado.

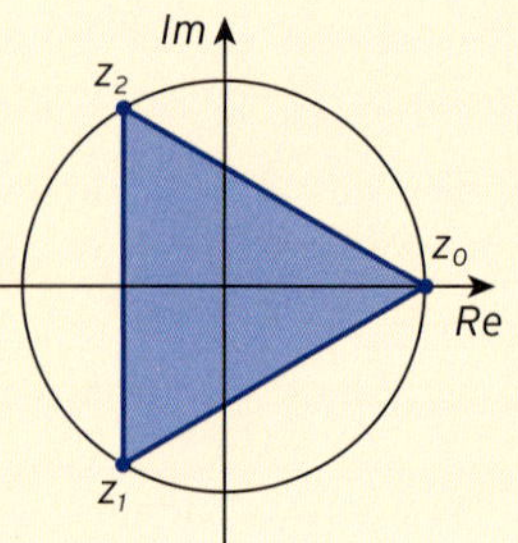

Exercícios propostos

56. Escreva na forma trigonométrica os números complexos z e w e calcule o produto e o quociente deles.

a) $z = \sqrt{3} - i$ e $w = -2\sqrt{3} + 2i$

b) $z = \frac{5\sqrt{2}}{2} + \frac{5\sqrt{2}}{2}i$ e $w = -\frac{6\sqrt{2}}{2} + \frac{6\sqrt{2}}{2}i$

57. Determine, na forma algébrica, o conjugado do número complexo $z = -3 \cdot \left[\cos\left(\frac{11\pi}{6}\right) + i \cdot \text{sen}\left(\frac{11\pi}{6}\right)\right]$. Depois, represente-os geometricamente.

58. Calcule o produto dos seguintes números complexos. Dê a resposta na forma algébrica.

a) $13 \cdot \left[\cos\left(\frac{\pi}{7}\right) + i \cdot \text{sen}\left(\frac{\pi}{7}\right)\right]$ e

$-2 \cdot \left[\cos\left(\frac{6\pi}{7}\right) + i \cdot \text{sen}\left(\frac{6\pi}{7}\right)\right]$

b) $\sqrt{3} \cdot \left[\cos\left(\frac{3\pi}{8}\right) + i \cdot \text{sen}\left(\frac{3\pi}{8}\right)\right]$ e

$\frac{1}{2} \cdot \left[\cos\left(\frac{\pi}{8}\right) + i \cdot \text{sen}\left(\frac{\pi}{8}\right)\right]$

c) $-3 \cdot \left[\cos\left(\frac{2\pi}{3}\right) + i \cdot \text{sen}\left(\frac{2\pi}{3}\right)\right]$ e

$\sqrt{2} \cdot \left[\cos\left(\frac{\pi}{6}\right) + i \cdot \text{sen}\left(\frac{\pi}{6}\right)\right]$

59. Qual é o módulo e o argumento do número complexo $(1 + \sqrt{3}i)^8$?

60. Determine as raízes quadradas do número complexo $z = 4i$.

61. Interprete geometricamente as raízes:

a) quartas do número complexo 1;

b) cúbicas do número complexo i;

c) cúbicas do número complexo -64.

62. Dados os complexos $z_1 = 2 \cdot \left[\cos\left(\frac{\pi}{3}\right) + i \cdot \text{sen}\left(\frac{\pi}{3}\right)\right]$,

$z_2 = -3 \cdot \left[\cos\left(\frac{\pi}{4}\right) + i \cdot \text{sen}\left(\frac{\pi}{4}\right)\right]$ e

$z_3 = -\sqrt{3} \cdot \left[\cos\left(\frac{5\pi}{6}\right) + i \cdot \text{sen}\left(\frac{5\pi}{6}\right)\right]$, determine os produtos e os quocientes abaixo na forma trigonométrica.

a) $z_1 \cdot z_2$ d) $z_1 \cdot z_3$ g) $z_2 \cdot z_3$

b) $z_1 \cdot z_2 \cdot z_3$ e) $\frac{z_1}{z_2}$ h) $\frac{z_3}{z_2}$

c) $\frac{z_1 \cdot z_2}{z_3}$ f) $\frac{z_3}{z_1}$ i) $\frac{z_2 \cdot z_3}{z_1}$

63. Calcule as potências dos complexos abaixo utilizando a primeira fórmula de De Moivre.

a) $(-i)^5$ c) $(-\sqrt{2} - \sqrt{2}i)^8$ e) $(-\sqrt{3}i)^6$

b) $(\sqrt{3} + i)^{10}$ d) $(-1 - i)^7$ f) $(2 + 2i)^4$

64. Determine no conjunto dos números complexos:

a) as raízes quadradas de -16;

b) as raízes cúbicas de $-27i$.

65. O número complexo $w = 2 \cdot \cos\left[\left(\frac{7\pi}{4}\right) + i \cdot \text{sen}\left(\frac{7\pi}{4}\right)\right]$ é uma das raízes quartas de um número complexo z. Determine as outras raízes quartas de z e represente-as em um plano complexo.

66. Calcule a soma e o produto dos números complexos $z_1 = 5 + 6i$ e $z_2 = 7 \cdot \left[\cos\left(\frac{\pi}{3}\right) + i \cdot \text{sen}\left(\frac{\pi}{3}\right)\right]$. Em seguida, explique como obter a representação geométrica desses resultados.

Aplicação à geometria plana

Como visto, a multiplicação de números complexos na forma trigonométrica pode ser interpretada geometricamente como a rotação de coordenadas em um plano complexo. Assim, para rotar um ponto $P(a, b)$ em torno da origem do plano complexo, em θ graus no sentido anti-horário, multiplica-se o número complexo $z_1 = a + bi$ pelo número complexo $z_2 = 1 \cdot (\cos \theta + i \cdot \text{sen } \theta)$. O resultado é um ponto do plano, afixo de um número complexo que tem mesmo módulo que z_1 e argumento θ graus maior do que o argumento de z_1.

Exercícios resolvidos

67. Determine as novas coordenadas do ponto $P(2, 1)$ após uma rotação de 270°, no sentido anti-horário, em torno da origem.

Resolução

O ponto $P(2, 1)$ representa o número complexo $z_1 = 2 + i$, que, para ser rotado, é multiplicado pelo número complexo $z_2 = 1 \cdot (\cos 270° + i \cdot \text{sen } 270°) = -i$.

$z_1 \cdot z_2 = (2 + i) \cdot (-i) = 2i - i^2 = 1 - 2i$

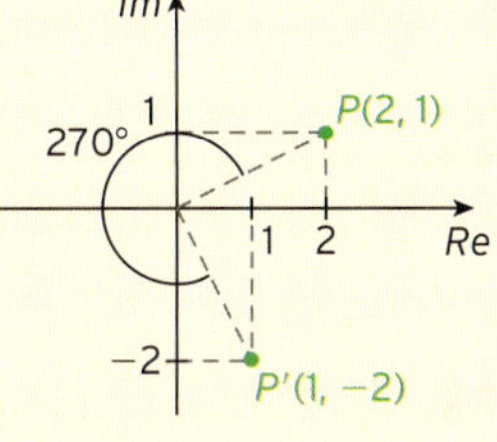

Portanto, as novas coordenadas de P após a rotação são $P'(1, -2)$.

68. Determine as novas coordenadas das extremidades do segmento $\overline{PQ}$, tal que $P = (0, 1)$ e $Q = (2, 2)$, após uma rotação de 90°, no sentido anti-horário, em torno do ponto P.

Resolução

Os pontos P e Q representam os números complexos $z_1 = i$ e $z_2 = 2 + 2i$.

Para rotar o segmento $\overline{PQ}$ com centro P, adotamos as etapas descritas a seguir.

I. Determinamos o segmento $\overline{P'Q'}$, congruente e paralelo ao segmento $\overline{PQ}$, tal que o ponto P' coincida com a origem do sistema cartesiano. Assim, Q' é o ponto $(2, 1)$, que representa o número complexo $z'_2 = 2 + i$, que é a diferença entre z_2 e z_1.

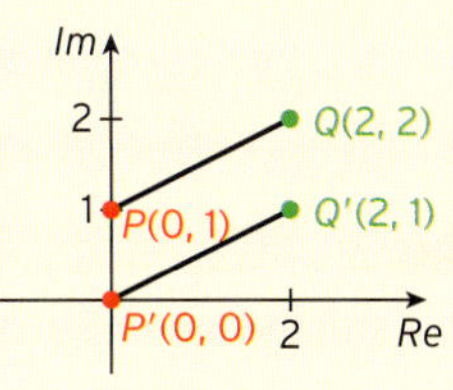

II. Rotamos 90° o segmento $\overline{P'Q'}$ em torno da origem, no sentido anti-horário. Para isso, basta rotar o ponto Q', multiplicando z'_2 por $z_3 = 1 \cdot (\cos 90° + i \cdot \text{sen } 90°) = i$.

$$z'_2 \cdot z_3 = (2 + i) \cdot i = 2i + i^2 = -1 + 2i$$

Assim, podem-se representar as novas coordenadas de Q' pelo ponto $Q''(-1, 2)$. O segmento fica determinado pelos pontos $P'(0, 0)$ e $Q''(-1, 2)$.

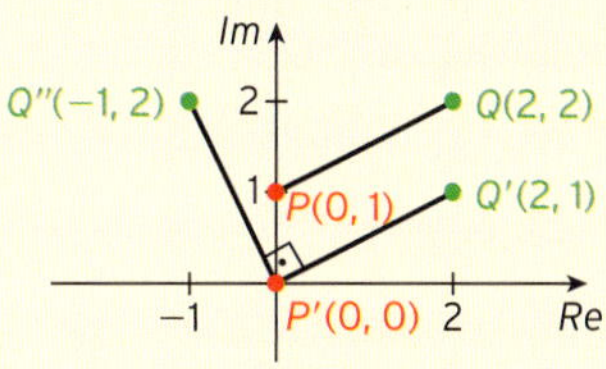

III. Como o segmento rotado que queremos tem extremo em P, determinamos o segmento congruente e paralelo a $\overline{P'Q''}$. Assim, Q''' é o ponto de coordenadas $(-1, 3)$, que representa o número complexo $z'''_2 = -1 + 3i$, que é resultado de $z'_2 \cdot z_3 + z_1$.

Portanto, as novas coordenadas dos pontos P e Q após a rotação são $P(0, 1)$ e $Q'''(-1, 3)$.

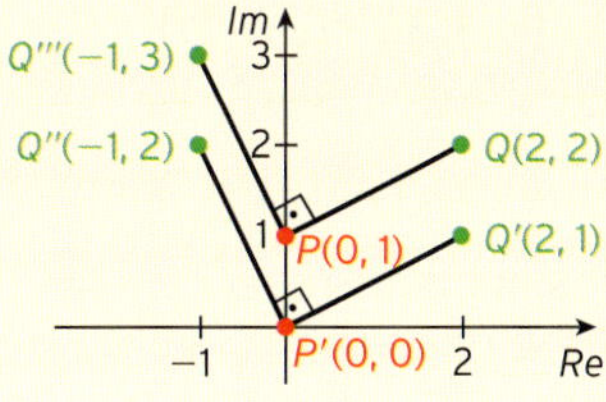

Exercícios propostos

69. Determine as coordenadas do ponto $P(4, 3)$ após uma rotação de 45° no sentido anti-horário, em torno da origem de um plano complexo.

70. Determine as duas possíveis coordenadas de um ponto C, vértice do triângulo equilátero ABC, em que A e B são os pontos de coordenadas $(1, 1)$ e $(3, 4)$.

Exercícios complementares

71. Resolva em $\mathbb{C}$ as equações a seguir.
a) $x^4 = 1$
b) $x^2 + 4 = 0$
c) $x^2 + x + 1 = 0$
d) $3x^2 + 12x + 15 = 0$

72. Calcule $(\sqrt{3} + i)^{12}$ e $(2\sqrt{3} - 2i)^6$.

73. Represente na forma algébrica os seguintes números complexos:
a) $(6, 3)$
b) $(13, 0)$
c) $(-10, 10)$
d) $(0, -7)$
e) $(\sqrt{3}, \sqrt{3})$
f) $(0, 0)$

74. Determine o conjugado dos seguintes números complexos:
a) $z = -5 + 7i$
b) $z = 4$
c) $z = -8i$

75. Obtenha a forma trigonométrica dos seguintes números complexos.
a) $z = -i$
b) $z = 2$
c) $z = 1 + i$
d) $z = 1 - i$
e) $z = \sqrt{3} + i$
f) $z = -1 - \sqrt{3}i$

76. Determine os valores reais de a e b para que cada igualdade seja válida.
a) $(a^2 - 4, 10) = (4, 5b + 3)$
b) $(10a, b) = (a^2, 3b + 8)$

77. Calcule o valor de cada expressão a seguir.
a) $(2 + 3i) \cdot (4 + i) - (7 - 4i)$
b) $(1 + i) \cdot (1 - i) + (-2 + 4i)^2$
c) $(2 + 5i)^3 - 3i \cdot (1 + 2i)$
d) $(1 + i) \cdot (6 + 3i) \cdot (2 - 2i)$
e) $(14i) \cdot (-14i)$

78. Calcule as raízes quintas do complexo $z = -32i$.

79. Obtenha os números reais x e y em cada item.
a) $(x + 2i) + (3 + yi) = 5 + 5i$
b) $(x + 2i) - (3 - yi) = 5 + 5i$
c) $(x + yi)^2 = 2i$
d) $x \cdot (2 + yi) = 4 - 10i$
e) $(x + yi)^2 = 3 + 4i$

80. Efetue:
a) i^{2009}
b) i^{2010}
c) $\dfrac{i^{79} + i^{102}}{i^{1024}}$

81. Resolva as expressões a seguir.
a) $i^1 + i^2 + i^3 + ... + i^n + ... + i^{105}$
b) $i^1 \cdot i^2 \cdot i^3 \cdot ... \cdot i^n \cdot ... \cdot i^{105}$

82. Determine o quociente em cada item.
a) $\dfrac{1 + i}{1 - i}$
b) $\dfrac{4 + 2i}{3 - 4i}$
c) $\dfrac{3}{i}$
d) $\dfrac{3i}{1 + 2i}$

83. Obtenha o número complexo z em cada caso.
a) $z + 2\bar{z} = 15 + 3i$
b) $3z - \bar{z} = 2 + 5i$
c) $2z + i \cdot \bar{z} = 7 + 7i$
d) $2z \cdot i - \bar{z} = -4 + 13i$

84. Sabendo que $z_1 = \dfrac{6}{5} - \dfrac{2}{3}i$ e $z_2 = -\dfrac{4}{5} - \dfrac{4}{3}i$ são números complexos, determine $z_1 - \overline{z_2}$ na forma trigonométrica.

85. Sendo z um número complexo, o que é possível afirmar sobre o número $z + \bar{z}$?

86. Resolva os sistemas a seguir sabendo que z e w são números complexos.
a) $\begin{cases} z + w = 5 + 3i \\ z - w = 7 + 5i \end{cases}$
b) $\begin{cases} 3z + 2w = 9 + 3i \\ 2z - 3w = 6 + 2i \end{cases}$

87. Qual é a solução de $(2 + i) \cdot x + (2 - i) = 0$ em $\mathbb{C}$?

88. Obtenha o módulo de cada número complexo:
a) $z = 12 + 5i$
b) $z = -2 - 3i$
c) $z = -4 + 8i$
d) $z = 2i$

89. No plano de Argand-Gauss abaixo, estão as representações geométricas de alguns números complexos.

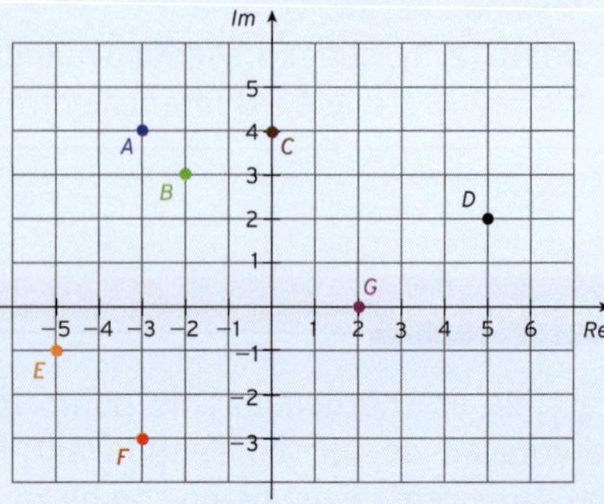

Determine a forma algébrica desses números.

90. Considere $z = x + yi$ um número complexo e $\bar{z}$ seu conjugado.
a) A equação $z \cdot \bar{z} - 9 = 0$ representa uma reta ou uma circunferência?
b) O ponto (3, 0) pertence à reta (ou circunferência) do item **a**? E o ponto $(\sqrt{3}, \sqrt{3})$?
c) Determine a função f definida por $f(x) = z + \bar{z}$.
d) Determine o domínio e o conjunto imagem da função obtida no item **c** e construa seu gráfico.

91. Sendo $P(-1, 1)$ o afixo do número complexo $z = a + bi$, considere que a distância de P ao centro $O(0, 0)$ do plano é $\sqrt{2}$ e que o ângulo formado pelo segmento $\overline{OP}$ e o eixo Ox é $\theta = \frac{3\pi}{4}$. Determine:
a) o número complexo z na forma algébrica;
b) o quadrado do número complexo z;
c) o produto de z pelo seu conjugado.

92. Representam-se os afixos das raízes quartas de 1 no plano complexo. Unindo esses afixos, forma-se um polígono.
a) Identifique qual é o polígono formado.
b) Calcule o perímetro e a área desse polígono.

93. Sabendo que o produto dos números complexos $z = a + i$ e $w = 3 + bi$ é $5 + 5i$, determine a equação da reta que passa pelos pontos $(a, 3)$ e $(1, b)$.

94. Sabe-se que o número complexo $z = 1 + i$ é uma das raízes da equação $x^8 = p$. Qual é o valor de p?

95. Na figura abaixo, o ponto P é o afixo do número complexo z em um plano complexo.

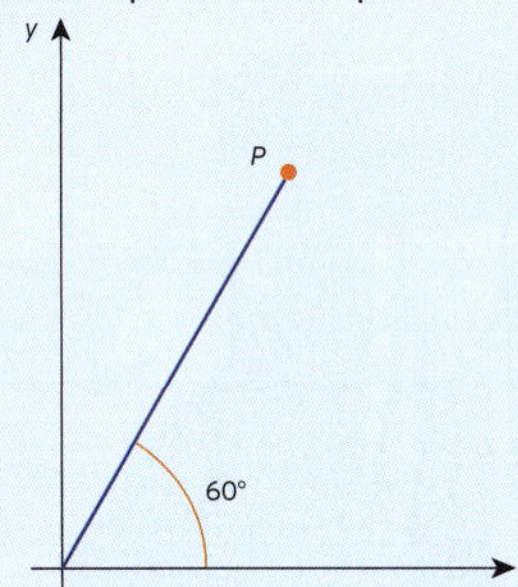

Determine a forma algébrica do número complexo z sabendo que a distância do ponto P à origem do plano é 1.

96. Considere a representação dos números complexos z e w no plano complexo.

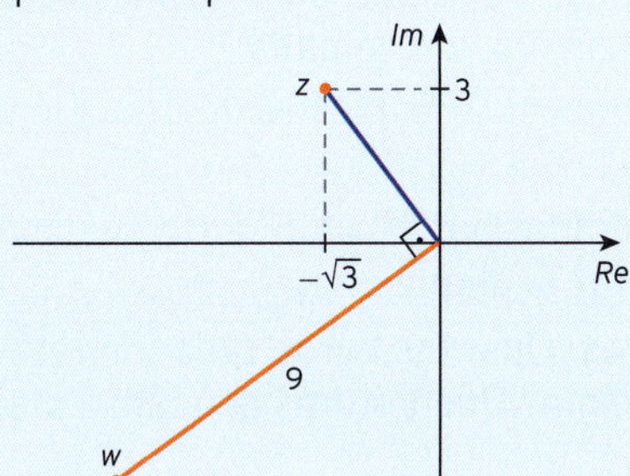

Determine:
a) o módulo do número complexo z;
b) o número complexo w na forma algébrica;
c) o conjugado do número complexo w;
d) a forma algébrica de $\frac{z}{w}$.

97. Sabendo que $z = 4 + ai$, $w = bi$ e $\frac{z}{w} = -3 + 2i$ são números complexos, determine a função quadrática cujos pontos $(1, a)$, $(0, 3)$ e $(b, 3)$ pertencem ao gráfico dessa função.

98. Considere o número complexo $z = -64$. Calcule suas raízes sextas.

99. (Insper-SP) No conjunto dos números complexos, o número 1 apresenta três raízes cúbicas: 1, $\frac{-1 + i\sqrt{3}}{2}$ e $\frac{-1 - i\sqrt{3}}{2}$. Os pontos que correspondem às representações desses três números no plano de Argand Gauss são vértices de um triângulo de área:

a) $\frac{\sqrt{3}}{4}$

b) $\frac{\sqrt{3}}{2}$

c) $\frac{(3\sqrt{3})}{4}$

d) $\sqrt{3}$

e) 1

100. (PUC-SP) Seja $S_n = \frac{n \cdot (n-1)}{2} + \frac{n \cdot (3-n) \cdot i}{2}$, em que $n \in \mathbb{N}^*$ e i é a unidade imaginária, a expressão da soma dos n primeiros termos de uma progressão aritmética. Se a_n é o enésimo termo dessa progressão aritmética, então a forma trigonométrica da diferença $a_{15} - a_{16}$ é:

a) $2\sqrt{2} \cdot \left[\cos\left(\frac{3\pi}{4}\right) + i \cdot \text{sen}\left(\frac{3\pi}{4}\right)\right]$

b) $2\sqrt{2} \cdot \left[\cos\left(\frac{5\pi}{4}\right) + i \cdot \text{sen}\left(\frac{5\pi}{4}\right)\right]$

c) $2\sqrt{2} \cdot \left[\cos\left(\frac{7\pi}{4}\right) + i \cdot \text{sen}\left(\frac{7\pi}{4}\right)\right]$

d) $\sqrt{2} \cdot \left[\cos\left(\frac{5\pi}{4}\right) + i \cdot \text{sen}\left(\frac{5\pi}{4}\right)\right]$

e) $\sqrt{2} \cdot \left[\cos\left(\frac{3\pi}{4}\right) + i \cdot \text{sen}\left(\frac{3\pi}{4}\right)\right]$

CAPÍTULO

30 Função polinomial

Módulos

Daniel Garcia/AFP

Interior da livraria El Ateneo, localizada em Buenos Aires, Argentina, em fotografia tirada em 2007.

Para começar

Eleita uma das mais belas do mundo pelo jornal inglês *The Guardian*, a livraria El Ateneo, em Buenos Aires, comporta milhares de livros. O estabelecimento foi montado em um antigo teatro, e grande parte da estrutura original permanece intacta.

Suponha que uma livraria estime a quantidade de livros didáticos vendidos no 1º trimestre do ano pela função f tal que, $f(t) = -100t^2 + 1\,200t$, em que t é o período decorrido, em semana.

1. A função f estima a quantidade de livros didáticos a vender apenas no 1º trimestre do ano. Em sua opinião, por que foi escolhido esse período?
2. De acordo com essa estimativa, quantos livros didáticos serão vendidos nas 2ª, 4ª, 6ª e 10ª semanas do ano? A venda de livros didáticos é crescente ou decrescente nesse período? Explique.
3. Converse com os colegas sobre as relações de vocês com os livros. Quantos livros cada um retira da biblioteca ou compra em certo período? Que tipo de leitura mais apreciam? Que leituras ocupam a maior parte de seu tempo?

1. Função polinomial, ou polinômio

Define-se:

> **Função polinomial** é toda função $p: \mathbb{C} \to \mathbb{C}$ da forma $p(x) = a_n \cdot x^n + a_{n-1} \cdot x^{n-1} + ... + a_2 \cdot x^2 + a_1 \cdot x + a_0$, em que $a_n, a_{n-1}, ..., a_2, a_1$ e a_0 são constantes complexas e n é um número natural.

As constantes $a_n, a_{n-1}, ..., a_2, a_1$ e a_0 são denominadas **coeficientes** da função polinomial; $a_n \cdot x^n$, $a_{n-1} \cdot x^{n-1}, ..., a_2 \cdot x^2, a_1 \cdot x$ e a_0 são os **termos** da função polinomial e a_0 é o **termo independente** de x.

Para simplificar a linguagem, é comum a **função polinomial** ser denominada somente como **polinômio**. Assim, uma função polinomial p, da forma $p(x) = a_n \cdot x^n + a_{n-1} \cdot x^{n-1} + ... + a_1 \cdot x + a_0$, é denominada polinômio $p(x)$. Esta coleção adota a nomenclatura simplificada.

Exemplos

- $p(x) = 7x^3 - x^2 + 6x - 4$ é um polinômio com quatro termos, cujos coeficientes são 7, -1, 6 e -4 e cujo termo independente de x é -4.
- $h(x) = \frac{\sqrt{3}}{2}x^4$ é um **monômio**, ou seja, um polinômio formado por um único termo, com coeficiente $\frac{\sqrt{3}}{2}$ e cujo termo independente é 0 (zero).
- $q(x) = 2x^2 - \sqrt{2}x + 7i$ é um polinômio com três termos, cujos coeficientes são 2, $-\sqrt{2}$ e $7i$ e cujo termo independente é $7i$.
- $r(x) = -8$ é um polinômio **constante**, ou seja, um polinômio formado apenas pelo termo independente.
- $s(x) = 0x^n + 0x^{n-1} + ... + 0x + 0$, ou simplesmente $s(x) = 0$, é um polinômio **nulo**, ou **identicamente nulo**, pois todos os coeficientes são nulos.
- $t(x) = 4x^5 - \sqrt{3}x^3 + \frac{1}{x^2}$ não é um polinômio, pois $\frac{1}{x^2} = x^{-2}$ e $-2 \notin \mathbb{N}$.
- $v(x) = 5\sqrt{x} + 4x - 3i$ não é um polinômio, pois $\sqrt{x} = x^{\frac{1}{2}}$ e $\frac{1}{2} \notin \mathbb{N}$.
- O volume V de água retirado do reservatório representado ao lado, em função da altura h, é dado por: $V(h) = 5 \cdot 4 \cdot (6 - h) \Rightarrow V(h) = -20h + 120$, que é uma função polinomial.
- A função dada por $T(x) = 61\,106x^4 - 23\,152x^3 - 167\,206x^2 + 256\,397x - 2\,339$ é polinomial e relaciona a força de tração T (em newton), com a deformação longitudinal x (% do comprimento inicial), sofrida por um cabo condutor.

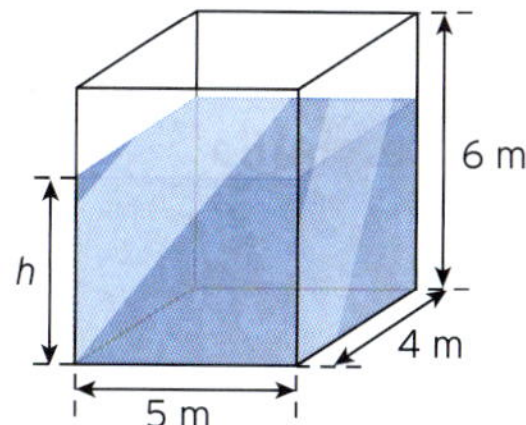

Grau de um polinômio

Define-se:

> O **grau** de um polinômio $p(x)$ é o maior expoente de x, entre os termos do polinômio, cujos coeficientes são não nulos.

Assim, dado um polinômio $p(x) = a_n \cdot x^n + a_{n-1} \cdot x^{n-1} + ... + a_1 \cdot x + a_0$ tal que $a_n \neq 0$, o grau de $p(x)$ é n. Diz-se que $p(x)$ é um polinômio de grau n e que o coeficiente do termo que determina seu grau é o **coeficiente dominante**.

Se $p(x)$ é um polinômio constante não nulo, ou seja, $p(x) = a_0 \neq 0$, então seu grau é zero.

Exemplos

- O polinômio $f(x) = dx + e$, com $d \neq 0$, tem grau 1. Essa função também recebe o nome de **função afim**.
- O polinômio $g(x) = ax^2 + bx + c$, com $a \neq 0$, tem grau 2. Essa função também recebe o nome de **função quadrática**.
- $q(x) = 6x^3 - 2x^2 + 1$ é um polinômio de grau 3, com coeficiente dominante igual a 6.
- $r(x) = 3x^3 - x^5 + 0x^7$ é um polinômio de grau 5, pois 5 é o maior expoente com coeficiente não nulo, e seu coeficiente dominante é -1.
- $s(x) = 7$ é um polinômio constante não nulo, então seu grau é zero.

> **Saiba mais**
>
> Se $p(x)$ é um polinômio nulo, ou seja, $p(x) = 0$, seu grau não é definido.

Valor numérico de um polinômio

Define-se:

O **valor numérico** de um polinômio $p(x)$ para $x = z$, sendo z um número complexo, é o valor obtido quando se substitui x por z e se efetuam as operações indicadas no polinômio.

O valor numérico de $p(x)$ para $x = z$ é representado por $p(z)$.

Exemplos

- O valor numérico do polinômio $p(x) = x^3 - 5x^2 + 8$ para $x = 2$ é:
  $p(2) = 2^3 - 5 \cdot 2^2 + 8 = 8 - 20 + 8 \Rightarrow p(2) = -4$
- O valor numérico do polinômio $q(x) = 5 - x^2$ para $x = 3i$ é:
  $q(3i) = 5 - (3i)^2 = 5 + 9 \Rightarrow q(3i) = 14$
- O valor numérico do polinômio $r(x) = 3x^2$ para $x = 1 - 5i$ é:
  $r(1 - 5i) = 3 \cdot (1 - 5i)^2 = 3 \cdot (1 - 10i + 25i^2) = 3 \cdot (1 - 10i - 25) =$
  $= 3 \cdot (-24 - 10i) \Rightarrow r(1 - 5i) = -72 - 30i$

Exercícios resolvidos

1. Discuta, em função do número complexo m, o grau do polinômio $f(x) = (m^2 - 4)x^3 + (m - 5)x^2 - 3x + 2$.

Resolução

- Se o coeficiente do termo $(m^2 - 4)x^3$ não for nulo, então o grau do polinômio $f(x)$ é 3.
  $m^2 - 4 \neq 0 \Rightarrow m^2 \neq 4 \Rightarrow m \neq -2$ e $m \neq 2$
- Se $m^2 - 4$ for igual a zero e o coeficiente do termo $(m - 5)x^2$ não for nulo, então o grau de $f(x)$ é 2.
  $\begin{cases} m^2 - 4 = 0 \Rightarrow m = -2 \text{ ou } m = 2 \\ m - 5 \neq 0 \Rightarrow m \neq 5 \end{cases}$
  Logo: $m = -2$ ou $m = 2$
- Se $m^2 - 4$ e $m - 5$ forem iguais a zero, então $f(x)$ é um polinômio de grau 1.
  $\begin{cases} m^2 - 4 = 0 \Rightarrow m = -2 \text{ ou } m = 2 \\ m - 5 = 0 \Rightarrow m = 5 \end{cases}$
  Não existe m que satisfaça as duas condições.

Portanto:
Se $m \neq -2$ e $m \neq 2$, então o grau de $f(x)$ é 3.
Se $m = -2$ ou $m = 2$, então o grau de $f(x)$ é 2.

2. Determine o polinômio $p(x)$ de grau 1 sabendo que $p(0) = -3$ e $p(2) = 1$.

Resolução

Como o grau de $p(x)$ é 1, então esse polinômio é da forma $p(x) = ax + b$, com $a \neq 0$.
$p(0) = -3 \Rightarrow a \cdot 0 + b = -3 \Rightarrow b = -3$
$p(2) = 1 \Rightarrow a \cdot 2 + b = 1 \Rightarrow 2a - 3 = 1 \Rightarrow a = 2$
Portanto, o polinômio é $p(x) = 2x - 3$.

Exercícios propostos

3. Verifique se cada função dada abaixo é polinomial.
a) $g(x) = x^4 - 4\sqrt{x} - 1$
b) $r(x) = x^{37} - x^{21} + 7$
c) $f(x) = \dfrac{1}{x^2} - \dfrac{1}{x} + \dfrac{1}{6}$
d) $h(x) = -3 + 4x + x^8 - 2x^{11}$
e) $s(x) = 2x^{-3} + 7x^2 - x + \dfrac{4}{7}$

4. Para cada valor de x dado a seguir, determine o valor numérico do polinômio $p(x) = x^3 + 4x^2 - 1$.
a) $x = 0$ b) $x = -1$ c) $x = 10$ d) $x = 2i$

5. Qual é o grau do polinômio a seguir quando $a = 5$?
$g(x) = (3a - 15)x^5 + (5 - a)x^4 + (2a - 10)x^3 + ax - 4$

6. Calcule o valor de a e b para que o grau do polinômio $p(x) = (a + b)x^3 - (a - 4b + 10)x^2 + 4$ seja zero.

7. Discuta, em função do número complexo m, o grau do polinômio $f(x) = (m^2 - 9)x^4 - (m + 3)x^3 + 2x - 1$.

8. Para quais valores de t o coeficiente dominante do polinômio $f(x) = (t^2 - 5t)x^7 - (t + 3)x^6 - 5x^3$ é igual a 14?

9. Dado o polinômio $p(x) = x^3 - 4x^2 + 2ix$, determine o valor de $p(1) + p(2)$ e o valor de $p(i) + p(2i)$.

10. Dados os polinômios $f(x) = 2ix^3 - (1 + i)x^2 - 3i$ e $g(x) = ix^4 - (3 - i)x + 3$, determine o valor de:
a) $f(1) + g(1)$
b) $\dfrac{f(0)}{g(0)}$
c) $2 \cdot f(2) + g(2)$
d) $[f(-1)]^2 + [g(-1)]^2$

11. O polinômio $p(x)$ tem grau 2 e é tal que $p(0) = 3$, $p(1) = 0$ e $p(2) = -1$. Determine esse polinômio.

12. Determine o polinômio $p(x)$ de grau 2, sabendo que seu coeficiente dominante é 3, $p(1) = 6$ e $p(0) = 4$.

Igualdade de polinômios

Define-se:

Dois polinômios são **iguais** ou **idênticos** se, e somente se, assumem valores numéricos iguais para todo número complexo.

Assim, os polinômios $p(x)$ e $q(x)$ são iguais se é válida a seguinte relação:

$$p(x) = q(x) \Leftrightarrow p(z) = q(z), \text{ para todo } z \in \mathbb{C}$$

Para que isso ocorra, os coeficientes dos termos correspondentes de $p(x)$ e $q(x)$, ou seja, os coeficientes dos termos de mesmo grau, devem ser iguais.

Por exemplo, se $p(x) = ax^3 + bx^2 + cx + d$ e $q(x) = -2x^3 + x^2 - 7x + 2i$ são polinômios idênticos, então $a = -2$, $b = 1$, $c = -7$ e $d = 2i$.

Cálculo mental

Simplifique o polinômio, agrupando termos semelhantes: $f(t) = t^3 + 2t + 2 + 3 - 2t + t^3$

Calculadora

Calcule $p(13)$ para o polinômio:

$p(t) = \frac{3}{4}(t^4 - 1) + 16t^2 - 122$

Raiz de um polinômio

Define-se:

Um número complexo α é a **raiz** do polinômio $p(x)$ se $p(\alpha) = 0$.

Assim, dado o polinômio $p(x) = a_n \cdot x^n + a_{n-1} \cdot x^{n-1} + \ldots + a_1 \cdot x + a_0$ e o número complexo α, se $p(\alpha) = a_n \cdot \alpha^n + a_{n-1} \cdot \alpha^{n-1} + \ldots + a_2 \cdot \alpha^2 + a_1 \cdot \alpha + a_0 = 0$, então α é raiz do polinômio. Analogamente, se α é raiz do polinômio, então $p(\alpha) = 0$.

Exemplos

- As raízes do polinômio $p(x) = x^3 - x$ são os números complexos α que satisfazem a equação $p(\alpha) = 0$.
  $p(\alpha) = 0 \Rightarrow \alpha^3 - \alpha = 0 \Rightarrow \alpha \cdot (\alpha^2 - 1) = 0 \Rightarrow$
  $\Rightarrow \alpha = 0$ ou $\alpha^2 = 1 \Rightarrow \alpha = 0$ ou $\alpha = \pm 1$
  Portanto, -1, 0 e 1 são raízes desse polinômio.
- O gráfico ao lado é o gráfico da função polinomial $y = p(x)$ tal que $p(x) = x^4 + 2x^3 - x^2 - 2x$.
  Nele é possível observar que -2, -1, 0 e 1 são raízes do polinômio $p(x)$, pois $p(-2) = p(-1) = p(0) = p(1) = 0$.

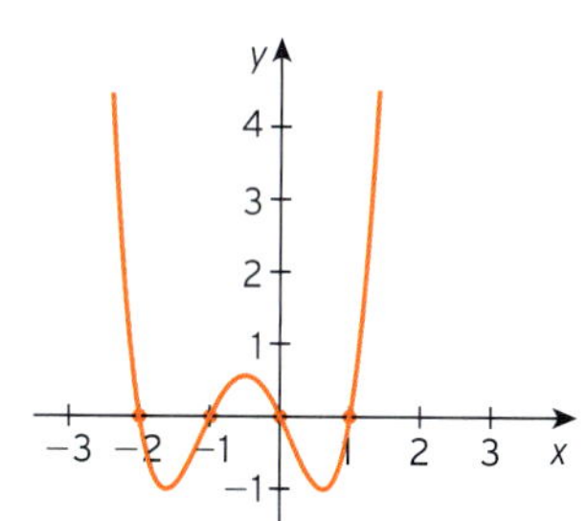

Exercícios propostos

13. Calcule os valores de a, b e c para que o polinômio $p(x) = (c + b - 6a)x^2 + (c + 3a)x - (3a - 1)$ seja identicamente nulo.

14. É possível que dois polinômios idênticos tenham graus diferentes? Justifique sua resposta.

15. Considere o polinômio $p(x) = -4$.
a) Qual é o grau de $p(x)$?
b) Quais são as raízes de $p(x)$?

16. Verifique se cada polinômio a seguir tem como raízes os números -1, -2 e 3.
a) $p(x) = -x^3 - 7x - 6$
b) $p(x) = -x^3 - 7x + 6$
c) $p(x) = x^3 + 7x - 6$
d) $p(x) = x^3 - 7x - 6$

17. Determine as raízes do polinômio:
$$p(x) = x^2 + 4x + 5$$

18. Verifique se $x = \sqrt{3}$ é raiz do seguinte polinômio:
$$p(x) = \frac{x^6}{9} - x^4 + 3x^2 - \sqrt{3}x$$

19. Determine os possíveis valores de k no polinômio $g(x) = 2x^4 - (k - 2)x^3 - (3 - k)x^2 + k^2x - 20$ sabendo que -2 é raiz desse polinômio.

20. Sobre um polinômio $p(x)$ de grau 2, sabe-se que $p(1) = 0$, $p(2) = 5$ e $p(-1) + p(-2) = -7$. Determine:
a) o polinômio $p(x)$;
b) as raízes de $p(x)$;
c) o valor de $p(0)$.

21. Verifique se o polinômio $h(x) = 2x^5 - 2x^3 + 4x^2 - 4$ tem raízes inteiras no intervalo $[-1, 2[$.

22. Quais valores de a, b e c satisfazem a igualdade: $(a - b)x^3 + (3a - 2b)x^2 + (2b + 2c)x + 3c - 4 = x^3 + 6x^2 - 7x - 10$?

2. Operações com polinômios

É comum o estudo das operações de adição, subtração e multiplicação de polinômios no Ensino Fundamental. Agora essas operações serão retomadas e ampliadas para polinômios de coeficientes complexos.

Adição e subtração

A **soma** de dois polinômios, $p(x)$ e $q(x)$, é dada pela adição dos coeficientes dos termos correspondentes desses polinômios.

Para refletir

O que é possível afirmar sobre o grau da soma de dois polinômios de mesmo grau? E de polinômios de graus diferentes?

Exemplos

- Adicionar $p(x) = x^4 + 5x^2 - 7x - 3i$ e $q(x) = x^3 - 3x^2 + 4x + 2$.
  $p(x) + q(x) = (x^4 + 5x^2 - 7x - 3i) + (x^3 - 3x^2 + 4x + 2) =$
  $= (1 + 0)x^4 + (0 + 1)x^3 + (5 - 3)x^2 + (-7 + 4)x + (-3i + 2) =$
  $= x^4 + x^3 + 2x^2 - 3x + 2 - 3i$
- Se $f(x) = 3x^3 - 4ix^2 + 7$ e $g(x) = 2x - 4$, então:
  $f(x) + g(x) = 3x^3 - 4ix^2 + 2x + 3$

A **diferença** entre dois polinômios, $p(x)$ e $q(x)$, é dada pela adição do primeiro polinômio com o oposto do segundo, isto é: $p(x) - q(x) = p(x) + [-q(x)]$

Exemplos

- Se $p(x) = 2ix^2 + 5ix + 6$ e $q(x) = -3ix^2 + 2ix + 1$, então:
  $p(x) - q(x) = p(x) + [-q(x)] =$
  $= (2ix^2 + 5ix + 6) + [-(-3ix^2 + 2ix + 1)] =$
  $= [2i - (-3i)]x^2 + (5i - 2i)x + (6 - 1) =$
  $= 5ix^2 + 3ix + 5$
- Se $f(x) = 2x^4 - 4x^3 + 8x$ e $g(x) = 7x^4 - 4x^3 - 4$, então:
  $f(x) - g(x) = -5x^4 + 0x^3 + 8x + 4 = -5x^4 + 8x + 4$

Exercícios propostos

23. Dados os polinômios $p(x) = 3x^3 - 2x$, $r(x) = x^2 - 5$ e $q(x) = -x^3 + 6x^2 - 4x + 3$, determine:
a) $p(x) + q(x)$
b) $q(x) + r(x)$
c) $q(x) - r(x)$
d) $p(x) - r(x)$

24. Dados $p(x) = 3x^4 + 5x^2 + 1$ e $q(x) = 6x^3 - 7x$, determine:
a) $p(x) + q(x)$
b) $p(x) - q(x)$

25. Sejam $q(x) = 3x^3 + 2x^2 - 8$ e $t(x) = -x^3 + x + 3$ dois polinômios, determine o polinômio $p(x)$ tal que $p(x) + q(x) = t(x)$.

26. Classifique em verdadeira ou falsa cada afirmação a seguir e corrija as falsas.
a) O grau do polinômio $p(x) = -2$ é zero.
b) A soma de dois polinômios de grau 3 é sempre um polinômio de grau 3.
c) A diferença entre dois polinômios de grau 5 pode ser um polinômio de grau 2.

27. Dados os polinômios $q(x) = 2ix^3 - 3x^2 + 4ix - 7$, $s(x) = 3ix^3 + 3ix$ e $p(x) = q(x) - s(x)$, determine:
a) o polinômio $p(x)$;
b) o coeficiente do termo dominante de $p(x)$;
c) o termo independente de x.

28. Considere os polinômios $p(x) = (a^2 - 7a)x^3 + 4x$ e $q(x) = (-4a + 28)x^3 + (a - 6)x^2 + x$. Calcule os valores de a para que $p(x) - q(x)$ seja um polinômio de grau 2.

29. Que polinômio deve ser adicionado ao polinômio $p(x) = \frac{1}{3}x^3 - \frac{2}{5}x - \frac{7}{5}$ para se obter como resultado o polinômio $h(x) = x^3 + x^2 + x + 1$?

30. Quais devem ser os valores de a, b e c para que, ao subtrair $s(x) = 7x^2 - (2b + 6)x + 2c - 1$ de $r(x) = (3a - 5)x^2 + 4x - 8$, a diferença seja um polinômio identicamente nulo?

Multiplicação

O **produto** de dois polinômios é obtido pela propriedade distributiva da multiplicação, ou seja, multiplicando-se cada termo do primeiro polinômio por todos os termos do segundo polinômio.

Exemplo

Multiplicar $p(x) = 2x^2 - 5x$ por $q(x) = 2x + 3i$.

$$p(x) \cdot q(x) = (2x^2 - 5x) \cdot (2x + 3i) = 2x^2 \cdot (2x + 3i) - 5x \cdot (2x + 3i) =$$
$$= 4x^3 + 6ix^2 - 10x^2 - 15ix = 4x^3 + (6i - 10)x^2 - 15ix$$

Observações

- Se os polinômios $p(x)$ e $q(x)$ não nulos têm graus m e n, então o grau do polinômio $p(x) \cdot q(x)$ é $m + n$. Por exemplo, multiplicando $p(x) = x - 3$ por $q(x) = 2x$, dois polinômios de grau 1, deve-se obter um polinômio de grau $1 + 1 = 2$. De fato: $p(x) \cdot q(x) = (x - 3) \cdot 2x = 2x^2 - 6x$, o produto é um polinômio de grau 2.
- O produto do polinômio nulo por um polinômio qualquer resulta no polinômio nulo. Por exemplo, sendo $p(x)$ um polinômio: $0 \cdot p(x) = p(x) \cdot 0 = 0$.
- A potenciação de polinômios pode ser calculada pelo produto de polinômios idênticos. Exemplos:
  - $(x - 7)^2 = (x - 7) \cdot (x - 7) = x^2 - 14x + 49$
  - $(2ix + 3)^3 = (2ix + 3) \cdot (2ix + 3) \cdot (2ix + 3) =$
    $= (4i^2x^2 + 6ix + 6ix + 9) \cdot (2ix + 3) =$
    $= (-4x^2 + 12ix + 9) \cdot (2ix + 3) =$
    $= -8ix^3 - 12x^2 - 24x^2 + 54ix + 27 =$
    $= -8ix^3 - 36x^2 + 54ix + 27$

Saiba mais

Propriedades da multiplicação de polinômios

Para a multiplicação dos polinômios $f(x)$, $g(x)$ e $h(x)$, valem as propriedades a seguir.

- **Propriedade associativa**
  $f(x) \cdot [g(x) \cdot h(x)] = [f(x) \cdot g(x)] \cdot h(x)$
- **Propriedade comutativa**
  $f(x) \cdot g(x) = g(x) \cdot f(x)$
- **Existência de elemento neutro**
  O elemento neutro da multiplicação é o polinômio constante $n(x) = 1$.
  $f(x) \cdot n(x) = n(x) \cdot f(x) = f(x)$
- **Propriedade distributiva**
  $f(x) \cdot [g(x) + h(x)] = f(x) \cdot g(x) + f(x) \cdot h(x)$

Exercícios propostos

31. Dados os polinômios $p(x) = 2x + 4$, $q(x) = 3 - 2x^2$ e $r(x) = x - i$, determine:

a) $p(x) \cdot q(x)$
b) $p(x) \cdot r(x)$
c) $r(x) \cdot q(x)$
d) $r(x) \cdot r(x)$

32. Considere os polinômios $p(x)$ e $q(x)$ de graus 3 e 4, respectivamente. Determine o grau do polinômio $h(x) = x \cdot p(x) \cdot q(x)$.

33. Sabendo que $p(x) = x + 7i$, $q(x) = 2ix^2 + 3x$ e $p(x) \cdot q(x) = ax^3 + bx^2 + cx + d$ são polinômios, determine o valor de $a + 2b + 3c + 4d$.

34. Os polinômios $p(x)$, $q(x)$, $r(x)$ e $s(x)$ são tais que $p(x) \cdot q(x) = r(x) \cdot s(x)$, para todo $x \in \mathbb{C}$. Sabendo que os graus de $p(x)$, $r(x)$ e $s(x)$ são 3, 6 e 2, determine o grau de $q(x)$.

35. Determine o polinômio $p(x)$ sabendo que a seguinte igualdade é verdadeira para todo $x \in \mathbb{C}$:
$9x^2 - 4x + 7 - 3 \cdot [1 - p(x)] = x^2 - 12 + p(x)$

36. Dados dois polinômios, $f(x)$ e $g(x)$, ambos de grau 1, e sabendo que $\begin{cases} f(x) + g(x) = 2x + 5 \\ f(x) - g(x) = 4x + 3 \end{cases}$, determine:

a) os polinômios $f(x)$ e $g(x)$;
b) o produto $f(x) \cdot g(x)$.

37. Sejam os polinômios $p(x) = ax^2 + bx + c$ e $q(x) = (x - b) \cdot (x + c)$. Sabendo que $p(x) = q(x)$ para todo $x \in \mathbb{C}$, determine os possíveis valores de $a + b + c$.

38. Dados os polinômios $f(x) = 3x + 9$ e $g(x) = -5x + 1$, determine:

$$p(x) = \frac{1}{2} \cdot [f(x) + g(x)] - f(x) \cdot g(x)$$

39. Dado o polinômio $p(x) = x^3 - 3ix^2$, determine $[p(x)]^2$.

40. O polinômio $p(x)$ é um quadrado perfeito. Determine o monômio $r(x)$ sabendo que $p(x) = q(x) + r(x)$ e $q(x) = 4x^4 + 16$.

3. Divisão de polinômios

Efetuar a **divisão** do polinômio $p(x)$ pelo polinômio $d(x) \neq 0$ é determinar os polinômios $q(x)$ e $r(x)$ tais que o grau de $r(x)$ seja menor do que o grau de $d(x)$ e $p(x) = q(x) \cdot d(x) + r(x)$. Nessa divisão, $p(x)$ é o **dividendo**, $d(x)$ é o **divisor**, $q(x)$ é o **quociente** e $r(x)$ é o **resto**, como mostrado ao lado.

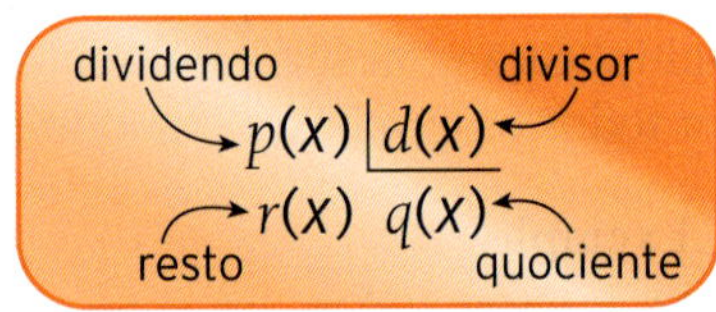

Um polinômio é **divisível** por outro quando o resto da divisão é um polinômio nulo, ou seja, quando:

$$p(x) = q(x) \cdot d(x)$$

A seguir, são apresentados alguns métodos e teoremas úteis na divisão de polinômios.

Método da chave

O método da chave se assemelha à divisão de dois números naturais. Por exemplo, dados os polinômios $p(x) = 4x^3 + 6x^2 + 1$ e $d(x) = 2x - 1$, têm-se as seguintes etapas da divisão de $p(x)$ por $d(x)$ pelo método da chave.

Etapa	Resolução
I. Escrevem-se $p(x)$ e $d(x)$ respeitando-se a ordem decrescente dos expoentes de x e incluindo-se os termos de graus menores do que os graus de $p(x)$ e $d(x)$, cujos coeficientes são iguais a zero.	$4x^3 + 6x^2 + 0x + 1 \;\big|\; 2x - 1$
II. Divide-se o termo de maior grau de $p(x)$ pelo termo de maior grau de $d(x)$, obtendo-se o primeiro termo do quociente $q(x)$.	$4x^3 + 6x^2 + 0x + 1 \;\big|\; 2x - 1$ $2x^2$ ← $\frac{4x^3}{2x} = 2x^{3-1} = 2x^2$
III. Multiplica-se o primeiro termo de $q(x)$ por $d(x)$ e subtrai-se o resultado de $p(x)$. Obtém-se um polinômio denominado **resto parcial**.	$4x^3 + 6x^2 + 0x + 1 \;\big|\; 2x - 1$ $-4x^3 + 2x^2$ ← $-[2x^2 \cdot (2x - 1)]$; quociente: $2x^2$ $8x^2 + 0x + 1$ (resto parcial)
IV. Divide-se o termo de maior grau do resto parcial pelo termo de maior grau de $d(x)$, obtendo-se o segundo termo de $q(x)$. Multiplica-se o novo termo de $q(x)$ por $d(x)$ e subtrai-se o resultado do resto parcial, obtendo-se o novo resto parcial.	$4x^3 + 6x^2 + 0x + 1 \;\big|\; 2x - 1$ $-4x^3 + 2x^2$; quociente: $2x^2 + 4x$ ← $\frac{8x^2}{2x} = 4x^{2-1} = 4x$ $8x^2 + 0x + 1$ $-8x^2 + 4x$ ← $-[4x \cdot (2x - 1)]$ $4x + 1$ (resto parcial)
V. Repete-se a etapa anterior até se obter $r(x)$, resto com grau menor do que o grau do divisor $d(x)$.	$4x^3 + 6x^2 + 0x + 1 \;\big|\; 2x - 1$ $-4x^3 + 2x^2$; quociente: $2x^2 + 4x + 2$ ← $\frac{4x}{2x} = 2x^{1-1} = 2$ $8x^2 + 0x + 1$ $-8x^2 + 4x$ $4x + 1$ $-4x + 2$ ← $-[2 \cdot (2x - 1)]$ 3 (resto de grau menor do que o grau do divisor)
VI. Explicitam-se os polinômios obtidos para o quociente $q(x)$ e o resto $r(x)$.	Na divisão de $p(x)$ por $d(x)$, obtêm-se o quociente $q(x) = 2x^2 + 4x + 2$ e o resto $r(x) = 3$.
De fato: $(2x^2 + 4x + 2) \cdot (2x - 1) + 3 = 4x^3 + 6x^2 + 1$	

Ação e cidadania

A falácia do algoritmo

Falácia significa fazer parecer verdadeiro o que é falso. Algoritmo é uma sequência de regras, raciocínios ou operações que, aplicada a um número finito de dados, permite solucionar classes semelhantes de problemas.

Leia um trecho de uma entrevista com Roberta Shaffer, coordenadora da aquisição de livros para a Biblioteca do Congresso dos Estados Unidos, um monumental acervo em mais de 400 idiomas.

[...] As pessoas hoje têm uma tendência a confiar em qualquer resultado que a ferramenta de pesquisa lhes oferece como sendo "a melhor resposta". [...]. É a antítese [negação] de como a Biblioteca do Congresso gosta de oferecer informação. O conhecimento tem círculos concêntricos, e a resposta que oferecemos está no centro do círculo, mas há todo um entorno. Nossa missão é dizer: "Esteja alerta sobre todas as ondulações que tiveram impacto ou estão de algum modo relacionadas com o tema da sua pesquisa". Na internet, por exemplo, as pessoas dependem do que lhes é servido sem saber como a informação foi selecionada. As pessoas não olham para trás. Isso é perigoso. É o que chamamos de "falácia do algoritmo".

Petry, A. A revolução do pós-papel. *Veja*, ed. 2300, ano 45, n. 51, p. 156, 19 dez. 2012.

- Em trabalhos escolares, é uma "falácia do algoritmo" usar informações da internet sem saber como foram selecionadas e sem refletir sobre o assunto. Explique por quê.

Dispositivo de Briot-Ruffini

O dispositivo de Briot-Ruffini é um algoritmo que permite efetuar divisões quando o divisor é um polinômio da forma $x - a$. Nesse dispositivo, são utilizados os coeficientes do dividendo e a raiz a do divisor $d(x) = x - a$.

Considerando o dividendo $p(x) = a_n \cdot x^n + a_{n-1} \cdot x^{n-1} + a_{n-2} \cdot x^{n-2} + \ldots + a_2 \cdot x^2 + a_1 \cdot x + a_0$ e o divisor $d(x) = x - a$, o dispositivo de Briot-Ruffini é esquematizado do seguinte modo:

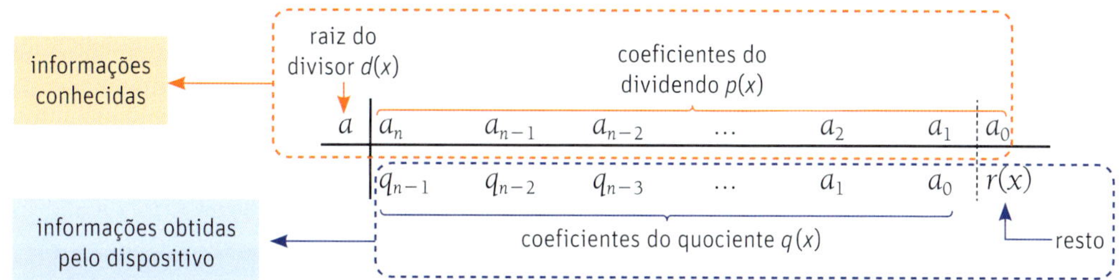

Por esse dispositivo são obtidos os coeficientes do quociente $q(x)$ e o resto $r(x)$, que tem grau zero, pois $d(x)$ é um polinômio de grau 1.

Pode-se verificar em um exemplo:

Dados os polinômios $p(x) = 3x^3 - 5x^2 - 9$ e $d(x) = x - 2$, têm-se as etapas descritas a seguir da divisão de $p(x)$ por $d(x)$ pelo dispositivo de Briot-Ruffini.

Etapa	Resolução
I. Determina-se a raiz do divisor $d(x)$.	$d(x) = x - 2$ $d(x) = 0 \Rightarrow x - 2 = 0 \Rightarrow x = 2$
II. Organizam-se a raiz de $d(x)$ e todos os coeficientes do dividendo $p(x)$, respeitando a ordem decrescente dos expoentes de x e incluindo os coeficientes que são iguais a zero.	$p(x) = 3x^3 - 5x^2 + 0x - 9$ 2 | 3 −5 0 | −9
III. Copia-se o 1º coeficiente do dividendo $d(x)$ na linha dos coeficientes de $q(x)$.	2 | 3 −5 0 | −9 | 3
IV. Multiplica-se esse coeficiente pela raiz do coeficiente seguinte de $d(x)$. Coloca-se o resultado abaixo desse coeficiente.	2 | 3 −5 0 | −9 | 3 1 $3 \cdot 2 + (-5) = 1$
V. Com o último resultado, repete-se a etapa anterior (multiplica-se pela raiz do divisor e adiciona-se o resultado ao coeficiente seguinte de $d(x)$). Coloca-se o resultado abaixo desse coeficiente.	2 | 3 −5 0 | −9 | 3 1 2 $1 \cdot 2 + 0 = 2$
VI. Esse processo é repetido até o último coeficiente de $p(x)$.	2 | 3 −5 0 | −9 | 3 1 2 | −5 $2 \cdot 2 + (-9) = -5$
VII. Explicitam-se o quociente $q(x)$ e o resto $r(x)$ obtidos.	2 | 3 −5 0 | −9 | 3 1 2 | −5 $q(x) = 3x^2 + x + 2$ $r(x) = -5$
De fato: $(3x^2 + x + 2) \cdot (x - 2) - 5 = 3x^3 - 5x^2 - 9$	

Cálculo mental

Determine mentalmente a raiz de cada polinômio:

- $p(x) = x - 5$
- $f(x) = x + 17$
- $h(x) = x - 3i$
- $t(x) = x - 3 + 2i$

Para refletir

Na divisão de um polinômio $p(x) = a_n \cdot x^n + \ldots + a_0$ por $d(x) = x - a$, o quociente tem grau $n - 1$, e o coeficiente dominante a_n.

Essa afirmação pode ser comprovada observando-se o dispositivo de Briot-Ruffini. Por que isso ocorre?

Método de Descartes

O método de Descartes consiste em determinar os coeficientes do quociente e do resto de uma divisão de polinômios utilizando a igualdade $p(x) = q(x) \cdot d(x) + r(x)$.

Por exemplo, para determinar o quociente $q(x)$ e o resto $r(x)$ da divisão de $p(x) = x^2 - x + 5$ por $d(x) = x + 3$, como o grau de $p(x)$ é 2 e o grau de $d(x)$ é 1, considera-se que $q(x)$ e $r(x)$ têm graus 1 e 0, respectivamente. Tomando-se $q(x) = ax + b$ e $r(x) = c$, tem-se a seguinte igualdade:

$p(x) = q(x) \cdot d(x) + r(x) \Rightarrow x^2 - x + 5 = (ax + b) \cdot (x + 3) + c \Rightarrow$

$\Rightarrow x^2 - x + 5 = ax^2 + (b + 3a)x + 3b + c$

Pela igualdade de polinômios, obtêm-se: $\begin{cases} 1 = a \\ -1 = b + 3a \\ 5 = 3b + c \end{cases}$

Da 1ª equação, vem: $a = 1$.

Substituindo-se a por 1 na 2ª equação, obtém-se: $b = -1 - 3 \cdot 1 \Rightarrow b = -4$.

E substituindo-se b por -4 na 3ª equação, obtém-se: $c = 5 - 3 \cdot (-4) \Rightarrow c = 17$.

Logo: $q(x) = x - 4$ e $r(x) = 17$.

Exercícios resolvidos

41. Dados os polinômios $p(x) = x^6 + x^4 - 6x^2 + 5$ e $d(x) = x^3 - 2x + 1$, determine o quociente $q(x)$ e o resto $r(x)$ da divisão de $p(x)$ por $d(x)$.

Resolução

Resolvemos essa divisão pelo método da chave:

$$\begin{array}{rrrrrrr|l} x^6 & +\,0x^5 & +\,x^4 & +\,0x^3 & -\,6x^2 & +\,0x & +\,5 & x^3 - 2x + 1 \\ -x^6 & & +\,2x^4 & -\,x^3 & & & & \overline{x^3 + 3x - 1} \\ \hline & & 3x^4 & -\,x^3 & -\,6x^2 & +\,0x & +\,5 & \\ & & -3x^4 & & +\,6x^2 & -\,3x & & \\ & & & -x^3 & & -\,3x & +\,5 & \\ & & & x^3 & & -\,2x & +\,1 & \\ \hline & & & & & -\,5x & +\,6 & \end{array}$$

Portanto, o quociente da divisão é $q(x) = x^3 + 3x - 1$, e o resto é $r(x) = -5x + 6$.

42. Calcule o valor de m para que o resto da divisão de $f(x) = x^3 + 2x^2 + mx - 12$ por $g(x) = x - 4$ seja 10.

Resolução

Para resolver essa divisão, podemos usar o dispositivo de Briot-Ruffini, em que a raiz de $g(x)$ é 4.

4	1	2	m	-12
	1	6	$24 + m$	$84 + 4m$

Como o resto é igual a 10, temos:

$84 + 4m = 10 \Rightarrow 4m = -74 \Rightarrow m = -\dfrac{74}{4} = -\dfrac{37}{2}$

Logo, a divisão de $f(x)$ por $g(x)$ tem resto 10 se $m = -\dfrac{37}{2}$.

Exercícios propostos

43. Determine o quociente e o resto da divisão dos polinômios $p(x)$ por $d(x)$ a seguir.

a) $p(x) = 6x^2 - 3x + 7$ e $d(x) = 2x + 1$

b) $p(x) = x^5 + 5x^3 + x^2$ e $d(x) = x^2 + x$

c) $p(x) = 2x^5 - x^4 + 4x^3 - x^2 + 2$ e $d(x) = x^2 + 2$

d) $p(x) = 4x^2 - 4x - 12$ e $d(x) = x + 2$

44. Ao dividir um polinômio $p(x)$ por $d(x) = 3x^2 - 5$, obtêm-se quociente $q(x) = 2x^2 + x - 1$ e resto $r(x) = x - 6$. Determine $p(x)$.

45. Determine os valores de m e n de modo que $p(x) = 2x^3 + x^2 + mx + n$ seja divisível por $d(x) = x^2 + x - 7$.

46. O resto da divisão de $p(x) = x^3 - 5x^2 + mx + 11$ por $x - 6$ é -1. Determine o valor de m e o quociente dessa divisão.

47. Nos dispositivos de Briot-Ruffini apresentados a seguir, alguns coeficientes estão indicados pelas letras a, b e c. Determine-os e escreva o polinômio obtido no quociente.

a)

3	2	-7	b	c
	a	-1	-3	-2

b)

-2	2	0	7
	a	b	c

48. Determine o valor de k em cada item.

a) $g(x) = x^4 + 2x^2 + kx - 1$ é divisível por $x - 1$.

b) Dividindo $h(x) = x^3 - 7x^2 + (k + 1)x + 6$ por $x - 8$ obtém-se resto -10.

49. Dividindo $p(x) = x^4 + ax^3 + bx^2 + cx - 5$ por $x - 6$, o quociente obtido é $q(x) = x^3 - x^2 + 3x + 1$.

a) Determine os valores de a, b e c.

b) Qual é o resto dessa divisão?

Teorema do resto

O teorema do resto é enunciado a seguir:

Seja $p(x)$ um polinômio de grau igual a 1 ou maior do que 1, o resto da divisão de $p(x)$ por $x - a$ é $p(a)$.

Demonstração

Pela definição de divisão de polinômios, $p(x) = q(x) \cdot (x - a) + r(x)$, em que $r(x)$ tem grau zero. Então, $r(x)$ é um polinômio constante e pode ser escrito apenas como r.

O valor numérico de $p(x)$ para $x = a$ é: $p(a) = q(a) \cdot \underbrace{(a - a)}_{0} + r = r$

Logo: $p(a) = r$

Exemplo

Obter o resto r da divisão de $p(x) = x^3 + 2x^2 - x + 4$ por $d(x) = x + 3$ pelo teorema do resto. Sabe-se que a raiz de $d(x)$ é -3; então:

$r = p(-3) = (-3)^3 + 2 \cdot (-3)^2 - (-3) + 4 = -27 + 18 + 3 + 4 = -2$

Teorema de D'Alembert

O teorema de D'Alembert, enunciado a seguir, é consequência do teorema do resto.

Um polinômio $p(x)$ é divisível por $x - a$ se, e somente se, a é raiz de $p(x)$.

Demonstração

Primeiro demonstra-se a seguinte afirmação: se um polinômio $p(x)$ é divisível por $x - a$, então a é raiz de $p(x)$.

Se $p(x)$ é divisível por $x - a$, então $r = 0$. Pelo teorema do resto, sabe-se que se $p(x)$ é divisível por $x - a$, logo $r = p(a)$. Como $r = 0$, tem-se $p(a) = 0$ e, então, a é raiz de $p(x)$.

Em seguida, demonstra-se a recíproca dessa afirmação: se a é raiz de um polinômio $p(x)$, então $p(x)$ é divisível por $x - a$.

Se a é raiz de $p(x)$, então $p(a) = 0$. Pelo teorema do resto, dividindo-se $p(x)$ por $x - a$, obtém-se $p(a) = r$. Como $p(a) = 0$, tem-se $r = 0$ e, portanto, $p(x)$ é divisível por $x - a$.

Exemplo

Verificar se $p(x) = 4x^5 - 6x^3 + 3x^2 + 8x - 9$ é divisível por $d(x) = x - 1$ pelo teorema de D'Alembert. Sabe-se que a raiz de $d(x)$ é 1; então:

$p(1) = 4 \cdot 1^5 - 6 \cdot 1^3 + 3 \cdot 1^2 + 8 \cdot 1 - 9 = 4 - 6 + 3 + 8 - 9 = 0$

Portanto, 1 também é raiz de $p(x)$ e, então, $p(x)$ é divisível por $d(x)$.

Teorema do fator

O teorema do fator é enunciado a seguir:

Se a é raiz de um polinômio $p(x)$ de grau igual a 1 ou maior do que 1, então $x - a$ é um fator de $p(x)$.

Demonstração

De fato, se a é raiz de um polinômio $p(x)$, então $p(a) = 0$ e, na divisão de $p(x)$ por $x - a$, obtém-se resto $r = p(a) = 0$. Portanto, $p(x)$ pode ser escrito como $p(x) = q(x) \cdot (x - a)$. Logo, $x - a$ é um fator de $p(x)$.

Como consequência do teorema do fator, tem-se a seguinte proposição, que será apresentada sem demonstração:

Um polinômio $p(x)$ é divisível por $(x - a)$ e por $(x - b)$, com $a \neq b$, se, e somente se, $p(x)$ é divisível pelo produto $(x - a) \cdot (x - b)$.

Saiba mais

Divisões sucessivas

Uma maneira simples de fazer divisões sucessivas é usar o dispositivo de Briot-Ruffini para os quocientes obtidos.

Por exemplo, sabendo que o polinômio $p(x) = x^3 - 7x - 6$ tem fatores $x + 2$ e $x - 3$, para determinar o outro fator de 1º grau da decomposição de $p(x)$, basta usar o dispositivo de Briot-Ruffini duas vezes, sucessivamente. Assim, divide-se $p(x)$ por $x + 2$:

−2	1	0	−7	−6
	1	−2	−3	0

coeficientes de $q_1(x)$

Em seguida, divide-se $q_1(x)$ por $x - 3$:

−2	1	0	−7	−6
3	1	−2	−3	0
	1	1	0	

coeficientes de $q_2(x)$

Assim: $q_2(x) = x + 1$

Portanto, a decomposição do polinômio é:

$p(x) = (x + 2) \cdot (x - 3) \cdot (x + 1)$

Um pouco de história

Classic Image/Alamy/Latinstock

Jean le Rond d'Alembert (1717-1783) foi considerado um dos mais importantes cientistas de sua época. Estudou Matemática, Medicina e Direito. Algumas frases famosas são atribuídas a ele, uma delas é "A Álgebra é generosa: frequentemente ela dá mais do que se lhe pediu."

Exercícios resolvidos

50. Determine o resto da divisão do polinômio

$p(x) = \frac{\sqrt{3}}{2} \cdot x^4 + 3\sqrt{2} \cdot x^3 + \frac{\sqrt{3}}{2} \cdot x^2 + 4\sqrt{2}i$

por $d(x) = x - i$.

Resolução

Como a raiz de $d(x)$ é i, podemos obter o resto r da divisão de $p(x)$ por $d(x)$ pelo teorema do resto:

$r = p(i) = \frac{\sqrt{3}}{2} \cdot i^4 + 3\sqrt{2} \cdot i^3 + \frac{\sqrt{3}}{2} \cdot i^2 + 4\sqrt{2} \cdot i =$

$= \frac{\sqrt{3}}{2} \cdot 1 + 3\sqrt{2} \cdot (-i) + \frac{\sqrt{3}}{2} \cdot (-1) + 4\sqrt{2} \cdot i =$

$= \frac{\sqrt{3}}{2} - 3\sqrt{2} \cdot i - \frac{\sqrt{3}}{2} + 4\sqrt{2} \cdot i \Rightarrow r = \sqrt{2} \cdot i$

51. Verifique se o polinômio $f(x) = x^6 - 4x^4 - 3x^3 + 6x + 6$ é divisível por $g(x) = x + 1$.

Resolução

A raiz de $g(x)$ é: $x + 1 = 0 \Rightarrow x = -1$

Pelo teorema de D'Alembert, temos:

$f(-1) = (-1)^6 - 4 \cdot (-1)^4 - 3 \cdot (-1)^3 + 6 \cdot (-1) + 6 =$

$= 1 - 4 + 3 - 6 + 6 \Rightarrow f(-1) = 0$

Como $f(-1) = 0$, $f(x)$ é divisível por $g(x)$.

52. Verifique se $t(x) = x^6 - 3x^4 - 2x^3 + x^2 - x - 2$ é divisível por $v(x) = (x + 1) \cdot (x - 2)$.

Resolução

Pela consequência do teorema do fator, $t(x)$ é divisível por $v(x)$ se, e somente se, $t(x)$ é divisível por $(x + 1)$ e por $(x - 2)$.

Pelo teorema de D'Alembert, verificamos se $t(x)$ é divisível por $(x + 1)$, cuja raiz é -1:

$t(-1) = (-1)^6 - 3 \cdot (-1)^4 - 2 \cdot (-1)^3 +$

$+ (-1)^2 - (-1) - 2 = 1 - 3 + 2 + 1 + 1 - 2 = 0$

Logo, $t(x)$ é divisível por $(x + 1)$.

Em seguida, pelo mesmo teorema, verificamos se $t(x)$ é divisível por $(x - 2)$, cuja raiz é 2:

$t(2) = 2^6 - 3 \cdot 2^4 - 2 \cdot 2^3 + 2^2 - 2 - 2 =$

$= 64 - 48 - 16 + 4 - 2 - 2 = 0$

Concluímos que $t(x)$ é divisível também por $(x - 2)$.

Portanto, $t(x)$ é divisível pelo produto $(x + 1) \cdot (x - 2)$ e, então, é divisível por $v(x)$.

Exercícios propostos

53. Calcule o resto da divisão dos polinômios $p(x)$ por $d(x)$:

a) $p(x) = x^5 - 3x^4 + 2x$ e $d(x) = x - 2$

b) $p(x) = 2x^3 + 3x^2 - 2x + 1$ e $d(x) = x + 3$

c) $p(x) = x^4 - 10x^3 + x^2 - 2$ e $d(x) = x - 10$

54. Determine o resto da divisão dos polinômios $f(x) = mx^3 - (m + 1)x^2 - x$ e $q(x) = x + m$.

55. Aplicando o teorema de D'Alembert, verifique se o polinômio $f(x)$ é divisível por $g(x)$:

a) $f(x) = 3x^5 - 2x^4 + 3x^2 - x + 7$ e $g(x) = x + 1$

b) $f(x) = 2x^4 + 3x^3 - 9$ e $g(x) = x - 1$

c) $f(x) = 5x^2 + 6x - 20$ e $g(x) = x + 3$

d) $f(x) = x^4 - 10x^3 - \frac{x}{2} + 5$ e $g(x) = x - 10$

56. Determine o número complexo k tal que o polinômio $p(x) = kx^3 + (2k - 5)x^2 + \frac{k}{2}x - 3k$ seja divisível por $d(x) = x - 1$.

57. Determine o valor de a para que o resto da divisão de $p(x) = ax^4 + \left(\frac{3a - 2}{4}\right)x^2 - 2ax - 16$ por $x - 2$ seja 13.

58. Verifique se $q(x) = x - 2$ e $p(x) = x - 4$ são fatores de $f(x) = x^3 - 3x^2 - 10x + 24$.

59. Determine m e n reais sabendo que os polinômios $p(x) = x^3 + (m + n)x^2 - 4$ e $q(x) = 2x^2 + (m - n)x - 22$ são divisíveis por $d(x) = x + 2$.

60. Considere os polinômios $f(x) = x^3 + 4x^2 - 7x - 10$ e $g(x) = x + 5$.

a) Mostre que $g(x)$ é fator de $f(x)$.

b) Determine o quociente de $f(x)$ por $g(x)$.

61. Sejam $f(x) = x^{20} + x^{10} - 2$ e $g(x) = x^2 - 1$ dois polinômios.

a) Escreva $g(x)$ como o produto de dois polinômios de grau 1.

b) Calcule $f(1)$ e $f(-1)$.

c) Verifique se $f(x)$ é divisível por $g(x)$.

62. Sabendo que $f(x) = x^3 + mx + n$ é divisível por $g(x) = (x + 2) \cdot (x - 3)$, determine o valor de $m^2 + n^2$.

63. Seja a função polinomial $p(x) = x^2 - \frac{4}{5}x + \frac{3}{25}$:

a) Determine $p\left(\frac{1}{5}\right)$, $p\left(\frac{2}{5}\right)$, $p\left(\frac{3}{5}\right)$ e $p\left(\frac{4}{5}\right)$.

b) Usando os resultados do item anterior, escreva $p(x)$ como produto de dois fatores de grau 1.

64. Sabendo que $p(x) = x^3 + 2x^2 + mx + n$ é divisível por $x + 2$, determine m em função de n.

4. Equação algébrica

Agora, o estudo de equações será ampliado para o conjunto universo dos números complexos. Define-se:

Equação polinominal, ou **equação algébrica**, é toda equação redutível à forma $p(x) = 0$, em que $p(x)$ é um polinômio de grau n.

Exemplos

- $x^2 + 2x + 4 = 0$
- $x^3 - 3ix^2 + 5i = 0$
- $x^8 - \sqrt{2}x^4 = 0$
- $-2x - i = 0$

Grau de uma equação algébrica

O **grau** de uma equação algébrica é igual ao grau do polinômio a ela associado. Assim, se n é o grau do polinômio $p(x)$, então também é o grau da equação algébrica $p(x) = 0$.

Exemplo

A equação $x^3 + 4x^2 - 2 = 0$ está associada ao polinômio $p(x) = x^3 + 4x^2 - 2$, de grau 3. Logo, essa equação também tem grau 3.

Raiz de uma equação algébrica

Resolver uma equação é determinar os valores da incógnita que tornam a igualdade verdadeira em determinado conjunto universo. Cada um desses valores é denominado **raiz** da equação. Define-se:

Um número complexo α é **raiz** da equação polinominal $p(x) = 0$ se, e somente se, $p(\alpha) = 0$.

Assim, dada a equação $a_n \cdot x^n + a_{n-1} \cdot x^{n-1} + ... + a_2 \cdot x^2 + a_1 \cdot x + a_0 = 0$, α é raiz dessa equação se, e somente se:

$$a_n \cdot \alpha^n + a_{n-1} \cdot \alpha^{n-1} + ... + a_2 \cdot \alpha^2 + a_1 \cdot \alpha + a_0 = 0$$

Das definições de raiz de um polinômio e de raiz de uma equação algébrica, deduzimos que, se α é raiz da equação $p(x) = 0$, então α é a raiz do polinômio $p(x)$, e vice-versa.

Exemplos

- Os números $-2i$ e $2i$ são raízes da equação $x^2 + 4 = 0$, pois:
  $(-2i)^2 + 4 = 4i^2 + 4 = -4 + 4 = 0$
  $(2i)^2 + 4 = 4i^2 + 4 = -4 + 4 = 0$
- O número 3 não é raiz da equação $x^4 + 81 = 0$, pois:
  $(3)^4 + 81 = 81 + 81 = 162 \neq 0$

Conjunto solução de uma equação algébrica

O conjunto de todas as raízes de uma equação algébrica pertencentes ao universo U considerado é o **conjunto solução** da equação.

Exemplos

- Se o conjunto dos números reais é o conjunto universo, ou seja, se $U = \mathbb{R}$, o conjunto solução da equação $2x^2 - 5x + 2 = 0$ é $S = \left\{\frac{1}{2}, 2\right\}$.
  No caso de $U = \mathbb{C}$, o conjunto solução também é $S = \left\{\frac{1}{2}, 2\right\}$, pois os dois números pertencem ao conjunto $\mathbb{C}$.
- Sendo $U = \mathbb{C}$, o conjunto solução da equação $x^2 + 16 = 0$ é $S = \{-4i, 4i\}$.
  No caso de $U = \mathbb{R}$, o conjunto solução dessa equação é $S = \varnothing$, pois os dois números não pertencem ao conjunto $\mathbb{R}$.

Ação e cidadania

Educação financeira × consumismo

Consumismo é a compra exagerada, desequilibrada, de produtos diversos e geralmente desnecessários. Há uma corrente da psicologia que considera o consumismo uma doença emocional, que tem cura pela educação financeira.

Ela ajuda as pessoas a não se tornarem devedoras e dependentes de empréstimos para a compra de produtos; leva as pessoas a perceberem a diferença entre o que realmente precisam e o que apenas desejam; desperta a visão de que pode ser interessante desistir de comprar algo no presente para conseguir um benefício futuro.

A educação financeira forma cidadãos conscientes da importância de sua participação ativa na sociedade.

- Um grave problema ambiental decorrente do consumo exagerado de produtos em todo o mundo é a superlotação dos depósitos de lixo.
  Qual é a relação entre consumismo e superlotação de depósitos de lixo?
- Realize uma pesquisa para se informar sobre o destino do lixo em sua comunidade. Esse conhecimento leva a importantes descobertas sobre a qualidade do lugar onde você vive.

Cálculo mental

Sendo $U = \mathbb{C}$, determine mentalmente as raízes das seguintes equações algébricas:

- $x + 5 = 0$
- $3x - 12 = 0$
- $x^2 + 49 = 0$
- $\frac{x^2}{2} - 50 = 0$
- $x^2 + 9 = 0$

Determinação das raízes de uma equação algébrica

Um método empregado para determinar as raízes de uma equação algébrica é a fatoração.

A seguir, são apresentados dois exemplos, com $U = \mathbb{C}$.

- $x^3 + 11x^2 + 28x = 0 \Rightarrow x \cdot (x^2 + 11x + 28) = 0 \Rightarrow$
  $\Rightarrow x \cdot (x + 4) \cdot (x + 7) = 0 \Rightarrow x = 0$ ou $x = -4$ ou $x = -7$
  Portanto: $S = \{-7, -4, 0\}$
- $x^4 - 16 = 0 \Rightarrow (x^2 - 4) \cdot (x^2 + 4) = 0 \Rightarrow$
  $\Rightarrow (x - 2) \cdot (x + 2) \cdot (x - 2i) \cdot (x + 2i) = 0 \Rightarrow$
  $\Rightarrow x = 2$ ou $x = -2$ ou $x = 2i$ ou $x = -2i$
  Portanto: $S = \{-2, 2, -2i, 2i\}$

A fatoração é um recurso eficiente na resolução de equações, porém nem sempre é imediata.

Nesses casos, podem-se utilizar alguns dos recursos de resolução que serão estudados a seguir.

Observação

O produto de dois ou mais números complexos é nulo se um deles for nulo.

Teorema fundamental da álgebra

O teorema fundamental da álgebra, enunciado a seguir, será admitido sem demonstração.

Todo polinômio de grau n, com $n \geqslant 1$, admite pelo menos uma raiz complexa.

Teorema da decomposição

O teorema da decomposição, enunciado a seguir, decorre do teorema fundamental da álgebra.

Todo polinômio $p(x) = a_n \cdot x^n + a_{n-1} \cdot x^{n-1} + ... + a_2 \cdot x^2 + a_1 \cdot x + a_0$, de grau n, $n \geqslant 1$, pode ser decomposto na forma $p(x) = a_n \cdot (x - \alpha_1) \cdot (x - \alpha_2) \cdot ... \cdot (x - \alpha_{n-1}) \cdot (x - \alpha_n)$, ou seja, pode ser decomposto como produto de uma constante a_n e n fatores de 1º grau, em que a_n é o coeficiente dominante e $\alpha_1, \alpha_2, ..., \alpha_{n-1}, \alpha_n$ são as raízes complexas de $p(x)$.

Demostração

Pelo teorema fundamental da álgebra, $p(x)$ admite uma raiz complexa α_1 e, pelo teorema de D'Alembert, $p(x)$ é divisível por $(x - \alpha_1)$.

Isso implica que $\underbrace{p(x) = (x - \alpha_1) \cdot q_1(x)}_{\text{(I)}}$, em que $q_1(x)$ é um polinômio de grau $n - 1$.

Se $n \geqslant 2$, também pelo teorema fundamental da álgebra, sabe-se que $q_1(x)$ tem uma raiz complexa α_2 e, então, $\underbrace{q_1(x) = (x - \alpha_2) \cdot q_2(x)}_{\text{(II)}}$, sendo $q_2(x)$ um polinômio de grau $n - 2$.

Substituindo (II) em (I), tem-se:

$$p(x) = (x - \alpha_1) \cdot (x - \alpha_2) \cdot q_2(x)$$

O mesmo procedimento deverá ser aplicado n vezes até que o grau de $q_n(x)$ seja zero. Daí obteremos a igualdade $p(x) = (x - \alpha_1) \cdot (x - \alpha_2) \cdot ... \cdot (x - \alpha_{n-1}) \cdot (x - \alpha_n) \cdot q_n(x)$, em que $q_n(x)$ é a constante a_n.

Portanto:

$$p(x) = a_n \cdot (x - \alpha_1) \cdot (x - \alpha_2) \cdot ... \cdot (x - \alpha_{n-1}) \cdot (x - \alpha_n)$$

Para recordar

Raízes de equações polinomiais do 1º e do 2º grau

As raízes complexas de equações polinomiais do 1º e do 2º grau podem ser determinadas por meio das seguintes expressões:

- **Equações do 1º grau**
  A raiz da equação $ax + b = 0$, com $a \neq 0$, é $x = -\frac{b}{a}$
- **Equações do 2º grau**
  As raízes da equação $ax^2 + bx + c = 0$, com $a \neq 0$, são $x = \frac{-b \pm \sqrt{b^2 - 4ac}}{2a}$

Quantidade de raízes de uma equação algébrica

Como consequência dos teoremas apresentados, conclui-se que toda equação algébrica de grau n, com $n \geqslant 1$, admite exatamente n raízes complexas, que podem não ser distintas.

Exemplos

- A equação $2x^3 - 2x^2 + 18x - 18 = 0$, de grau 3, tem três raízes: $-3i$, $3i$ e 1. Então, pelo teorema da decomposição, pode-se escrevê-la como $2(x + 3i) \cdot (x - 3i) \cdot (x - 1) = 0$.
- Para escrever uma equação de grau 2, cujas raízes são $-i$ e i, pode-se utilizar o teorema da decomposição:
  $p(x) = 0 \Rightarrow 1 \cdot (x + i) \cdot (x - i) = 0 \Rightarrow x^2 + 1 = 0$.
  Nesse caso, para escrever a equação, escolheu-se o número 1 como coeficiente dominante do polinômio $p(x)$; porém, qualquer número complexo poderia ser usado. Portanto, há infinitas equações de grau 2 com raízes $-i$ e i.

Exercícios resolvidos

65. Decomponha $p(x) = x^4 + x^3 - 13x^2 - x + 12$ em fatores do 1º grau sabendo que -4 e 1 são raízes.

Resolução

Como 4 e -1 são raízes de $p(x)$, pode-se escrever $p(x)$ como $p(x) = (x + 4) \cdot (x - 1) \cdot q(x)$.

O polinômio $q(x)$ é de grau 2, pois $p(x)$ é de grau 4 e, como consequência do teorema do fator, $p(x)$ é divisível por $(x + 4)$ e por $(x - 1)$.

Pelo dispositivo de Briot-Ruffini, dividimos $p(x)$ por $(x + 4)$ e por $(x - 1)$, obtendo o polinômio $q(x)$:

-4	1	1	-13	-1	12
1	1	-3	-1	3	0 ← $p(x)$ é divisível por $(x + 4)$
	1	-2	-3	0 ← $p(x)$ é divisível por $(x + 4) \cdot (x - 1)$	

coeficientes de $q(x)$

Logo: $q(x) = x^2 - 2x - 3$

As raízes de $q(x)$ são 3 e -1. Assim:

$q(x) = x^2 - 2x - 3 = (x - 3) \cdot (x + 1)$

Portanto: $p(x) = (x + 4) \cdot (x - 1) \cdot (x - 3) \cdot (x + 1)$

66. Sabendo que 6 é uma das raízes da equação $x^3 - 6x^2 + 9x - 54 = 0$, determine as outras duas raízes.

Resolução

Se 6 é uma das raízes da equação, sabemos que $p(x)$ é divisível por $(x - 6)$.

Logo, podemos escrever $p(x)$ como: $p(x) = (x - 6) \cdot q(x)$, em que $q(x)$ é um polinômio do 2º grau. Determinamos $q(x)$:

6	1	-6	9	-54
	1	0	9	0

coeficientes de $q(x)$

Então: $q(x) = x^2 + 9$.

Como as raízes de $q(x)$ são $-3i$ e $3i$, temos:

$p(x) = (x - 6) \cdot (x - 3i) \cdot (x + 3i)$

Logo, as outras duas raízes de $p(x)$ são $3i$ e $-3i$.

Exercícios propostos

67. Entre os números -2, -1, 0, 1 e 2, quais são raízes da equação $x^3 - 2x^2 - 5x + 6 = 0$?

68. Determine o conjunto solução da equação $p(x) = 0$ tal que $p(x) = (x^2 + 4) \cdot (x + 4) \cdot (x - 2)$ e $U = \mathbb{C}$.

69. Sabendo que -8 é uma das raízes da equação $x^3 + 5x^2 - 22x + 16 = 0$, determine as outras raízes.

70. Escreva uma equação algébrica de raízes 7, $-i$ e i.

71. Decomponha o polinômio $p(x) = x^4 + x^3 - x^2 + x - 2$ em fatores do 1º grau sabendo que 1 e -2 são raízes.

72. Escreva $f(x) = 3x^4 - 12$ como produto de fatores do 1º grau sabendo que $\sqrt{2}$ e $-\sqrt{2}$ são raízes.

73. Sabendo que o polinômio $p(x) = x^3 + 3x^2 - 13x - 15$ é divisível por $(x - 3)$, determine o conjunto solução da equação $p(x) = 0$, sendo $U = \mathbb{C}$.

Multiplicidade da raiz

Como as n raízes de uma equação algébrica de grau n nem sempre são distintas, define-se multiplicidade de uma raiz:

> Na equação algébrica $p(x) = 0$, em que $p(x)$ é um polinômio de grau n, com $n \geqslant 1$, diz-se que uma raiz α tem **multiplicidade** m, $m \in \mathbb{N}^*$ e $m \leqslant n$, quando $p(x) = (x - \alpha)^m \cdot q(x)$ e $q(\alpha) \neq 0$.

Pela definição, conclui-se que o polinômio $p(x)$ é divisível por $(x - \alpha)^m$. Além disso, observa-se que a condição $q(\alpha) \neq 0$ é necessária para garantir que a equação $p(x) = 0$ tenha exatamente m raízes iguais a α.

Se o polinômio $p(x)$ tiver n raízes iguais a α, então $q(x)$ é um polinômio constante e igual a a_n.

Em termos mais simples, diz-se que a **multiplicidade** de uma raiz é o número de vezes que essa raiz aparece na decomposição de um polinômio em fatores de grau 1.

Assim, uma equação algébrica de grau n, raízes $\alpha_1, \alpha_2, ..., \alpha_n$ e coeficiente dominante a_n pode ser decomposta na forma $a_n \cdot (x - \alpha_1) \cdot (x - \alpha_2) \cdot ... \cdot (x - \alpha_{n-1}) \cdot (x - \alpha_n) = 0$. Uma raiz α_j que aparece m vezes entre esses fatores, com $m \geqslant 1$, tem multiplicidade m.

- Se $m = 1$, então α_j é uma raiz de multiplicidade 1, ou uma raiz simples.
- Se $m = 2$, então α_j é uma raiz de multiplicidade 2, ou uma raiz dupla.
- Se $m = 3$, então α_j é uma raiz de multiplicidade 3, ou uma raiz tripla.
- Se $m = 4$, então α_j é uma raiz de multiplicidade 4, ou uma raiz quádrupla.

E assim por diante.

Exemplos

- A equação $x^3 - 13x^2 + 35x + 49 = 0$ pode ser escrita como:
  $(x - 7) \cdot (x - 7) \cdot (x + 1) = 0$
  Então, 7 é uma raiz de multiplicidade 2, ou uma raiz dupla, e -1 é uma raiz de multiplicidade 1, ou uma raiz simples.
- A equação $3x^3 - 18x^2 + 36x - 24 = 0$ pode ser decomposta na forma:
  $3 \cdot (x - 2) \cdot (x - 2) \cdot (x - 2) = 0$
  Então, 2 é uma raiz de multiplicidade 3, ou uma raiz tripla.

Exercícios resolvidos

74. Escreva uma equação algébrica do 3º grau que tenha 5 como raiz dupla e -4 como raiz simples.

Resolução

Como a equação é do 3º grau, ela tem 3 raízes. Então, essa equação pode ser decomposta na forma $a \cdot (x - 5) \cdot (x - 5) \cdot (x + 4) = 0$.

Para $a = 1$, temos: $x^3 - 6x^2 - 15x + 100 = 0$

Mas qualquer equação na forma $a \cdot (x^3 - 6x^2 - 15x + 100) = 0$, $a \in \mathbb{C}^*$, satisfaz as condições do enunciado.

75. Resolva em $\mathbb{C}$ a equação $x^3 - 2x^2 - 39x - 72 = 0$ sabendo que -3 é uma raiz dupla.

Resolução

Como -3 é raiz dupla, escrevemos a equação na forma $(x + 3) \cdot (x + 3) \cdot q(x) = 0$. Dividindo sucessivamente $p(x) = x^3 - 2x^2 - 39x - 72$ por $(x + 3)$, obtemos os coeficientes de $q(x)$:

-3	1	-2	-39	-72
-3	1	-5	-24	0 ← $p(x)$ é divisível por $x + 3$
	1	-8	0 ← $p(x)$ é divisível por $(x + 3)^2$	

Então, $q(x) = x - 8$, e a equação pode ser decomposta em $(x + 3)^2 \cdot (x - 8) = 0$. Logo: $S = \{-3, 8\}$.

Exercícios propostos

76. Dada a equação $(x - 2)^3 \cdot (x + 5)^2 \cdot (x^2 + 2x + 1) = 0$, determine as raízes e suas multiplicidades.

77. Escreva uma equação algébrica do 4º grau tal que o conjunto solução em $\mathbb{C}$ seja $S = \{-1, 1\}$ e que -1 seja uma raiz de multiplicidade 3.

78. Determine a multiplicidade da raiz -1 da equação $x^4 + 5x^3 + 9x^2 + 7x + 2 = 0$.

79. Sabendo que 5 é uma raiz dupla da equação $x^4 - 10x^3 + 29x^2 - 40x + 100 = 0$, determine as outras raízes.

80. Considere a equação $x^3 + mx^2 + 3x + n = 0$ e determine os valores de m e n de modo que 3 seja uma raiz de multiplicidade 2.

5. Equação algébrica com coeficientes reais

Quando todos os coeficientes de uma equação algébrica são números reais, há outros recursos para sua resolução, conforme apresentados a seguir.

Raízes complexas não reais

O teorema abaixo será apresentado sem demonstração.

> Se um número complexo não real é raiz de uma equação algébrica com coeficientes reais, então seu conjugado também é raiz dessa equação.

Do teorema, conclui-se que, se um número complexo não real z é raiz de multiplicidade m de uma equação algébrica com coeficientes reais, então seu conjugado $\overline{z}$ também é raiz de multiplicidade m dessa equação.

Exemplo

A equação $x^4 - x^3 + 2x^2 - 4x - 8 = 0$ tem $2i$ como raiz. Então, pelo teorema acima, $-2i$ também é raiz dessa equação.

Sendo $p(x) = x^4 - x^3 + 2x^2 - 4x - 8$ o polinômio associado a essa equação, determinam-se as outras raízes pelo dispositivo de Briot-Ruffini, dividindo-se $p(x)$ por $(x - 2i)$ e por $(x + 2i)$:

$2i$	1	-1	2	-4	-8
$-2i$	1	$2i - 1$	$-2i - 2$	$-4i$	0
	1	-1	-2	0	

Obtém-se o polinômio $q(x) = x^2 - x - 2$, que tem raízes -1 e 2. Então $p(x)$ pode ser decomposto na forma $p(x) = (x - 2i) \cdot (x + 2i) \cdot (x + 1) \cdot$ $\cdot\, (x - 2)$, e as raízes da equação associada a ele são $2i$, $-2i$, -1 e 2.

Desse teorema, conclui-se também que as raízes complexas não reais aparecem sempre aos pares e, por consequência, tem-se o seguinte teorema:

> Se $p(x)$ é um polinômio com coeficientes reais e de grau n, com n ímpar, então a equação algébrica $p(x) = 0$ tem ao menos uma raiz real.

Demonstração

Suponha que não existam raízes reais. Sabe-se que a equação tem exatamente n raízes, não necessariamente distintas. Como, pelo teorema anterior, essa equação tem um número par de raízes complexas não reais, chega-se a uma contradição, pois n é ímpar. Então, a suposição da não existência de raízes reais é falsa, e conclui-se que a equação tem ao menos uma raiz real.

Exemplo

A equação $x^3 + x^2 + x + 1 = 0$ tem $-i$ como raiz; assim, seu conjugado i também é raiz. Seja $p(x) = x^3 + x^2 + x + 1$ o polinômio associado a essa equação, determinam-se as outras raízes pelo dispositivo de Briot-Ruffini, dividindo-se $p(x)$ por $(x + i)$ e por $(x - i)$:

$-i$	1	1	1	1
i	1	$-i + 1$	$-i$	0
	1	1	0	

A equação resultante é $x + 1 = 0$, que tem raiz -1. Então $p(x)$ pode ser decomposto na forma $p(x) = (x + i) \cdot (x - i) \cdot (x + 1)$ e as raízes da equação são $-i$, i e -1. De fato, esse polinômio de grau ímpar tem um par de raízes complexas não reais e uma raiz real.

Ação e cidadania

Trabalho em equipe

O boxe *Ação e cidadania* integra este livro desde o capítulo 1. Os textos e as questões abordam, direta ou indiretamente, a cidadania em seu conceito amplo, ou seja: a ação do indivíduo que, além de cumprir seus deveres e exercer seus direitos, participa da organização da comunidade; o acesso ao conhecimento como meio de se alcançar a igualdade social.

Agora é sua vez. Em grupo, crie um boxe *Ação e cidadania*, elaborando um texto sobre o tema escolhido e finalizando com duas ou mais questões relacionadas a ele. Troque ideias com os colegas e faça leituras e pesquisas sobre o assunto. É conveniente já preparar as respostas, reservando-as para o fim da tarefa.

No dia combinado previamente, os grupos trocam os trabalhos entre si e cada um responderá às questões elaboradas por outro grupo. Depois, as respostas devem ser avaliadas pela equipe de criação.

Pesquisa de raízes racionais

Se uma equação de coeficientes inteiros tiver raízes racionais, então essas raízes estão de acordo com o seguinte teorema:

Se o número racional $\frac{p}{q}$, com p e q primos entre si e $q \neq 0$, é raiz da equação algébrica de coeficientes inteiros $a_n \cdot x^n + a_{n-1} \cdot x^{n-1} + ... + a_1 \cdot x + a_0 = 0$, $a_n \neq 0$, então, p é divisor de a_0 e q é divisor de a_n.

As possíveis raízes racionais de uma equação algébrica de coeficientes inteiros são frações determinadas pelos divisores de a_0 e a_n. Se nenhuma dessas frações é raiz da equação, então essa equação não admite raízes racionais.

Exemplo

Se a equação $2x^3 - x^2 - 8x + 4 = 0$ tiver uma raiz racional, então ela é da forma $\frac{p}{q}$, tal que p é divisor de 4 (coeficiente a_0) e q é divisor de 2 (coeficiente a_n). Então $p \in \{\pm1, \pm2, \pm4\}$ e $q \in \{\pm1, \pm2\}$, e, assim, $\frac{p}{q} \in \left\{\pm1, \pm\frac{1}{2}, \pm2, \pm4\right\}$.

Para $t(x) = 2x^3 - x^2 - 8x + 4$, verifica-se se alguns desses valores são raízes:

- $t(1) = 2 \cdot 1^3 - 1^2 - 8 \cdot 1 + 4 \Rightarrow t(1) = -3$
- $t(-1) = 2 \cdot (-1)^3 - (-1)^2 - 8 \cdot (-1) + 4 \Rightarrow t(-1) = 9$
- $t\left(\frac{1}{2}\right) = 2 \cdot \left(\frac{1}{2}\right)^3 - \left(\frac{1}{2}\right)^2 - 8 \cdot \left(\frac{1}{2}\right) + 4 \Rightarrow t\left(\frac{1}{2}\right) = 0$

Assim, $\frac{1}{2}$ é raiz de $t(x)$, e então $t(x) = \left(x - \frac{1}{2}\right) \cdot q(x)$. Pelo dispositivo de Briot-Ruffini, determinam-se os coeficientes de $q(x)$:

$\frac{1}{2}$	2	2	−8	4
	2	0	−8	0

Logo, $q(x) = 2x^2 - 8$ e pode ser decomposto em $q(x) = 2 \cdot (x - 2) \cdot (x + 2)$, cujas raízes são 2 e −2. Então, a solução da equação é $S = \left\{-2, \frac{1}{2}, 2\right\}$. Nota-se que as três raízes são racionais e pertencem a $\left\{\pm1, \pm\frac{1}{2}, \pm2, \pm4\right\}$.

Para recordar

Divisores de um número inteiro

Os **divisores** de um número inteiro m são todos os números inteiros que, ao dividirem m, apresentam resto zero.

Exemplos

- D(13): ±1 e ±13
- D(−20): ±1, ±2, ±4, ±5, ±10 e ±20
- D(100): ±1, ±2, ±5, ±10, ±20, ±50 e ±100

Observa-se que qualquer número não nulo é divisível por ±1, por ele mesmo e por seu oposto.

Números primos entre si

Dois ou mais números são primos entre si quando o máximo divisor comum desses números é 1.

Exercício resolvido

81. Resolva em $\mathbb{C}$ a equação $x^3 - \frac{9}{2}x^2 + \frac{7}{2}x + 3 = 0$.

Resolução

Para escrever essa equação com coeficientes inteiros, multiplicamos a equação pelo mínimo múltiplo comum dos denominadores dos coeficientes. Nesse caso, multiplicamos por 2:

$2 \cdot \left(x^3 - \frac{9}{2}x^2 + \frac{7}{2}x + 3\right) = 2 \cdot 0 \Rightarrow$

$\Rightarrow 2x^3 - 9x^2 + 7x + 6 = 0$

Como p é divisor de 6, $p \in \{\pm1, \pm2, \pm3, \pm6\}$; como q é divisor de 2, $q \in \{\pm1, \pm2\}$. Assim, as possíveis raízes racionais são $\frac{p}{q}$, tal que $\frac{p}{q} \in \left\{\pm1, \pm\frac{1}{2}, \pm2, \pm3, \pm\frac{3}{2}, \pm6\right\}$.

Verificamos alguns desses valores:

$p(-1) = 2 \cdot (-1)^3 - 9 \cdot (-1)^2 + 7 \cdot (-1) + 6 = -12$

$p(1) = 2 \cdot 1^3 - 9 \cdot 1^2 + 7 \cdot 1 + 6 = 6$

$p\left(-\frac{1}{2}\right) = 2 \cdot \left(-\frac{1}{2}\right)^3 - 9 \cdot \left(-\frac{1}{2}\right)^2 + 7 \cdot \left(-\frac{1}{2}\right) + 6 = 0$

Assim, $-\frac{1}{2}$ é raiz dessa equação, então, podemos escrever a equação como $\left(x + \frac{1}{2}\right) \cdot q(x) = 0$, em que $q(x)$ é de grau 2. Pelo dispositivo de Briot-Ruffini, determinamos os coeficientes de $q(x)$:

$-\frac{1}{2}$	2	−9	7	6
	2	−10	12	0

Então, $q(x) = 2x^2 - 10x + 12$, que pode ser decomposto em $q(x) = 2 \cdot (x - 3) \cdot (x - 2)$. Logo, a solução da equação é: $S = \left\{-\frac{1}{2}, 2, 3\right\}$.

Gráfico de um polinômio

Observando-se no plano cartesiano o gráfico de um polinômio $p: \mathbb{C} \to \mathbb{C}$ com coeficientes reais, é possível visualizar suas raízes reais, que são as abscissas dos pontos de intersecção do gráfico com o eixo Ox. Desse modo, também ficam conhecidas as raízes reais da equação $p(x) = 0$.

Exemplo

Resolver em $\mathbb{C}$ a equação $x^7 + 3x^6 + x^5 - x^4 - 4x^2 = 0$.

O gráfico do polinômio $p(x) = x^7 + 3x^6 + x^5 - x^4 - 4x^2$ é dado ao lado. Por ele, sabe-se que -2, 0 e 1 são raízes reais do polinômio. Porém, não se sabe qual é a multiplicidade dessas raízes nem se, no conjunto dos números complexos não reais, o polinômio apresenta outras raízes. Pelo dispositivo de Briot-Ruffini, determinam-se essas informações:

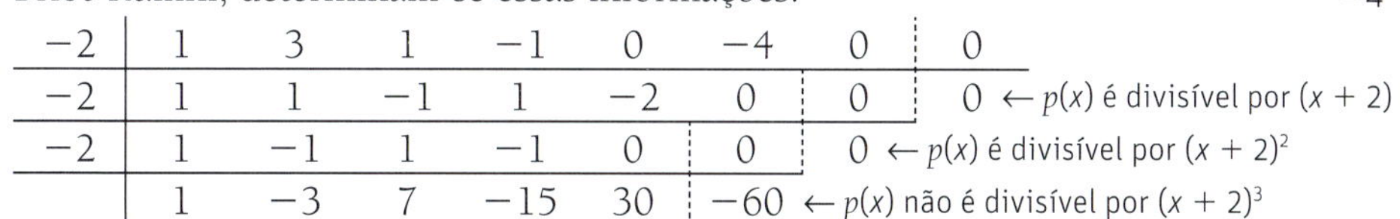

-2	1	3	1	-1	0	-4	0	0	
-2	1	1	-1	1	-2	0	0	0	$\leftarrow p(x)$ é divisível por $(x + 2)$
-2	1	-1	1	-1	0	0	0		$\leftarrow p(x)$ é divisível por $(x + 2)^2$
	1	-3	7	-15	30	-60			$\leftarrow p(x)$ não é divisível por $(x + 2)^3$

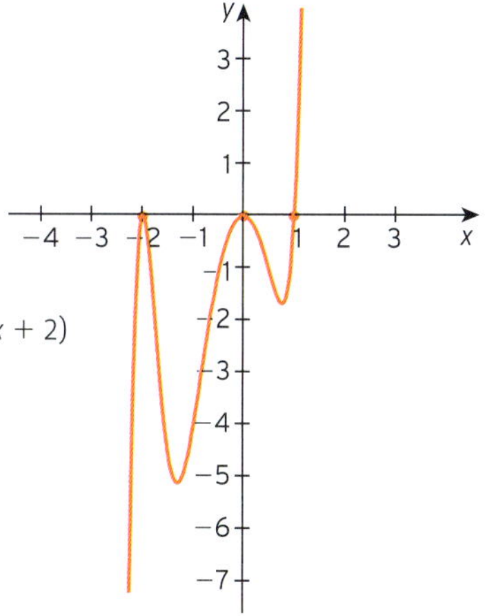

Logo, -2 é uma raiz de multiplicidade 2. Por processo análogo, obtêm-se as multiplicidades das raízes 0 e 1, que são 2 e 1, respectivamente.

Desse modo, $p(x) = (x + 2)^2 \cdot x^2 \cdot (x - 1) \cdot q(x)$, em que $q(x)$ é um polinômio de grau 2. Pelo dispositivo de Briot-Ruffini, divide-se $p(x)$ sucessivamente por $(x + 2)^2$, x^2 e $(x - 1)$, obtendo-se $q(x) = x^2 + 1$, cujas raízes são i e $-i$.

Então, conclui-se que há duas raízes complexas não reais, i e $-i$, que satisfazem a equação $p(x) = 0$.

Logo, o conjunto solução da equação $p(x) = 0$ é: $S = \{-2, 0, 1, i, -i\}$.

Exercícios propostos

82. Qual é o menor grau que uma equação de coeficientes reais pode ter se suas raízes são 1, 3, 5 e $7i$?

83. Resolva em $\mathbb{C}$ a equação $x^3 + 2x^2 - 6x + 8 = 0$, sabendo que uma de suas raízes é $1 + i$.

84. Sendo $m \in \mathbb{R}$, a unidade imaginária i é raiz da equação $x^4 + x^3 - 5x^2 + mx - 6 = 0$. Determine o valor de m e todas as raízes reais dessa equação.

85. Resolva em $\mathbb{C}$ a equação $x^4 - 5x^3 + 9x^2 - 5x = 0$.

86. O polinômio $p(x) = x^5 + x^4 + 3x^3 + 3x^2 - 4x - 4$ está representado no gráfico abaixo.

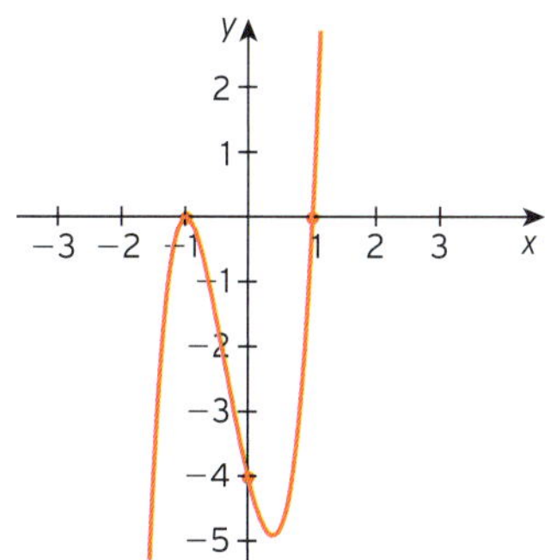

Determine em $\mathbb{C}$ o conjunto solução da equação $p(x) = 0$.

87. Determine as raízes racionais e as raízes complexas não reais da equação $x^5 + 4x^4 - x - 4 = 0$.

88. O gráfico ao lado representa um polinômio $f(x)$ de grau 4 e coeficiente dominante 1.

a) Quais são as raízes de $f(x)$?

b) Escreva o polinômio $f(x)$ como produto de fatores de grau 1.

c) Escreva o polinômio na forma $f(x)$, $f(x) = a_4 \cdot x^4 + a_3 \cdot x^3 + a_2 \cdot x^2 + a_1 \cdot x + a_0$.

89. Escreva um polinômio de grau 5 que tenha $1 + 4i$ como raiz simples e 0 como raiz dupla. Compare seu resultado com o dos colegas.

90. Justifique as seguintes consequências do teorema sobre a determinação de raízes racionais.

a) Uma equação algébrica de coeficientes inteiros, $a_n = -1$ ou $a_n = 1$, não admite raízes fracionárias.

b) O número 1 é raiz de toda equação algébrica cuja soma dos coeficientes é zero.

6. Relações de Girard

Outra importante ferramenta na resolução de equações algébricas são as relações entre os coeficientes e as raízes da equação, associações conhecidas por **relações de Girard**.

A seguir, são deduzidas as relações de Girard para equações do 2º e do 3º grau. Depois, é descrita a generalização para as equações de grau *n*.

Equação do 2º grau

Seja $ax^2 + bx + c = 0$ $(a \neq 0)$ equação algébrica do 2º grau cujas raízes são x_1 e x_2.

Pelo teorema da decomposição, tem-se: $ax^2 + bx + c = a(x - x_1) \cdot (x - x_2)$.

Dividindo-se a equação por a, obtém-se: $x^2 + \frac{b}{a}x + \frac{c}{a} = (x - x_1) \cdot (x - x_2)$.

Desenvolve-se o 2º membro e coloca-se x em evidência:

$$x^2 + \frac{b}{a}x + \frac{c}{a} = x^2 - (x_1 + x_2) \cdot x + x_1 \cdot x_2$$

Pela igualdade de polinômios, são válidas as seguintes relações:

$$x_1 + x_2 = -\frac{b}{a} \quad \text{e} \quad x_1 \cdot x_2 = \frac{c}{a}$$

Portanto, as relações de Girard para equações do 2º grau podem ser enunciadas na seguinte proposição:

> Em uma equação algébrica do 2º grau, $ax^2 + bx + c = 0$ $(a \neq 0)$, as raízes x_1 e x_2 são tais que:
>
> $$x_1 + x_2 = -\frac{b}{a} \quad \text{e} \quad x_1 \cdot x_2 = \frac{c}{a}$$

Equação do 3º grau

Seja $ax^3 + bx^2 + cx + d = 0$ $(a \neq 0)$ equação algébrica do 3º grau cujas raízes são x_1, x_2 e x_3.

Pelo teorema da decomposição, tem-se:

$ax^3 + bx^2 + cx + d = a(x - x_1) \cdot (x - x_2) \cdot (x - x_3)$

Dividindo-se a equação por a, obtém-se:

$$x^3 + \frac{b}{a}x^2 + \frac{c}{a}x + \frac{d}{a} = (x - x_1) \cdot (x - x_2) \cdot (x - x_3)$$

Desenvolvendo o 2º membro dessa equação e colocando x e x^2 em evidência:

$$x^3 + \frac{b}{a}x^2 + \frac{c}{a}x + \frac{d}{a} = x^3 - (x_1 + x_2 + x_3)x^2 + (x_1 \cdot x_2 + x_1 \cdot x_3 + x_2 \cdot x_3)x - x_1 \cdot x_2 \cdot x_3$$

Pela igualdade de polinômios, são válidas as seguintes relações:

- $x_1 + x_2 + x_3 = -\frac{b}{a}$
- $x_1 \cdot x_2 + x_1 \cdot x_3 + x_2 \cdot x_3 = \frac{c}{a}$
- $x_1 \cdot x_2 \cdot x_3 = -\frac{d}{a}$

Portanto, as relações de Girard para equações do 3º grau podem ser enunciadas na seguinte proposição:

> Em uma equação algébrica do 3º grau, $ax^3 + bx^2 + cx + d = 0$ $(a \neq 0)$, as raízes x_1, x_2 e x_3, são tais que:
>
> $$x_1 + x_2 + x_3 = -\frac{b}{a}, \quad x_1 \cdot x_2 + x_1 \cdot x_3 + x_2 \cdot x_3 = \frac{c}{a} \quad \text{e} \quad x_1 \cdot x_2 \cdot x_3 = -\frac{d}{a}$$

Saiba mais

Resolução de equações por métodos numéricos

Segundo o **teorema de Bolzano**, se para os números reais a e b tem-se $p(a) \cdot p(b) < 0$, então $p(x)$ tem uma raiz real que pertence ao intervalo $]a, b[$, isto é, se $p(a)$ e $p(b)$ têm sinais contrários, então o gráfico de $p(x)$ cruza o eixo das abscissas em um ponto, como representado abaixo:

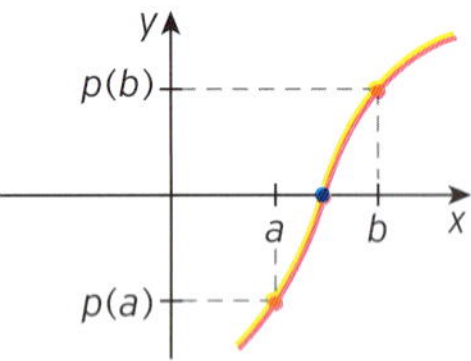

$p(a)$ e $p(b)$ têm sinais opostos

O **método da bissecção**, inspirado no teorema de Bolzano, emprega processos numéricos para determinar a raiz de um polinômio $p(x)$, ou um número próximo dessa raiz.

Por exemplo, para determinar uma aproximação para uma raiz real de $p(x) = x^3 - 2x - 1$, adotam-se os passos a seguir.

I. $p(1) = -2$ e $p(2) = 3$
Logo, existe uma raiz real de $p(x)$ no intervalo $]1, 2[$.

II. O ponto médio do intervalo corresponde a $p(1{,}5) = -0{,}625$. Logo, existe uma raiz real de $p(x)$ em $]1{,}5; 2[$.

III. Tomando-se o ponto médio do novo intervalo, tem-se $p(1{,}75) = 0{,}859375$. Logo, existe uma raiz real de $p(x)$ no intervalo $]1{,}5; 1{,}75[$.

IV. Tomando-se o ponto médio do novo intervalo, tem-se $p(1{,}625) \cong 0{,}0410$. Logo, existe uma raiz real de $p(x)$ no intervalo $]1{,}5; 1{,}625[$.

Assim o processo continua até se obter a precisão desejada. Por exemplo, pode-se tomar $x = 1{,}625$ como aproximação para a raiz procurada, pois $p(1{,}625) \cong -0{,}0410 \cong 0$.

Equação de grau *n*

Com procedimento análogo ao usado nas equações do 2º e do 3º grau, é possível adotar as relações de Girard para equações de grau n, com $n > 3$.

Seja $a_n \cdot x^n + a_{n-1} \cdot x^{n-1} + ... + a_1 \cdot x + a_0 = 0$ uma equação algébrica de grau n, cujas raízes são $x_1, x_2, ..., x_n$, são válidas as seguintes relações de Girard:

- $x_1 + x_2 + ... + x_{n-1} + x_n = -\dfrac{a_{n-1}}{a_n}$
- $x_1 \cdot x_2 + x_1 \cdot x_3 + ... + x_1 \cdot x_n + x_2 \cdot x_3 + x_2 \cdot x_4 + ... + x_{n-1} \cdot x_n = +\dfrac{a_{n-2}}{a_n}$
- $x_1 \cdot x_2 \cdot x_3 + x_1 \cdot x_2 \cdot x_4 + ... + x_2 \cdot x_3 \cdot x_4 + x_2 \cdot x_3 \cdot x_5 + ... + x_{n-2} \cdot x_{n-1} \cdot x_n = -\dfrac{a_{n-3}}{a_n}$

$\vdots$

- $x_1 \cdot x_2 \cdot x_3 \cdot ... \cdot x_{n-2} \cdot x_{n-1} \cdot x_n = (-1)^n \cdot \dfrac{a_0}{a_n}$

As relações de Girard indicam a soma de todas as raízes de uma equação, além da soma dos produtos das raízes tomadas duas a duas, três a três, quatro a quatro, e assim por diante, até que as n raízes sejam tomadas em um único produto.

Exercícios resolvidos

91. Determine o valor real de k na equação $2x^3 + x^2 - 4x + k = 0$, cujas raízes são x_1, x_2 e x_3, sabendo que $\dfrac{1}{x_1} + \dfrac{1}{x_2} + \dfrac{1}{x_3} = 2$.

Resolução

Desenvolvendo a equação dada, obtemos:

$$\frac{1}{x_1} + \frac{1}{x_2} + \frac{1}{x_3} = 2 \Rightarrow \frac{x_2x_3 + x_1x_3 + x_1x_2}{x_1 \cdot x_2 \cdot x_3} = 2$$

Comparando $2x^3 + x^2 - 4x + k = 0$ com a equação $ax^3 + bx^2 + cx + d = 0$, temos $a = 2$, $b = 1$, $c = -4$ e $d = k$. Aplicando as relações de Girard, sabemos que o numerador da fração obtida no primeiro membro da equação desenvolvida é a soma dos produtos das raízes tomadas duas a duas e que o denominador é o produto das raízes.

$$\frac{\frac{c}{a}}{\frac{-d}{a}} = 2 \Rightarrow -\frac{c}{d} = 2 \Rightarrow -\frac{(-4)}{k} = 2 \Rightarrow k = 2$$

92. A soma de duas raízes da equação $x^3 - 7x^2 + 14x - 8 = 0$ é 5. Determine as raízes dessa equação.

Resolução

Comparando $x^3 - 7x^2 + 14x - 8 = 0$ com a equação $ax^3 + bx^2 + cx + d = 0$, temos $a = 1$, $b = -7$, $c = 14$ e $d = -8$. Pelas relações de Girard, sendo x_1, x_2 e x_3 raízes da equação e $x_1 + x_2 = 5$, então:

$$x_1 + x_2 + x_3 = -\frac{b}{a} \Rightarrow 5 + x_3 = -\frac{(-7)}{1} \Rightarrow x_3 = 2$$

Como 2 é raiz da equação, pelo dispositivo de Briot-Ruffini temos:

2	1	−7	14	−8
	1	−5	4	0

A equação obtida é $x^2 - 5x + 4 = 0$, cujas raízes são 1 e 4. Portanto, a solução da equação $x^3 - 7x^2 + 14x - 8 = 0$ é $S = \{1, 2, 4\}$.

Exercícios propostos

93. O gráfico a seguir representa o polinômio:

$$f(x) = x^4 - x^3 - 4x^2 + 4x.$$

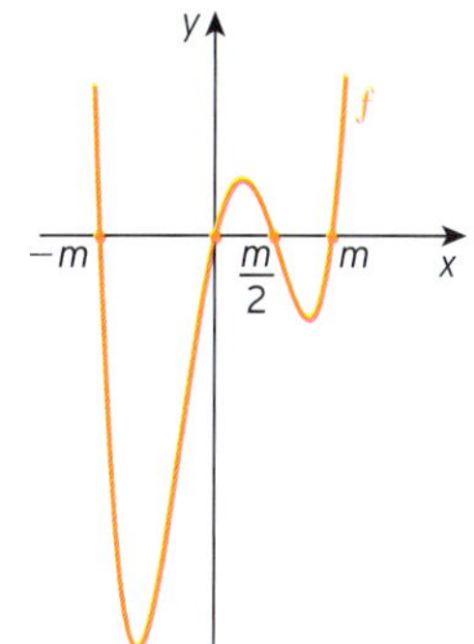

Determine o valor de m e o conjunto solução em $\mathbb{C}$ da equação algébrica $f(x) = 0$.

94. A equação $x^4 + 4x^3 - 12x^2 - 32x + 64 = 0$ tem duas raízes reais de multiplicidade 2. Quais são essas raízes?

95. Determine o conjunto solução em $\mathbb{C}$ da equação $x^3 - 9x^2 + 26x - 24 = 0$, sabendo que suas raízes são números naturais consecutivos.

96. Calcule a soma dos inversos das raízes m, n e p da equação $x^3 + 8x^2 + 9x - 3 = 0$.

97. Sabendo que o produto de duas raízes da equação $x^3 - 7x^2 + 6 = 0$ é -6, determine todas as raízes.

Exercícios complementares

98. Uma pizzaria que faz entregas em domicílio cobra R$ 28,00 por *pizza* mais uma taxa de entrega de 10% sobre o valor do pedido. Escreva uma função polinomial que expressa o preço p em função da quantidade x de *pizzas* encomendadas.

99. Considere o conjunto $A = \{x \in \mathbb{Z} \mid -2 \leq x \leq 2\}$ e a equação algébrica $2x^3 - x^2 - 5x - 2 = 0$. Determine os elementos pertencentes ao conjunto A que são raízes dessa equação.

100. Verifique se o polinômio $f(x) = x^5 - x^4 - 5x^3 + 2x^2 + \sqrt{5}x + 5$ é divisível por $x - \sqrt{5}$. Justifique.

101. Sabendo que os polinômios $q(x) = cx^2 + 3 - b$ e $p(x) = (a + b + c)x^4 + (b - 1)x^2 + a$ são idênticos, determine os valores de a, b e c.

102. Dos polinômios $f(x)$ e $g(x)$, sabe-se que:

- o grau de $f(x)$ é m;
- o grau de $g(x)$ é n;
- o grau de $f(x) \cdot g(x)$ é 12;
- m é duas unidades maior do que n.

Determine os valores de m e n.

103. Calcule o valor de m para que a equação algébrica $x^3 - 12mx^2 - 3x + 18 = 0$ admita 3 como raiz de multiplicidade 2.

104. Dados os polinômios $f(x) = 2x^3 - 5x^2 - 9$ e $g(x) = \frac{2}{5}x^2 - 3x + 8$, verifique se $g(5)$ é raiz de $f(x)$.

105. Determine o polinômio $h(x)$ que, adicionado a $f(x) = \frac{3}{5}x^3 - \frac{2}{3}x^2 - \frac{1}{4}x + 4$, resulta em $g(x) = x^3 + x^2 + x + 1$.

106. A equação algébrica $p(x) = 0$ tem grau 3 e uma raiz real de multiplicidade 3. Sabendo que o termo independente de x é -8 e que o coeficiente dominante é -1, determine essa raiz e escreva a equação algébrica.

107. Em uma divisão, o dividendo é o polinômio $f(x) = x^5 + x^3 - 2x^2 - 2$, o quociente é $q(x) = x^3 - 2$ e o resto é $r(x) = 0$. Determine o divisor $d(x)$.

108. Dados os polinômios $f(x) = x^2 - 1$, $g(x) = x^2 - 2$ e $h(x) = x^2 - 3$, determine $f(x) \cdot g(x) \cdot h(x)$.

109. Dada a equação $2x^4 - 3x^3 + 6x^2 - 12x - 8 = 0$, determine:

a) o conjunto das possíveis raízes racionais da equação;

b) as raízes racionais da equação;

c) as raízes complexas não reais da equação;

d) o conjunto solução da equação, sendo $U = \mathbb{C}$.

110. Sabe-se que $(x + 3) \cdot (x - 5)$ é divisor do polinômio $p(x) = x^4 - 2x^3 - 11x^2 - 8x - 60$.

a) Decomponha $p(x)$ como produto de fatores do 1º grau.

b) Determine em $\mathbb{C}$ a solução de $p(x) = 0$.

111. O gráfico abaixo representa um polinômio de grau 5 cujo coeficiente dominante é 1.

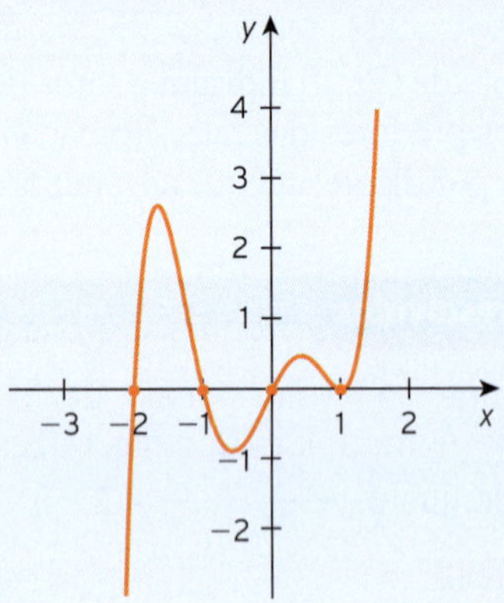

Sabendo que as raízes reais negativas desse polinômio têm multiplicidade 1 e que as raízes reais positivas têm multiplicidade 2, escreva o polinômio na forma fatorada.

112. Determine os possíveis valores de p, $p \in \mathbb{C}$, para que o resto da divisão de $f(x) = 8x^5 - 6x^4 + 8x^3 + px^2 + 1$ por $g(x) = 2x^3 - 4x^2 + 1$ seja um polinômio do 2º grau.
Em seguida, escreva o quociente $h(x)$ dessa divisão.

113. Sabendo que $1 - i$ é raiz da equação algébrica $x^4 - x^3 - 20x^2 + 42x - 40 = 0$, determine o conjunto solução da equação em $\mathbb{C}$.

114. A equação algébrica $x^3 + kx^2 - 11x + 12 = 0$ tem raízes x_1 e x_2 tais que $x_1 + x_2 = 5$ e $x_1 \cdot x_2 = 4$. Calcule:

a) as raízes x_1 e x_2;

b) o valor de k;

c) a outra raiz da equação.

115. Qual é a multiplicidade da raiz $x = 1$ na equação algébrica $x^4 - 4x^3 + 6x^2 - 4x + 1 = 0$?

116. Determine o valor de k de modo que -3 seja raiz da equação de 4º grau dada abaixo:

$$x^4 + (k + 2)x^3 - (k - 2)x^2 + 15 = 0$$

117. Sabe-se que a, b e c são raízes da equação algébrica $6x^3 - 9x^2 + 6x - 1 = 0$.
Determine $y = \log_6\left(\frac{1}{ab}\right) + \log_6\left(\frac{1}{ac}\right) + \log_6\left(\frac{1}{bc}\right)$.

118. Uma das raízes da equação $\begin{vmatrix} -2 & -2 & x \\ x & x & 3 \\ -x & 3 & 2x \end{vmatrix} = 0$ é $x_1 = -3$. Determine o conjunto solução da equação, sendo $U = \mathbb{C}$.

119. As dimensões de um cubo são dadas pelas raízes do polinômio $p(x) = x^3 - 12x^2 + 48x - 64$, em centímetros, e as dimensões de um paralelepípedo retângulo, pelas raízes do polinômio $q(x) = x^3 - 13x^2 + 51x - 63$, em centímetros.

a) Determine as dimensões de cada sólido.

b) Qual dos dois sólidos tem maior volume?

c) Qual sólido tem maior área total?

d) Relacione o volume de cada sólido com os coeficientes da correspondente equação.

e) Relacione a área total de cada sólido com os coeficientes da correspondente equação.

120. Verifique se os números complexos $1 + 2i$ e $3 - i$ são raízes da equação $x^3 - x^2 + 3x + 5 = 0$.

121. Determine o resto da divisão do polinômio
$p(x) = \frac{1}{3^6} \cdot x^9 - \frac{1}{3^5} \cdot x^6 + \frac{1}{3^4} \cdot x^5 - \frac{1}{3^3} \cdot x^4 + 3$
por $x - 3$.

122. O gráfico abaixo representa o polinômio $p(x) = x^3 + ax^2 + bx + c$.

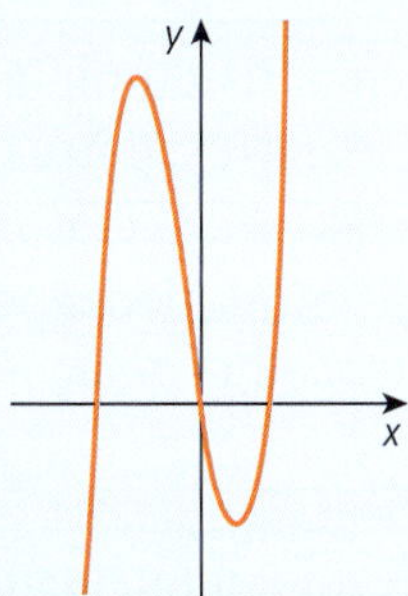

Sabendo que $p(x)$ é divisível por $f(x) = x + 3$ e por $g(x) = x - 2$, determine $p(x)$.

123. Resolva em $\mathbb{C}$ a equação $x^3 - 14x^2 + 59x - 70 = 0$, sabendo que uma das raízes é igual à soma das outras raízes.

124. A área do losango representado abaixo é dada por $A(x) = 3x^2 + 10x + 8$.

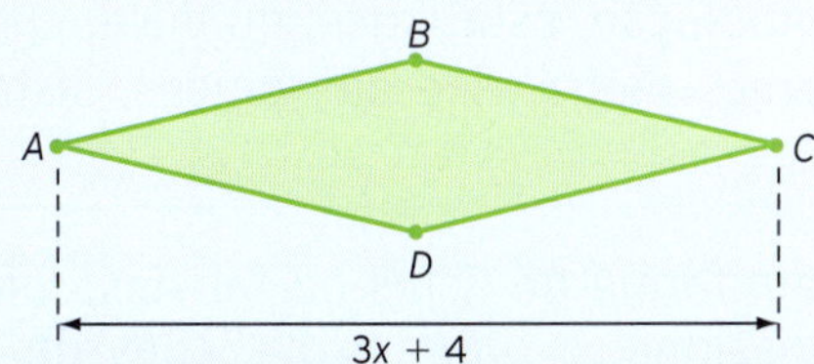

a) Escreva o polinômio que expressa a medida da diagonal $\overline{BD}$.

b) Qual é o valor de x para que a área do losango seja 33?

125. A figura abaixo representa a planta de um quintal com forma semelhante à de um trapézio isósceles.

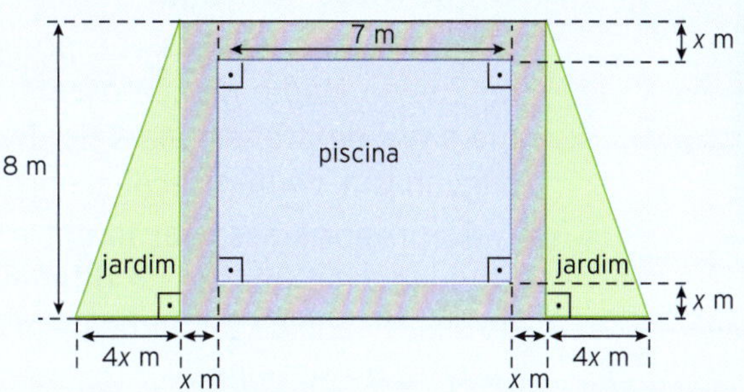

Determine a função polinomial $A(x)$ que expressa a área do quintal e a função polinomial $P(x)$ que descreve o perímetro da piscina.

126. Determine o resto da divisão do polinômio

$$q(x) = \begin{vmatrix} 2 & 2^2 & 2^3 & 2^4 \\ 2^8 & 2^7 & 2^6 & 2^5 \\ 1 & 1 & 1 & 1 \\ x & x^2 & x^3 & x^4 \end{vmatrix} \text{ por } p(x) = x - 2.$$

127. Considere a figura abaixo.

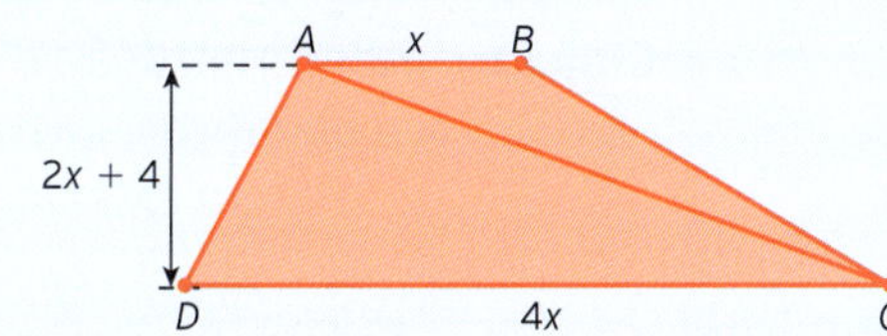

a) Escreva a função polinomial $f(x)$ que expressa a área do trapézio $ABCD$.

b) Escreva a função polinomial $g(x)$ que expressa a área do triângulo ABC.

c) Qual é o quociente da divisão de $f(x)$ por $g(x)$?

d) Qual é a relação entre a área do trapézio $ABCD$ e a área do triângulo ABC?

e) Verifique a validade da relação apontada no item anterior calculando $f(3)$ e $g(3)$ e comparando os resultados.

128. Determine em $\mathbb{C}$ o conjunto solução da equação $x^3 - 6x^2 - 4x + 24 = 0$, sabendo que suas raízes estão em progressão aritmética.

129. Considere o conjunto das possíveis raízes racionais da equação $2x^5 + kx^3 - mx^2 + 5x - 8 = 0$, em que $k \in \mathbb{Z}$ e $m \in \mathbb{Z}$. Determine a probabilidade:

a) de uma raiz r ser positiva;

b) de uma raiz r ser divisível por 5;

c) de uma raiz pertencer ao intervalo $[-1, 1]$;

d) de uma raiz r ser divisível por 8.

130. (Uern) O valor de n para que a divisão do polinômio $p(x) = 2x^3 + 5x^2 + x + 17$ por $d(x) = 2x^2 + nx + 4$ tenha resto igual a 5 é um número:

a) menor que -6.

b) negativo e maior que -4.

c) positivo e menor que 5.

d) par e maior que 11.

A Matemática das profissões

Tomada de consciência sobre como a Matemática é aplicada no exercício das profissões.

O que você vai fazer

Você e seus colegas vão preparar uma feira de exposição de profissões para os alunos do Ensino Médio de sua escola, com o objetivo de mostrar a aplicação da Matemática no dia a dia de profissionais de diversas áreas, como saúde, administração, ciências sociais, engenharia, comunicações, entre outras.

Ao propor a associação entre os conhecimentos matemáticos adquiridos na escola e as atividades cotidianas de diferentes profissionais, este projeto contribui para a ampliação do significado da aprendizagem da Matemática. Além disso, pode ajudar na escolha de uma carreira profissional.

Para preparar a feira, você e seus colegas vão entrevistar profissionais que atuem em diferentes áreas.

Desenvolvimento das entrevistas

Para fazer as entrevistas, você e seus colegas devem se organizar em grupos, de acordo com as áreas a pesquisar. As áreas relacionadas abaixo são apenas sugestões; os grupos podem incluir outras ou excluir algumas, de acordo com o interesse da turma.

Cada grupo ficará responsável por entrevistar diferentes profissionais dentro da área de interesse.

Grupo 1	**Administração e negócios.** Profissionais das áreas de administração, ciências econômicas, gastronomia, processos gerenciais, *marketing*, hotelaria, turismo, comércio exterior, entre outros.
Grupo 2	**Saúde.** Profissionais de enfermagem, medicina, fisioterapia, educação física, farmácia, nutrição, odontologia, radiologia, esportes, entre outros.
Grupo 3	**Ciências humanas e sociais.** Profissionais de letras, pedagogia, serviço social, direito, história, geografia, segurança do trabalho, relações internacionais, entre outros.
Grupo 4	**Comunicação e informação.** Profissionais de publicidade e propaganda, produção cultural, jornalismo, produção editorial, rádio e TV, entre outros.
Grupo 5	**Artes e *design*.** Profissionais de arquitetura e urbanismo, artes plásticas, *design* de interiores, fotografia, música, artes cênicas, dança, moda, *design* gráfico, entre outros.
Grupo 6	**Ciências exatas e informática.** Profissionais de engenharia, astronomia, física, matemática, ciências da computação, estatística, química, construção civil, rede de computadores, sistemas elétricos e eletrônicos, sistemas de internet, entre outros.

Durante a entrevista, será preciso coletar, em forma de listas ou tabelas, informações a respeito das principais atribuições do profissional e obter explicações de como ele emprega a Matemática em suas atribuições diárias. Será preciso também destacar o quanto é imprescindível a aplicação da Matemática no exercício da profissão.

Para elaborar as perguntas da entrevista, cada grupo deve pesquisar em revistas especializadas ou *sites* as principais atribuições dos profissionais que serão entrevistados.

Análise dos dados e tomada de decisão

Cada grupo deve analisar as informações coletadas nas entrevistas, considerando os seguintes pontos:

- O grau de importância da Matemática no desempenho das funções dos entrevistados. Para isso, estime um percentual que indique esse grau de importância.
- As relações possíveis entre a Matemática estudada na escola e a Matemática que os profissionais utilizam para executar suas tarefas, por exemplo, a relação de proximidade ou distanciamento entre as duas.
- A Matemática como uma ferramenta imprescindível à realização do trabalho. Entre os profissionais entrevistados, estime um percentual daqueles que, sem utilizar a Matemática, não conseguiriam desenvolver suas funções.

Apresentação

Cada grupo deve organizar as informações obtidas nas entrevistas e apresentá-las para a turma. Além da descrição das tarefas executadas pelos profissionais entrevistados, a apresentação deve abordar como esses profissionais utilizam a Matemática no dia a dia.

Preparação da feira de exposições

Cada grupo deve colaborar na organização da feira preparando a exposição referente à área pesquisada.

A feira de exposição pode ser dividida em duas partes.

Parte 1 **Exposição de painéis.** Cada grupo deve elaborar painéis sobre algumas profissões que compõem a área pesquisada. Os painéis devem conter as informações sobre o trabalho específico de cada profissão e os dados coletados na entrevista sobre a utilização da Matemática pelos profissionais da área. Incluam imagens e organizem as informações para facilitar a leitura.
Será preciso que os alunos façam uma apresentação esclarecendo aos visitantes o conteúdo dos painéis.

Parte 2 **Bate-papo com profissionais.** Cada grupo pode convidar alguns profissionais para conversar com os visitantes. A conversa pode esclarecer dúvidas quanto a atribuições, mercado de trabalho, futuro da carreira, etc.

A turma deve combinar com o professor e a direção da escola o melhor momento e o espaço para a realização do evento. Para divulgá-lo, a turma pode elaborar cartazes convidando os alunos a visitarem a feira. O cartaz deve conter informações de data, horário e local onde a feira vai acontecer.

Avaliação

- O grupo deve avaliar a maneira como foi organizado o trabalho, a divisão de tarefas, se as estratégias adotadas dificultaram ou facilitaram a realização do projeto e o motivo. Também deve discutir o que poderia ser modificado em uma outra oportunidade.
- Na opinião da turma, o projeto atingiu os objetivos iniciais?

Apêndice

Sinais e símbolos matemáticos

	Símbolo	Significado
Operadores aritméticos	$+$	mais, adição, positivo
	$-$	menos, subtração, negativo, oposto
	$\times$ ou $\cdot$	multiplicação, vezes
	$\div$ ou $:$	divisão
	$\pm$	mais ou menos
Símbolos sentenciais	$=$	igual a
	$\neq$	diferente de
	$\equiv$	identidade trigonométrica
	$>$	maior do que
	$<$	menor do que
	$\geqslant$	maior do que ou igual a
	$\leqslant$	menor do que ou igual a
	$\cong$	aproximadamente igual a
	$:$	razão
	Σ	somatório
Símbolos de lógica	$\sim$	sistemas equivalentes, semelhança
	$\wedge$	conectivo "e"
	$\vee$	conectivo "ou"
	$\exists$	existe
	$\nexists$	não existe
	$\forall$	para todo, para todos
	$\equiv$	congruente a
	$\mid$	tal que
	$\propto$ ou $::$	proporcional a
	$\therefore$	portanto
	$\Rightarrow$	implica
	$\Leftrightarrow$	equivalência
	$'$ ou $\sim$	modificador, negação de
Funções	$f: A \rightarrow B$	função f de A em B
	$x \mapsto y$	função transforma x em y
	$D(f)$	domínio da função f
	$CD(f)$	contradomínio da função f
	$Im(f)$	conjunto imagem da função f
	$g \circ f$ ou $g(f(x))$	função composta da função g com a função f
	f^{-1}	função inversa da função f
	$\frac{\Delta y}{\Delta x}$	taxa média de variação de y em relação a x
Teoria dos conjuntos	$\in$	pertence
	$\notin$	não pertence
	$\cap$	intersecção
	$\cup$	união
	$n(A)$	número de elementos do conjunto A
	$\{a, b\}$	conjunto dos elementos a e b
	$\subset$	está contido, subconjunto de
	$\supset$	contém
	$\not\subset$	não está contido, não é subconjunto
	$\not\supset$	não contém

	Símbolo	Significado
Teoria dos conjuntos	$\varnothing$ ou $\{\ \}$	conjunto vazio
	$\mathbb{N}$	conjunto dos números naturais
	$\mathbb{Z}$	conjunto dos números inteiros
	$\mathbb{Q}$	conjunto dos números racionais
	$\mathbb{I}$	conjunto dos números irracionais
	$\mathbb{R}$	conjunto dos números reais
	$\mathbb{C}$	conjunto dos números complexos
	$[a, b]$	intervalo fechado
	$]a, b[$	intervalo aberto
	$[a, b[$ ou $a \vdash b$	intervalo fechado à esquerda e aberto à direita
	$]a, b]$ ou $a \dashv b$	intervalo aberto à esquerda e fechado à direita
Outros	$\|a\|$	módulo ou valor absoluto de a
	$\log_a b$	logaritmo de b na base a
	$\log b$	logaritmo de b na base 10 (logaritmo decimal)
	ln	logaritmo natural ou neperiano
	∞	infinito
	π	número pi
	e	número neperiano ou de Euler
	i	unidade imaginária que representa $\sqrt{-1}$
	sen	seno
	cos	cosseno
	tg	tangente
	sec	secante
	cossec	cossecante
	cotg	cotangente
	$\sqrt[n]{a}$	raiz n-ésima de a
	!	fatorial
	%	porcentagem, por cento
	∟	ângulo reto
	$r \angle s$	reta r forma ângulo com reta s
	$r \perp s$	reta r perpendicular ou ortogonal à reta s
	$r // s$	reta r paralela à reta s
	$\triangle ABC$	triângulo ABC
	$\hat{A}$ ou $B\hat{A}C$	ângulo $\hat{A}$
	$\overline{AB}$	segmento de extremidades A e B
	AB	medida do segmento AB
	$\overleftrightarrow{AB}$	reta que contém os pontos A e B
	$\overrightarrow{AB}$	semirreta de origem A e que contém o ponto B

Alfabeto grego

Letra	Minúscula	Maiúscula
alfa	α	A
beta	β	B
gama	γ	Γ
delta	δ	Δ
épsilon	ϵ	E
zeta	ζ	Z
eta	η	H
teta	θ	Θ
iota	ι	I
capa	κ	K
lambda	λ	Λ
mi	μ	M

Letra	Minúscula	Maiúscula
ni	ν	N
xi	ξ	Ξ
ômicron	ο	O
pi	π	Π
rô	ρ	P
sigma	σ	Σ
tau	τ	T
úpsilon	υ	Y
fi	ϕ	Φ
chi	χ	X
psi	ψ	Ψ
ômega	ω	Ω

Unidades de medida

Sistema Internacional de Unidades – SI

O Sistema Internacional de Unidades (SI), um sistema prático e único, é utilizado mundialmente nas relações internacionais, no ensino, em trabalhos científicos, etc. São sete as unidades definidas e independentes do SI, denominadas unidades de base, conforme indicadas a seguir.

Unidades SI de base		Grandeza
Nome	**Símbolo**	
metro	m	comprimento
quilograma	kg	massa
segundo	s	tempo
ampere	A	corrente elétrica
kelvin	K	temperatura termodinâmica
mol	mol	quantidade de matéria
candela	cd	intensidade luminosa

Além das unidades de base, há as unidades derivadas, que podem ser expressas a partir das unidades de base, utilizando-se símbolos matemáticos de divisão e multiplicação. **Exemplo**: a unidade de medida metro por segundo (símbolo: m/s), cuja grandeza é velocidade.

Muitas unidades derivadas possuem nome e símbolo especiais. Por exemplo, a unidade de medida newton (símbolo: N), cuja grandeza é força.

O símbolo da unidade SI é invariável.

- Não é abreviatura

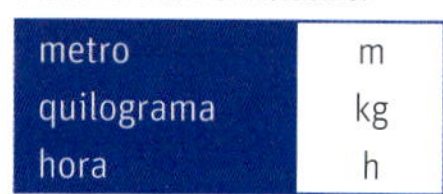

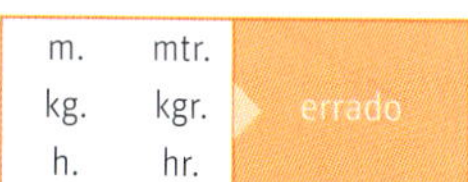

- Não tem plural

cinco metros	5 m
dois quilogramas	2 kg
oito horas	8 h

- Não é expoente

dois metros	2 m
sete quilogramas	7 kg
vinte horas	20 h

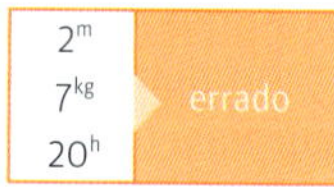

Múltiplo de uma unidade (de medida)

Unidade de medida maior formada a partir de uma unidade dada, de acordo com convenções de escalonamento. **Exemplos**: um dos múltiplos decimais do metro é o quilômetro; um dos múltiplos não decimais do segundo é a hora.

Submúltiplo de uma unidade (de medida)

Unidade de medida menor formada a partir de uma unidade, de acordo com convenções de escalonamento. **Exemplo**: um dos submúltiplos decimais do metro é o milímetro.

Fonte de pesquisa: Instituto de Pesos e Medidas do Estado de São Paulo (Ipem-SP). Disponível em: <http://www.ipem.sp.gov.br>. Acesso em: 18 maio 2013.

Potências de base 10

Do Quadro Geral de Unidades, aprovado pela Resolução do Conmetro nº 12/88.

Múltiplo	Prefixo	Símbolo do prefixo	Valor
10^{15}	peta	P	1 000 000 000 000 000
10^{12}	tera	T	1 000 000 000 000
10^{9}	giga	G	1 000 000 000
10^{6}	mega	M	1 000 000
10^{3}	quilo	k	1 000
10^{2}	hecto	h	100
10^{1}	deca	da	10

Múltiplo	Prefixo	Símbolo do prefixo	Valor
10^{-1}	deci	d	0,1
10^{-2}	centi	c	0,01
10^{-3}	mili	m	0,001
10^{-6}	micro	μ	0,000 001
10^{-9}	nano	n	0,000 000 001
10^{-12}	pico	p	0,000 000 000 001
10^{-15}	femto	f	0,000 000 000 000 001

Para formar o múltiplo ou submúltiplo de uma unidade, basta colocar o nome do prefixo desejado na frente do nome dessa unidade. O mesmo se dá com o símbolo.

Exemplos: Para multiplicar e dividir a unidade volt por mil:

- 1 quilovolt = 1 000 volts (1 kV = 10^3 V)
- 1 milivolt = 0,001 volt (1 mV = 10^{-3} V)

Os prefixos SI também podem ser utilizados com unidades fora do SI. **Exemplos**: milibar, quilocaloria, megatonelada.

Por motivos históricos, o nome da unidade SI de massa contém um prefixo: quilograma. Por isso, os múltiplos e submúltiplos da unidade são feitos a partir do grama. **Exemplos**: micrograma, centigrama, miligrama, decagrama, hectograma.

Respostas dos exercícios

Capítulo 23 – Noções de estatística

Página 532 – Para começar

1. a) Não.
   b) Não necessariamente.
   c) Resposta pessoal.
2. Resposta possível: É importante para analisar as preferências.

Página 533 – Ação e cidadania

- Os serviços de saneamento básico são pagos pela própria população por meio de impostos e taxas de serviço público.
- Resposta pessoal.

Página 537 – Exercícios propostos

4. Primeira situação

Quantidade de sinistros	FA	FR
100 ⊢ 117	3	10%
117 ⊢ 134	7	aproximadamente 23,3%
134 ⊢ 151	9	30%
151 ⊢ 168	7	aproximadamente 23,3%
168 ⊢ 185	4	aproximadamente 13,3%

Dados fictícios.

(Observação: a aproximação realizada para 23,3% e 13,3% gera um erro de 0,1%, pois, adicionando as frequências relativas, obtém-se 99,9%.)

Segunda situação

Altura	FA	FR
1,50 ⊢ 1,58	4	16%
1,58 ⊢ 1,66	7	28%
1,66 ⊢ 1,74	5	20%
1,74 ⊢ 1,82	6	24%
1,82 ⊢ 1,90	3	12%

Dados fictícios.

Terceira situação

Pontuação	FA	FR
100 ⊢ 109	1	aproximadamente 6,7%
109 ⊢ 118	0	0%
118 ⊢ 127	1	aproximadamente 6,7%
127 ⊢ 136	3	20%
136 ⊢ 145	1	aproximadamente 6,7%
145 ⊢ 154	2	aproximadamente 13,3%
154 ⊢ 163	2	aproximadamente 13,3%
163 ⊢ 172	4	aproximadamente 26,6%
172 ⊢ 181	1	aproximadamente 6,7%

Dados fictícios.

5. **Situação 1:** A população em estudo são os alunos da escola. A amostra escolhida contém 60 desses alunos e foi usada para obter dados da variável quantitativa discreta "quantidade de televisores".
   Situação 2: A população em estudo são os correntistas do banco. A amostra escolhida contém 1 000 desses correntistas e foi usada para obter dados da variável quantitativa contínua "saldo".

Página 542 – Exercícios propostos

8. a) Quantitativa discreta.
   b)

Quantidade de filhos	FA	FR
Nenhum	6	25%
1	8	aprox. 33,3%
2	7	aprox. 29,2%
3	3	aprox. 12,5%

Dados fictícios.

c)

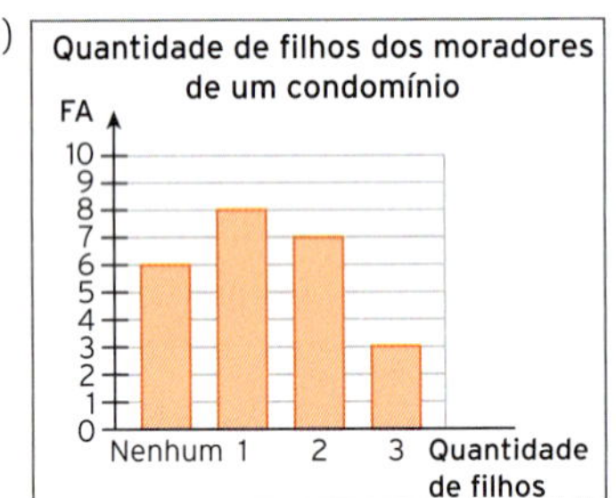

d)

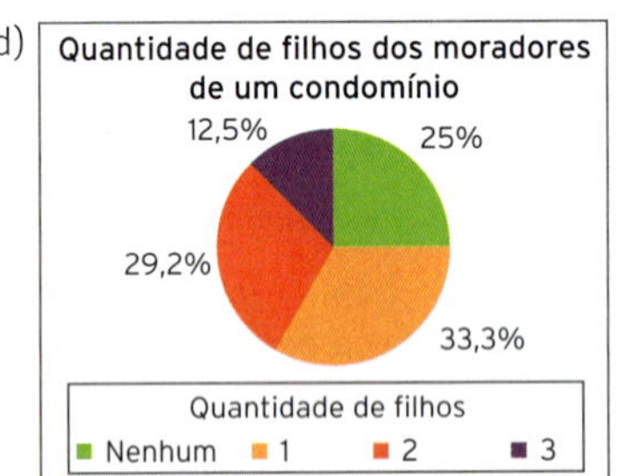

9. a)

Qualidade da água na região hidrográfica do rio São Francisco	FR
ótima	1%
boa	78%
aceitável	13%
ruim	7%
péssima	1%

Fonte de pesquisa: *Caderno Recursos Hídricos*. ANA (Agência Nacional de Águas), 2005.

b)

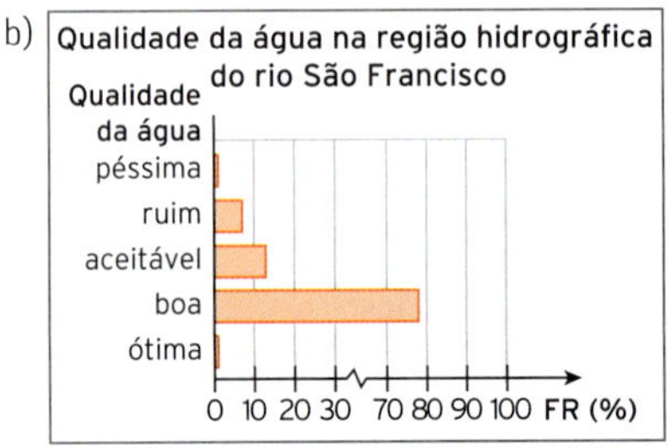

Fonte de pesquisa: *Caderno Recursos Hídricos*. ANA (Agência Nacional de Águas), 2005.

10. a)

Candidato	FA	FR
A	82	41%
B	64	32%
C	54	27%

Dados fictícios.

b)

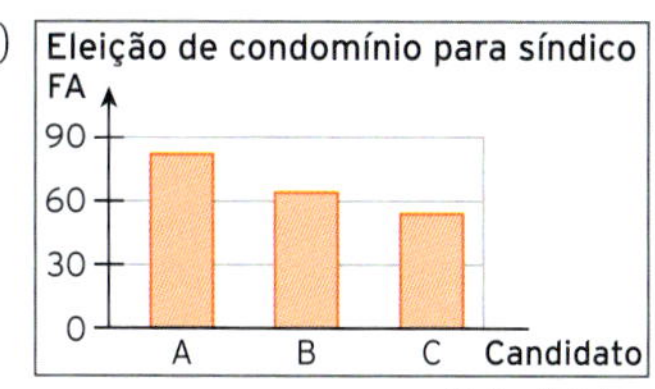

Dados fictícios.

c) Eleição de condomínio para síndico

27%
41%
32%
Candidato
A
B
C

Dados fictícios.

11. a)

Setor de atuação	FA	FR
carros e peças	R$ 40 000 000,00	40%
agropecuária	R$ 30 000 000,00	30%
indústria farmacêutica	R$ 15 000 000,00	15%
petroquímica	R$ 10 000 000,00	10%
alimentos	R$ 5 000 000,00	5%

Dados fictícios.

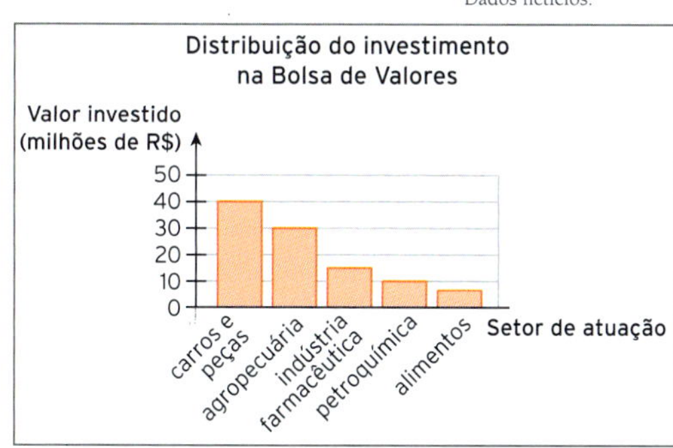

Dados fictícios.

b) R$ 40 000 000,00

c) 18°

d) R$ 25 000 000,00

12. a)

Período		FA	FR
madrugada	0h ⊢ 6h	35 000	20%
manhã	6h ⊢ 12h	87 000	50%
tarde e noite	12h ⊢ 0h	52 000	30%

Fonte de pesquisa: *Superinteressante*, n. 263, São Paulo, Abril, mar. 2009.

b)

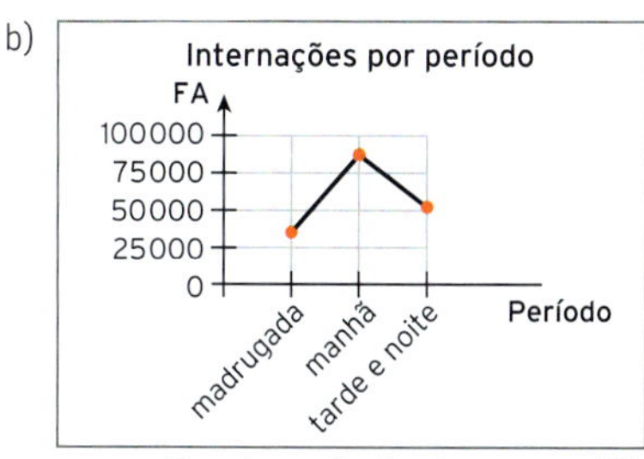

Fonte de pesquisa: *Superinteressante*, n. 263, São Paulo, Abril, mar. 2009.

c) Ângulos centrais: 72° no período da madrugada, 180° no período da manhã e 108° no período da tarde e noite.

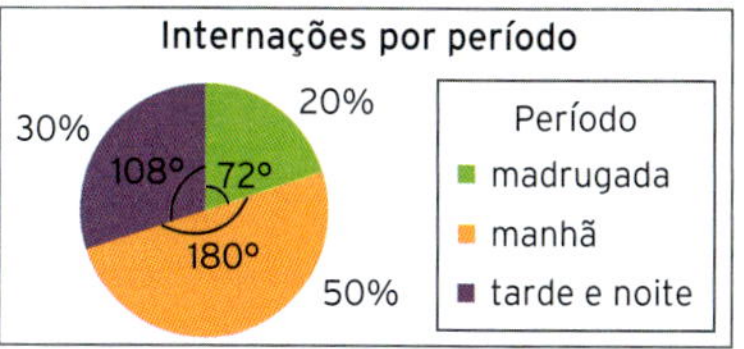

Fonte de pesquisa: *Superinteressante*, n. 263, São Paulo, Abril, mar. 2009.

13. a)

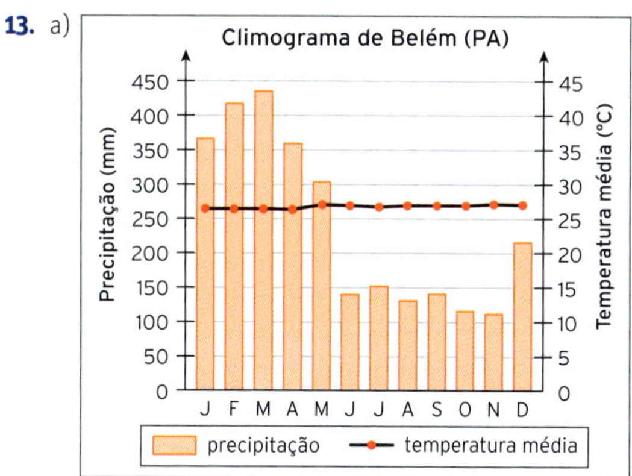

Fonte de pesquisa: <http://wmo.meteo.pt/cityForecast.jsp?cityID=1061>. Acesso em: 7 nov. 2012.

b) Resposta pessoal.

Página 544 – Exercícios propostos

14. a) Quantitativa contínua.

b)

Altura (m)	FA	FR
1,05 ⊢ 1,06	4	16%
1,06 ⊢ 1,07	9	36%
1,07 ⊢ 1,08	6	24%
1,08 ⊢ 1,09	5	20%
1,09 ⊢ 1,10	1	4%

Dados fictícios.

c)

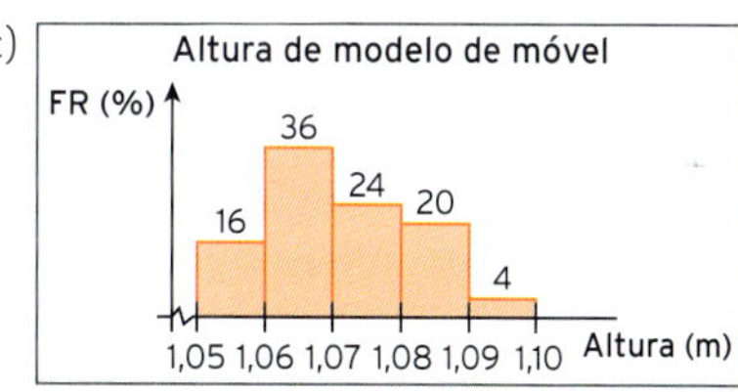

Dados fictícios.

15.

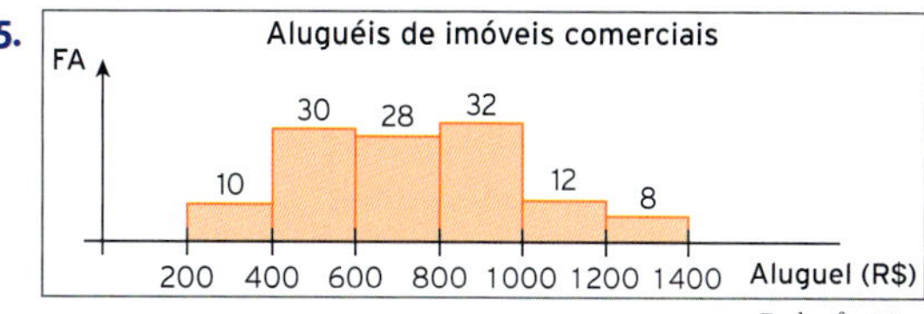

Dados fictícios.

a) de R$ 800,00 até R$ 1 000,00.

b) A maior parte dos aluguéis está entre R$ 400,00 e R$ 1 000,00 e valores menores do que R$ 400,00 e maiores do que R$ 1 000,00 ocorrem com menor frequência.

16. a) Quantitativa discreta.

b)

Idade dos ex-alunos no encontro (anos)	FA	FR
66	10	aproximadamente 17%
67	21	35%
68	15	25%
69	9	15%
70	5	aproximadamente 8%

Dados fictícios.

c)

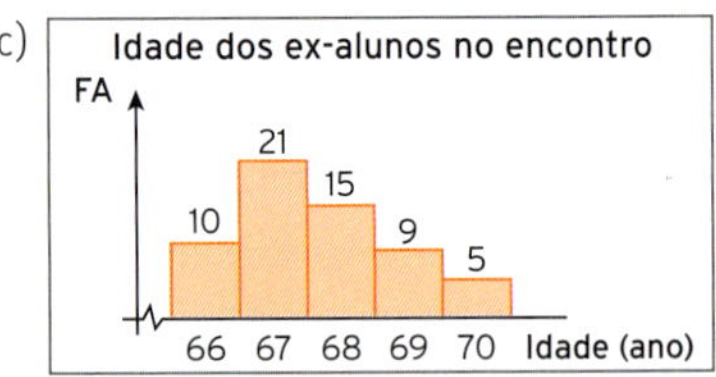

Dados fictícios.

17. a)

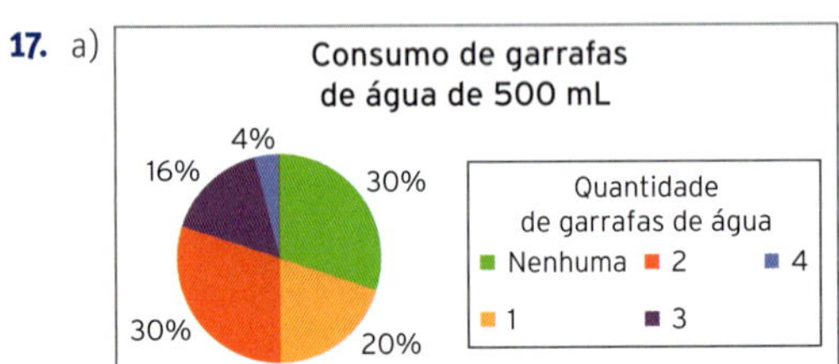

Dados fictícios.

b)

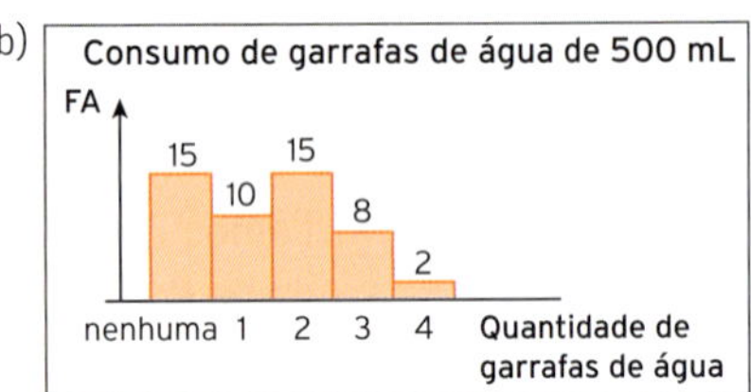

Dados fictícios.

18. a) Quantitativa contínua.

b)

Altura (cm)	FA	FR
154 ⊢ 157	2	10%
157 ⊢ 160	2	10%
160 ⊢ 163	3	15%
163 ⊢ 166	6	30%
166 ⊢ 169	5	25%
169 ⊢ 172	2	10%

Dados fictícios.

c)

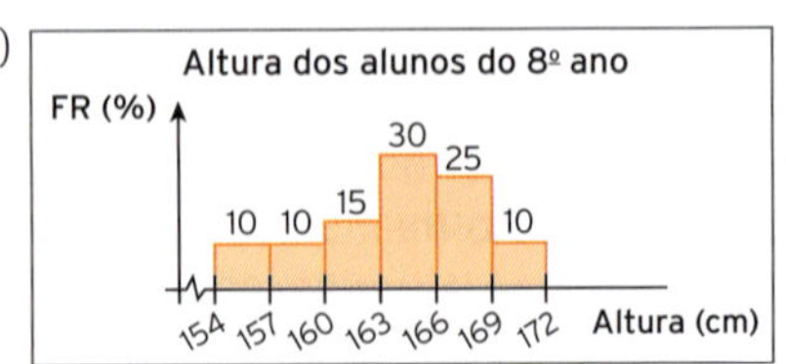

Dados fictícios.

19. a) Quantitativa contínua.

b)

Quantidade de trabalhadores	FA	FR
0 ⊢ 100	60	16,75%
100 ⊢ 200	75	21%
200 ⊢ 300	80	22,5%
300 ⊢ 400	42	11,75%
400 ⊢ 500	56	15,5%
500 ⊢ 600	45	12,5%

Dados fictícios.

c)

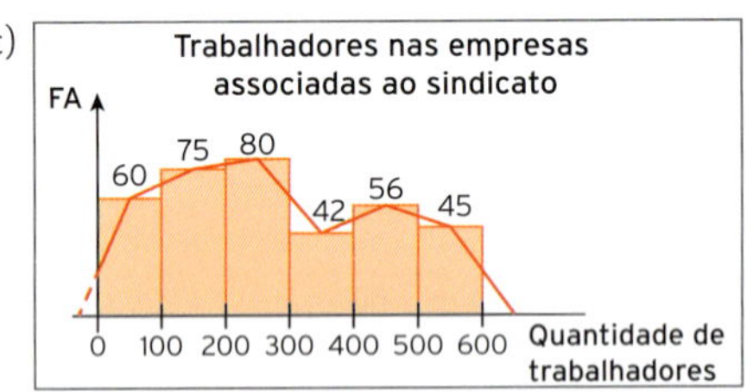

Dados fictícios.

Página 545 – Exercício proposto

20. O gráfico obtido na planilha eletrônica depende das informações do campeonato escolhido.

a) É a diferença entre a quantidade de gols feitos pelo time e a quantidade de gols feitos pelo outro time da partida. Esse saldo de gols é negativos se o outro time fizer mais gols do que o time considerado, ou seja, se o time considerado perder a partida.

b) Dividindo-se a quantidade de gols feitos em todas as partidas pela quantidade de partidas disputadas.

c) A resposta depende das informações do campeonato escolhido.

d) A resposta depende das informações do campeonato escolhido.

Página 546 – Exercícios complementares

21. a) Fevereiro.

b) Mês de maior venda: abril, com 16,5% de caixas estocadas.
Mês de menor venda: fevereiro, com 42,2% de caixas estocadas.

c)

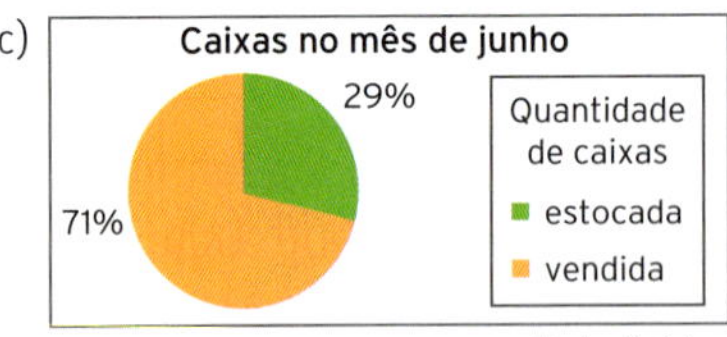

Dados fictícios.

22. a) Aproximadamente 10 milhões de barris de petróleo por dia.

b) Aproximadamente 5 milhões de barris de petróleo por dia.

23.

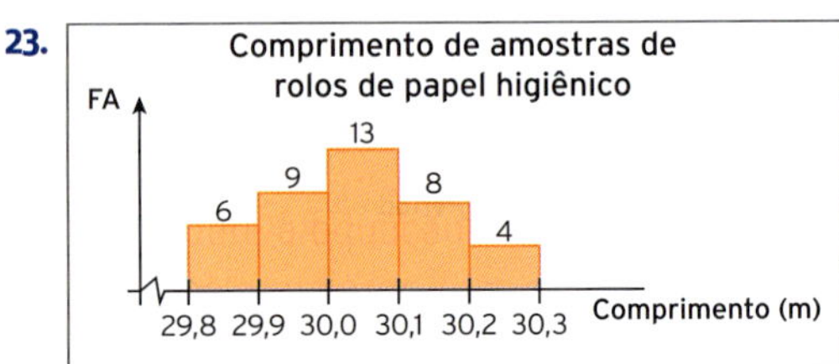

Dados fictícios.

24. a)

Modelo de televisor	FR
A	35%
B	40%
C	25%

Dados fictícios.

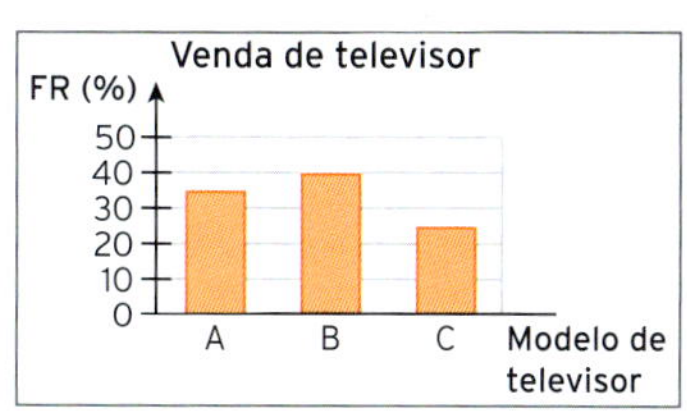

Dados fictícios.

25. a) 84 meninas.

b)

Dados fictícios.

c) Resposta pessoal.

26. a) 315 jovens.

b)

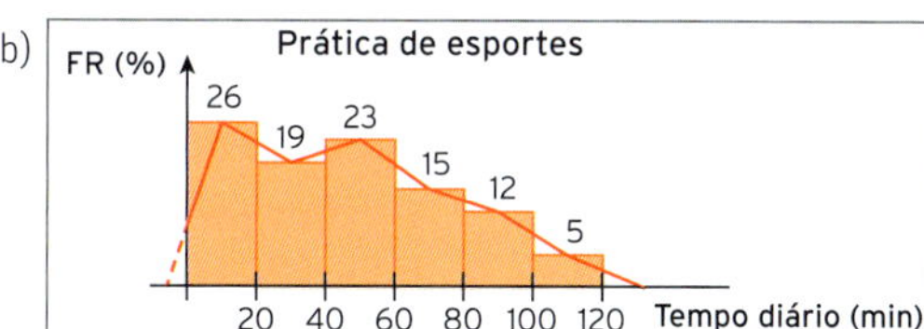

27. Alternativa **a**

28. Alternativa **c**

29. Alternativa **d**

Capítulo 24 – Medidas de posição e de dispersão

Página 548 – Para começar

1. 692 pessoas.
2. Considerando um número n de sessões e o número a_k de ingressos vendidos em cada sessão k, $k \leq n$, $k \in \mathbb{N}^*$, para determinar a média de público calculamos o quociente entre a soma dos ingressos vendidos em cada sessão e n, ou seja:

$$\frac{a_1 + a_2 + ... + a_n}{n}$$

3. 1 000 poltronas.
4. Resposta pessoal.

Página 549 – Para refletir

A média pode fornecer um número discrepante em relação aos valores observados da variável, quando estes são muito diferentes entre si. Resposta possível: Podemos imaginar uma família com cinco pessoas: o pai tem 50 anos; a mãe, 41 anos; a filha mais velha tem 7 anos; e os dois filhos mais novos, gêmeos, têm 2 anos. Calculamos a média dessas idades:

$$\frac{50 + 41 + 7 + 2 + 2}{5} = \frac{102}{5} = 20,4$$

Logo, a média das idades dessa família é aproximadamente 20 anos, o que é um valor discrepante para as idades dadas.

Página 549 – Cálculo mental

44

Página 551 – Exercícios propostos

1. 13 400
2. 16,5 anos
3. 16,53 anos
4. 2,8 filhos
5. 1,69 m
6. 27,1
7. Respostas possíveis: $\frac{1}{2}$, 4
8. 88,9 km/h
9. 1,47 m

Página 552 – Ação e cidadania

- Resposta pessoal.
- C
- 31

Página 553 – Exercícios propostos

11. a) 35
b) média: aproximadamente 33 minutos, moda e mediana: 35 minutos

12. a) 24,1
b) 25
c) 27

13. a) 7,7 dias
b) 7 dias
c) 7 dias

14. a) 15 463,53 μg/m³
b) 13 817 μg/m³
c) 15 339 μg/m³

15. Alternativa **a**

16. Alternativa **d**

Página 557 – Exercícios propostos

19. a) 53,6 e 7,32
b) 30,64 e 5,54
c) 36 e 6
d) 28,96 e 5,38

20.
- Grupo 1: 247,08 e 15,72
- Grupo 2: 129,33 e 11,37

Analisando as informações acima, é possível perceber que: a média dos valores do grupo 1 é maior do que a média dos valores do grupo 2; a variabilidade dos valores do grupo 1 também é maior do que do grupo 2, ou seja, o grupo 1 apresenta valores mais afastados da média do que o grupo 2.

21. a) Segundo semestre.

b) Resposta possível: Os lucros mensais foram irregulares nos dois semestres, variando mais no segundo semestre – período em que teve valores maiores nos três primeiros meses e valores menores nos três últimos meses. Já no primeiro semestre, os valores foram mais inconstantes, pois aumentaram e diminuíram a cada mês; porém, oscilando entre valores mais próximos da média de lucro semestral.

22. Como o desvio padrão dos pontos obtidos por Fernando Alonso é menor do que o desvio padrão dos pontos obtidos por Sebastian Vettel, temos que Fernando Alonso apresentou desempenho mais regular durante o campeonato, embora Sebastian Vettel o tenha vencido.

23. a) Grupo 1: média 7, não tem moda, mediana 7, variância 4 e desvio padrão 2

Grupo 2: média 17,2, não tem moda, mediana 17, variância 2,96 e desvio padrão 1,72.

b) grupo 2

24. Equipe de basquete, pois, o desvio padrão nessa equipe é menor.

25. Verdadeiro, Falso, Falso

Página 559 – Exercícios complementares

26. a) Resposta possível:

Temperatura máxima	Temperatura mínima
20,9	15
22	16,1
23,6	17
25,1	19,4
25,3	19
23,5	16,3
28,8	17
29,2	17,1
30,9	19
32	20,1
31,9	21,8
33	23,5

b) Resposta possível: A curva que apresenta maior desvio padrão é aquela cujos valores são menos homogêneos em relação à média. Pelo gráfico, isso ocorre com a curva de temperatura máxima. Portanto, a curva que representa a temperatura máxima apresenta maior desvio padrão.

c) Temperatura máxima: $r \cong 2{,}4$

Temperatura mínima: $r \cong 4{,}1$

27. a) média 6, mediana 6 e moda 6

b) média 12,5, mediana 14 e moda 15

c) média 43, mediana 48,9 e não há moda

d) média 20,5, mediana 22 e moda 22

28. a) 265,53 e 16,3

b) 191,81 e 13,85

c) 2,29 e 1,51

29. média harmônica – 9,40, média geométrica – 10,09 e média aritmética – 10,67

30. 2,8% e 16,7%

31. Comparando os desvios padrão, temos que na 1ª fase do campeonato os times da chave (I) foram mais regulares no acerto de passes do que os times da chave (II).

32. a) 5,73

b) maior do que ou igual a 5,0

c) 12

33. 30 °C

34. 4

35. média 6,49, mediana 7 e moda 5

36. 6,5

37. Bruna – 21 anos, Natália – 18, e mediana – 21

38. Alternativa **a**

39. Alternativa **b**

■ Capítulo 25 – Matemática financeira

Página 561 – Para começar

1. 80%

2. R$ 158 000,00

3. Resposta pessoal.

Página 562 – Ação e cidadania

- Resposta pessoal.
- R$ 7,00 e R$ 21,00

Página 565 – Exercícios propostos

9. a) R$ 600,00

b) R$ 680,00

10. a) 324 pessoas têm a intenção de votar no candidato A, 225 pessoas têm a intenção de votar no canditado B, 198 pessoas estão indecisas e 153 têm a intenção de votar branco ou nulo.

b) 81 homens

c) aproximadamente 84,85%

11. R$ 1 278,00

12. R$ 4 600,00 em 6 parcelas de R$ 766,67.

13. a)

Concessionária	Valor à vista (R$)	Acréscimo no valor a prazo (R$)	Valor a prazo (R$)
A	38 000,00	15 200,00	53 200,00
B	40 000,00	8 000,00	48 000,00
C	36 000,00	18 000,00	54 000,00

Dados fictícios.

b) Na concessionária A é 40%, na concessionária B é 20% e na concessionária C é 50%.

14. R$ 1 161,00

15. R$ 2 500,00

16. a) R$ 50,00

b) A taxa de acréscimo de 28% é aplicada sobre o valor do medicamento com desconto (R$ 48,00), valor que é menor do que o valor inicial (R$ 50,00) sobre o qual a taxa de 25% de desconto é aplicada.

c) aproximadamente 33,3%

17. a) aproximadamente 1,9%

b) A cotação do euro depende do dia da pesquisa.

18. 500%

19. A primeira proposta é mais vantajosa para Kléber, com desconto de 20% em vez do desconto total de 19% da segunda proposta.

Página 567 – Exercícios propostos

23. R$ 562,50

24. a) R$ 187,50

b) 25%

25. a) R$ 2,55

b) Resposta possível: É mais vantajoso vender com prejuízo de 15% do preço de custo, pois caso perdesse o prazo de validade da mercadoria, o prejuízo seria de 100% do preço de custo.

26. R$ 450,00

27. O lucro sobre o preço de custo é aproximadamente 183,3%. O lucro sobre o preço de venda é aproximadamente 64,7%.

28. 56,25%

29. a) R$ 440,00

b) aproximadamente 33%

30. R$ 70,59

31. a) R$ 200,00 e R$ 120,00

b) Prejuízo de R$ 20,00.

32. aproximadamente 66,7%

33. a) aproximadamente 9,1%

b) R$ 50 000,00

34. aproximadamente 20,59%

35. As afirmações II e IV são verdadeiras.

36. Na primeira venda, a loja de automóveis obteve um lucro de R$ 2 000,00. Na segunda venda, também obteve um lucro de R$ 2 000,00. Assim, a loja teve um lucro total de R$ 4 000,00 após as duas transações comerciais, considerados apenas os valores de compra e venda.

37. a) R$ 400,00

b) R$ 500,00

c) 25% e 40%

Página 569 – Exercícios propostos

38. aproximadamente 0,27% e 8,06%

39. a) R$ 11 000,00

b) 10%

Página 570 – Exercícios propostos

41. 8,5%

42. Alternativa **a**

43. 49 meses

44. aproximadamente 2%

45. 795,91 reais

46. Alternativa **c**

47. a) Regime de juros simples

b) 375 reais

c) Progressão aritmética

d) $t = 7$, 17 625 reais

e) 19 500 reais

48. a)

	1ª Proposta
Mês	Juros simples
1	R$ 13 000,00
2	R$ 16 000,00
3	R$ 19 000,00
4	R$ 22 000,00
5	R$ 25 000,00

	2ª Proposta
Mês	Juros compostos
1	R$ 11 000,00
2	R$ 12 100,00
3	R$ 13 310,00
4	R$ 14 641,00
5	R$ 16 105,10

b) $M_1 = 10\,000 \cdot (1 + 0{,}3t)$ e $M_2 = 10\,000 \cdot (1 + 0{,}1)^t$

c) 1ª proposta: II. Afim; 2ª proposta: VI. Exponencial.

d) A 1ª proposta gera a maior dívida ao final desse período.

e)

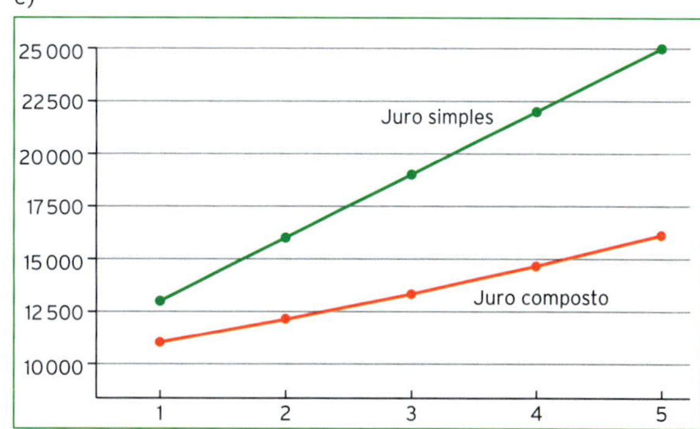

f) Sim

g) Os pontos de intersecção representam os montantes iguais nos dois regimes.

h) Acima de aproximadamente 21 meses.

i) Abaixo de aproximadamente 21 meses.

Página 573 – Exercícios propostos

52. a) 4 410, 00 reais

b) 410, 00 reais

53. aproximadamente 1 700,00 reais

54. aproximadamente 0,4% ao mês

55. a) 42 000,00 reais

b) 21%

c) 242 reais

d) aproximadamente 17,4%

56. Na instituição A, Carlos terá o montante de R$ 5 512,50, e, na instituição B, o montante é R$ 5 463,64.

57. 900,00 reais

58. 941, 47 reais

59. a) $M = 2\,500 \cdot 1{,}1^t$
b) 4 anos

60. 227,23 reais

61. 1 000, 00 reais

62. 3 311, 92 reais

63.

	Valor devido + juro	Saldo devedor
Início	R$ 4 500,00	R$ 4 500,00
Após o 1º mês	R$ 4 770,00	R$ 4 170,00
Após o 2º mês	(R$ 4 170,00) · 1,06 = R$ 4 420,20	R$ 3 820,20
Após o 3º mês	(R$ 3 820,20) · 1,06 ≅ R$ 4 049,41	R$ 3 449, 41
Após o 4º mês	(R$ 3 449, 41) · 1,06 ≅ R$ 3 656,37	R$ 3 056,37
Após o 5º mês	(R$ 3 056,37) · 1,06 ≅ R$ 3 239,75	R$ 2 639,75

Dados fictícios.

64. a) R$ 437,65
b) R$ 1 312,95

Página 574 – Exercícios complementares

65. O gráfico 1 representa o regime de juro simples, pois o juro é constante, já que a taxa de juro incide sempre sobre o capital. Assim, o montante cresce em progressão aritmética, que é representada por pontos de uma função afim. O gráfico 2 representa o regime de juro composto, pois o juro incide sobre o montante anterior. Assim, o montante cresce em progressão geométrica, que é representada por pontos de uma função exponencial.

66. a)

- Para a aplicação A:

$M_1 = 3\,000 \cdot (1 + 0{,}02)^1 = 3\,060{,}00$

$M_2 = 3\,000 \cdot (1 + 0{,}02)^2 = 3\,121{,}20$

$M_3 = 3\,000 \cdot (1 + 0{,}02)^3 = 3\,183{,}62$

- Para a aplicação *B*:

$M_1 = 2\,000 \cdot (1 + 0{,}04)^1 = 2\,080{,}00$

$M_2 = 2\,000 \cdot (1 + 0{,}04)^2 = 2\,163{,}20$

$M_3 = 2\,000 \cdot (1 + 0{,}04)^3 = 2\,249{,}73$

b)

Tempo	Aplicação A	Aplicação B
mês 1	R$ 3 060,00	R$ 2 080,00
mês 2	R$ 3 121,20	R$ 2 163,20
mês 3	R$ 3 183,62	R$ 2 249,73

c) R$ 5 433,35

67. R$ 4 869,00

68. R$ 599,48

69. 10 meses

70. a) R$ 1 093,40
b) 47 meses

71. a) Resposta possível: Na primeira proposta, pois não pagará juro.
b) R$ 3 000,00; R$ 5 939,79 e R$ 4 920,00
c) Não haveria aumento do valor final; 98% e 64%.
d) Resposta pessoal.
e) Resposta pessoal.
f) Resposta pessoal.

72. 25%

73. R$ 500,00

74. a) juro composto
b) progressão geométrica
c) 1,15 e 15%
d) R$ 46 260,00

75. aproximadamente 22,29%

76. a) Sendo *t* o tempo, em meses:

$M_A(t) = 3\,500 \cdot (1 + 0{,}014)^t = 3\,500 \cdot (1{,}014)^t$

$M_B(t) = 2\,000 \cdot (1 + 0{,}04)^t = 2\,000 \cdot (1{,}04)^t$

b) R$ 4 021,50 e R$ 2 960,00
c) R$ 2 298,00 e R$ 5 180,00

77. Alternativa **b**

78. R$ 213 900,00

79. Alternativa **b**

80. Alternativa **a**

81. a) R$ 277,20
b) R$ 397,20
c) R$ 436,92

Capítulo 26 – Pontos e retas

Página 578 – Para começar

1. Resposta possível: Em Geometria, a menor distância entre dois pontos é a medida do segmento de reta com extremos nesses pontos. Já no GPS, os deslocamentos entre dois pontos levam em consideração as características da cidade, considerando ruas e avenidas, indicando o caminho mais curto que é possível de percorrer por vias terrestres.

2. Resposta possível: A localização de um ponto no plano cartesiano depende de dois valores que compõem suas coordenadas: um valor relacionado ao eixo *Ox* (eixo das abscissas) e um valor relacionado ao eixo *Oy* (eixo das ordenadas). Esse sistema de localização considera coordenadas em um plano.

A localização de um ponto no sistema geográfico de latitude e de longitude é semelhante ao sistema de localização no plano cartesiano, já que a localização de um ponto também depende de dois valores que compõem suas coordenadas: um valor no paralelo relacionado à latitude (na horizontal) e um valor no meridiano relacionado à longitude (na vertical). Esse sistema de localização considera coordenadas em uma superfície curva, como a superfície terrestre.

3. Resposta pessoal.

Página 580 – Exercícios propostos

3. $A(6, 8)$, $B(-4, -3)$, $C(3, 0)$, $D(-5, 4)$, $E(0, -6)$, $F(7, -4)$ e $G(0, 5)$

4.

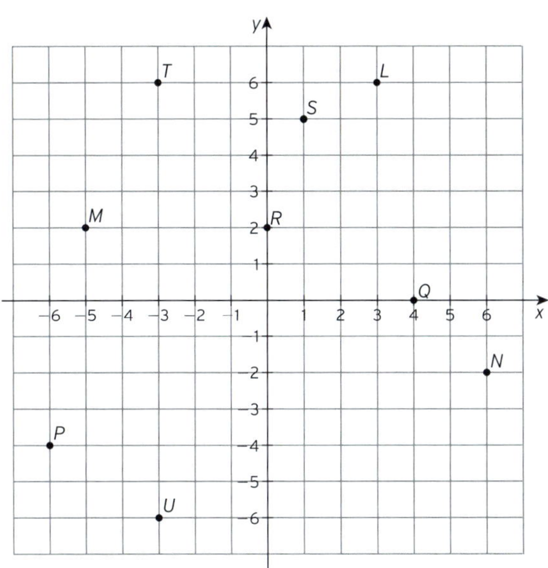

5. a) $B(a, 0)$ e $F\left(-\frac{1}{a}, 0\right)$

b) $D\left(0, \frac{3}{a}\right)$ e $I(0, -3a)$

c) $A\left(\frac{a}{2}, \frac{a}{2}\right)$ e $H\left(-\frac{2}{a}, -\frac{2}{a}\right)$

d) $C(-a, a)$, $E(a^2, -a^2)$ e $G(-2a, 2a)$

Página 582 – Ação e cidadania

- Resposta pessoal.
- Resposta pessoal.

Página 582 – Para refletir

Sendo $A(x, y_A)$ e $B(x, y_B)$ pontos de abscissas iguais, temos:

$$d(A, B) = \sqrt{(x - x)^2 + (y_A - y_B)^2} = \sqrt{(y_A - y_B)^2} = |y_A - y_B|$$

Sendo $A(x_A, y)$ e $B(x_B, y)$ pontos de ordenadas iguais, temos:

$$d(A, B) = \sqrt{(x_A - x_B)^2 + (y - y)^2} = \sqrt{(x_A - x_B)^2} = |x_A - x_B|$$

Portanto, a fórmula é valida para a distância entre pontos de abscissas ou ordenadas iguais.

Página 583 – Exercícios propostos

8. Em um quadrante par.

9. 5 unidades

10. 10 unidades

11. a) $\sqrt{2}$

b) 5

c) $\sqrt{5}$

d) 7

12. $k = -13$ ou $k = 1$

13. 16

14. $P(-1, -1)$

Página 585 – Para refletir

Note que se A, B e C não fossem colineares, existiria o triângulo ABC cuja área 1/2·|D| é não nula, e D não seria nulo, o que contraria D = 0.

Página 586 – Exercícios propostos

19. a) $M(4, 1)$

b) $M\left(\frac{3}{4}, -2\right)$

c) $M(-1, 4)$

d) $M\left(2\sqrt{3}, \frac{1}{6}\right)$

20. a) $a = 1$

b) $a = 0$

c) $a = -7$

d) $a = -\frac{1}{2}$

21. $C(1, 2)$ e $r = \sqrt{10}$

22. a) lados BC e AC

b) $M(6, -3)$

c) 7 unidades

23. $B(-6, -2)$, $C(-5, 1)$ e $D(-4, 4)$; $BC = \sqrt{10}$ e $BD = 2\sqrt{10}$

24. a) Determinam um triângulo.

b) Determinam uma reta.

c) Determinam uma reta.

d) Determinam um triângulo.

25. $P(2, 0)$

26. $k = 5$ ou $k = -2$

27. a) $m = 2$

b) $m \neq 2$

28. $P(-2, -5)$

29. $$\begin{vmatrix} t & t+5 & 1 \\ -1 & 4 & 1 \\ 2 & 7 & 1 \end{vmatrix} = 4t + 2 \cdot (t + 5) - 7 - 8 - 7t - (t + 5) =$$

$$= 4t + 2t + 10 - 7 - 8 - 7t + t + 5 = 0$$

Logo, os pontos A, B e C são colineares para qualquer valor real de t.

30. a) $$\begin{vmatrix} 2 & -2 & 1 \\ 3 & -3 & 1 \\ 1 & -1 & 1 \end{vmatrix} = -6 - 2 - 3 + 3 + 2 + 6 = 0$$

Portanto, os pontos A, B e C são colineares e afirmação dada é verdadeira.

b) Sendo A o ponto de coordenadas $(a, 0)$, A' o ponto de coordenadas $(0, -a)$ e B o ponto de coordenadas (b, b), temos:

$d(A, B) = \sqrt{(a - b)^2 + (0 - b)^2} = \sqrt{a^2 - 2ab + 2b^2}$

$d(A', B) = \sqrt{(0 - b)^2 + (-a - b)^2} = \sqrt{a^2 + 2ab + 2b^2}$

Para que os pontos A e A' sejam equidistantes do ponto B, temos $d(A, B) = d(A', B)$. Então:

$d(A, B) = d(A', B) \Rightarrow \sqrt{a^2 - 2ab + 2b^2} = \sqrt{a^2 + 2ab + 2b^2} \Rightarrow$
$\Rightarrow a^2 - 2ab + 2b^2 = a^2 + 2ab + 2b^2 \Rightarrow 4ab = 0 \Rightarrow a = 0$ ou $b = 0$

Portanto, os pontos A e A' sejam equidistantes do ponto B se $a = 0$ ou $b = 0$ e, então, a afirmação dada é falsa.

c) Se M é ponto médio do segmento AB, então $AM = MB$. Dividimos os dois membros da igualdade por MB, obtemos:

$$\frac{AM}{MB} = \frac{MB}{MB} \Rightarrow \frac{AM}{MB} = 1$$

Portanto, $\frac{AM}{MB} = 1$ e a afirmação dada é verdadeira.

31. $B(-2, 4)$ e $C(4, 1)$

32. $P(1, 8)$

Respostas dos exercícios

Página 587 – Exercícios propostos

34. a) $2x + y - 5 = 0$
b) $7x - 3y - 2 = 0$

35. a) $P(0, 12)$
b) $P(-3, 0)$

36. Se os números reais a, b e c fossem simultaneamente nulos, na equação na forma $ax + by + c = 0$, teríamos $0 \cdot x + 0 \cdot y + 0 = 0$, que não representa uma reta.

Página 588 – Para refletir

Sendo $y = y_A$ a equação de uma reta paralela ao eixo Ox, para qualquer valor de x, temos $y = y_A$. Assim, dados dois pontos $A(x_A, y_A)$ e $B(x_B, y_A)$ pertencentes a essa reta e o coeficiente angular m dessa reta, temos:

$$m = \frac{y_A - y_A}{x_A - x_A} = \frac{0}{x_A - x_A} = 0$$

De fato, o coeficiente angular de uma reta paralela ao eixo Ox é 0. Então, a expressão do cálculo do coeficiente angular de uma reta é válida também para retas paralelas ao eixo Ox.

Página 589 – Exercícios propostos

39. 45°

40. a) Verdadeira.
b) Falsa. A inclinação de uma reta é o ângulo formado por ela e o eixo das abscissas; ou, o coeficiente angular de uma reta é a tangente do ângulo formado por ela e o eixo das abscissas.
c) Verdadeira.
d) Verdadeira.

41. a) $5x + y - 2 = 0$
b) Não pertence à reta r.

42. $\frac{7}{2}$ e -2

43. As retas que passam pelos pontos A e B, B e C são a mesma reta.

44. $k = 0$

Página 591 – Exercícios propostos

47. $2x + y - 7 = 0$

48. Pertence à reta.

49. a) $4x - y - 8 = 0$
b) $P(2, 0)$
c) $Q\left(\frac{8}{3}, \frac{8}{3}\right)$

50. $x\sqrt{3} - y - 2\sqrt{3} = 0$

51. $x - y - 4 = 0$

52. a) $-\frac{\sqrt{3}}{3}$
b) $\sqrt{3}x + 3y - 9 = 0$

53. a) $-\frac{1}{2}$
b) $x + 2y + 6 = 0$
c) Não pertence à reta r.

54. $y = 0$, $3x - 4y + 12 = 0$ e $x + 2y - 16 = 0$

Página 594 – Exercícios propostos

58. a) $y = x + 4$
b) $y = \frac{1}{3}x$
c) $y = -2x + \frac{1}{2}$
d) $y = 2x - 6$

59. a) $y = -\frac{2}{3}x + \frac{4}{3}$
b) $-\frac{2}{3}$
c) $\frac{4}{3}$

60. $y = 3x + 4$

61. a) 3 e 5
b) $-\frac{3}{4}$ e $\frac{9}{2}$
c) -2 e -6
d) 0 e -4

62. $y = -\frac{12}{5}x + 12$

63. $r: \frac{x}{(-2)} + \frac{y}{4} = 1$, $s: \frac{x}{4} + \frac{y}{6} = 1$ e $t: \frac{x}{\frac{7}{3}} + \frac{y}{(-1)} = 1$

64. a) $A(0, -2)$ e $B(3, 0)$
b) $\frac{2}{3}$
c) -2

65. $\frac{x}{\frac{7}{3}} + \frac{y}{(-7)} = 1$

66. a) (4, 9), (1, 3) e (3, 7)
b) $y = 2x + 1$

67. a) $4x - y + 9 = 0$
b) $y = 4x + 9$
c) $\frac{x}{-\frac{9}{4}} + \frac{y}{9} = 1$

68. $s: y = -3x + 6$, $u: y = -3x - 6$, $t: y = 3x + 6$ e $r: y = 3x - 6$

Página 597 – Exercícios propostos

72. $P(2, 12)$

73. $p = 8$ e $q = -1$

74. $P(6, 17)$

75. a) Concorrentes
b) Paralelas
c) Coincidentes

76. $r: y = 2x + 3$, $s: y = 2x$ e $t: y = 2x - 5$

77. $y + \frac{x}{4} + 8 = 0$

78. $x + 2y - 6 = 0$

79. a)

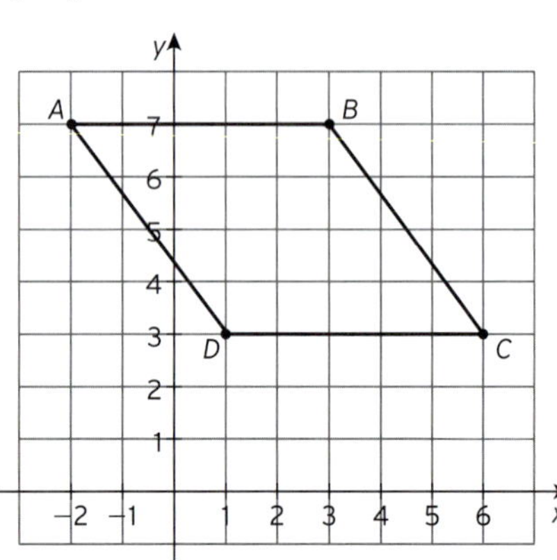

b) $y = 7$ e $y = 3$; como $m_{AB} = m_{CD}$ e $n_{AB} \neq n_{CD}$, as retas são paralelas.

c) $y = -\frac{4}{3}x + \frac{13}{3}$ e $y = -\frac{4}{3}x + 11$; como $m_{AD} = m_{BC}$ e $n_{AD} \neq n_{BC}$, as retas são paralelas.

d) $y = 2x + 1$ e $y = -\frac{1}{2}x + 6$; como $m_{BD} \neq 0$ e $m_{AC} \neq 0$, verificamos a condição de perpendicularidade:

$m_{AC} \cdot m_{BD} = -\frac{1}{2} \cdot 2 = -1$

80. $x + y - 6 = 0$

81. $x + y - 7 = 0$

82. $y = -\frac{1}{2}x + 3$

Página 599 – Exercícios propostos

84. Alternativa **b**

85. Alternativa **c**

86. a) 45°

b) 90°

87. a) − 21

b) $\frac{1}{7}$

88. Alternativa **a**

89. Dois ângulos internos medem aproximadamente 49,4° e os outros dois ângulos medem aproximadamente 130,6°.

90. Alternativa **d**

91. a) $\frac{1}{7}$

b) 7

92. Alternativa **c**

93. Alternativa **b**

94. 90°

95. a) −2

b) t: $3x - y - 8 = 0$ e s: $x + 3y + 4 = 0$

96. $k = -18$ ou $k = \frac{16}{3}$

97. $\beta \cong 81{,}9°$

98. Alternativa **c**

99. Alternativa **e**

100. Alternativa **c**

101. Alternativa **a**

Página 602 – Exercícios propostos

102. a) $\frac{2}{5}$

b) $\frac{46}{13}$

c) $2\sqrt{5}$

d) 0

103. a) 4

b) $3\sqrt{2}$

c) 2

d) $\sqrt{2}$

104. $a = -1$ ou $a = -\frac{43}{3}$

105. 3

106. $\frac{18}{13}$

107. $C(0, 6)$

108. 6

109. 20

Página 604 – Exercícios propostos

111. a) 10

b) 8

112. $k = -\frac{17}{4}$ ou $k = 2$

113. $\frac{45}{2}$

114. 45

115. a)

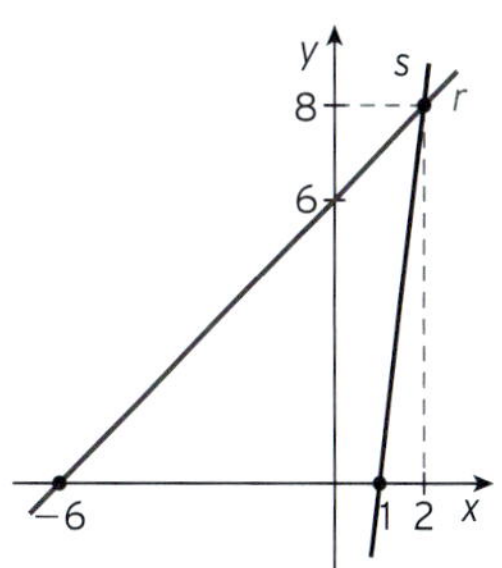

b) $P(2, 8)$

c) 28

116. 2

117. 16

118. 20

Página 605 – Exercícios propostos

119. a)

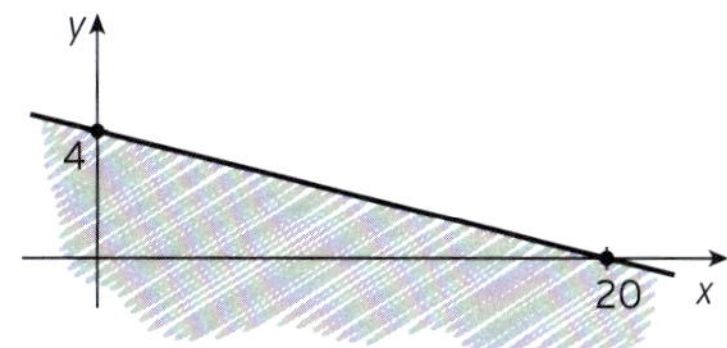

b)

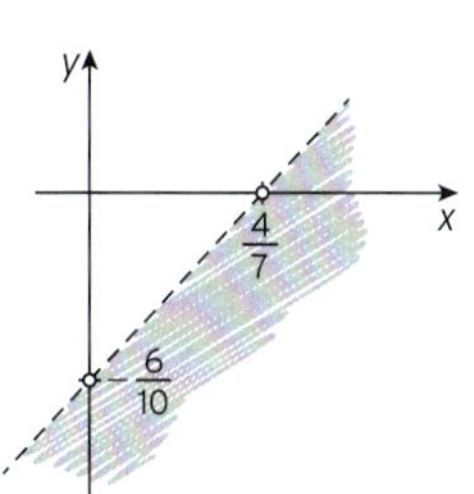

120.

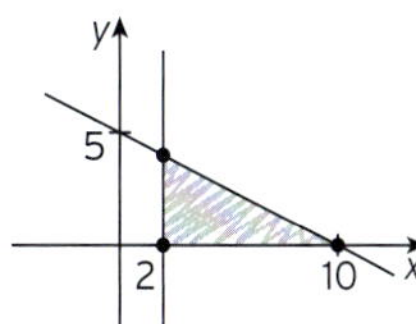

121. $\begin{cases} y \geqslant 0 \\ 3x + 5y - 15 < 0 \\ 4x - y - 4 \leqslant 0 \end{cases}$

Página 607 – Exercícios propostos

122. $y = \frac{x}{40} + 200$

123.

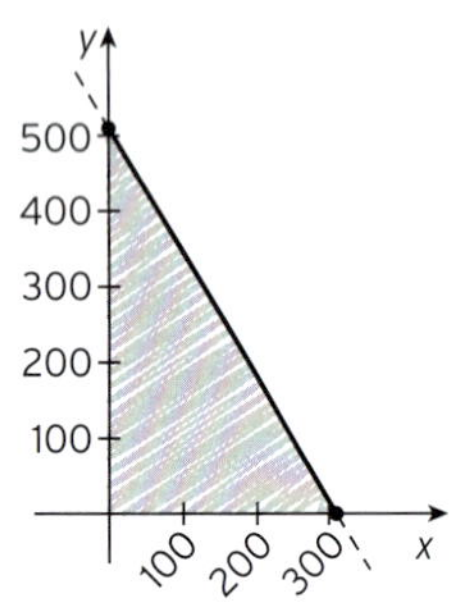

124.

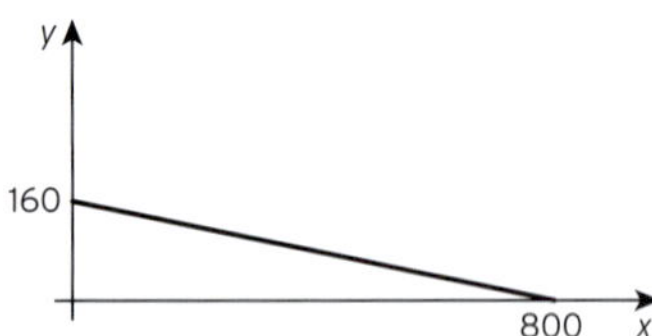

125. a) $y = -4x + 3\,800$

b)

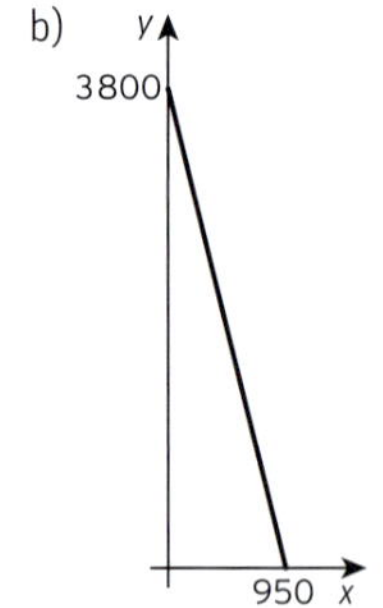

126. Sejam $A(0, 0)$, $B(0, y)$ e $C(x, 0)$ as coordenadas dos vértices de um triângulo retângulo. As coordenadas do ponto médio da hipotenusa BC são:

$x_M = \frac{x_B + x_C}{2} = \frac{0 + x}{2} = \frac{x}{2}$ e $y_M = \frac{y_B + y_C}{2} = \frac{y + 0}{2} = \frac{y}{2}$

Calculamos as distâncias dos pontos B e C (medida da hipotenusa do triângulo) e dos pontos A e M (medida da mediana relativa à hipotenusa):

$$d(B, C) = \sqrt{(0 - x)^2 + (y - 0)^2} = \sqrt{x^2 + y^2}$$

$$d(A, M) = \sqrt{\left(0 - \frac{x}{2}\right)^2 + \left(0 - \frac{y}{2}\right)^2} = \sqrt{\frac{x^2 + y^2}{4}} = \frac{\sqrt{x^2 + y^2}}{2}$$

Logo, $d(A, M) = \frac{d(B, C)}{2}$, ou seja, a medida da mediana relativa à hipotenusa de um triângulo retângulo é igual à metade da medida da hipotenusa.

127. Consideramos um quadrilátero $ABCD$ tal que M, N, P e Q são os pontos médios dos lados AB, BC, CD, DA. As coordenadas desses pontos são:

$$M\left(\frac{x_A + x_B}{2}, \frac{y_A + y_B}{2}\right), N\left(\frac{x_B + x_C}{2}, \frac{y_B + y_C}{2}\right), P\left(\frac{x_C + x_D}{2}, \frac{y_C + y_D}{2}\right) \text{ e}$$

$$Q\left(\frac{x_D + x_A}{2}, \frac{y_D + y_A}{2}\right)$$

Determinamos o coeficiente angular da reta MN:

$$m_{MN} = \frac{\frac{y_A + y_B}{2} - \frac{y_B + y_C}{2}}{\frac{x_A + x_B}{2} - \frac{x_B + x_C}{2}} = \frac{\frac{y_A - y_C}{2}}{\frac{x_A - x_C}{2}} = \frac{y_A - y_C}{x_A - x_C}$$

Analogamente, temos os coeficientes angulares das retas NP, PQ e QM:

$$m_{NP} = \frac{y_B - y_D}{x_B - x_D}$$

$$m_{PQ} = \frac{y_C - y_A}{x_C - x_A} = \frac{y_A - y_C}{x_A - x_C}$$

$$m_{QM} = \frac{y_B - y_D}{x_B - x_D} = \frac{y_B - y_D}{x_B - x_D}$$

Como $m_{MN} = m_{PQ}$, as retas MN e PQ são paralelas; como $m_{NP} = m_{QM}$, as retas NP e QM são paralelas. Portanto, o quadrilátero $MNPQ$ é um paralelogramo.

128. Alternativa **c**

129. Alternativa **b**

130. Alternativa **c**

Página 608 – Exercícios complementares

131.

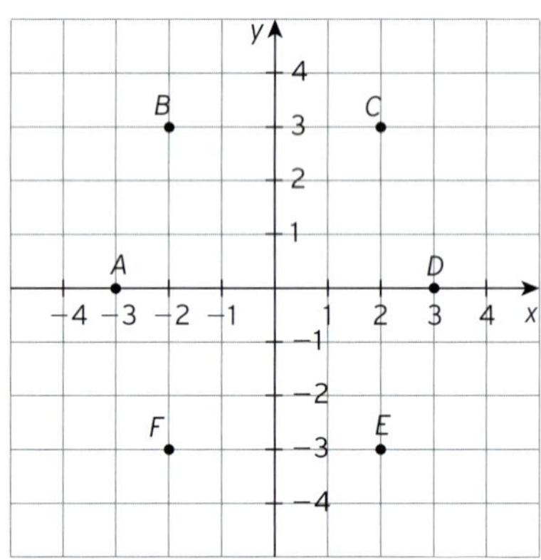

132. $\frac{3}{4}$

133. $\frac{33}{2}$

134. a)

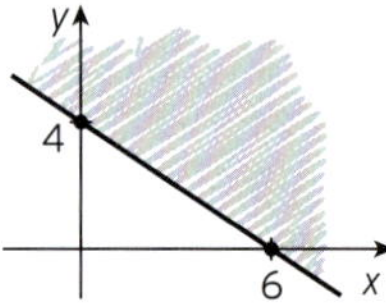

b)

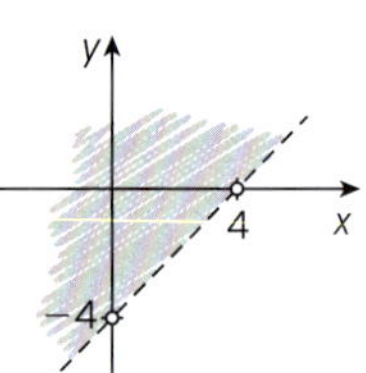

135. $y = -2x + 14$ e $y = -2x + 22$; como $m_r = m_s$ e $n_r \neq n_s$, as retas são paralelas.

136. a) Pertence à reta r.

b) Não pertence à reta r.

c) Pertence à reta r.

d) Pertence à reta r.

137. a) As retas r e t.

b) A reta s é perpendicular às retas r e t.

c) A reta u é concorrente às retas r, s e t.

138. 12

139. $x = 0$ e $y = 1$

140. a) 10

b) $5\sqrt{2}$

c) 50

141. $C(4, 0)$

142. Se $a = -5$, então $M(7, -1)$; se $a = 11$, então $M(7, 7)$.

143. a) $\begin{cases} x = 3a \\ y = 2a - 5 \end{cases}$

b) $a = \frac{5}{2}$; ponto $A\left(\frac{15}{2}, 0\right)$

144.

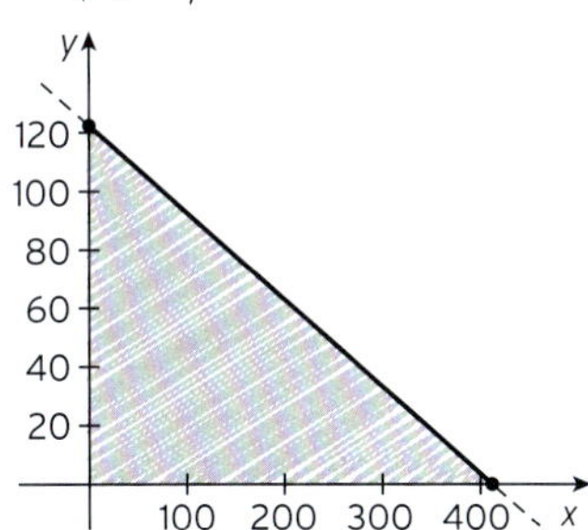

145. a) 5, 6, e $\sqrt{13}$

b) 9

146. a) 5

b) $6\sqrt{5}$

c) 4

■ Capítulo 27 – Circunferência

Página 609 – Para começar

1. Como os pedais do velocípede são conectados diretamente à roda dianteira, quando pedalamos, cada volta completa do pedal gera uma volta da roda dianteira. Dessa maneira, quanto maior o tamanho da roda dianteira, maior a distância percorrida pelo velocípede a cada volta completa dos pedais.

2. 14 voltas completas.

3. Sejam φ_d o espaço angular percorrido pela roda dianteira, φ_t o espaço angular percorrido pela roda traseira, x a medida do raio da roda traseira e y a medida do raio da roda dianteira.

Se a roda traseira der 5 voltas completas e a dianteira 1 volta completa, então os espaços angulares percorridos por essas rodas são $\varphi_t = 10\pi$ rad e $\varphi_d = 2\pi$ rad.

No velocípede, as rodas dianteiras e traseiras sempre percorreram o mesmo espaço linear, assim:

$\varphi_d \cdot x = \varphi_t \cdot y \Rightarrow$

$\Rightarrow 10\pi \cdot x = 2\pi \cdot y \Rightarrow$

$\Rightarrow y = 5 \cdot x$

Logo, para que essa situação seja satisfeita, precisamos que o raio da roda dianteira seja cinco vezes maior do que o raio da roda traseira.

Página 611 – Exercícios propostos

4. a) $(x - 4)^2 + (y + 5)^2 = 49$

b) $(x + 7)^2 + (y + 1)^2 = 16$

c) $(x + 2)^2 + (y - 3)^2 = 11$

d) $(x - 3)^2 + y^2 = 9$

5. a) 2 e (3, 4)

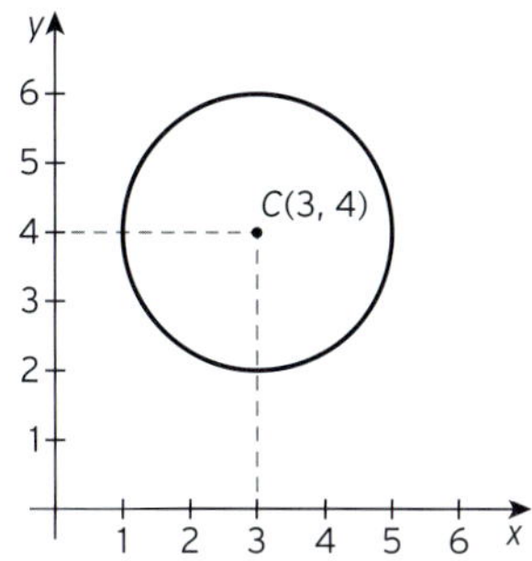

b) 3 e (0, −1)

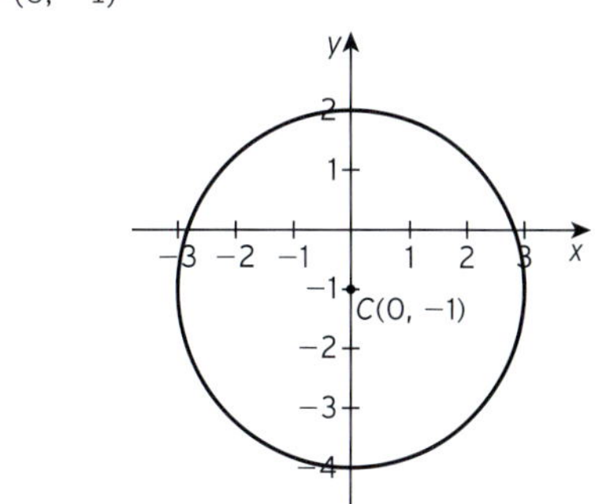

c) 1 e (−3, 0)

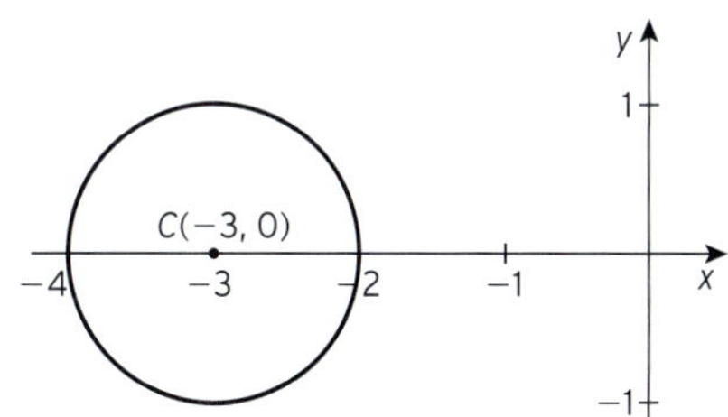

d) $\sqrt{5}$ e (0, 2)

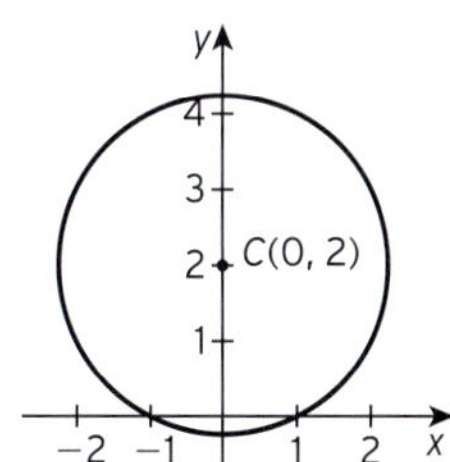

6. a) $(x - 3)^2 + y^2 = 2$

b) $(x - 2)^2 + (y - 2)^2 = 2$

7. $\left(\frac{9}{2}, \frac{7}{2}\right)$ e $\frac{\sqrt{26}}{2}$

8. a) $(0, 3)$, $(-4 + \sqrt{7}, 0)$ e $(-4 - \sqrt{7}, 0)$

b) $(6, 0)$, $(-8, 0)$, $(0, 4\sqrt{3})$ e $(0, -4\sqrt{3})$

9. a) $x^2 + y^2 = 4$

b) $(2, 0)$ e $(x - 2)^2 + y^2 = 4$

10. Em nenhum dos casos a medida r do raio da circunferência se altera.

a) O valor de b aumenta 3 unidades quando deslocamos a circunferência 3 unidades para cima;

b) O valor de a diminui 5 unidades quando deslocamos a circunferência 5 unidades para esquerda;

c) O valor de b diminui 3 unidades e o de a aumenta 2 unidades quando deslocamos a circunferência 3 unidades para baixo e 2 unidades para a direita.

Página 614 – Exercícios propostos

14. a) $x^2 + y^2 - 4x - 8y - 5 = 0$

b) $x^2 + y^2 + 6x - 14y + 42 = 0$

c) $x^2 + y^2 - \frac{4x}{3} + 2y - \frac{428}{9} = 0$

d) $x^2 + y^2 + 16x + 4y - 32 = 0$

15. a) $(3, -2)$ e 3

b) $(5, 2)$ e 2

c) $(-4, 1)$ e 4

16. $x^2 + y^2 - 25 = 0$

17. $x^2 + y^2 - 3x - 3y + 2 = 0$

18. $k < 45$

19. Na equação $x^2 + y^2 + Mx + Ny + P = 0$, temos $M = -2a$, $N = -2b$ e $P = a^2 + b^2 - r^2$, em que a e b são as coordenadas do centro da circunferência e r é a medida do raio. Assim, alterando a medida do raio, o único parâmetro que se altera é P.

Temos que r^2 é sempre positivo e que, quanto mais aumentarmos a medida r do raio, maior será o valor de r^2. Assim, conforme aumentamos a medida do raio, cada vez menor será o valor de $P = a^2 + b^2 - r^2$ e, portanto, o parâmetro P diminui.

Logo, Ivo tem razão quando diz que, se aumentar a medida do raio, então um dos coeficientes diminui.

20. $(x - 0)^2 + (y - 0)^2 = 25$

21. $(x - 1)^2 + (y - 2)^2 = 25$

22. a) $(x - 5)^2 + (y - 6)^2 = 8$

b) $x^2 + y^2 - 10x - 12y - 53 = 0$

23. a) Triângulo retângulo.

b) 2 u.a.

24. $x^2 + y^2 - 2x - 6y = 0$

25. $x^2 + y^2 - x - \frac{38}{10}y - \frac{91}{36} = 0$

Página 615 – Para refletir

- Representa o conjunto de pontos do plano que se encontram no interior da circunferência de centro $C(a, b)$ e raio medindo r.
- Representa o conjunto de pontos do plano que se encontram no exterior da circunferência de centro $C(a, b)$ e raio medindo r.

Página 615 – Exercícios propostos

26. a) O ponto P pertence à circunferência.

b) O ponto P é exterior à circunferência.

c) O ponto P é exterior à circunferência.

27. a) $-10 < k < 8$

b) $k < -10$ ou $k > 8$

c) $k = -10$ ou $k = 8$

28. O centro C de uma circunferência é exterior à circunferência de centro C'. O centro C' de uma circunferência é interior à circunferência de centro C.

29. $5 + 11\sqrt{2}$

30. $(5, 0)$

Página 618 – Exercícios propostos

34. $x^2 + y^2 - 4x - 4y + 4 = 0$

35. $-2x + y + 2 = 0$

36. $\frac{6\sqrt{5}}{5}$; a reta é exterior à circunferência.

37. $4\sqrt{2}$

38. $x - y + 2\sqrt{2} = 0$ e $x - y - 2\sqrt{2} = 0$

39. $m > 3\sqrt{2} + 1$ ou $m < 1 - 3\sqrt{2}$

40. Não existe circunferência que satisfaça a condição de tangência aos eixos coordenados nos pontos dados.

41. $x^2 + y^2 - 10x + 10y + 25 = 0$

42. a) $s: y = x$ e $t: y = -x$

b) $(x - 4)^2 + y^2 = 8$

43. $P(2 + \sqrt{2}, 0)$

44. Alternativa **e**

45. a) Resposta pessoal.

b) Exterior à circunferência.

Página 620 – Exercícios propostos

48. a) secantes

b) internas

c) tangentes externamente

d) internas e concêntricas

49. $x^2 + y^2 + 4x - 4y + 4 = 0$; tangentes externamente

50. $\left(\frac{7}{4}, -\frac{\sqrt{15}}{4}\right)$ e $\left(\frac{7}{4}, \frac{\sqrt{15}}{4}\right)$

51.

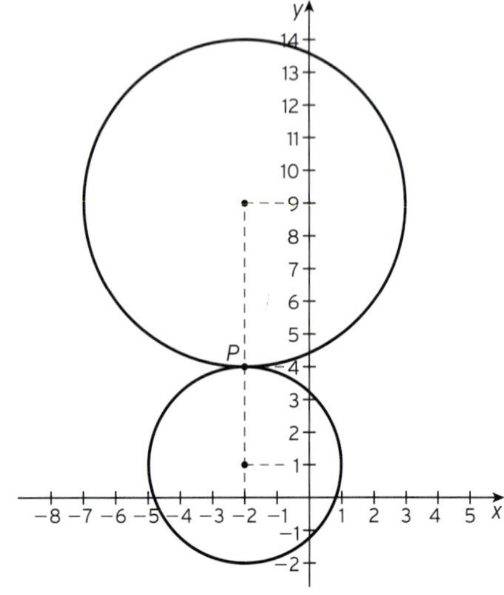

$(x + 2)^2 + (y - 9)^2 = 25$

52.

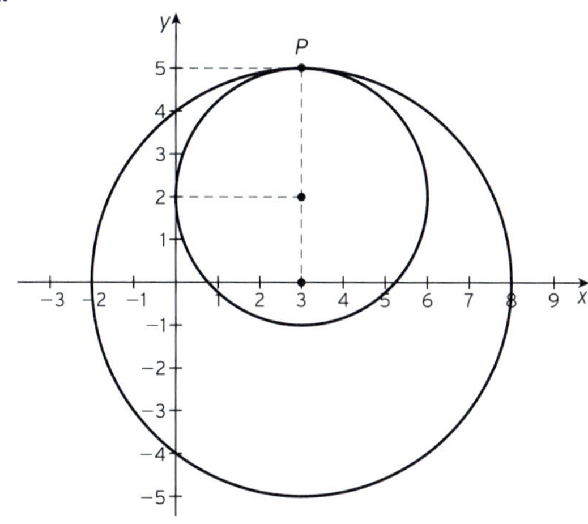

$(x - 3)^2 + (y - 2)^2 = 9$

53. $r_3 = \dfrac{|r_1 - r_2|}{2}$ ou $r_3 = \dfrac{r_1 + r_2}{2}$

54. a) $(x - 3)^2 + (y - 3)^2 = 4$ e $(x - 1)^2 + (y - 1)^2 = 4$

b) (1, 3) e (3, 1)

55. Sejam Ω_1 e Ω_2 as circunferências secantes nos pontos P e R, tal que o ponto A é o centro e r_1 é a medida do raio de Ω_1, e o ponto B é o centro e r_2 é a medida do raio de Ω_2. Temos que as medidas dos raios são iguais; então, a distância de qualquer ponto dessas circunferências ao seu centro é igual. Como P e R pertencem a essas circunferências, temos:

$d(A, P) = d(A, R) = d(B, P) = d(B, R)$

Logo, o quadrilátero *APBR* tem todos os seus lados de medidas iguais e, portanto, é um losango.

56. a) triângulo

b) $\frac{1}{2}$

Página 621 – Exercícios complementares

57. Quando comparamos a equação $(x - 2)^2 + (y - 3)^2 = -3$ com a equação reduzida de uma circunferência $(x - a)^2 + (y - b)^2 = r^2$, temos $r^2 = -3$. Como um número real elevado ao quadrado é sempre positivo, a equação $(x - 2)^2 + (y - 3)^2 = -3$ não descreve uma circunferência.

58. $x^2 + y^2 = 4\,225$

59. $(x - 3)^2 + (y - 2)^2 = 4$ e $x^2 + y^2 - 6x - 4y + 9 = 0$

60. 3 e 7

61. tangente internamente

62. O ponto P é interior à circunferência.

63. sim

64. $4\sqrt{2} + 2\sqrt{10}$

65. a) retângulo

b) r e πr

c) π

66. 01. Falso.

02. Verdadeiro.

04. Falso.

08. Verdadeiro.

16. Verdadeiro.

32. Falso.

64. Verdadeiro.

67. Uma condição para que a relação entre x e y seja uma função é que para cada valor de x exista apenas um correspondente a y. Isolando y na equação da circunferência, obtemos:

$$(x - a)^2 + (y - b)^2 = r^2 \Rightarrow (y - b)^2 = r^2 - (x - a)^2 \Rightarrow$$
$$\Rightarrow y - b = \pm\sqrt{r^2 - (x - a)^2} \Rightarrow y = b \pm \sqrt{r^2 - (x - a)^2}$$

Assim, para cada valor de x temos dois valores possíveis para y e, portanto, a equação da circunferência não pode representar uma função.

68. 28

69. a) $x^2 + y^2 - 16 \leq 0$

b) $x^2 + y^2 - 4 < 0$

c) $x^2 + y^2 - \frac{5}{3}y - 4 \leq 0$

d) $x^2 + y^2 - 4y - 5 > 0$

70. $f(x) = 0 + \sqrt{2^2 - (x - 3)^2} = \sqrt{4 - (x - 3)^2}$ e $D(f) = [1, 5]$

$g(x) = 0 - \sqrt{2^2 - (x - 3)^2} = -\sqrt{4 - (x - 3)^2}$ e $D(g) = [1, 5]$

$h(x) = 0 + \sqrt{1^2 - (x - 2)^2} = \sqrt{1 - (x - 2)^2}$ e $D(h) = [1, 3]$

$j(x) = 0 - \sqrt{1^2 - (x - 4)^2} = -\sqrt{1 - (x - 4)^2}$ e $D(j) = [3, 5]$

71. secante

72. $x^2 + y^2 - 2x - 2y + 1 = 0$

Capítulo 28 – Cônicas

Página 623 – Para começar

1. Resposta possível: Atualmente, o plástico, cuja matéria-prima é derivada do petróleo, é o principal subproduto do petróleo e considerado o grande vilão, devido à dificuldade de descarte. Sua grande desvantagem é o demorado tempo de decomposição: alguns demoram de 200 a 400 anos para se decompor, diminuindo a vida útil dos aterros. A sua queima pode ser uma opção, principalmente para a geração de energia, mas deve ser feita com cuidado, pois alguns tipos, quando incinerados, liberam toxinas perigosas à saúde. Os plásticos também são nocivos à fauna marinha, pois são confundidos com algas por peixes e, principalmente, pelas tartarugas marinhas, que, ao ingeri-los, podem morrer por obstrução do aparelho digestório. Nas grandes cidades, as embalagens plásticas são os grandes responsáveis pela poluição hídrica, causando entupimento de córregos e bueiros, contribuindo para as inundações.

2. Resposta possível: Fontes de energia renováveis são aquelas que não se esgotam. Exemplos de fontes de energia renováveis: energia solar (proveniente do Sol), energia eólica (proveniente dos ventos), energia de biomassa (proveniente do gás metano exalado por organismos em decomposição), energia maremotriz (proveniente dos mares e oceanos), energia hidráulica (proveniente dos rios e correntes de água doce) e energia geotérmica (proveniente do calor da Terra). A maior vantagem dessas fontes de energia é que seu consumo não implica o fim delas, estarão sempre disponíveis. Porém, algumas delas, como a hidráulica, podem acarretar grande dano ao meio ambiente, com inundações e mudanças no ecossistema da região.

3. Resposta possível: Os espelhos parabólicos podem concentrar a luz recebida em determinado ponto focal, o que amplia a intensidade de captação, usando uma área relativamente restrita de espelhos. Muitas vezes esses espelhos são, na verdade, compostos de diversos espelhos planos com inclinações voltadas para um foco, deixando o conjunto com aspecto curvilíneo. Um princípio semelhante também é usado em faróis de automóveis (parabólicos) para melhorar a capacidade de iluminação do veículo.

Página 625 – Para refletir

Em trajetórias circulares, a distância entre o centro e qualquer ponto da circunferência é sempre igual. Como as órbitas planetárias são elípticas, existem pontos da trajetória em que a distância ao centro é menor; assim, no caso da órbita da Terra, existem momentos em que a Terra está mais perto do Sol.

Em astronomia, o ponto mais afastado do Sol é denominado afélio, e o ponto de aproximação máxima do Sol é denominado periélio.

Página 627 – Exercícios propostos

4. $(0, -2\sqrt{5})$ e $(0, 2\sqrt{5})$; $e = \frac{2}{3}$; $\frac{x^2}{36} + \frac{y^2}{20} = 1$

5. $\frac{x^2}{25} + \frac{y^2}{9} = 1$

6. a) $F_1(0, \sqrt{7})$ e $F_2(0, -\sqrt{7})$; $C(0, 0)$; $e = \frac{\sqrt{7}}{4}$

b) $F_1(3\sqrt{3}, 0)$ e $F_2(-3\sqrt{3}, 0)$; $C(0, 0)$; $e = \frac{\sqrt{3}}{2}$

7. $\frac{x^2}{64} + \frac{y^2}{100} = 1$

8. a)

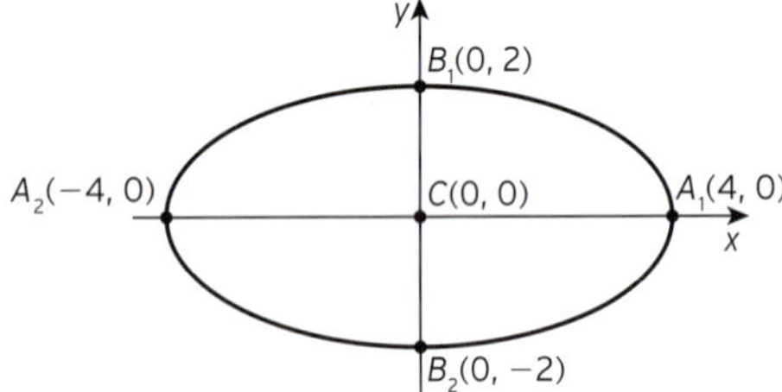

b)

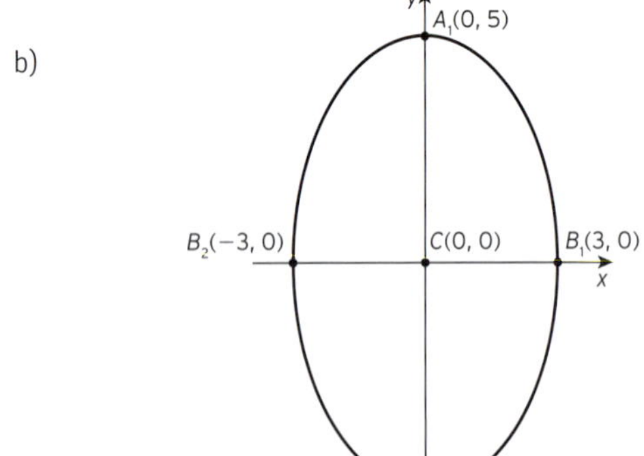

9. $\left(\frac{12}{5}, \frac{12}{5}\right)$ e $\left(-\frac{12}{5}, -\frac{12}{5}\right)$

Página 628 – Exercícios propostos

11. $C(8, 7)$; $B_1(8, 7 + \sqrt{55})$ e $B_2(8, 7 - \sqrt{55})$; $e = \frac{3}{8}$;

$\frac{(x-8)^2}{64} + \frac{(y-7)^2}{55} = 1$

12. $C(2, 1)$; $F_1(0, 1)$ e $F_2(4, 1)$

13. $C(5, 8)$; $B_1(11, 8)$, $B_2(-1, 8)$; $A_1(5, 8 + 2\sqrt{13})$ e $A_2(5, 8 - 2\sqrt{13})$;

$e = \frac{2\sqrt{13}}{13}$; $\frac{(x-5)^2}{36} + \frac{(y-8)^2}{52} = 1$

14. $\frac{(x-7)^2}{25} + \frac{(y-8)^2}{16} = 1$

15. Alternativa b

16. Alternativa d

17. Alternativa d

18. Alternativa d

19. Alternativa d

20. $\ell^2 = \frac{4a^2b^2}{a^2 + b^2}$, onde ℓ é o lado do quadrado.

21. Alternativa e

22. Alternativa c

23. Alternativa d

Página 633 – Exercícios propostos

25. a) eixo Ox

b) eixo Oy

c) $F_1(5, 0)$ e $F_2(-5, 0)$

d) $A_1(4, 0)$ e $A_2(-4, 0)$

e) $\frac{x^2}{16} - \frac{y^2}{9} = 1$

f) $y = \frac{3}{4}x$ e $y = -\frac{3}{4}x$

26. a) vertical

b) horizontal

c) $F_1(4, 13)$ e $F_2(4, 3)$

d) $A_1(4, 12)$ e $A_2(4, 4)$

e) $\frac{(y-8)^2}{16} - \frac{(x-4)^2}{9} = 1$

f) $y = \frac{4}{3}x + \frac{8}{3}$ e $y = -\frac{4}{3}x + \frac{40}{3}$

27. a) $\frac{(x-5)^2}{9} - \frac{(y-7)^2}{7} = 1$; $y = \frac{\sqrt{7}}{3}x + 7 - \frac{5\sqrt{7}}{3}$ e

$y = -\frac{\sqrt{7}}{3}x + 7 + \frac{5\sqrt{7}}{3}$

b) $e = \frac{4}{3}$

28. $\frac{x^2}{9} - \frac{y^2}{7} = 1$

29. a) $\frac{y^2}{16} - \frac{x^2}{9} = 1$

b) $y = \frac{3}{4}x$ e $y = -\frac{3}{4}x$

c) $e = \frac{5}{4}$

30. $C(0, 0)$; $F_1(6, 0)$ e $F_2(-6, 0)$; $A_1(-4, 0)$ e $A_2(4, 0)$

31. a)

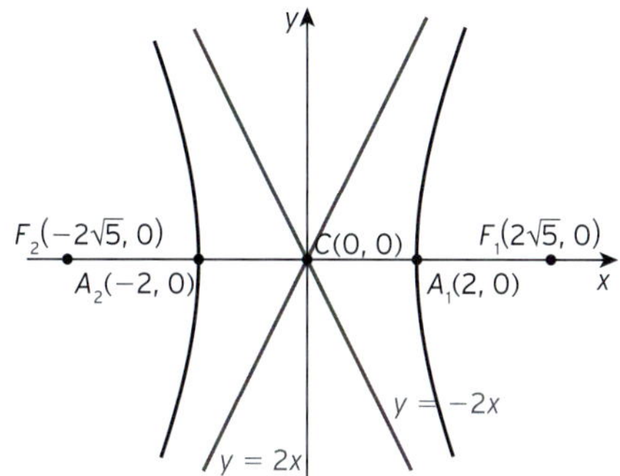

b)

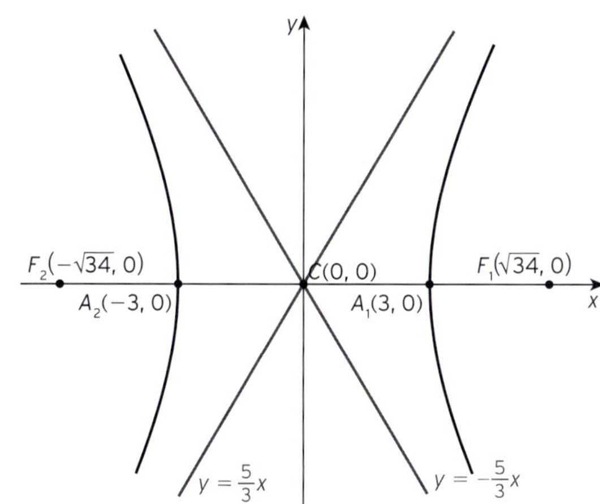

c)

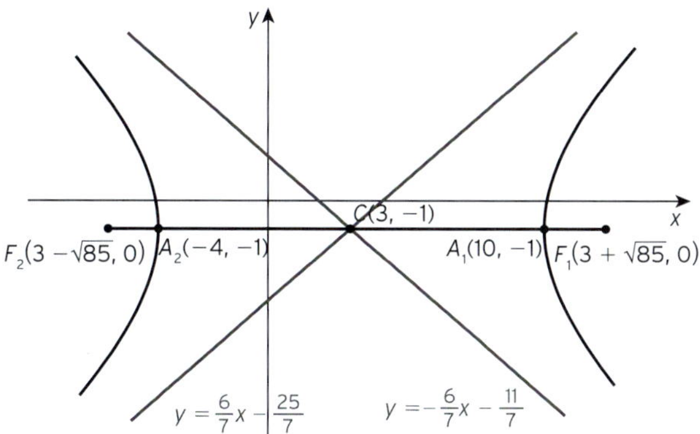

Página 637 – Um pouco de história

- Resposta pessoal.
- Resposta pessoal.

Página 637 – Exercícios propostos

34. a) $F(0, 5)$; $y = \frac{1}{20}x^2$

b) $F(8, 4)$; $x = \frac{y^2}{12} - \frac{2y}{3} + \frac{19}{3}$

35. $2p = 4$; $F(2, 0)$; $x = -2$

36. $x = \frac{1}{12}y^2$

37. a) $F\left(\frac{5}{2}, 0\right)$; $V\left(\frac{5}{2}, -\frac{1}{4}\right)$

b) $(2, 0)$ e $(3, 0)$

c) $y = -\frac{1}{2}$

38. $y = \frac{x^2}{10} - \frac{6x}{5} + \frac{41}{10}$

39. a) $F(1, 0)$; $x = -1$

b) $F\left(1, \frac{13}{4}\right)$; $y = \frac{11}{4}$

c) $F(1, 5)$; $y = -3$

d) $F(0, 1)$; $y = -1$

e) $F(1, -2)$; $y = -7$

f) $F(0, -4)$; $y = 4$

40. a) $y = -x + 5$

b) $y = \frac{x}{2} - \frac{3}{2}$

c) $(x - 4)^2 + \left(y - \frac{1}{2}\right)^2 = \frac{5}{4}$

41. a) $8x + 10y - 41 = 0$

b) $4x + 5y - 1 = 0$

42. a) pertence

b) não pertence

c) pertence

d) pertence

e) pertence

f) não pertence

43. 9

44. I. a) $F\left(\frac{5}{4}, -1\right)$

b) $x = \frac{3}{4}$

c) $2p = \frac{1}{2}$

d) $V(1, -1)$

II. a) $F\left(\frac{1}{2}, 1\right)$

b) $x = -\frac{1}{2}$

c) $2p = 1$

d) $V(0, 1)$

III. a) $F(7, 0)$

b) $y = -4$

c) $2p = 4$

d) $V(7, -2)$

45. Alternativa **e**

46. Alternativa **b**

47. Alternativa **e**

48. Alternativa **b**

49. Alternativa **a**

50. Alternativa **e**

51. Alternativa **e**

52. Alternativa a

53. Alternativa a

54. Alternativa d

Página 639 – Exercícios complementares

55. a) $e \cong 0{,}0558$

b) 362 931 km; 405 869 km

c) elipse B

56. a) $\frac{x^2}{4} - \frac{y^2}{4} = 1$

b) $y = x$ e $y = -x$

57. I. a) $2a = 12$ e $2b = 16$

b) $B_1(10, 5)$ e $B_2(-6, 5)$

c) $2c = 20$, $F_1(2, 15)$ e $F_2(2, -5)$

d) $e = \frac{10}{6} = \frac{5}{3}$

e) $y - 5 = +\frac{6}{8} \cdot (x - 2) \Rightarrow 8y - 40 = 6x - 12 \Rightarrow$

$\Rightarrow 8y = 6x + 28 \Rightarrow y = \frac{3}{4}x + \frac{7}{2}$

$y - 5 = -\frac{6}{8} \cdot (x - 2) \Rightarrow 8y - 40 = -6x + 12 \Rightarrow$

$\Rightarrow 8y = 6x + 52 \Rightarrow y = \frac{3}{4}x + \frac{13}{2}$

II. a) $2a = 8$ e $2b = 4$

b) $B_1(2, 1)$ e $B_2(2, -3)$

c) $2c = 4\sqrt{5}$, $F_1(2 + 2\sqrt{5}, -1)$ e $F_2(2 - 2\sqrt{5}, -1)$

d) $e = \frac{2\sqrt{5}}{6} = \frac{\sqrt{5}}{3}$

e) $y - (-1) = +\frac{2}{4} \cdot (x - 2) \Rightarrow y + 1 = +\frac{1}{2} \cdot (x - 2) \Rightarrow$

$\Rightarrow 2y + 2 = x - 2 \Rightarrow 2y = x - 4 \Rightarrow y = \frac{1}{2}x - 2$

$y - (-1) = -\frac{2}{4} \cdot (x - 2) \Rightarrow y + 1 = -\frac{1}{2} \cdot (x - 2) \Rightarrow$

$\Rightarrow 2y + 2 = -x + 2 \Rightarrow 2y = -x \Rightarrow y = -\frac{1}{2}x$

III. a) $2a = 6$ e $2b = 2$

b) $B_1(1, -1)$ e $B_2(-1, -1)$

c) $2c = 2\sqrt{10}$; $F_1(0, -1 + \sqrt{10})$ e $F_2(0, -1 - \sqrt{10})$

d) $e = \frac{\sqrt{10}}{3}$

e) $y - (-1) = +\frac{3}{1} \cdot (x - 0) \Rightarrow y + 1 = 3x \Rightarrow y = 3x - 1$

$y - (-1) = -\frac{3}{1} \cdot (x - 0) \Rightarrow y + 1 = -3x \Rightarrow y = -3x - 1$

58. 20 m; 4 m

59. a) $3x^2 + 160y - 4\,800 = 0$

b) $\left(-\frac{40\sqrt{3}}{3}, 20\right)$ e $\left(\frac{40\sqrt{3}}{3}, 20\right)$

60. 480

61. $\frac{1}{8}$

62. Alternativa d

63. a) $\frac{x^2}{576} + \frac{y^2}{512} = 1$

b) $\frac{x^2}{432} + \frac{y^2}{576} = 1$

64. Alternativa a

65. $\frac{x^2}{64} + \frac{y^2}{12} = 1$

■ Capítulo 29 – Números complexos

Página 644 – Para começar

1. I. $S = \varnothing$

II. $S = \{4, 6\}$

2. Resposta pessoal.

3. A equação não tem solução no conjunto dos números reais.

4. Resposta pessoal.

Página 647 – Ação e cidadania

- Respostas pessoais.
- Resposta pessoal.

Página 647 – Exercícios propostos

1. a) $S = \{-2\sqrt{2}i, 2\sqrt{2}i\}$

b) $S = \left\{\frac{5 - \sqrt{39}i}{4}, \frac{5 + \sqrt{39}i}{4}\right\}$

c) $S = \{-2\sqrt{2}i, 2\sqrt{2}i, -2i, 2i\}$

d) $S = \{-2i, 2i, -2, 2\}$

e) $S = \{1 - 2i, 1 + 2i\}$

f) $S = \left\{\frac{7 - \sqrt{11}i}{2}, \frac{7 + \sqrt{11}i}{2}\right\}$

g) $S = \{-i, i, -3i, 3i\}$

h) $S = \{-3i, 3i - 3, 3\}$

2. a) $\bar{z} = (7, 2)$

b) $\bar{z} = (-2, -3)$

c) $\bar{z} = (-7, -\sqrt{3})$

d) $\bar{z} = \left(4, -\frac{1}{2}\right)$

3. a) Não.

b) Sim.

c) Sim.

d) Sim.

4. a) $(10, 0)$

b) $\left(\frac{445}{9}, 0\right)$

c) $(25, 0)$

d) $\left(\frac{5}{9}, 0\right)$

5. a) $\overline{z_1 + z_2} = (5, 5)$ e $\overline{z_1 \cdot z_2} = (20, 8)$

b) $\overline{z_1 + z_2} = (-4, -1)$ e $\overline{z_1 \cdot z_2} = (4, 2)$

c) $\overline{z_1 + z_2} = (0, 0)$ e $\overline{z_1 \cdot z_2} = (-12, -16)$

d) $\overline{z_1 + z_2} = \left(\sqrt{5}, -\frac{1}{5}\right)$ e $\overline{z_1 \cdot z_2} = \left(0, -\frac{\sqrt{5}}{5}\right)$

Página 649 – Exercícios propostos

8. a) $3 + 4i$

b) $-\frac{1}{2}$

c) $-\frac{1}{2} + \frac{3}{2}i$

d) $\sqrt{5} + \sqrt{3}i$

e) $\frac{3}{4} - \frac{2}{3}i$

f) $-\frac{5}{8} - 3i$

g) $\sqrt{2}i$

h) $-\frac{4}{7}i$

9. a) Parte real: -5 e parte imaginária: 13

b) Parte real: 0 e parte imaginária: 15

c) Parte real: $\frac{7}{3}$ e parte imaginária: 2

d) Parte real: $\frac{2}{3}$ e parte imaginária: 0

e) Parte real: 12 e parte imaginária: 6

f) Parte real: 5 e parte imaginária: 0

g) Parte real: $\frac{\sqrt{3}}{5}$ e parte imaginária: $\frac{\sqrt{2}}{5}$

h) Parte real: $\frac{1}{7}$ e parte imaginária: $\frac{3}{5}$

10. a) $a = -6$ e $b = 5$

b) $a = 2$ ou $a = -2$ e $b = 4$ ou $b = -3$

c) $a = 5$ ou $a = -5$ e $b = 3$

d) $a = 1$ e $b = 2$

11. a) $\bar{z} = 6 + 2i$

b) $\bar{z} = -1 - i$

c) $\bar{z} = 5$

d) $\bar{z} = -3 - i$

e) $\bar{z} = 2 + 2i$

f) $\bar{z} = 3i$

g) $\bar{z} = 7$

h) $\bar{z} = -2 - 5i$

12. $a = 3$ e $b = 6$

13. Se $w = x + yi$, então $\overline{w} = x - yi$.

Assim, temos:

$\overline{\overline{w}} = x - (-yi) = x + yi = w$

Portanto: $\overline{\overline{w}} = w$

14. $x = 2\sqrt{2}$ ou $x = -2\sqrt{2}$ e $y = 1$

15. Para $x = -3$, então z é um número real; para $x = 0$ ou $x = -4$, z é um número imaginário puro.

16. a) $a = 4$ ou $a = -4$

b) $a = -4$ e $b \neq \frac{2}{3}$

c) $b \neq -3$ e $b \neq 1$

d) $a \neq 0$ e $b = 0$

e) $a \neq 3$ e $a \neq -3$ e $a \neq -5$

f) $a = \sqrt{2}$ ou $a = -\sqrt{2}$

g) $a = -\frac{13}{4}$ e $b = -\frac{3}{4}$

h) $a = -3$ e $b = -15$

17. Sejam $z_1 = a + bi$ e $z_2 = c + di$. Então:

- $\overline{z_1 \cdot z_2} = \overline{(a + bi) \cdot (c + di)} = \overline{(ac - bd) + (ad + bc)i} =$
  $= ac - bd - (ad + bc)i$
- $\overline{z_1} \cdot \overline{z_2} = (a - bi) \cdot (c - di) = ac - db - (ad + bc)i$

Portanto: $\overline{z_1 \cdot z_2} = \overline{z_1} \cdot \overline{z_2}$

Temos ainda:

- $\overline{z_1 + z_2} = \overline{a + bi + c + di} = a + c - (b + d)i$
- $\overline{z_1} + \overline{z_2} = a - bi + c - di = a + c - (b + d)i$

Portanto: $\overline{z_1 + z_2} = \overline{z_1} + \overline{z_2}$

Página 650 – Exercícios propostos

20. a) $2 - 3i$ e $(2, -3)$

b) $-\frac{11\pi}{12} + \frac{55}{12}i$ e $\left(-\frac{11\pi}{12}, \frac{55}{12}\right)$

21. a) $-16 - 3i$

b) $-i$

c) $-13 + 9i$

d) $13 + 5i$

22. $a = 4$ e $b \neq -\frac{16}{3}$

23. a) $z = 10 - 7i$

b) $z = -7 + 3i$

24. a) $z = \frac{1}{2} - \frac{5}{2}i$ e $w = -\frac{7}{2} + \frac{23}{2}i$

b) $z = \frac{3}{2} - \frac{13}{2}i$ e $w = -\frac{49}{2} + \frac{7}{2}i$

25. $a = -5$ e $b = -4$

Página 651 – Exercícios propostos

28. a) $66 - 45i$

b) $330 - 360i$

c) $\frac{52}{15} + \frac{116}{15}i$

d) $39 + 97i$

29. a) $2y^2 + 6y + 6 + 4yi + 9i - y^2i$

b) $S = \left\{y \in \mathbb{R} \,\middle|\, y \leqslant \frac{-1 - \sqrt{10}}{3} \text{ ou } y \geqslant \frac{-1 + \sqrt{10}}{3}\right\}$

30. a) $m = -4{,}1$

b) $m = -7{,}5$

31. a) $-1 - 2\sqrt{6}i$

b) $-\frac{323}{9} - 4i$

c) $-65 + 142i$

d) $-\frac{11}{8} - \frac{1}{4}i$

32. $z = 2\sqrt{5} + \sqrt{5}i$ ou $z = -2\sqrt{5} - \sqrt{5}i$

Página 652 – Exercícios propostos

33. a) $-8 + 6i$

b) $\frac{22}{5} - \frac{4}{5}i$

c) $-\frac{13}{85} + \frac{84}{85}i$

d) $\frac{3}{5} - \frac{3}{10}i$

e) $-\frac{7}{2} + \frac{7}{2}i$

f) $-\frac{9}{4}i$

34. $\bar{z} = \frac{5}{3} + \frac{16}{3}i$

35. $z^2 = \frac{2}{25} - \frac{3}{50}i$

36. a) $175 + 42i$

b) $-\sqrt{2}$

c) $12i$

37. $\frac{104}{17} - \frac{94}{17}i$

38. a) $\frac{5}{61} - \frac{6}{61}i$

b) $\frac{6}{5} - \frac{3}{5}i$

c) $-\frac{2}{53} + \frac{7}{53}i$

d) $-\frac{3i}{16}$

39. $a = 4$ e $b = -3$

40. $a = 18$

41. $-\sqrt{6} < x < \sqrt{6}$

42. a) $a = \frac{84}{5}$ e $b = \frac{22}{5}$

b) $a = 7$ e $b = -3$

c) se $a = 6$, então $b = 2$; se $a = -6$, então $b = 2$.

Página 653 – Para refletir

A adição de quatro potências de i, com expoentes de números naturais consecutivos, equivale a:

$$1 + i + (-1) + (-i) = 0$$

Portanto, o resultado sempre será 0 para qualquer valor de n.

Página 653 – Exercícios propostos

44. a) -1

b) 1

c) 1

d) i

e) 1

f) $-i$

g) 1

h) 1

i) -1

45. a) $\frac{19 + 3i}{10}$

b) $\frac{-11 + 7i}{17}$

c) $i + 1$

d) $\frac{2 + 3i}{13}$

e) $-243i - 9$

f) $-1\,020$

Página 655 – Exercícios propostos

47. a) $\rho = \sqrt{13}$

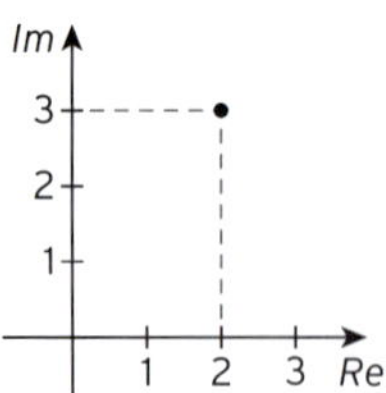

b) $\rho = 2$

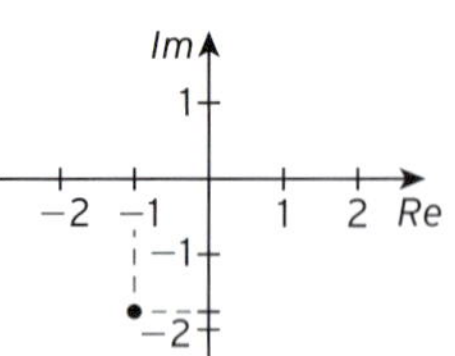

c) $\rho = \frac{\sqrt{73}}{2}$

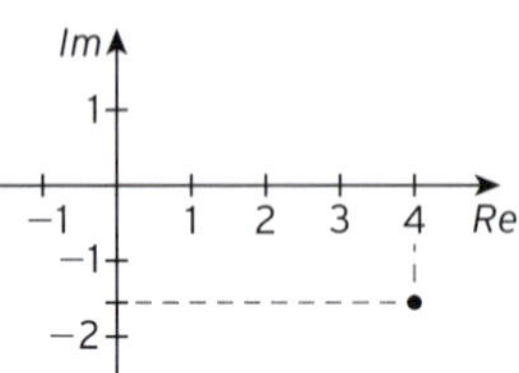

d) $\rho = 3$

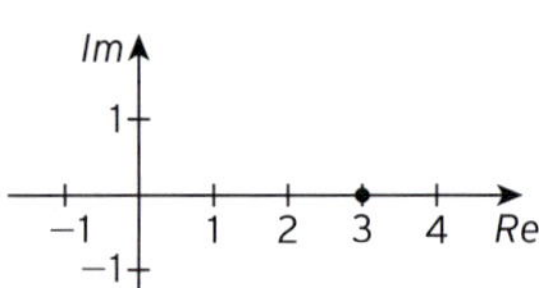

48. $x = 2$ ou $x = -2$

49. 1 e 30°; 1 e 330°

Página 656 – Exercícios propostos

50. a) $z = 5 \cdot \left[\cos\left(\frac{5\pi}{4}\right) + \text{sen}\left(\frac{5\pi}{4}\right)i\right]$

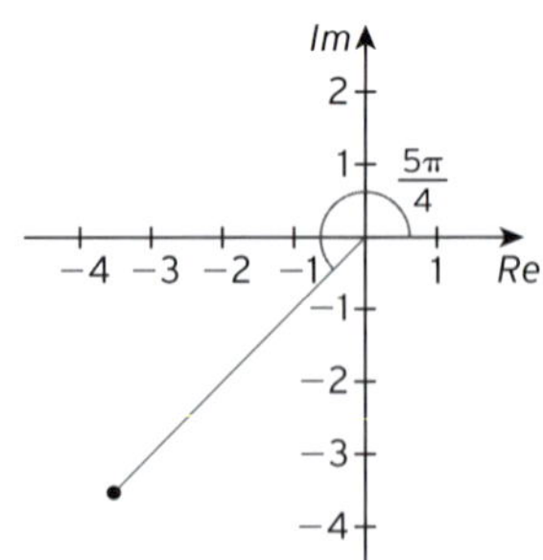

b) $z = 1 \cdot \left[\cos\left(\frac{2\pi}{3}\right) + \text{sen}\left(\frac{2\pi}{3}\right)i\right]$

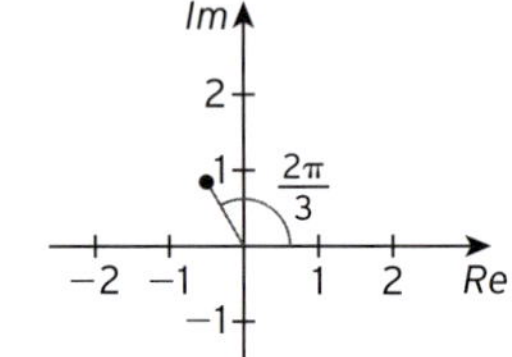

c) $z = 6 \cdot \left[\cos\left(\frac{7\pi}{4}\right) + \text{sen}\left(\frac{7\pi}{4}\right)i\right]$

d) $z = 7 \cdot \cos \pi + i \cdot \text{sen}\, \pi$

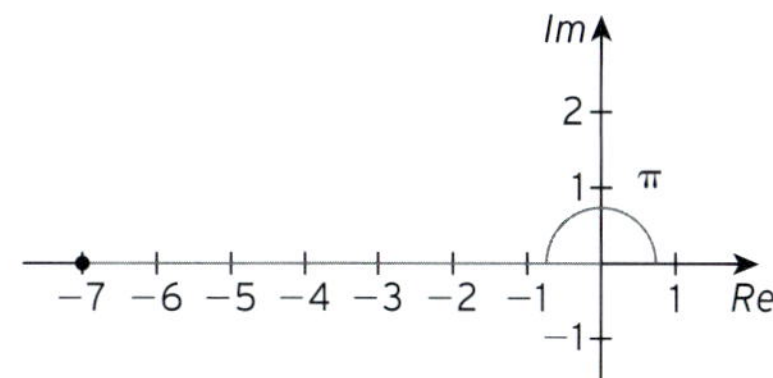

e) $z = 5 \cdot \left[\cos\left(\frac{3\pi}{2}\right) + \text{sen}\left(\frac{3\pi}{2}\right)i\right]$

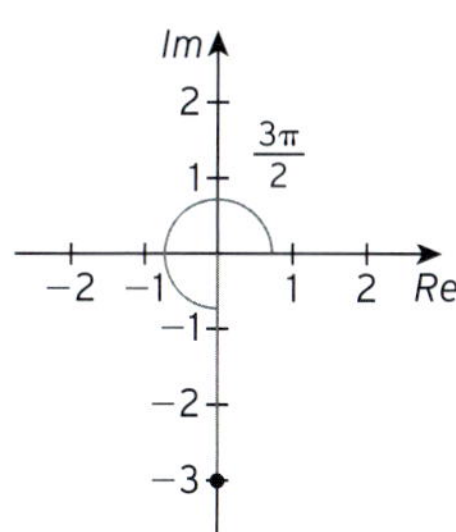

f) $z = 2 \cdot \left[\cos\left(\frac{11\pi}{6}\right) + \text{sen}\left(\frac{11\pi}{6}\right)i\right]$

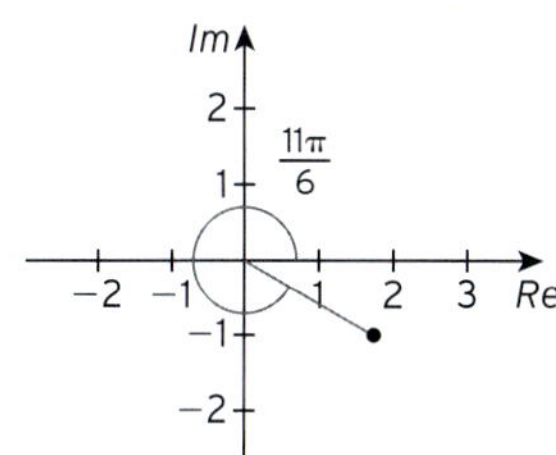

51. a) $z = -4i$

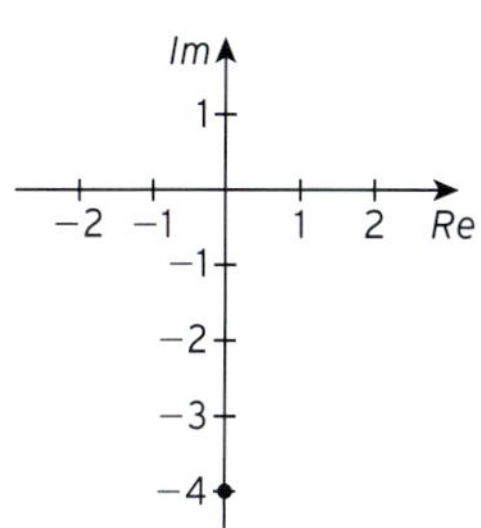

b) $z = -3\sqrt{2} - 3\sqrt{2}i$

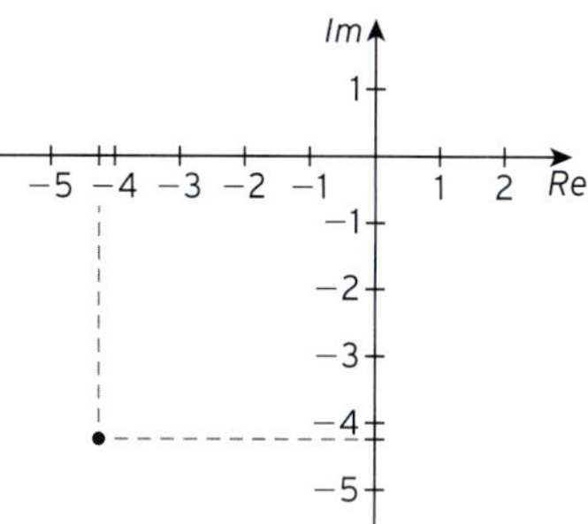

c) $z = 1 + \sqrt{3}i$

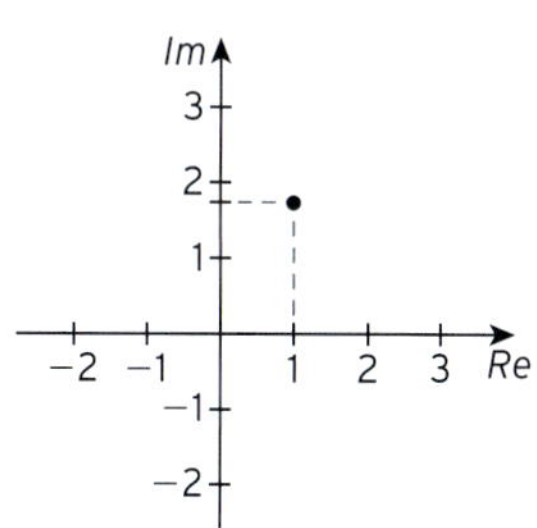

Página 660 – Exercícios propostos

56. a) $z = 2 \cdot \left[\cos\left(\frac{11\pi}{6}\right) + i \cdot \text{sen}\left(\frac{11\pi}{6}\right)\right]$

$w = 4 \cdot \left[\cos\left(\frac{8\pi}{3}\right) + i \cdot \text{sen}\left(\frac{8\pi}{3}\right)\right]$

$z \cdot w = 8 \cdot \left[\cos\left(\frac{8\pi}{3}\right) + i \cdot \text{sen}\left(\frac{8\pi}{3}\right)\right]$

$\frac{z}{w} = \frac{1}{2} \cdot \left[\cos(\pi) + i\,\text{sen}(\pi)\right]$

b) $z = 5 \cdot \left[\cos\left(\frac{\pi}{4}\right) + i \cdot \text{sen}\left(\frac{\pi}{4}\right)\right]$

$w = 6 \cdot \left[\cos\left(\frac{3\pi}{4}\right) + i \cdot \text{sen}\left(\frac{3\pi}{4}\right)\right]$

$z \cdot w = 30 \cdot \left[\cos(\pi) + i \cdot \text{sen}(\pi)\right]$

$\frac{z}{w} = \frac{5}{6}\left[\cos\left(-\frac{\pi}{2}\right) + i \cdot \text{sen}\left(-\frac{\pi}{2}\right)\right]$

57. $\bar{z} = -\frac{3\sqrt{3}}{2} - \frac{3}{2}i$

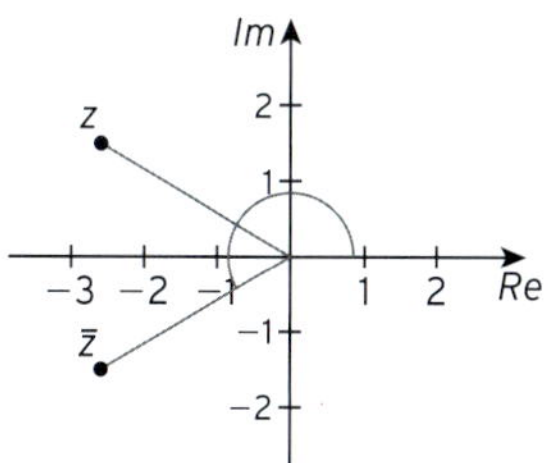

58. a) 26

b) $\frac{\sqrt{3}}{2}i$

c) $\frac{3\sqrt{6}}{2} - \frac{3\sqrt{2}}{2}i$

59. 256 e $\frac{8\pi}{3}$

60. $z_0 = \sqrt{2} + \sqrt{2}i$ e $z_1 = -\sqrt{2} - \sqrt{2}i$

61. a)

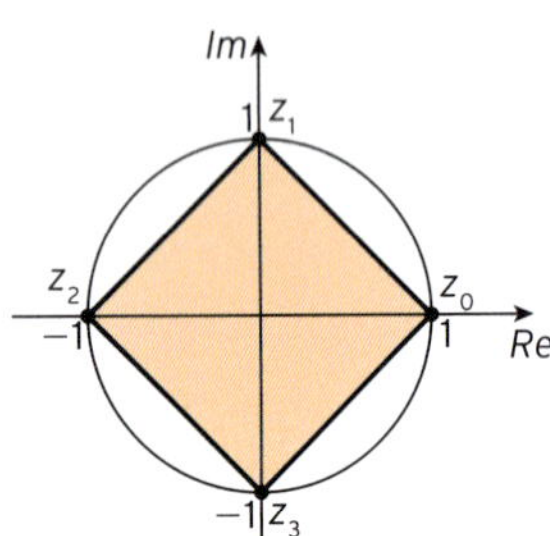

b)

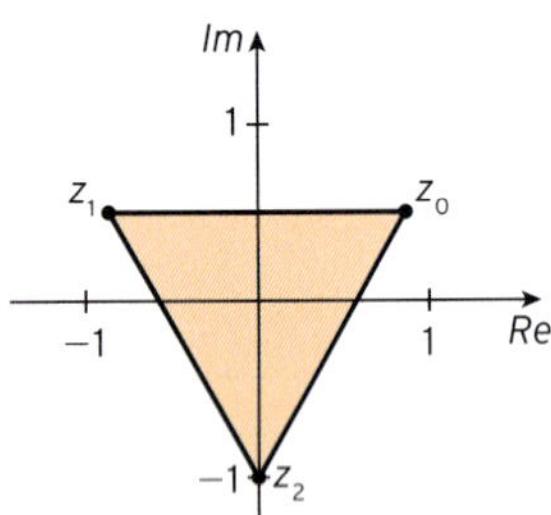

c)

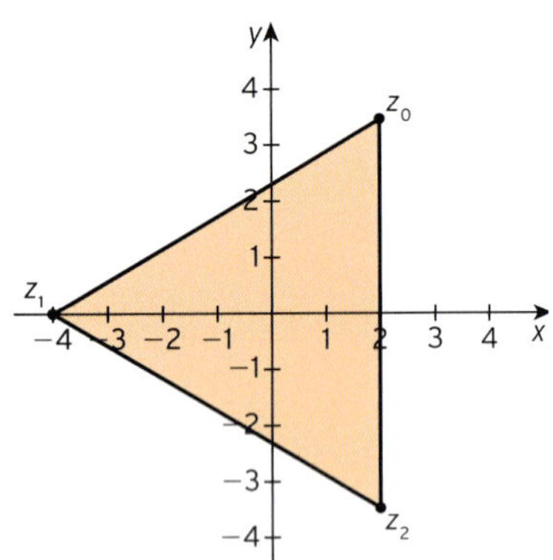

62. a) $-6 \cdot \left[\cos\left(\frac{7\pi}{12}\right) + i \cdot \text{sen}\left(\frac{7\pi}{12}\right)\right]$

b) $6\sqrt{3} \cdot \left[\cos\left(\frac{17\pi}{12}\right) + i \cdot \text{sen}\left(\frac{17\pi}{12}\right)\right]$

c) $2\sqrt{3} \cdot \left[\cos\left(\frac{7\pi}{4}\right) + i \cdot \text{sen}\left(\frac{7\pi}{4}\right)\right]$

d) $-2\sqrt{3} \cdot \left[\cos\left(\frac{7\pi}{6}\right) + i \cdot \text{sen}\left(\frac{7\pi}{6}\right)\right]$

e) $-\frac{2}{3} \cdot \left[\cos\left(\frac{\pi}{12}\right) + i \cdot \text{sen}\left(\frac{\pi}{12}\right)\right]$

f) $-\frac{\sqrt{3}}{2} \cdot \left[\cos\left(\frac{\pi}{2}\right) + i \cdot \text{sen}\left(\frac{\pi}{2}\right)\right]$

g) $3\sqrt{3} \cdot \left[\cos\left(\frac{13\pi}{12}\right) + i \cdot \text{sen}\left(\frac{13\pi}{12}\right)\right]$

h) $\frac{\sqrt{3}}{3} \cdot \left[\cos\left(\frac{7\pi}{12}\right) + i \cdot \text{sen}\left(\frac{7\pi}{12}\right)\right]$

i) $\frac{3\sqrt{3}}{2} \cdot \left[\cos\left(\frac{3\pi}{4}\right) + i \cdot \text{sen}\left(\frac{3\pi}{4}\right)\right]$

63. a) $-i$

b) $512 - 512\sqrt{3}i$

c) 256

d) $-64\sqrt{2} + 64\sqrt{2}i$

e) -27

f) -64

64. a) $4i$ e $-4i$

b) $3i$; $-\frac{3\sqrt{3}}{2} - \frac{3}{2}i$ e $\frac{3\sqrt{3}}{2} - \frac{3}{2}i$

65. $\sqrt{2} + \sqrt{2}i$, $-\sqrt{2} + \sqrt{2}i$, $-\sqrt{2} - \sqrt{2}i$ e $\sqrt{2} - \sqrt{2}i$

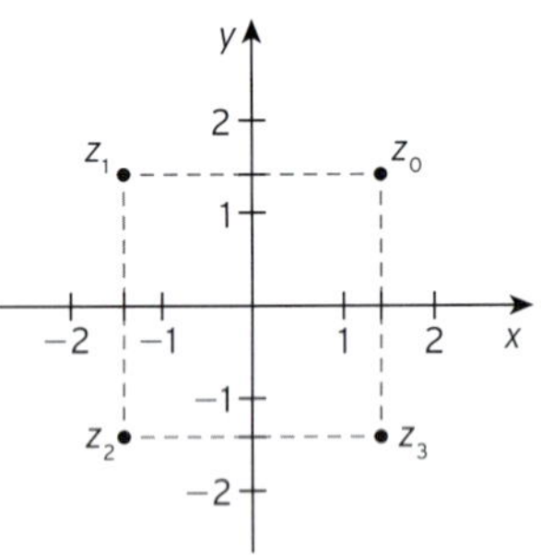

66. $\frac{17}{2} + \frac{12 + 7\sqrt{3}}{2}i$ e $\frac{35 - 42\sqrt{3}}{2} + \frac{42 + 35\sqrt{3}}{2}i$

Geometricamente, em $z_1 + z_2$, a parte real e a parte imaginária de $z_1 + z_2$ são a soma das partes reais e imaginárias de z_1 e z_2. Então, a imagem do número complexo que resulta da soma de dois números complexos é um ponto de abscissa igual à soma das partes reais dos dois números, e de ordenada igual à soma da parte imaginária dos dois números.

Seja o ponto P o afixo de z_1 e O a origem do plano complexo, em $z_1 \cdot z_2$, há uma rotação positiva do segmento $\overline{OP}$ em um ângulo igual ao argumento de z_2, de modo que o argumento de $z_1 \cdot z_2$ é a soma dos argumentos de z_1 e de z_2. O módulo de $z_1 \cdot z_2$ é o produto dos módulos de z_1 e de z_2.

Página 661 – Exercícios propostos

69. $P'\left(\frac{\sqrt{2}}{2}, \frac{7\sqrt{2}}{2}\right)$

70. $\left(1 - \frac{3\sqrt{3}}{2}, \frac{3}{2} + \sqrt{3}\right)$ e $\left(1 + \frac{3\sqrt{3}}{2}, \frac{3}{2} - \sqrt{3}\right)$

Página 662 – Exercícios complementares

71. a) $S = \{i, -i, 1, -1\}$

b) $S = \{2i, -2i\}$

c) $S = \left\{-\frac{1}{2} - \frac{\sqrt{3}}{2}i, -\frac{1}{2} + \frac{\sqrt{3}}{2}i\right\}$

d) $S = \left\{-2 - i, -2 + i\right\}$

72. 4 096 e 4 096

73. a) $6 + 3i$

b) 13

c) $-10 + 10i$

d) $-7i$

e) $\sqrt{3} + \sqrt{3}i$

f) 0

74. a) $\bar{z} = -5 - 7i$

b) $\bar{z} = 4$

c) $\bar{z} = 8i$

75. a) $z = 1 \cdot \left[\cos\left(\frac{3\pi}{2}\right) + i \cdot \text{sen}\left(\frac{3\pi}{2}\right)\right]$

b) $z = 2 \cdot (\cos 0 + i \cdot \text{sen } 0)$

c) $z = \sqrt{2} \cdot \left[\cos\left(\frac{\pi}{4}\right) + i \cdot \text{sen}\left(\frac{\pi}{4}\right)\right]$

d) $z = \sqrt{2} \cdot \left[\cos\left(\frac{7\pi}{4}\right) + i \cdot \text{sen}\left(\frac{7\pi}{4}\right)\right]$

e) $z = 2 \cdot \left[\cos\left(\frac{\pi}{6}\right) + i \cdot \text{sen}\left(\frac{\pi}{6}\right)\right]$

f) $z = 2 \cdot \left[\cos\left(\frac{4\pi}{3}\right) + i \cdot \text{sen}\left(\frac{4\pi}{3}\right)\right]$

76. a) $a = 2\sqrt{2}$ ou $a = -2\sqrt{2}$ e $b = \frac{7}{5}$

b) $a = 0$ ou $a = 10$ e $b = -4$

77. a) $-2 + 18i$

b) $-10 - 16i$

c) $-136 - 68i$

d) $-12 + 12i$

e) 196

78. Aproximadamente: $1{,}17 + 1{,}62i$, $-1{,}17 + 1{,}62i$, $-1{,}90 - 0{,}62i$, $-i$ e $1{,}90 - 0{,}62i$.

79. Igualando as partes reais e as imaginárias, temos:

a) $x = 2$ e $y = 3$

b) $x = 8$ e $y = 3$

c) $x = y = 1$

d) $x = 2$ e $y = -5$

e) $x = 2$ e $y = 1$

80. Devemos dividir o expoente da unidade imaginária por quatro, e o resto dessa divisão é o expoente equivalente dessa unidade imaginária. Assim, temos:

a) i

b) -1

c) $-i - 1$

81. a) i

b) i

82. a) i

b) $\frac{4}{25} + \frac{22}{25}i$

c) $-3i$

d) $\frac{6}{5} + \frac{3}{5}i$

83. a) $z = 5 - 3i$

b) $z = 1 + \frac{5}{4}i$

c) $z = \frac{7}{3} + \frac{7}{3}i$

d) $z = \frac{22}{3} - \frac{5}{3}i$

84. $2\sqrt{2} \cdot \left(\cos\frac{7\pi}{4} + i \cdot \text{sen}\frac{7\pi}{4}\right)$

85. É possível afirmar que a soma de um número complexo e seu conjugado é um número real igual ao dobro da parte real desse número complexo.

86. a) $z = 6 + 4i$ e $w = -1 - i$

b) $z = 3 + i$ e $w = 0$

87. $x = -\frac{3}{5} + \frac{4}{5}i$

88. a) 13

b) $\sqrt{13}$

c) $4\sqrt{5}$

d) 2

89. $A = -3 + 4i$, $B = -2 + 3i$, $C = 1 + 4i$, $D = 5 + 2i$, $E = -5 - i$, $F = -3 - 3i$ e $G = 2$

90. a) Circunferência.

b) $(0, 3)$ pertence à circunferência e $(\sqrt{3}, \sqrt{3})$ não pertence à circunferência.

c) $f(x) = 2x$

d) O domínio é $\mathbb{R}$ e a imagem é $\mathbb{R}$.

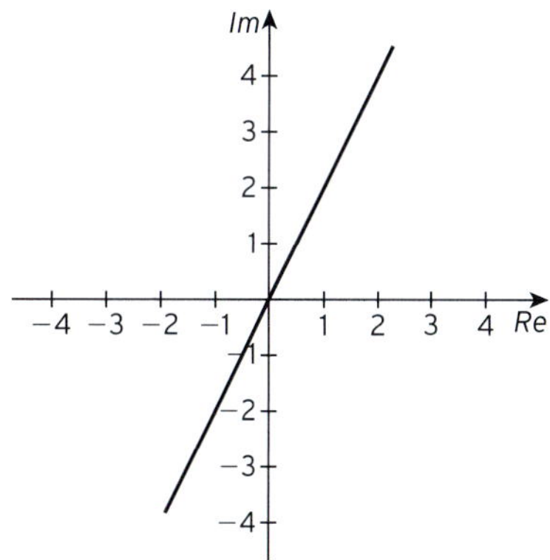

91. a) $z = -1 + i$

b) $-2i$

c) 2

92. a) quadrado

b) $4\sqrt{2}$ e 2

93. $y = 2x - 1$

94. $p = 16$

95. $z = \frac{1}{2} + \frac{\sqrt{3}}{2}i$

96. a) $2\sqrt{3}$

b) $w = -\frac{9\sqrt{3}}{2} - \frac{9}{2}i$

c) $\overline{w} = -\frac{9\sqrt{3}}{2} + \frac{9}{2}i$

d) $-\frac{2\sqrt{3}}{9}i$

97. $f(x) = x^2 + 2x + 3$

98. $\sqrt{3} + i$, $2i$, $-\sqrt{3} + i$, $-\sqrt{3} - i$, $-2i$ e $\sqrt{3} - i$

99. Alternativa **c**

100. Alternativa **e**

Capítulo 30 – Função polinomial

Página 664 – Para começar

1. Pode ser que esse período de vendas esteja relacionado ao início do ano letivo, o que leva a uma mudança considerável na quantidade de livros didáticos vendidos.
2. Segunda semana: 2 000 livros
   Quarta semana: 3 200 livros
   Sexta semana: 3 600 livros
   Décima semana: 2 000 livros
   De duas até 6 semanas a venda é crescente, mas na décima semana a venda diminuiu, isto é, é decrescente. A função que relaciona a quantidade de livros didáticos vendidos com o tempo em semanas é uma função polinomial do 2º grau e seu gráfico uma parábola. Assim, temos um intervalo crescente até atingir o vértice, projeção máxima de vendas, seguido de um intervalo decrescente de vendas.
3. Resposta pessoal.

Página 666 – Exercícios propostos

3. a) não
   b) sim
   c) não
   d) sim
   e) não
4. a) -1
   b) 2
   c) 1 399
   d) $-8i - 17$
5. 1
6. $a = -2$ e $b = 2$
7. Se $m \neq -3$ e $m \neq 3$, então o grau do polinômio é 4; se $m = 3$, então o grau do polinômio é 3; e se $m = -3$, então o grau do polinômio é 1.
8. 7 ou -2
9. $-11 + 6i$; $14 - 9i$
10. a) -1
    b) $-i$
    c) $-11 + 36i$
    d) $1 + 12i$
11. $p(x) = x^2 - 4x + 3$
12. $p(x) = 3x^2 - x + 4$

Página 667 – Cálculo mental

$f(t) = 2t^3 + 5$

Página 667 – Calculadora

24 002

Página 667 – Exercícios propostos

13. $a = \frac{1}{3}$; $b = 3$ e $c = -1$
14. Não. Se dois polinômios p e q são idênticos, então eles assumem valores numéricos iguais para todo número complexo z. Isso implica que os coeficientes correspondentes de $p(x)$ e $q(x)$ são iguais e apresentam o mesmo grau.
15. a) 0
    b) não tem raízes
16. a) -1, -2 e 3 não são raízes do polinômio.
    b) -1, -2 e 3 não são raízes do polinômio.
    c) -1, -2 e 3 não são raízes do polinômio.
    d) -1, -2 e 3 são raízes do polinômio.
17. $-2 + i$; $-2 - i$
18. $\sqrt{3}$ é raiz desse polinômio.
19. -2 ou 8
20. a) $p(x) = x^2 + 2x - 3$
    b) 1 e -3
    c) -3
21. -1 e 1
22. Não há valores de a, b e c que satisfazem a igualdade.

Página 668 – Para refletir

- Se $a_n + b_n \neq 0$, então o grau do polinômio é n.
- Se $a_n + b_n = 0$, então temos de analisar o termo de grau inferior.
- Se $a_{n-1} + b_{n-1} \neq 0$, então o grau do polinômio é $n - 1$.
- Se $a_{n-1} + b_{n-1} = 0$, então temos de analisar o termo de grau inferior, e assim por diante.

Logo, com $p(x)$ e $q(x)$ de grau n, temos $p(x) + q(x)$ de grau g, tal que, $0 \leq g \leq n$.

Já se $p(x)$ e $q(x)$ têm graus diferentes, então o coeficiente do termo dominante do polinômio de maior grau não tem um correspondente no outro polinômio. Assim, $p(x) + q(x)$ tem o grau do polinômio de maior grau.

Página 668 – Exercícios propostos

23. a) $2x^3 + 6x^2 - 6x + 3$
    b) $-x^3 + 7x^2 - 4x - 2$
    c) $-x^3 + 5x^2 - 4x + 8$
    d) $3x^3 - x^2 - 2x + 5$
24. a) $3x^4 + 6x^3 + 5x^2 - 7x + 1$
    b) $3x^4 - 6x^3 + 5x^2 + 7x + 1$
25. $-4x^3 - 2x^2 + x + 11$
26. a) Verdadeira.
    b) Falsa. A soma de dois polinômios de grau 3 é um polinômio de grau menor do que ou igual a 3.
    c) Verdadeira.
27. a) $p(x) = -ix^3 - 3x^2 + ix - 7$
    b) $-i$
    c) -7
28. 7 ou -4
29. $\frac{2}{3}x^3 + x^2 + \frac{7}{5}x + \frac{12}{5}$
30. $a = 4$; $b = -5$ e $c = -\frac{7}{2}$

Página 669 – Exercícios propostos

31. a) $-4x^3 - 8x^2 + 6x + 12$
    b) $2x^2 + (4 - 2i)x - 4i$
    c) $-2x^3 + 2ix^2 + 3x - 3i$
    d) $x^2 - 2ix - 1$
32. 8
33. $-22 + 65i$
34. 5
35. $p(x) = -4x^2 + 2x - 8$
36. a) $f(x) = 3x + 4$ e $g(x) = -x + 1$
    b) $-3x^2 - x + 4$
37. -2 ou 1
38. $15x^2 + 41x - 4$
39. $x^6 - 6ix^5 - 9x^4$
40. $16x^2$ ou $-16x^2$

Página 670 – Ação e cidadania

- Resposta pessoal.

Página 671 – Cálculo mental

- 5
- -17
- $3i$
- $3 - 2i$

Página 671 – Para refletir

Sabendo que $p(x) = x_n \cdot x^n + a_{n-1} \cdot x^{x-1} + a_{n-2} \cdot x^{n-2} + ... + a_0 \cdot x^0$ tem grau n e $n + 1$ termos, ao dividirmos por $d(x) = x - a$ usando o dispositivo Briot-Ruffini, temos como quociente um polinômio de n termos; logo, o grau do quociente é $n - 1$. Consideramos os polinômios em sua forma completa.

Já para analisar o coeficiente dominante, temos:

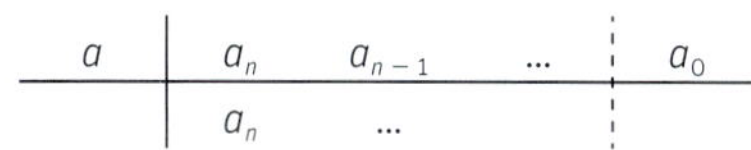

a	a_n	a_{n-1}	...	a_0
	a_n	...		

Então, o quociente tem como coeficiente dominante o mesmo coeficiente dominante do polinômio $p(x)$.

Página 672 – Exercícios propostos

43. a) $3x - 3$; 10
b) $x^3 - x^2 + 6x - 5$; $5x$
c) $2x^3 - x^2 + 1$; 0
d) $4x - 12$; 12

44. $6x^4 + 3x^3 - 13x^2 - 4x - 1$

45. $m = -15$ e $n = 7$

46. -8; $x^2 + x - 2$

47. a) $2x^2 - x - 3$
b) $2x - 4$

48. a) -2
b) -11

49. a) $a = -7$; $b = 9$ e $c = -17$
b) 1

Página 674 – Exercícios propostos

53. a) -12
b) -20
c) 98

54. $-m^4 - m^3 - m^2 + m$

55. a) não
b) não
c) não
d) sim

56. 10

57. $\frac{31}{15}$

58. sim

59. $n = 5$ e $m = -2$

60. a) Para que $g(x) = x + 5$ seja fator de $f(x)$, é necessário que $f(-5) = 0$. De fato:

$f(-5) = (-5)^3 + 4(-5)^2 - 7(-5) - 10 = -125 + 100 + 35 - 10 = 0$

Portanto, $g(x)$ é fator de $f(x)$.

b) $x^2 - x - 2$

61. a) $g(x) = (x + 1) \cdot (x - 1)$
b) 0; 0
c) Sim, pois $f(x)$ é divisível pelos fatores de $g(x)$.

62. 85

63. a) 0; $-\frac{1}{25}$; 0; $\frac{3}{25}$
b) $p(x) = \left(x - \frac{1}{5}\right) \cdot \left(x - \frac{3}{5}\right)$

64. $m = \frac{n}{2}$

Página 675 – Ação e cidadania

- O consumismo está diretamente vinculado à superlotação de depósitos de lixo, pois aumenta o descarte de embalagens de materiais diversos (plástico, metal, vidro, papel) e a produção de lixo orgânico.
- Resposta pessoal.

Página 675 – Cálculo mental

- -5
- 4
- $7i$ ou $-7i$
- 10 ou -10
- $3i$ ou $-3i$

Página 677 – Exercícios propostos

67. -2 e 1

68. $S = \{-4, 2, -2i, 2i\}$

69. 1 e 2

70. Resposta possível: $x^3 - 7x^2 + x - 7$

71. $p(x) = (x - 1) \cdot (x + 2) \cdot (x - i) \cdot (x + i)$

72. $f(x) = 3(x - \sqrt{2}) \cdot (x + \sqrt{2}) \cdot (x - \sqrt{2}i) \cdot (x + \sqrt{2}i)$

73. $S = \{-5, -1, 3\}$

Página 678 – Exercícios propostos

76. 2 é raiz de multiplicidade 3 e -5 e -1 são raízes de multiplicidade 2.

77. Resposta possível: $x^4 + 2x^3 - 2x - 1 = 0$

78. 3

79. $2i$ e $-2i$

80. $m = -5$; $n = 9$

Página 679 – Ação e cidadania

Resposta pessoal.

Página 681 – Exercícios propostos

82. 5

83. $S = \{1 + i, 1 - i, -4\}$

84. 1; as outras raízes da equação são: 2, -3, i e $-i$

85. $S = \{2 - i, 2 + i, 0, 1\}$

86. $S = \{-1, 1, -2i, 2i\}$

87. As raízes racionais são -4, -1 e 1 e suas raízes complexas não reais são $-i$ e i.

88. a) -2, -1, 1 e 2
b) $f(x) = 1 \cdot (x + 2) \cdot (x + 1) \cdot (x - 1) \cdot (x - 2)$
c) $f(x) = x^4 - 5x^2 + 4$

Respostas dos exercícios

89. Resposta possível: $p(x) = x^5 - 3x^4 + 19x^3 - 17x^2$

90. a) Se $a_n = -1$ e $\frac{p}{q}$ é uma raiz racional da equação de coeficientes inteiros, com p e q primos entre si, então temos:

$$\begin{cases} p \text{ é divisor de } a_0 \Rightarrow p \in \{b_1, -b_1, b_2, -b_2, ..., b_m, -b_m\} \\ q \text{ é divisor de } -1 \Rightarrow q \in \{-1, 1\}. \end{cases}$$

Temos que p é número inteiro. Portanto, as possíveis raízes racionais são: $\frac{p}{q} \in \{b_1, -b_1, b_2, -b_2, ..., b_m, -b_m\}$

Logo, todas as possíveis raízes racionais são inteiras, ou seja, quando $a_n = -1$ a equação não admite raízes fracionárias.

Analogamente, é possível mostrar que se $a_n = 1$, então a equação também não admite raízes fracionárias.

b) Consideramos o polinômio $p(x) = a_n \cdot x^n + a_{n-1} \cdot x^{n-1} + ... + a_1 \cdot x + a_0$, com $a_i \in \mathbb{C}$, e a equação $p(x) = 0$.

Se a soma dos coeficientes da equação é zero, então temos:

$a_n + a_{n-1} + ... + a_1 + a_0 = 0 \Rightarrow a_n \cdot 1^n + a_{n-1} \cdot 1^{n-1} + ... + a_1 \cdot 1 + a_0 = 0 \Rightarrow p(1) = 0$

Ou seja, 1 é raiz da equação $p(x) = 0$.

Página 683 – Exercícios propostos

93. $S = \{-2, 0, 1, 2\}$, $m = 2$

94. -4 e 2

95. $S = \{2, 3, 4\}$

96. 3

97. $3 + \sqrt{15}$, $3 - \sqrt{15}$ e 1

Página 684 – Exercícios complementares

98. $28x + 2{,}8x = 30{,}8x$

99. -1 e 2

100. Não é divisível.

101. $a = 5$, $b = -2$ e $c = -3$

102. $n = 5$ e $m = 7$

103. $\frac{1}{3}$

104. sim

105. $h(x) = \frac{2}{5}x^3 + \frac{5}{3}x^2 + \frac{5}{4}x - 3$

106. -2; $-x^3 - 6x^2 - 12x - 8 = 0$

107. $d(x) = x^2 + 1$

108. $x^6 - 6x^4 + 11x^2 - 6$

109. a) $\left\{-\frac{1}{2}, \frac{1}{2}, -1, 1, -2, 2, -4, 4, -8, 8\right\}$

b) $-\frac{1}{2}$ e 2

c) $2i$ e $-2i$

d) $S = \left\{-\frac{1}{2}, 2, -2i, 2i\right\}$

110. a) $p(x) = (x + 3) \cdot (x - 5) \cdot (x - 2i) \cdot (x + 2i)$

b) $S = \{-3, 5, 2i$ e $-2i\}$

111. $p(x) = x \cdot (x + 2) \cdot (x + 1) \cdot (x - 1)^2$

112. $h(x) = 4x^2 + 5x + 14$ e $p \neq -52$

113. $S = \{1 - i, 1 + i, -5, 4\}$

114. a) 1 e 4

b) -2

c) -3

115. 4

116. $\frac{5}{3}$

117. 2

118. $S = \left\{-3, -i\sqrt{6}, i\sqrt{6}\right\}$

119. a) 4 cm × 4 cm × 4 cm; 3 cm × 3 cm × 7 cm

b) o cubo

c) o paralelepípedo

d) $-d$; $-d$

e) $2c$; $2c$

120. Apenas $1 + 2i$ é raiz.

121. 27

122. $p(x) = x^3 + x^2 - 6x$

123. $S = \{2, 5, 7\}$

124. a) $f(x) = 2x + 4$

b) $\frac{5}{3}$ u.

125. $A(x) = 56 + 48x$; $P(x) = 30 - 4x$

126. 0

127. a) $f(x) = 5x^2 + 10x$

b) $x^2 + 2x$

c) 5

d) $f(x) = 5 \cdot g(x)$

e) $f(3) = 5 \cdot 3^2 + 10 \cdot 3 = 45 + 30 = 75$

$g(3) = 3^2 + 2 \cdot 3 = 9 + 6 = 15$

Portanto: $f(3) = 5 \cdot g(3)$

128. $S = \{-2, 2, 6\}$

129. a) $\frac{1}{2}$

b) 0

c) $\frac{2}{5}$

d) $\frac{1}{5}$

130. Alternativa b

Siglas de universidades

Acafe-SC	Associação Catarinense das Fundações Educacionais
Enem	Exame Nacional do Ensino Médio
EsPCEx-SP	Escola Preparatória de Cadetes do Exército
FCC-BA	Faculdade de Ciências Contábeis
FEI-SP	Faculdade de Engenharia Industrial
FGV-RJ	Fundação Getúlio Vargas
FGV-SP	Fundação Getúlio Vargas
Fuvest-SP	Fundação Universitária para o Vestibular
Ibmec-RJ	Instituto Brasileiro de Mercado de Capitais
Ifal	Instituto Federal de Educação, Ciência e Tecnologia de Alagoas
ITA-SP	Instituto Tecnológico de Aeronáutica
Mackenzie-SP	Universidade Presbiteriana Mackenzie
PUC-RJ	Pontifícia Universidade Católica do Rio de Janeiro
PUC-RS	Pontifícia Universidade Católica do Rio Grande do Sul
Udesc	Universidade do Estado de Santa Catarina
UEA-AM	Universidade do Estado do Amazonas
UEG-GO	Universidade Estadual de Goiás
UEL-PR	Universidade Estadual de Londrina
UEM-PR	Universidade Estadual de Maringá
Uepa	Universidade Estadual do Pará
UEPG-PR	Universidade Estadual de Ponta Grossa
Uerj	Universidade Estadual do Rio de Janeiro
Uern	Universidade do Estado do Rio Grande do Norte
UFBA	Universidade Federal da Bahia
UFJF-MG	Universidade Federal de Juiz de Fora
UFMG	Universidade Federal de Minas Gerais
UFPB	Universidade Federal da Paraíba
UFPR	Universidade Federal do Paraná
UFRN	Universidade Federal do Rio Grande do Norte
UFT-TO	Universidade Federal do Tocantins
Unemat-MT	Universidade do Estado de Mato Grosso
Unesp	Universidade Estadual Paulista Júlio de Mesquita Filho
Unicamp-SP	Universidade Estadual de Campinas
Unioeste-PR	Universidade Estadual do Oeste do Paraná
Unisc-RS	Universidade de Santa Cruz do Sul

Referências bibliográficas

Abbot, P. *Trigonometria*: aplicações e problemas práticos; soluções e respostas. São Paulo: Hemus, 2004.

Almanaque Abril: Brasil 2005. São Paulo: Abril, 2005.

Alves, S.; Galvão, M. E. E. L. *Um estudo geométrico das transformações elementares.* São Paulo: IME-USP, 1996.

Amorin, J.; Seimetz, R.; Schmitt, T. *Trigonometria e números complexos*. Brasília: UnB, 2006.

Andrade, N. de. *Matemática descomplicada*. São Paulo: Ferreira, 2009. v. 2.

Ascher, M. As figuras do *kolam*. *Revista Scientific American Brasil*, n. 11, 2005.

Ávila, G. A geometria e as distâncias astronômicas na Grécia Antiga. *Revista do Professor de Matemática,* São Paulo, SBM, v. 1, n. 1.

______. A hipérbole e os telescópios. *Revista do Professor de Matemática*, São Paulo, SBM, n. 34.

______. *Variáveis complexas e aplicações.* Rio de Janeiro: LTC, 1990.

______. *Cálculo I:* funções de uma variável. Rio de Janeiro: LTC, 1994.

______. *Análise matemática para licenciatura.* São Paulo: Edgard Blücher, 2001-2002.

Referências bibliográficas

BACHELARD, G. *A formação do espírito científico:* contribuição para uma psicanálise do conhecimento. Rio de Janeiro: Contraponto, 1996.

BARBOSA, J. A. T. *Noções sobre matrizes e sistemas de equações lineares*.Porto: Feup, 2004.

BARON, M. E. *The origins of the infinitesimal calculus*. New York: Dover, 1987.

BARTLE, R. G. *Elementos de análise real*. Rio de Janeiro: Campus, 1983.

BELL, E. T. *Men of Mathematics*. New York: Touchstone Book-Simon & Schuster, 1986.

______. *Historia de las matemáticas*. México: Fondo de Cultura Económica, 1995.

BELLOS, A. *Alex no país dos números*: uma viagem ao mundo maravilhoso da matemática. São Paulo: Companhia das Letras, 2011.

BERLOQUIN, P. *100 jogos geométricos*. 2. ed. Lisboa: Gradiva, 1999.

BERTON, I. da C. B.; ITACARAMBI, R. R. *Números*: brincadeiras e jogos. São Paulo: Ed. Livraria da Física, 2009.

BOULOS, P.; WATANABE, R. *Matemática:* 2º grau. São Paulo: Nacional, 1976. v. 1.

BOYER, C. B. *História da matemática*. 2. ed. São Paulo: Edgard Blücher, 1996.

______. *Tópicos de história da matemática para uso em sala de aula:* cálculo. São Paulo: Atual, 1992.

BRASIL. Ministério da Educação. Secretaria de Educação Média e Tecnológica. *PCN:* Ensino Médio: ciências da natureza, matemática e suas tecnologias. Brasília: MEC, 1999.

______. Secretaria de Educação Média e Tecnológica. *PCN:* Ensino Médio: orientações educacionais complementares aos Parâmetros Curriculares Nacionais. Brasília: MEC, 1999.

BUSSAB, W. de O.; MORETTIN, P. A. *Estatística básica*. 7. ed. São Paulo: Saraiva, 2011.

CALLIOLI, C. A. *Álgebra linear e aplicações*. 6. ed. São Paulo: Atual, 1990.

CAMARGO, I. de. *Geometria analítica*. 3. ed. São Paulo: Pearson-Prentice Hall, 2005.

CARAÇA, B. de J. *Conceitos fundamentais da matemática*. Lisboa: Sá da Costa, 1978.

CARVALHO, E.; CINI, P. S. H. *Vestibulando digital*: operações, álgebra, matrizes e geometria. São Paulo: Multimídia, 2008. 1 DVD.

CERRI, C.; MONTEIRO, M. S. História dos números complexos. São Paulo: Caem-IME-USP, 2001.

COSTA, S. F. *Introdução ilustrada à estatística*. São Paulo: Harbra, 2005.

COUTINHO, L. *Matemática e mistério em Baker Street*. Rio de Janeiro: Ciência Moderna, 2003.

CRATO, N. *A matemática das coisas*: do papel A4 aos cordões de sapatos, do GPS às rodas dentadas. São Paulo: Ed. Livraria da Física, 2009.

CRESPO, A. A. *Estatística fácil*. 17. ed. São Paulo: Saraiva, 2002.

D'AMBROSIO, U. *Etnomatemática:* elo entre as tradições e a modernidade. 2. ed. Belo Horizonte: Autêntica, 2002.

DAVIS, P. J.; HERSH, R. *O sonho de Descartes*. Rio de Janeiro: Francisco Alves, 1988.

DEVLIN, K. *Os problemas do milênio*: sete grandes enigmas matemáticos do nosso tempo. Rio de Janeiro: Record, 2004.

______. *O instinto matemático*: por que você é um gênio da Matemática. São Paulo: Record, 2009.

DOLL JÚNIOR, W. E. *Currículo*: uma perspectiva pós-moderna. Porto Alegre: Artes Médicas, 1997.

DOWNS, M. *Geometria moderna*. Parte 1. São Paulo: Edgard Blücher, 1971.

DRUCK, S. (Org.). *Explorando o ensino da matemática*: artigos. Brasília: MEC-SEB, 2004. v. 1.

______. *Explorando o ensino da matemática*: artigos. Brasília: MEC-SEB, 2004. v. 2.

DU SAUTOY, M. *A música dos números primos*: a história de um problema não resolvido na matemática. Rio de Janeiro: Jorge Zahar, 2007.

DUARTE JR., D. *Matrizes e sistemas algébricos em engenharia*. Rio de Janeiro: Ciência Moderna, 2008.

EVES, H. *Introdução à história da matemática*. Campinas: Ed. da Unicamp, 1997.

______. *Geometria*. São Paulo: Atual, 2005 (Coleção Tópicos de História da Matemática para Uso em Sala de Aula).

FEITOSA, H. de A. *Um prelúdio à lógica*. São Paulo: Ed. da Unesp, 2005.

FLAVELL, J. H. *Desenvolvimento cognitivo*. 3. ed. Porto Alegre: Artmed, 1999.

GARBI, G. G. *O romance das equações algébricas*. São Paulo: Ed. Livraria da Física, 2006.

GARCIA, A. C. de A.; CASTILHO, J. C. A. *Geometria plana e espacial*. São Paulo: Ciência Moderna, 2006 (Coleção Matemática sem Mistérios).

______. *Matemática sem mistérios*: geometria plana e espacial. Rio de Janeiro: Ciência Moderna, 2006.

GERDES, P. *Desenhos da África*. São Paulo: Scipione, 1990.

GOMBRICH, E. H. *A história da arte*. 16. ed. Rio de Janeiro: LTC.

GUEDJ, D. *O teorema do papagaio*: um *thriller* da história da matemática. São Paulo: Companhia das Letras, 2000.

GUELLI, O. *História de potências e raízes*. São Paulo: Ática, 1998 (Coleção Contando a História da Matemática).

______. *História da equação do 2º grau*. São Paulo: Ática, 2001 (Coleção Contando a História da Matemática).

______. *Dando a corda na trigonometria*. São Paulo: Ática, 2003 (Coleção Contando a História da Matemática).

GUIDORIZZI, H. L. *Um curso de cálculo*. 2. ed. Rio de Janeiro: LTC, 1987.

GUZMÁN, M. de. *Aventuras matemáticas*. Lisboa: Gradiva, 1991.

HALMOS, P. R. *Teoria ingênua dos conjuntos*. Rio de Janeiro: Ciência Moderna, 2001.

HILBERT, D. *Fundamentos da geometria*. Lisboa: Gradiva, 2003.

IEZZI, G. *Fundamentos de matemática elementar*, v. 3: trigonometria. *São Paulo*: Atual, 2004.

______. *Fundamentos de matemática elementar*, v. 7: geometria analítica. São Paulo: Atual, 2005.

______; HAZZAN, S. *Fundamentos de matemática elementar*, v. 4: sequências, matrizes, determinantes e sistemas. São Paulo: Atual, 2004.

IEZZI, G.; DOLCE, O.; MURAKAMI, C. *Fundamentos de matemática elementar*, v. 2: logaritmos. São Paulo: Atual, 2004.

IFRAH, G. *Os números*: história de uma grande invenção. 4. ed. São Paulo: Globo, 1992.

IMENES, L. M. P. *Pra que serve matemática?* – Semelhança. São Paulo: Atual, 1992.

______. *Descobrindo o teorema de Pitágoras*. São Paulo: Scipione, 2000 (Coleção Vivendo a Matemática).

JACQUEMARD, S. *Pitágoras e a harmonia das esferas*. Lisboa: Difel, 2007.

JANOS, M. *Matemática para pais (e) interessados*, v. 1: fundamentos e álgebra. São Paulo: Ed. Livraria da Física, 2011.

JAPIASSU, H. A epistemologia histórica de Gaston Bachelard. In: ______. *Introdução ao pensamento epistemológico*. Rio de Janeiro: Francisco Alves, 1992.

______. A epistemologia "racionalista-crítica" de K. Popper. In: ______. *Introdução ao pensamento epistemológico*. Rio de Janeiro: Francisco Alves, 1992.

KENNEDY, E. S. *Trigonometria*. São Paulo: Atual, 1992 (Coleção Tópicos de História da Matemática para Sala de Aula).

KÜHLKAMP, N. *Matrizes e sistemas de equações lineares*. Santa Catarina: Ed. da UFSC, 2007.

LANDAU, E. G. H. *Teoria elementar dos números*. Rio de Janeiro: Ciência Moderna, 2002.

LAWSON, Terry. *Álgebra linear.* São Paulo: Edgard Blücher, 1997.

LEHMANN, C. H. *Geometria analítica*. 9. ed. São Paulo: Globo, 1998.

LEVI, B. *Lendo Euclides:* a matemática e a geometria sob o olhar renovador. Rio de Janeiro: Civilização Brasileira, 2008.

LIMA, E. L. *Curso de análise*. Rio de Janeiro: Instituto de Matemática Pura e Aplicada-CNPq, 1976.

______. *Logaritmos*. Rio de Janeiro: Sociedade Brasileira de Matemática, 1991 (Coleção do Professor de Matemática).

______. *Exame de textos*: análise de livros de matemática para o Ensino Médio. Rio de Janeiro: Sociedade Brasileira de Matemática, 2001 (Coleção do Professor de Matemática).

______ et al. *A matemática do Ensino Médio*. Rio de Janeiro: Sociedade Brasileira de Matemática, 2001. v. 1 (Coleção do Professor de Matemática).

______. *A matemática do Ensino Médio*. Rio de Janeiro: Sociedade Brasileira de Matemática, 2001. v. 2 (Coleção do Professor de Matemática).

______. *A matemática do Ensino Médio*. Rio de Janeiro: Sociedade Brasileira de Matemática, 2001. v. 3 (Coleção do Professor de Matemática).

LIPSCHUTZ, S. *Álgebra linear.* São Paulo: McGraw-Hill do Brasil, 1981.

LÍVIO, M. *Razão áurea*: a história de Fi, um número surpreendente. 3. ed. Rio de Janeiro: Record, 2008.

MACHADO, N. J. *Os poliedros de Platão e os dedos da mão*. São Paulo: Scipione, 1992.

______. *Semelhança não é mera coincidência*. São Paulo: Scipione, 2000.

______. *A geometria na sua vida*. São Paulo: Ática, 2003.

MAGALHÃES, M. N.; LIMA, A. C. P. de. *Noções de probabilidade e estatística*. 7. ed. São Paulo: Edusp, 2011.

MAOR, E. *e*: a história de um número. Rio de Janeiro: Record, 2003.

MELLO, M. P. et al. *Introdução à análise combinatória*. São Paulo: Ciência Moderna, 2008.

MIGUEL, A. et. al. *História da matemática em atividades didáticas*. 2. ed. rev. São Paulo: Ed. Livraria da Física, 2009.

MILIES, F. C. P. *Números*: uma introdução à matemática. 3. ed. São Paulo: Edusp, 2003 (Coleção Acadêmica, 20).

MONTEIRO, A. *A matemática e os temas transversais*. São Paulo: Moderna, 2001.

MOORE, D. S. *Introdução à prática da estatística*. Rio de Janeiro: LTC, 2002.

Morgado, A. C. de O. et al. *Análise combinatória e probabilidade*. Rio de Janeiro: Sociedade Brasileira de Matemática, 1991 (Coleção do Professor de Matemática).

______; Wagner, E.; Sheila, C. *Progressões e matemática financeira*. Rio de Janeiro: Sociedade Brasileira de Matemática, 2001.

Patilla, P. *Círculos, cilindros e esferas*. São Paulo: Moderna, 1995.

Pedone, N. M. D. Poliedros de Platão. *Revista do Professor de Matemática*, São Paulo, SBM, n. 15.

Penncik, N. *Geometria sagrada*. São Paulo: Pensamento, 2002.

Petroski, H. *Inovação*: da ideia ao produto. São Paulo: Blücher, 2008.

Queiroz, A. M. N. P de. *Matemática transparente*: ao alcance de todos. São Paulo: Ed. Livraria da Física, 2011.

Raymono, S. *O enigma de Sherazade*: e outros problemas das "Mil e uma noites" à lógica moderna. Rio de Janeiro: Zahar, 2008.

Reis, G. L.; Silva, V. V. *Geometria analítica*. São Paulo: Livros Técnicos e Científicos, 2002.

Rodrigues, M. B. *Exercícios de matemática*: funções e logaritmos. São Paulo: Policarpo, 1998.

Roque, T. *História da matemática*: uma visão crítica, desfazendo mitos e lendas. Rio de Janeiro: Zahar, 2012.

Russel, Bertrand. *Introdução à filosofia matemática*. Rio de Janeiro: Jorge Zahar, 2007.

Salsburg, D. *Uma senhora toma chá*: como a estatística revolucionou a ciência. Rio de Janeiro: Jorge Zahar, 2009.

Santos, F. J. dos. *Geometria analítica*. Porto Alegre: Bookman, 2009.

Santos, J. P. O. dos; Estrada, E. L. *Problemas resolvidos de combinatória*. São Paulo: Ciência Moderna, 2007.

Sasso, L. J. Dal. *Matemática*: lições incompreendidas. Caxias do Sul: Educs, 2010.

Singh, S. *O último teorema de Fermat*: a história do enigma que confundiu as maiores mentes do mundo durante 358 anos. 14. ed. Rio de Janeiro: Record, 2008.

Smoothey, M. *Áreas e volumes*. São Paulo: Scipione, 1997.

______. *Atividades e jogos com estatística*. São Paulo: Scipione (Coleção Investigação Matemática).

Soares, L. J. *O corpo dos números complexos*. Pelotas: Educat, 2008.

Stewart, J. *Cálculo*. São Paulo: Pioneira Thomson Learning, 2003. v. 1.

Tiner, J. H. *100 cientistas que mudaram a história do mundo*. Trad. Marise Chinetti. Rio de Janeiro: Ediouro, 2004.

Vorderman, C. et. al. *Matemática para pais e filhos*: a maneira mais fácil de compreender e explicar todos os conceitos da disciplina. São Paulo: Publifolha, 2011.

Wells, D. *Dicionário de geometria curiosa*. Lisboa: Gradiva, 1998.

Zaballa, A. *A prática educativa*: como ensinar. Porto Alegre: Artmed, 1998.